Brandstaller • Österreich 2½

Trautl Brandstaller (Hg.)

Österreich 2½

Anstöße zur Strukturreform

Deuticke

Die wissenschaftliche Recherchearbeit wurde unterstützt
durch die Kulturabteilung der Stadt Wien.

Gedruckt mit Unterstützung des Bundesministeriums
für Wissenschaft, Forschung und Kunst in Wien.

Deuticke
A-1015 Wien, Hegelgasse 21

Umschlaggestaltung: Robert Hollinger
Druck: Wiener Verlag, Himberg bei Wien

Printed in Austria

ISBN 3-216-30207-5

Inhalt

Vorwort

Sieben Jahre nach der großen Wende in Europa, kaum zwei Jahre nach dem Beitritt zur EU macht sich in Österreich ein seltsames Unbehagen breit: Die innenpolitischen Querelen werden kleinlicher, die außenpolitischen Aktivitäten sparsamer. Fast scheint es, als ob sich Österreich vor den Veränderungen in Europa – im Westen das Zusammenwachsen in der EU, im Osten der rapide Strukturwandel in Richtung Markt und Demokratie – zurückziehe und weiter Insel bleiben wolle, die seit 1971 beschworene »Insel der Seligen«.

Ein merkwürdiges Desinteresse an den Integrationsschritten in Brüssel und den EU-Mitgliedsländern ist für die öffentliche Debatte ebenso kennzeichnend wie das Desinteresse an den östlichen Nachbarländern. Die Nichtbesetzung von Österreich zustehenden EU-Posten ist ebenso signifikant wie die Schließung von Kulturinstituten und Korrespondentenbüros in Osteuropa und die Nichtunterstützung der EU-Osterweiterung durch österreichische Landeshauptleute.

Viele hatten gehofft, Österreichs Beitritt zur EU werde einen massiven Modernisierungsschub bringen. Die derzeitige Reduzierung von Politik auf »Sparpakete« straft solche Hoffnungen Lügen. Sparen ersetzt die Strukturpolitik, statt sie zu stimulieren. In allen wichtigen Fragen – von den Hochschulen bis zur Reform der Pensionsversicherung, vom Gesundheitswesen bis zu den Werkverträgen, von der Familienbesteuerung bis zu den zu schaffenden neuen Arbeitsplätzen – wird nicht grundsätzlich reformiert, sondern kleinweise herumgebastelt, auf gut österreichisch »weitergewurstelt«. Die notwendigen Strukturreformen bleiben aus, weil der politischen Klasse Wille und Kraft zur Gestaltung fehlen.

Was sind die Ursachen für diese politische Stagnation, für die Tendenz zur Nabelschau, für die ausgebliebene Modernisierung und Öffnung des Landes?

Denkbar ist, daß die altgewohnte Rolle als Insel für Österreich so unbequem nicht war. Wirtschaftlich stellten die früher kommunistischen Länder für die Verstaatlichte Eisen- und Stahlindustrie, aber auch für die Textil- und Bekleidungsindustrie einen willkommenen Markt dar, der die harte Konkurrenz auf den anderen Märkten zu vermeiden half. Kulturell bot Österreich nicht nur Dissidenten Asyl, es offerierte mit der Idee »Mitteleuropa« lange Zeit eine historische Perspektive im Widerspruch zur kommunistischen Verleugnung der Geschichte. Und politisch lavierte das Land geschickt zwischen den großen Machtblöcken, wobei ihm eine aktive Neutralitätspolitik internationales Ansehen verschaffte. Die Drehscheibe zwischen Ost und West funktionierte, insbesondere in den Kreisky-Jahren, bis Mitte der achtziger Jahre.

Denkbar ist aber auch, daß die Auseinandersetzung mit seiner Geschichte zwischen 1938 und 1945, die ab 1986 über das Land hereinbrach, zu spät und nur mit halbem Herzen erfolgte. Typisch für diese Verspätung Österreichs gegenüber der Geschichte ist Vranitzkys Erklärung im Parlament am 8. Juli 1991: in e i n e r Erklärung wurde Österreichs Anteil an den NS-Verbrechen eingestanden und gleichzeitig Österreichs Haltung zum aufbrechenden Krieg in Jugoslawien formuliert.

Die chronische Verspätung Österreichs in allen Lebensbereichen, wie sie Robert Musil im eigentlichen Nationalroman Österreichs, im »Mann ohne Eigenschaften« diagnostiziert hat, konnte nicht schlagender exemplifiziert werden: Während der Zusammenbruch des Kommunismus zur teils blutigen, teils unblutigen Gründung neuer Staaten führt, ringt Österreich noch immer um die Definition seiner Rolle und sein Selbstverständnis in der NS-Zeit.

Chronische Verspätung in allen Lebensbereichen – was Musil über Kakanien schreibt, bleibt in vielen Passagen auch für das heutige postkakanische Österreich gültig. »In Kakanien, diesem seither untergegangenen, unverstandenen Staat, gab es auch Tempo, aber nicht zuviel Tempo, Automobile, aber nicht zuviele, Fortschritt, aber nicht zuviel Fortschritt.«

In Postkakanien, das viel mit Kakanien verbindet, gibt es Demokratie, aber nicht zuviel Demokratie.

Man hat die demokratischen Institutionen eingeführt, aber in vielen von ihnen überlebt der feudale Geist.

Es gibt ein funktionierendes Parlament, aber die drinnen sitzen, kennen ihre Wähler nicht und wollen sie auch nicht wirklich kennenlernen, schließlich werden sie ja von den Parteien und nicht von den Bürgern auf ihre Mandate gesetzt.

Man hat dort auch Parteien, aber lange Jahre möglichst wenige, am liebsten zwei große, wegen der Übersichtlichkeit, und eine kleine Opposition. Als sich ab 1986 neue Parteien etablierten, sah man darin keine Bereicherung, eher einen Störfaktor der Demokratie.

Es gab lange Jahre – und jetzt gibt es sie wieder – eine Doppelherrschaft der beiden Parteien. Die eine nannte sich sozialdemokratisch – aber es gab kaum Sozialisten in ihr, eher solide Verwalter, die den erreichten Wohlstand verteidigten; dafür nannte sich die zweite Partei »bürgerlich«, obwohl es dort kaum ein »Bürgertum« und sehr wenige »Bürger« gab.

Man hatte dort auch Wettbewerb, aber nicht zuviel Wettbewerb – zuviel Wettbewerb hätte die Gemütlichkeit, die viel gerühmt wurde, gestört. Die Unternehmer waren organisiert, aber nicht zu streng organisiert, schließlich gab es wenige große Unternehmer, die lieber unter sich blieben, und viele kleine, die in einem eigenen Verein zusammenkamen. Da sie kleine Unternehmer waren, hielten sie auch nicht viel von großen Veränderungen, die sich außerhalb des Landes anbahnten.

Die Arbeiter waren zwar organisiert, aber dachten nicht daran zu streiken. Streiks galten als Störaktionen im wohlgeordneten Verbund von Unternehmern und Gewerkschaften.

Man hatte auch Bildung in jenem Land, aber nicht zuviel Bildung. Man hielt es immer mehr mit der Bildung des Herzens als mit der Bildung der Hirne, obwohl die Herzen in der Geschichte mehrfach irre gegangen waren. Wenn andernorts an Einsicht und Verstand appelliert wird, appellieren die dortigen Politiker »Hand aufs Herz«.

Man hat dort auch Religion, aber nur zu den »großen Gelegenheiten«, bei Geburt, Hochzeit und Tod.

Man entfaltet Luxus, aber beileibe nicht so überfeinert wie die Franzosen, man betreibt Sport, aber nicht so närrisch wie die Angelsachsen.

Man leistet sich dort auch ein Heer, das gerade groß genug ist, nicht für eine Grenztruppe gehalten zu werden, aber nicht groß genug, um den gesetzlich vorgesehenen Schutz der Neutralität zu garantieren.

Die Neutralität sah man als logische Folge seiner immer schon gegebenen Mittlerrolle zwischen allen, die es einem auch ersparte, in den großen weltpolitischen Auseinandersetzungen moralisch Stellung zu beziehen. Das hatte man zum letztenmal bei

Ungarn 1956 getan, aber da war die Neutralität auch noch nicht wirklich eingeübt. Man saß schließlich im Mittelpunkt Europas, wo die alten Weltachsen sich schneiden, und brauchte nicht zu allem Stellung zu nehmen.

Es gab dort auch Bürokraten, viel mehr Bürokraten als anderswo, sie waren übriggeblieben von jenem merkwürdigen Land Kakanien, mit dem Postkakanien in der Regel gar nichts zu tun haben will, dessen Tradition und Denkweise aber stärker nachwirken, als es mancher wahrhaben will.

So hat auch dieses unser Land – wie schon Kakanien – eine liberale Verfassung, aber es wird sozialistisch regiert. Es wird zwar sozialistisch regiert, aber es lebt konservativ.

Auch das Mißtrauen der Bürger untereinander und das Mißtrauen gegen die eigene Person haben den Untergang Kakaniens überdauert. Mehr noch, dieses Mißtrauen aller gegen alle hat sich gesteigert. War es in Kakanien so, daß man immer anders handelte, als man dachte, und anders dachte, als man handelte, so ist in Postkakanien eine Steigerung erreicht worden: man redet anders, als man denkt, und man handelt anders, als man redet. Und wiederum umgekehrt: man denkt anders, als man redet, und man redet anders, als man handelt.

Unkundige Beobachter zuzeiten Kakaniens haben dies für Liebenswürdigkeit oder gar für Schwäche des ihrer Meinung nach österreichischen Charakters gehalten. Unkundige Beobachter Postkakaniens schütteln ob solcher Verhaltensweisen nur die Köpfe.

Das Millennium, das nicht stattfindet, wirkt wie eine Paraphrase zu Musils Parallelaktion in Kakanien. Sparzwänge und ein vergleichsweise läppischer Anlaß sind keine Erklärung für mangelnde Feierlust. Als tiefere Ursache bietet sich Österreichs aktuelle Verunsicherung über den Fortgang seiner inneren und äußeren Angelegenheiten an.

Die tiefgreifende Transformation der Wirtschaft, die unter dem Euphemismus *Globalisierung* zur Neuverteilung von Kapital und Arbeit rund um den Globus führt, macht vor Österreich nicht halt. Natürlich kann sich Österreich rühmen, innerhalb der EU noch immer zu den Ländern mit relativ geringer Arbeitslosigkeit zu zählen. Aber die Symptome für großflächige Veränderungen auf dem Arbeitsmarkt mehren sich – fehlende Lehrstellen, arbeitslose Akademiker, 50jährige, die ihren Job

verlieren und zu Langzeitarbeitslosen werden, steigende Zahlen bei Teilzeit- und geringfügigen Beschäftigungen.
Die Sozialpartner haben diese drohenden Anzeichen, so scheint es zumindest, noch gar nicht wahrgenommen, sie blockieren ihre Energien mit anachronistischen Streitigkeiten um den Ladenschluß. Mit 20jähriger Verspätung beginnt hierzulande die Debatte um Flexibilisierung der Arbeitszeiten, wobei der neue Druck der *Globalisierung* die politische Schwäche der Gewerkschaften bloßstellt. Der *Globalisierung* des Kapitals folgte bislang keine *Globalisierung* der Arbeit. Solidarität blieb, wenn überhaupt, auf den nationalen Rahmen beschränkt.
Die Transformation der Arbeit entzieht einer weiteren Säule des österreichischen Politsystems, der Sozialversicherung, den Boden. Wechselnde Arbeitsverhältnisse statt lebenslanger Bindung an einen Betrieb machen zusammen mit der ständig steigenden Lebenserwartung das österreichische Pensions- und Krankenversicherungssystem à la longue unfinanzierbar. Statt mit alljährlich erfolgenden Kleinstreformen am Pensionssystem herumzuflicken und damit zur Verunsicherung der Bevölkerung beizutragen, müßte endlich eine grundsätzliche Reform der Altersvorsorge angegangen werden. Die staatlich finanzierte Grundrente, die durch ein System der Eigenvorsorge ergänzt wird, ist bereits in mehr als der Hälfte aller europäischen Länder eingeführt.
Daß im Lande Sigmund Freuds die psychiatrische Versorgung der Bevölkerung den Erfordernissen und den internationalen Standards weit hinterherhinkt, ist kein Ruhmesblatt für die Gesundheitspolitik des Landes. Längst wären im Ausbildungs-, Niederlassungs- und Spitalssystem Reformen angezeigt, die über Selbstbehalte und höhere Krankenscheingebühren hinausgehen. Die übliche Berufung auf mangelnde Kompetenzen ist nur ein weiterer Beweis für den Immobilismus des Systems. Die Kompetenzverteilung zwischen Bund und Ländern, festgeschrieben in der Verfassung 1920, kann nicht auf alle Zeiten notwendige Veränderungen unmöglich machen.
Notwendige Veränderungen im Schulbereich werden zumeist mit Hinweis auf die Zweidrittelmehrheit, die die Verfassung für Schulgesetze vorschreibt, auf den Sankt-Nimmerleins-Tag verschoben. Auch hier wird die rapide Veränderung der Arbeitswelt Reformen erzwingen. Nach der quantitativen Ausweitung, die

die OECD schon in den sechziger Jahren von Österreich forderte und die in den siebziger Jahren durchgeführt wurde, braucht es in den Schulen einen qualitativen Reformschub.

So berechtigt die Entlassung der Schulen aus der staatlichen Bevormundung unter dem Stichtwort *Autonomie* ist, so wenig kann Autonomie allein alle Schulprobleme lösen. Qualitäts- und Leistungskontrolle sind Forderungen, die nicht nur für private, sondern auch für staatliche Dienstleistungen gelten. Die gemeinsame Ausbildung aller Schüler im Alter von 6 bis 14 Jahren wird nur noch in Österreich mit dem ideologischen Rüstzeug der zwanziger Jahre bekämpft, in der überwiegenden Zahl der europäischen Länder ist dieses Thema zwischen konservativen und progressiven Pädagogen längst ebenso außer Streit gestellt wie die gemeinsame Ausbildung aller Lehrer an Universitäten oder Fachhochschulen.

Stichwort Universitäten: Die 1970 proklamierte Öffnung der Universitäten und die parallel dazu erfolgte Änderung ihrer inneren Organisationsformen sollte dazu führen, das Begabungspotential Österreichs auszuschöpfen und demokratische Strukturen an den Hochschulen zu schaffen.

Noch immer liegt Österreich, was seinen Akademikeranteil an der Bevölkerung betrifft, am unteren Ende der europäischen Skala. Reformen an der derzeitigen »Massenuniversität«, mit der viel zu langen Verweildauer ihrer Studenten, der zu hohen Drop-out-Quote und den viel zu geringen Abschlußquoten, sind allerdings überfällig. Hier steht Österreich ausnahmsweise einmal nicht allein da mit seinem Reformbedarf.

Während andernorts aber über Gliederung der Studiengänge, Setzung von Schwerpunkten an einzelnen Universitäten, Leistungssteigerung und -kontrolle auch bei Professoren und Strukturierung der Hochschulen als wirtschaftliche Unternehmen mit professionellem Management, nachgedacht wird, verharrt die hiesige Politik in Dienstrechtsreformen.

Die wachsende Zahl von arbeitslosen Akademikern, die sich derzeit schon prognostizieren läßt, wird allerdings die Frage der fehlgesteuerten Ausbildung und der fehlenden Mechanismen zur Steuerung der Studentenströme ebenso zuspitzen wie die fehlende Leistungs- und Effizienzkontrolle von Wissenschaft und Forschung.

Die verschärften Wettbewerbsbedingungen, die Österreich

durch die EU, und mehr noch durch die *Globalisierung* erfährt, stellen insbesondere für eine Bevölkerungsgruppe eine Existenzbedrohung dar: Österreichs Bauern, die mehrheitlich Bergbauern sind, hatten schon in den vergangenen 30 Jahren mit dem Druck des Marktes zu kämpfen und überlebten nur als »geschütze Spezies«. Wenn es nicht gelingt, sowohl das Prinzip des biologischen Landbaus als auch das Prinzip des ökologischen Landschaftsschutzes stärker, auch im Rahmen der EU, durchzusetzen, ist die »Spezies« zum Aussterben verdammt. Ein EU-Kommissar in Brüssel ist noch keine Garantie für Artenschutz, zunächst muß die eigene Bevölkerung von der Notwendigkeit des Überlebens dieser Bevölkerungsgruppe überzeugt werden.

Ökologie ist, seit der Etablierung der Grünen als Partei, zum Modevokabel auch aller anderen Parteien geworden. Der Umbau der Industriegesellschaft in eine ökologische Industriegesellschaft ist aber in Verzug geraten. Statt Pionier zu spielen, etwa durch die Einführung einer Energiesteuer unter gleichzeitiger Zurücknahme der steuerlichen Belastung von Arbeit, wartet Österreich auf EU-Beschlüsse. Zusätzlich droht der Umweltgedanke angesichts steigender Arbeitslosenzahlen auf die politische Out-Liste zu geraten, was für die Kurzatmigkeit und die Kurzsichtigkeit der Tagespolitik spricht.

Nationale Umweltpolitik ist natürlich eine contradictio in adjecto, aber wer hindert Österreich eigentlich, in umweltpolitischen Fragen mit seinen Nachbarn zu kooperieren? Die Verhinderung von Mochovce kann wohl nicht der einzige Schritt sein, vor allem wenn der Verhinderung keine positiven Angebote der Kooperation folgen.

Die Migrationsströme, die sich aus dem Osten und aus dem Süden nach Europa bewegen, machen um Österreich keinen Bogen. Der gute Ruf, den sich Österreich in den fünfziger und sechziger Jahren als Flüchtlingsland erworben hat, ist derzeit in Gefahr, das Thema der Ausländerpolitik wird als Spielmaterial in Wahlkämpfen mißbraucht. Obwohl jeder sechste Österreicher außerhalb der Landesgrenzen geboren ist, versperrt sich die Politik der offenkundigen Tatsache, daß Österreich von einem Auswanderungsland, das es in der Ersten Republik war, zu einem Einwanderungsland geworden ist. Demgemäß fehlt eine vernünftige Einwanderungspolitik ebenso wie ein sinnvolles

Konzept zur Integration, das die realen Schwierigkeiten (Sprache, Schule, Wohnungen) im Zusammenleben zwischen »alten« und »neuen« Österreichern überwinden hilft.
Eiertänze wie beim obigen Thema sind auch angesagt, wenn es um die äußeren Angelegenheiten der Republik geht. Der Zick-Zack-Kurs, den die SPÖ und neuerdings auch die ÖVP in der Sicherheitspolitik einschlagen, ist auch dem Dümmsten ihrer Wähler nicht zumutbar. »Den Kuchen essen und gleichzeitig behalten« – Sicherheit in der EU erhalten und gleichzeitig neutral bleiben – ist politischer Illusionismus, den der Wähler schon länger durchschaut, als die Politiker glauben. Das permanente Lavieren zwischen allen möglichen Varianten macht einen öffentlichen Diskussionsprozeß geradezu unmöglich. Wer sich nur nach Meinungsumfragen orientiert, verliert den Mut zum klaren Standpunkt und die Chance, öffentliche Meinung zu bilden.
»Die Wahrheit ist dem Menschen zumutbar« – Ingeborg Bachmanns Wort gilt auch in der Politik.
Offene Debatten, öffentlicher Diskurs ist das, woran es Österreich derzeit am meisten mangelt. Die ohnehin unterentwickelte Konfliktkultur wird derzeit durch Denkverbote und Diskussionsstops zusätzlich belastet. Davon profitiert Jörg Haider, der mit sicherem Instinkt zahlreiche Schwachstellen des politischen Systems erkennt, um daraus falsche Schlüsse zu ziehen. Die von ihm geforderte »Dritte Republik« ist ein autoritäres Trugbild – keine Weiterentwicklung, sondern ein Abbau der Demokratie.
Die Abwehr von Haiders »Dritten Republik« kann nur durch eine gründliche Reform des politischen Systems, durch Strukturreformen erfolgen, wie sie dieses Buch für wichtige gesellschaftliche Bereiche vorschlägt.
Die Zweite Republik, im 50. Jahr ihrer Gründung als »Erfolgsstory« gefeiert, kann die derzeitige Stagnation im Inneren und die mangelnde Aktivität nach außen nur überwinden, wenn sie in der Rekrutierung ihres politischen Personals neue Wege geht. Die traditionellen Rekrutierungsmuster, wie sie in den beiden Noch-Großparteien vorherrschen, haben sich ebenso erschöpft wie ein Gutteil der ideologischen Arsenale.
Es wäre allerdings zu einfach, alle Verantwortung für die derzeitige Verfassung Österreichs nur Parteien und Regierenden anzulasten. Die Zweite Republik wird ihre Erfolgsstory nur fortset-

zen, den Anschluß an die Zukunft nur finden, wenn ihre Bürger sich gegenüber Regierung und Bürokratie zu emanzipieren beginnen. Ansätze einer solchen Veränderung sind spürbar. Entwicklung der postindustriellen Gesellschaft, Entstehung neuer Berufe und Anstieg der durchschnittlichen Bildung haben schon bislang zur Auflösung der traditionellen politischen Bindungen, zu neuen Formen politischen Engagements inkl. der Bildung neuer Parteien geführt. Die Medien haben in diesem Prozeß eine nicht zu unterschätzende Rolle gespielt (Medien und der gesamte Kulturbereich müssen in diesem Band ebenso wie der große Bereich Kinder, Ehe, Familie, neue Geschlechterbeziehungen aus Umfanggründen ausgeklammert bleiben).

Emanzipation von Regierung, Bürokratie und Parteien allein ist noch keine Garantie für eine neue Qualität der Demokratie; der Rückzug auf die Verfolgung von Eigeninteressen keine Basis für das Funktionieren des Gemeinwesens. Demokratie braucht den *Citoyen*, den aktiven Staatsbürger, der sich außer um eigene auch um die Interessen der Gesellschaft kümmert.

Die Debatte um die Stärkung der Zivilgesellschaft, der aktiven Bürgergesellschaft, die vermehrte Einmischung der Bürger in die öffentlichen Angelegenheiten, die derzeit unter Politikwissenschaftern geführt wird, ist in Österreich erst zu eröffnen.

Wien, im Oktober 1996 *Trautl Brandstaller*

Birgitt Haller • Anton Pelinka

Demokratie: Das Ende des Anfangs
Bürger und ihre Vertretung

Die Demokratie hat – so scheint es – weltweit gesiegt. Doch das läßt erst recht die Frage nach Wert und Wesen der Demokratie nicht verstummen. National und international wird diese Frage wieder verstärkt aufgeworfen. Die *westliche*, liberale Demokratie wurde durch ihren Siegeszug fast außer Streit gestellt (Fukuyama, 1992). Dadurch ist es aber um so dringlicher geworden, diese Demokratie in ihrer Dynamik zu begreifen. Eben weil es nicht mehr um die Auseinandersetzung zwischen zwei einander feindselig gegenüberstehenden Modellen geht, ist die Relativität der konkreten Formen der Demokratie um so deutlicher. Die Demokratie ist zwar erfolgreich, sie ist aber nicht am Ende.
Fast alle sind für die Demokratie. Fast alle politischen Systeme behaupten, die Demokratie zu verwirklichen. Und fast alle bekennen sich auch zu den Prinzipien der liberalen, der westlichen Demokratie: zum Parteienwettbewerb, zum Parlamentarismus, zu den Grund- und Freiheitsrechten. Doch was dies alles konkret für die Betroffenen bedeutet, darüber gibt es mehr Dissens als je zuvor.
In seinem umfassenden Buch »Der lange Schatten des Staates. Österreichische Gesellschaftsgeschichte 1890–1990« sieht Ernst Hanisch für die Zweite Republik zwei tief einschneidende Zäsuren: Mitte der sechziger Jahre ist die eine anzusetzen, Mitte der achtziger Jahre die andere (Hanisch, 1994, S. 456–489). Beide Einschnitte haben mit dem realen und mit dem gewünschten Zustand der Demokratie zu tun. Die Idee, daß der bestehende Zustand der Demokratie nicht das Ende demokratischer Entwicklungsmöglichkeiten darstellen könne, daß es vielmehr eine mögliche Demokratie über die reale hinaus geben müsse, ist der Hintergrund beider Zäsuren.
Die krisenhafte Zäsur der sechziger Jahre führte zur Forderung nach *mehr Demokratie*, stellte die geistigen Voraussetzungen für die Phase sozialdemokratischer Hegemonie her und mündete in das Postulat der *Durchflutung aller Lebensbereiche mit Demokratie*. Die Gesellschaft insgesamt – und nicht nur die Politik im

engeren Sinn – sollte von der Demokratie erfaßt werden. Die zweite der krisenhaften Zäsuren richtete sich gegen den repräsentativen Charakter der Demokratie. Ausgelöst von neuen sozialen Bewegungen und provoziert von einer wachsenden Skepsis gegenüber der Erneuerungsfähigkeit der traditionellen politischen Institutionen, ging es nun um direkte Beteiligung und direkte Mitentscheidung – und gegen die Dominanz der als erstarrt empfundenen Parteien und Verbände.

Mit diesen beiden Zäsuren sind die Entwicklungsmöglichkeiten aktueller Demokratie angesprochen: gesellschaftliche statt »nur« politische Demokratie und unmittelbare statt »nur« Stellvertreterdemokratie. Diese Möglichkeiten sind aber an das Ausmaß konkreter Unzufriedenheit gebunden. Erst diese kann mehr gesellschaftliche und direkte Demokratie bewirken. Diese Unzufriedenheit läßt sich am Ende des Jahrhunderts sehr wohl beobachten:

- Immer mehr Menschen, vor allem jüngere, empfinden die Berechtigung zur politischen Partizipation nicht als historisch erkämpftes Recht, das zu nützen ein Privileg ist, sondern diese Möglichkeit ist ihnen zunehmend gleichgültig. Die tendenziell rückläufige Wahlbeteiligung in den meisten der neuen Demokratien Mittel- und Osteuropas weist auf eine große Distanz zwischen Repräsentanten und Repräsentierten hin. Diese *Politikverdrossenheit* ist Ausdruck eines Glaubwürdigkeitsproblems der indirekten Demokratie. Die repräsentative Demokratie hat sich in einer für sie gefährlichen Logik gefangen: Der Wettbewerb um die Gunst der Wähler veranlaßt die Parteien, einander immer ähnlicher zu werden. Diese Angleichung fördert jedoch wiederum die Entfremdung zwischen Wählern und Gewählten.
- Immer mehr Menschen, vor allem in den reicheren Demokratien Westeuropas, sind zwar von politischen Entscheidungen dieser Länder betroffen, von einer demokratischen Beteiligung daran jedoch – mangels Staatsbürgerschaft – ausgeschlossen. Während die demokratische Entwicklung des 19. und frühen 20. Jahrhunderts – Ergebnis der bürgerlichen Revolution und des Siegeszuges von Verfassungsstaat und Parlamentarismus – die Zahl der politisch Betroffenen und die der politisch Berechtigten immer mehr zur Deckung brachte und mit dem allgemeinen und gleichen Wahlrecht

für Frauen und Männer ein Endpunkt demokratischer Entwicklung erreicht schien, haben die Internationalisierung der Migrationsströme auf der einen Seite und die beharrliche Begrenzung der Demokratie auf nationalstaatliche Formen auf der anderen Seite diesen Prozeß heute schon umgekehrt: Die Zahl der politisch Betroffenen und die der politisch Berechtigten entwickelt sich seit geraumer Zeit fast überall wiederum auseinander. Diese Problematik provoziert ein Nachdenken über ein Wahlrecht für Ausländer, das – unabhängig von den entsprechenden EU-Bestimmungen für EU-Ausländer – in einigen westeuropäischen Staaten (Schweden, Niederlande) bereits praktiziert wird.

I. Demokratie im Staat

Jede moderne Demokratie beginnt mit der Wahl eines Parlaments. Die Parlamentswahl ist das Minimum an Demokratiequalität. Die Struktur und die Funktion von Parlamenten sind jedoch ebenso verschieden wie das System der Wahl.

1. Parlament

In allen europäischen Staaten (mit Ausnahme der Schweiz) bestehen parlamentarische Regierungssysteme, wobei zwischen einem Zweikammernsystem und einem Einkammersystem zu unterscheiden ist. Eine Kammer besitzen nur die skandinavischen Länder (Dänemark, Finnland, Norwegen, Schweden, Island) sowie Luxemburg, Griechenland und Portugal. In den anderen westeuropäischen Staaten besteht ein Zweikammernsystem, das jedoch nur ausnahmsweise (z. B. Schweiz, Italien) in dem Sinne als *echt* zu bezeichnen ist, daß – wie auch im US-amerikanischen System – beide Kammern gleichwertig sind.
Parlamentarische Systeme sind durch die Verschränkung von Parlament und Regierung gekennzeichnet. Die Selbständigkeit der Regierung gegenüber dem Parlament ist aufgehoben, ebenso die Selbständigkeit des Parlaments gegenüber der Regierung. Die Regierung wird direkt oder indirekt von der Parlamentsmehrheit gewählt und ist von ihrer Unterstützung abhängig; gleichzeitig kann die Regierung das Parlament auflösen und Neuwahlen herbeiführen. Durch die Verschmelzung von Regierung und Parlament erfährt das Parlament – die Volksvertre-

tung – eine Abwertung, die Regierung dominiert das Parlament. Der Gegenspieler der Regierung ist im parlamentarischen System nicht das Parlament, sondern die Opposition.
Durch die Verschränkung von Parlament und Regierung ist die Gewaltenteilung in ihrer traditionellen Form obsolet – jedenfalls in bezug auf Parlament und Regierung. Der geballten Einheit von Regierung und Parlamentsmehrheit steht die oppositionelle Parlamentsminderheit gegenüber. Die Demokratiequalität parlamentarischer Systeme ist daher wesentlich von den Kontrollrechten abhängig, die dieser Minderheit eingeräumt sind.
Grundsätzlich sind alle parlamentarischen Kontrollrechte durchaus sinnvoll als Minderheitenrechte vorstellbar – mit Ausnahme des Rechtes, der Regierung das Mißtrauen auszusprechen. Alle Varianten des Frage- und des Enqueterechtes, also des Rechtes, Untersuchungen einzuleiten und durchzuführen, stehen – als Steigerung der Demokratiequalität – der Opposition offen.

2. Wahlen

a) Präsidentschaftswahlen

In der Mehrzahl der europäischen Staaten wird der Präsident indirekt, nämlich durch das Parlament (etwa in Griechenland oder Italien) oder durch ein besonderes Gremium (die Bundesversammlung in der BRD), gewählt. Eine Direktwahl des Präsidenten erfolgt in semi-präsidentiellen Systemen wie Frankreich, Finnland und einigen neuen Demokratien in Osteuropa (Polen, Rußland). Auch einige parlamentarische Systeme kennen als Besonderheit die Direktwahl des Präsidenten: Österreich, Portugal, Island und Irland.

b) Parlamentswahlen

In den meisten europäischen Staaten gilt das Verhältniswahlsystem, das Mehrheitswahlsystem bildet die Ausnahme.
In Großbritannien gilt die relative Mehrheitswahl in Einer-Wahlkreisen. Gewählt ist, wer im Wahlkreis die meisten Stimmen erhält. Das italienische Wahlrecht – früher ein Verhältniswahlrecht, seit Ende 1993 ein Mischwahlsystem – ist teilweise ähnlich ausgestaltet: Es gilt zu 75 % ein relatives Mehrheitswahlrecht, d. h., daß drei Viertel der Abgeordnetenmandate für Senat und Abgeordnetenkammer in Einer-Wahlkreisen in einem einzigen Wahlgang mit relativer Mehrheit vergeben werden; die

restlichen 25 % der Mandate werden weiterhin nach dem Verhältniswahlsystem verteilt. Ungarn kombiniert seit der Wahlrechtsreform 1989 Einer-Wahlkreise mit dem Verhältniswahlsystem über Listen.

In Frankreich gilt (mit Ausnahme der Wahl von 1986) ein absolutes Mehrheitswahlrecht. Wer im ersten Wahlgang die absolute Mehrheit der abgegebenen Stimmen erreicht, ist gewählt. In den Wahlkreisen, in denen keiner der Kandidaten die absolute Mehrheit erzielen konnte, ist ein zweiter Wahlgang durchzuführen. Diesem System folgend, ist nicht nur das Parlament, sondern auch der Staatspräsident zu wählen.

Das Mehrheitswahlsystem begünstigt die großen Parteien, während das Verhältniswahlrecht – zumindest in seiner Reinform – die Wählerpräferenz deutlicher widerspiegelt. Um aber einer Zersplitterung des Parteiensystems entgegenzuwirken, haben einige Staaten, in denen das Verhältniswahlrecht praktiziert wird, Sperrklauseln eingeführt: Parteien müssen eine bestimmte Marge erreichen, um gewählt zu sein. Dies ist in der Bundesrepublik Deutschland, in Dänemark, in Spanien, in den Niederlanden, in Norwegen, in Schweden und seit der Wahlrechtsreform auch in Österreich der Fall. Zudem verwenden die meisten Staaten als Verrechnungsverfahren die d'Hondtsche Wahlformel, die die Großparteien etwas begünstigt (Lijphart, 1994).

Von den vielen – leicht unterschiedlichen – Verhältniswahlsystemen soll noch kurz das der BRD herausgegriffen werden, das aufgrund seines Zweistimmensystems eine Besonderheit darstellt. Den Wählern stehen zwei Stimmen zu: Die erste wird für die individuellen Kandidaten in den Wahlkreisen, die zweite für die Landesliste der Parteien abgegeben. In den Wahlkreisen, die durchwegs – wie bei der Mehrheitswahl – Einer-Wahlkreise sind, gilt die relative Mehrheitswahl. Wer die meisten Stimmen hat, ist in den Bundestag gewählt. Doch für die endgültige Mandatsverteilung sind die Zweitstimmen ausschlaggebend, für die der Grundsatz der Verhältniswahl gilt, abgeschwächt durch eine Fünf-Prozent-Klausel. Das Stimmensplitting wird seit seiner Einführung 1953 immer häufiger angewandt. Die typischen *Zweitstimmenparteien* sind dabei die FDP und die Grünen. Es besteht die Tendenz, mit der Erststimme die Großparteien CDU/CSU und SPD zu bevorzugen, auch wenn mit der Zweitstimme eine andere Partei gewählt wird (Ritter/Niehuss, 1987,

S. 174 f.). Das *personalisierte Verhältniswahlrecht* Deutschlands ist somit keine Mischform aus Mehrheits- und Verhältniswahl, sondern ganz eindeutig eine Verhältniswahl, deren Fünf-Prozent-Klausel kleinere Parteien benachteiligt, deren System des Stimmensplittings jedoch wieder eher im Interesse der kleineren Parteien ist. Deshalb haben FPÖ und Grüne in Österreich bei der Reform des Nationalratswahlrechts 1993 das Stimmensplitting (also die Trennung von einer Stimme für einen Kandidaten und einer Stimme für eine Partei) auch für Österreich gefordert – und eben deshalb haben SPÖ und ÖVP das Stimmensplitting abgelehnt.

Zusammenfassung: Verhältniswahl sorgt für eine – tendenziell – spiegelbildliche Gerechtigkeit bei der Vertretung von Parteien im Parlament. Wegen der (möglichen/wahrscheinlichen) größeren Parteienzersplitterung geht dies aber unter Umständen auf Kosten einer stabilen Mehrheits- und damit Regierungsbildung. Die Mehrheitswahl wiederum gewährleistet mit hoher Wahrscheinlichkeit die stabile Mehrheit einer Partei (Beispiel: Großbritannien) oder eines Parteibündnisses (Beispiel: Frankreich), aber zu Lasten einer breiteren Vertretung von kleineren Parteien im Parlament. Die Verhältniswahl stellt somit den Gedanken der Gerechtigkeit in der Vertretung von Interessen im Parlament in den Mittelpunkt – die Mehrheitswahl hingegen den Gedanken der direkten politischen Legitimation einer mit klarer Mehrheit ausgestatteten Regierung.

c) Personalisierung des Wahlrechts

Grundsätzlich ist die Persönlichkeitswahl ein Merkmal der Mehrheitswahl – die Verbindung von Persönlichkeitswahl und Verhältniswahl ist nur begrenzt möglich. Während bei der Verhältniswahl für eine Partei bzw. eine Kandidatenliste gestimmt wird, werden in Mehrheitswahlsystemen Kandidaten in Wahlkreisen (üblicherweise einer pro Wahlkreis) direkt gewählt; gewählt ist, wer die Stimmenmehrheit auf sich vereinigt.

Die Mehrheitswahlsysteme in Frankreich und in Großbritannien und (seit der Wahlrechtsreform 1993) teilweise in Italien sind Beispiele für Persönlichkeitswahlen. Bei der personalisierten Verhältniswahl in der Bundesrepublik Deutschland wird mit der Erststimme in jedem Wahlkreis ein Abgeordneter direkt gewählt.

Trotz der strukturellen Unvereinbarkeit von Verhältniswahl und Persönlichkeitswahl versuchen einige Staaten unabhängig vom Grundsatz der Verhältniswahl, den Wählern einen möglichst großen Spielraum bei der Auswahl der Kandidaten zu eröffnen. Das ausgefeilteste System ist das der irischen *single transferable vote* (übertragbare Einzelstimmgebung), die 1923 festgelegt wurde. Auf dem Stimmzettel sind alle Bewerber alphabetisch angeführt. Es bestehen keine Listen. Erst seit 1963 kann die Parteizugehörigkeit angegeben werden. Gewählt wird in kleinen Wahlkreisen, wobei auf dem Wahlzettel durch eine Reihung der Kandidaten Präferenzen ausgedrückt werden können. Damit treffen die Wähler nicht nur eine Auswahl zwischen den Parteien, sondern auch unter den Kandidaten einer Partei (Nohlen, 1978, S. 314). Wenn Kandidaten schon genug Stimmen für ihre Wahl erzielt haben, werden die überschüssigen Stimmen, die sie auf sich vereint haben, nach einem komplizierten Rechenverfahren auf die nächsten Präferenzen verteilt. Obwohl nach diesem System die persönliche Wahlfreiheit sehr groß ist, zeigen Untersuchungen, daß sich die Wähler vor allem auf die Anfangsbuchstaben des Alphabets konzentrieren. Dieses Wahlsystem scheint in der Bevölkerung hohe Akzeptanz zu genießen: Als 1959 die relative Mehrheitswahl nach britischem Vorbild in Irland eingeführt werden sollte, entschied sich die Bevölkerung in einem Referendum dagegen.

Das parteienstaatliche Element der zentralen Rekrutierung von Parlamentsabgeordneten wird nach diesem Modell – auf Kosten der Vorhersehbarkeit politischer Karrieren und der Zusammensetzung des Parlaments – zurückgestuft. Dies gilt insbesondere für die zuletzt auch in Österreich, zumindest von den traditionellen Großparteien, durchgeführten Vorwahlen. Vor allem dann, wenn es sich um *offene* Vorwahlen handelt (eben auch für Nicht-Parteimitglieder), geht die Kontrollierbarkeit des Rekrutierungsvorganges durch die Parteispitzen zurück – ein unausbleiblicher Effekt jeder wirklichen Personalisierung.

Am österreichischen Beispiel läßt sich gut nachvollziehen, daß die verschiedenen Formen der Personalisierung mit verschiedenen Interessen zusammenhängen. Es gibt kein interessenunabhängiges Wahlrecht und keine politisch neutrale Form der Personalisierung. Die beiden in Österreich praktizierten Varianten der Personalisierung der Verhältniswahl zeigen, daß diese Interessenabhängigkeit die Wahlrechtsfrage zu einer parteipolitischen Machtfrage werden läßt.

Die beiden Varianten der Personalisierung waren das Vorzugsstimmensystem, das durch die Nationalratswahlordnung 1971 eingeführt wurde, und dessen Weiterführung durch die Nationalratswahlordnung 1993. Vor 1971 gab es die Möglichkeit, durch »Reihen und Streichen« auf die Kandidatenlisten Einfluß zu nehmen. Die Möglichkeit der Vorzugsstimme ist ein Element der Persönlichkeitswahl, die allerdings – im Unterschied etwa zu Irland – den Wählern nur sehr eingeschränkte Eingriffsmöglichkeiten bietet: Sie können eine Vorzugsstimme nur an einen Kandidaten der von ihnen gewählten Partei vergeben. Bei der Nationalratswahl 1990 wurde von der SPÖ der Zweck von Vorzugsstimmen (Umgruppierungen innerhalb der Liste) umdefiniert und für den Spitzenkandidaten Vranitzky eine Vorzugsstimmenkampagne geführt. So konnte nicht nur eine Parteistimme für die SPÖ abgegeben werden, sondern auch eine Vorzugsstimme für Vranitzky ohne gleichzeitiges Ankreuzen der SPÖ – damit wollte die SPÖ vom Kanzlerbonus profitieren und gleichzeitig psychologische Barrieren gegen die Wahl der SPÖ abbauen (Müller, 1991, S. 267). Diese Strategie war überaus erfolgreich: Mehr als ein Viertel der SPÖ-Stimmen wurde als Vorzugsstimmen für Vranitzky abgegeben. Aus einem Instrument der Demokratisierung war ein Instrument der zentralen Wahlkampfstrategie geworden.

Bei der Novellierung der Nationalratswahlordnung 1993 wurde das Vorzugsstimmensystem weiter ausgebaut. Obwohl auch ein Stimmensplitting – ähnlich dem bundesdeutschen Modell – diskutiert wurde, entschieden sich die Großparteien letztlich für eine Stärkung der Personalisierung durch ein zusätzliches Vorzugsstimmensystem auf der Ebene der Wahlbezirke (Neisser, 1993, S. 367) sowie durch die Schaffung wesentlich kleinerer Wahlkreise. Die Ergebnisse der letzten beiden Nationalratswahlen lassen allerdings bezweifeln, daß die Kandidatenlisten durch den Einfluß der Wähler in Bewegung geraten, und damit ist in Frage gestellt, ob das neue Wahlrecht wirklich »bürgerfreundlicher« (und somit unvermeidlich schwerer berechenbar) geworden ist.

Wie sehr die konkrete Form des Wahlrechtes die Interessen der Parteien berührt, läßt sich aus den Analysen der Ergebnisse der

Nationalratswahlen 1994 und 1995 erkennen. Die Verhinderung des Stimmensplittings dient ebenso den Interessen der Großparteien wie der Umstand, daß entgegen zuerst geäußerten Überlegungen die Nationalratswahlordnung keine Drei-Prozent-Hürde, sondern eine Vier-Prozent-Hürde vorschreibt. Wie die deutsche Erfahrung zeigt, nützt das Stimmensplitting kleineren Parteien, weil viele Wähler ihre Erststimme zwar einem Kandidaten einer Großpartei geben, die für die Mandatsverteilung aber letztlich ausschlaggebende Zweitstimme einer kleineren Partei. Und die Fixierung einer Vier-Prozent-Eingangsschranke erschwert den Erfolg kleiner oder neuer Parteien (Müller, 1996).

II. Partizipation jenseits der Wahlen

Das Unbehagen über die Demokratie ist nur zu oft ein Unbehagen über die (scheinbare/tatsächliche) Beschränkung auf Wahlen. Daß Demokratie im Staat auch Mitbestimmung über Wahlen hinaus heißt und Demokratie auch die Gesellschaft jenseits des Staates erfassen kann, motiviert Reformen und Reformbestrebungen in allen Demokratien. *Partizipation* bedeutet die unmittelbare, über die Wahrnehmung der rein repräsentativen Mitwirkungsrechte hinausgehende Beteiligung von Bürgern an der Gesetzgebung, Verwaltung und Rechtsprechung. In der Verfassung verankerte direktdemokratische Mitwirkungsrechte sind keine Selbstverständlichkeit: Innerhalb der EU sind sie weder in der BRD noch in den Benelux-Staaten, in Großbritannien oder in Portugal vorgesehen (Hrbek, 1993). Dänemark und Irland sind die EU-Staaten mit der größten Häufigkeit von Volksabstimmungen (Westle, 1992, S. 153).
In den stabilen Demokratien Westeuropas und Nordamerikas haben sich auf der Ebene der *Gesetzgebung* drei verschiedene Typen von Mitwirkungsrechten entwickelt. Dabei sind – nach österreichischer Terminologie – *Volksbegehren*, *Volksabstimmungen* und *Volksbefragungen* zu unterscheiden.

- Volksbegehren sind Gesetzesinitiativen, die – zumindest idealtypisch – von den Bürgern ausgehen. Häufig wird das Instrument des Volksbegehrens aber von der politischen Opposition eingesetzt. Damit für das Parlament die Verpflichtung entsteht, über diesen Vorschlag abzustimmen, ist eine bestimmte Zahl von Unterstützungserklärungen notwendig.

- Bei Volksabstimmungen geht die Gesetzgebungskompetenz vom Parlament auf das Volk über. Es gibt fakultative Volksabstimmungen, die auf Antrag von Bürgern, Ländern oder Verfassungsorganen durchzuführen sind, und obligatorische Volksabstimmungen – die jeweiligen Bedingungen dafür sind in der Verfassung festgelegt.
- Volksbefragungen stellen eine Möglichkeit dar – üblicherweise vor Erlassung eines Gesetzes – das Meinungsbild in der Bevölkerung zu erheben und so eine politisch opportune Entscheidung zu treffen.

Als ein Sonderfall der Beteiligungsmöglichkeiten ist das Abberufungsrecht gegenüber gewählten Funktionsträgern zu qualifizieren, das nur in den USA ausgeformt ist. Die österreichische Verfassungsbestimmung, nach der der Bundespräsident durch eine Volksabstimmung absetzbar ist, fällt als Spezialfall auch unter dieses Bürgerrecht.

Die Bürgerbeteiligung an der *Verwaltung* ist weniger etabliert als die Partizipation an der Gesetzgebung. Die beharrende, bürokratisch-hierarchische Struktur des Verwaltungsapparates blokkierte bis vor wenigen Jahren die Wahrnehmung von Bürgeranliegen und deren Einbindung in die Planung und Durchführung von Verwaltungsvorhaben. Die Erhaltung der Effizienz des Verwaltungshandelns wird immer wieder als Argument gegen die Mitsprache von Bürgern ins Treffen geführt. Der Begriff der Effizienz wird so rein technisch verstanden; übersehen wird dabei, daß Effizienz im politischen System auch bedeuten kann, die Loyalität der Staatsbürger durch das Eingehen auf ihre Wünsche und Bedürfnisse zu fördern.

Die Möglichkeiten der Bürgerbeteiligung in der Verwaltung reichen vom Recht auf Information und Einsichtnahme über ein Anhörungsrecht bis zur konkreten Mitentscheidung und Parteienstellung im Verwaltungsverfahren.

Die österreichische Diskussion entzündete sich vor allem an ökologischen Fragestellungen. Insbesondere die Auseinandersetzungen um den Bau des Kraftwerks in der Hainburger Au und andere umweltpolitische Konflikte sensibilisierten Öffentlichkeit und Politik für eine solche Demokratisierung des Verwaltungsverfahrens.

Auch in der *Gerichtsbarkeit* spielt Bürgerbeteiligung eine Rolle. Die Geschworenengerichte galten – als Ergebnis von bürgerlichrevolutionären Demokratievorstellungen – lange als eine wichtige Errungenschaft. In den letzten Jahren mehrte sich allerdings die Kritik an ihrer Sinnhaftigkeit: Sie wurden als Kontrollinstanz für politische Delikte eingerichtet und werden heute teilweise schon als Anachronismus gesehen. Einerseits sind die Laienrichter fachlich und emotional überfordert, andererseits wird die Kontrollfunktion heute durch die übergeordnete Instanz und die Medien wahrgenommen. In einigen US-amerikanischen Bundesstaaten verfügen die Bürger über Einflußmöglichkeiten auf die Justiz, die über die Geschworenengerichtsbarkeit hinausgehen. Die Richter werden direkt vom Volk gewählt.

In der Folge werden am Beispiel Österreichs die Möglichkeiten für Bürgerbeteiligung detaillierter dargestellt.

In Österreich sind die direktdemokratischen Möglichkeiten bei der Gesetzgebung und der Verwaltung im Vergleich zu anderen westeuropäischen Staaten gut ausgebaut. Sie bestehen – in unterschiedlichem Ausmaß – nicht nur auf Bundes-, sondern auch auf Landesebene.

Ende der achtziger Jahre wurde auf Bundesebene die *Volksbefragung* über Angelegenheiten von grundsätzlicher österreichischer Bedeutung – in Hinblick auf den geplanten EG-Beitritt – in die Verfassung aufgenommen. Damit hätte die für eine solche Gesamtänderung der Verfassung obligatorische *Volksabstimmung* umgangen werden sollen. Auch wenn dieses Instrument auf Bundesebene bislang noch nicht eingesetzt worden ist, so zeigt seine Einführung über den ursprünglichen Anlaßfall hinaus, daß die krisenhaften Brüche in Österreich das politische System zu Antwortversuchen veranlaßt haben.

Entsprechend der direktdemokratischen Orientierung der neuen sozialen Bewegungen wurde so neben der Volksabstimmung und dem Volksbegehren ein zusätzliches Instrument eingeführt. Zudem haben seit 1.7.1989 *Bürgerinitiativen* die Möglichkeit, sich an den Nationalrat zu richten. Bis zum Ende der XVII. Gesetzgebungsperiode am 4.11.1990 wurden 23 Bürgerinitiativen dem parlamentarischen Ausschuß für Petitionen und Bürgerinitiativen zugewiesen. In der XVIII. Gesetzgebungsperiode (1990–1994) erhöhte sich diese Zahl auf 105. Der Schwerpunkt liegt auf der Umweltpolitik, durchaus in Übereinstimmung mit der Orientierung der neuen sozialen Bewegungen.

Im Bereich der Verwaltung wurden auf Bundesebene 1988 die Amtsverschwiegenheit eingeschränkt und die Auskunftspflicht der Beamten statuiert – wesentliche Voraussetzungen für die Teilhabe der Bevölkerung an Entscheidungen. Es sind keine darüber hinausgehenden Beteiligungsrechte der Bürger vorgesehen, ein erster Ansatz dafür besteht aber im Mitwirkungsrecht des Umweltverträglichkeitsprüfungsgesetzes, das mit 1.7.1994 in Kraft getreten ist.
Auf *Länderebene* waren Volksabstimmung und Volksbegehren ursprünglich nur in Salzburg, Tirol und Vorarlberg vorgesehen. Erst die in den sechziger Jahren begonnene Föderalismusdiskussion führte in der Folge zur Verankerung dieser direktdemokratischen Instrumente in allen neun Bundesländern, wobei die formalen Erfordernisse teilweise sehr unterschiedlich geregelt sind.
Im Bereich der Verwaltung sind Volksbegehren im Burgenland, in Niederösterreich, in der Steiermark und in Vorarlberg vorgesehen. Abgesehen von Wien, Oberösterreich und Niederösterreich besteht auch die Möglichkeit von Volksbefragungen. Zudem kennen das Burgenland, die Steiermark und Vorarlberg die zwingend vorgeschriebene allgemeine Bürgerbegutachtung von Regierungsvorlagen. In der Steiermark ist auch eine fakultative Begutachtung von Verordnungsentwürfen möglich. Eine weitere steirische Besonderheit stellt die Kontrollinitiative dar, nach der 2 % der Stimmberechtigten eine Überprüfung durch den Landesrechnungshof einleiten können (Marko, 1992, S. 741).
Die Instrumente der direkten Demokratie werden auf Landesebene für die Gesetzgebung und die Verwaltung sehr wenig genützt. Das ist ein Ergebnis der hohen erforderlichen Beteiligung, die eine Organisation von Interessen zeit- und kostenintensiv macht. Wie in der Bundespolitik haben die Instrumente der direkten Demokratie aber auch in den Ländern eine wesentliche Funktion für die Opposition: Sie werden von der politischen Minderheit zur Durchsetzung ihrer Interessen verwendet.

III. Demokratieproblematik in der EU

Die Bemühungen um mehr und insbesondere mehr direkte Demokratie entsprechen den ursprünglichen Grundsätzen von Demokratie – die Vorstellung von einer kleinen Einheit, die mehr unmittelbare Mitsprache der Bürger ermöglicht.

Die Integration (West-)Europas und die Entwicklung einer Europäischen Integration, wie sie der *Vertrag von Maastricht* 1991 vorsieht, schaffen – zumindest in Ansätzen – einen europäischen Bundesstaat, der eine spezifische, supranationale Demokratieproblematik besitzt.

Die 1996 begonnene *Regierungskonferenz* der EU, die die Verfassung der Union neu schreiben soll, ist mit Forderungen nach mehr Demokratie konfrontiert. Dazu zählen die Vorstellungen, in einer *transnationalen* Demokratie auch auf europäischer Ebene plebiszitäre Elemente zu verankern (Erne [u. a.], 1995) und das nur mit eingeschränkten Gesetzgebungskompetenzen versehene Europäische Parlament zu stärken (Pelinka, 1995).

Der erste Ansatz verfolgt das Ziel, das den Reformtendenzen entspricht. Ein verstärktes Korrektiv in Form der Schaffung von mehr plebiszitären Strukturen soll den grundsätzlich repräsentativen Demokratien auf (national-)staatlicher Ebene hinzugefügt werden. Der zweite Ansatz will die Demokratie auf europäischer Ebene zunächst auf das Entwicklungsniveau bringen, das für die einzelnen Mitgliedstaaten der EU gilt – und das heißt vor allem Stärkung des Parlaments, des einzigen direkt bestellten Organs der EU.

Diese Tendenzen reiben sich, wie alle Konzepte einer Demokratisierung von Staat und (oder) Gesellschaft, mit bestehenden Interessen: Einige Staaten, wie Großbritannien, wollen keinen weiteren Ausbau der EU in Richtung Bundesstaat. Andere, vor allem kleinere Staaten, die innerhalb des derzeit entscheidenden Organs der EU, des Rates, überproportionales Gewicht besitzen, sehen ihre Position gefährdet. – Die Demokratieproblematik der EU unterstreicht einmal mehr, daß Demokratie sich nicht losgelöst von Interessen entwickelt.

Das britische Interesse ist die Folge der in Großbritannien zumindest derzeit vorherrschenden prinzipiellen Ablehnung einer föderalistischen Struktur der Europäischen Union. Das in Maastricht Erreichte ist das Maximum, das die Antiföderalisten zu akzeptieren bereit sind. Jede weitere Vertiefung der Demokratie auf EU-Ebene würde die EU verstärkt legitimieren und in die Kompetenzen der einzelnen Staaten eingreifen. Aus britischer Sicht darf der in den *Römischen Verträgen* 1957 angelegte und in Maastricht 1991 nochmals unterstrichene Souveränitätsverlust der Mitglieder zugunsten der Union durch eine Verbesserung

der EU-Demokratie nicht fortgesetzt werden. Im Prinzip entsprechen diese Interessen jenen, die Charles de Gaulle vor mehr als zwei Jahrzehnten formuliert hat: Ein Europa der Vaterländer braucht keine spezifische Demokratie auf europäischer Ebene.
Die Interessen der Kleinstaaten sind die Folge ihres Stimmengewichtes, das derzeit im Rat der EU im Vergleich zu den größeren Staaten – gemessen an der Einwohnerzahl – überproportional hoch ist. So verfügt Luxemburg im Rat über 2, Deutschland über 10 Stimmen. Die Relation der Einwohnerzahlen dieser beiden Länder ist jedoch 1:200. Das ist im Europäischen Parlament anders. So würde jede effektive Stärkung des Parlaments auf Kosten des Rates gehen – und damit die (relative) Privilegierung der Kleinen deutlich verringern (Bright, 1995).

IV. Resümee

Die internationale Diskussion darüber, was Demokratie ausmacht, hat sich – nach einer relativ passiven Phase in den achtziger Jahren – nun wieder belebt. Die Frage nach dem bestmöglichen Mischverhältnis von direkter und indirekter Demokratie ist neu gestellt. Die aktuelle Gegenüberstellung der verschiedenen Positionen kann auf die Konzeption *liberale* versus *populistische* Demokratie gebracht werden (Riker, 1982).
Populistisch ist eine Vorstellung von Demokratie, nach der den politischen Aktivitäten der Bürger letztlich keine substantiellen, sondern nur prozedurale Grenzen gesetzt sind – Souveränität kommt nur der Mehrheitsentscheidung zu. Zur liberalen Demokratie dagegen gehört eine Art *Politikverbot* bezüglich der Grundrechte, also insbesondere der Menschenrechte. Die Konzeption liberaler Demokratie sieht indirekt demokratische Institutionen nicht nur als Ausnahme von der Grundregel, sondern als Teil der Demokratie selbst vor. Demokratie ist demnach nicht nur Mehrheitsherrschaft, sondern auch und wesentlich die Vermeidung jedweder »Tyrannei« – sogar dann, wenn eine solche Tyrannei durch die Zustimmung der Mehrheit der Betroffenen legitimiert erscheint.
Über das Politikverbot wachen in liberalen Demokratien Höchstgerichte. In den USA verbietet die Judikatur des Supreme Court jede strafgesetzliche *Sanktion* von Abtreibungen. In der Bundesrepublik Deutschland behindert die Judikatur des Bundesverfas-

sungsgerichtes die strafgesetzliche *Freigabe* der Abtreibung. Beides erfolgt nicht mit Berufung auf einen Mehrheitswillen und auf parlamentarische Entscheidungen, sondern auf den Grundrechtskatalog – der von den beiden Höchstgerichten entgegengesetzt interpretiert wird. Damit ist freilich auch deutlich, daß die höchstgerichtlichen Wächter des Politikverbotes letztlich unvermeidlich selbst Politik machen. – Wer kontrolliert die Kontrollore? Weil es darauf keine endgültige Antwort gibt, wird allein schon aus diesem Grund die Dynamik der Demokratiedebatte und die konkrete Demokratieentwicklung nicht zum Stillstand kommen.

Abgesehen von dem Spannungsfeld populistisch/liberal in Hinblick auf die Grundrechte, geht es in der aktuellen demokratiepolitischen Diskussion um zwei weitere grundsätzliche Fragestellungen:

- In welchem Ausmaß soll der Bürger angesichts relativ neuer Politikfelder (z. B. Ökologie) und vor dem Hintergrund eines geänderten politischen Bewußtseins (z. B. Erosion der politisch-weltanschaulichen Lager) als Betroffener die Entscheidungen selbst in die Hand nehmen?
- Es gilt, Betroffenheit jenseits der Politik im engeren Sinne zu erkennen und als Motivation für politische Partizipationswünsche zu respektieren: Beteiligung eben nicht nur auf der politischen Ebene von Gemeinden, Ländern, des Bundes oder auch Europas, sondern auch Beteiligung in Schulen und Universitäten, Betrieben und Medien.

Für die Aktualisierung der ewigen Debatte um die Grenzen direkter Demokratie, um die Entwicklung neuer Formen direkter Mitbestimmung, ist aber zunächst eine entscheidende Vorfrage zu klären: Wer sind überhaupt die *Bürger*, die mitbestimmen sollen und dürfen? Wer zählt zum *Volk*?

Hier liegen wohl die entscheidenden Spannungsfelder der Zukunft: Die Form von Demokratie, die Ende des 20. Jahrhunderts in Europa und Nordamerika vorherrscht, ist im wesentlichen im 18. Jahrhundert geprägt worden. Der Nationalstaat mit grundsätzlich uneingeschränkter Souveränität bildet den Hintergrund unserer Demokratie. Doch diese Demokratie hat mit Massenmigration und europäischer Integration, mit der Explosion internationaler Mobilität und multinationalen Wirtschaftsverflechtungen zu tun. Das Konzept des Nationalstaates als letztendlich einzige materielle, geographische Grundlage von Demokratie ist hoffnungslos überholt. Denn diese Demokratie ist, sieht man von den bescheidenen Ansätzen einer europäischen Demokratisierung auf der Ebene der EU (z. B. *Eurobetriebsräte*) ab, im 18. Jahrhundert steckengeblieben.

Noch erschreckender ist die Diskrepanz zwischen Konzeption und Wirklichkeit, wenn der Faktor Zeit einbezogen wird. Betroffene der Zukunft sind überhaupt nicht berücksichtigt – nicht als Wähler, nicht als Träger von unveräußerlichen Rechten und auch nicht als Thema von Politik.

Wenn die Demokratie letztendlich Herrschaft des Volkes und der *Begriff* des Volkes nicht durch Abstammungsmythen bestimmt sein soll, dann muß heute *Volk* doch als die Summe von *Betroffenen* verstanden werden. Aber dieser Ansicht verschließt sich unsere aktuelle Form von Demokratie ganz entschieden. Demokratie, in Österreich beispielsweise, liebt die Menschen, die hier und jetzt – mit der österreichischen Staatsbürgerschaft ausgestattet – leben. Die Hunderttausenden, die auch hier und jetzt – aber ohne Staatsbürgerschaft – leben, sind ebenso nicht vorgesehen wie die unzähligen Menschen, die in Zukunft mit den Ergebnissen unserer Politik leben werden müssen.

Auf viele dieser Fragen gibt es natürlich keine fertigen Antworten. Aber es geht um die Schaffung eines Problembewußtseins – im Parteienstaat, im Verbändestaat, im Parlamentarismus, in der Sozialpartnerschaft.

Literatur

Bright, Christopher: The EU: Understanding the Brussels Process. The Essential Facts. Chichester 1995.

Erne, Roland [u. a.]: Transnationale Demokratie. Impulse für ein demokratisch verfaßtes Europa. Zürich 1995.

Fukuyama, Francis: The End of History and the Last Man. New York 1992.

Hanisch, Ernst: Der lange Schatten des Staates. Österreichische Gesellschaftsgeschichte 1890–1990. Wien 1994.

Hrbek, Rudolf: Demokratien in Westeuropa. In: Mehr Europa? Informationen zur politischen Bildung, 5 (1993), S. 46–58.

Lijphart, Arend: Electoral Systems and Party Systems. Oxford 1994.

Marko, Joseph: Verfassungssysteme der Bundesländer. In: Herbert Dachs et al. (Hrsg.): Handbuch des politischen Systems Österreichs. Wien 1992, S. 729–743.

Karl Heinz Gruber

Der Aufbruch der österreichischen Schule in das 21. Jahrhundert

I. Ein turbulenter gesellschaftlicher Kontext

Wie die Schulsysteme der anderen hochentwickelten westlichen Länder steht das österreichische Schulsystem am Ausgang des 20. Jahrhunderts vor der Herausforderung, in einem von raschem Wandel und vom Verlust traditioneller Orientierungen und bewahrter Deutungsmuster geprägten sozialen Kontext drei widersprüchliche und konfliktträchtige Aufgaben erfüllen zu müssen:

- individuelle Bildung zu ermöglichen,
- die Kontinuität und kulturelle Identität der österreichischen Gesellschaft zu gewährleisten und
- dem Qualifikationsbedarf von Wirtschaft und Gesellschaft gerecht zu werden.

Die Institution Schule muß auf gesellschaftliche Umstände und Entwicklungen reagieren, die durch Risiko (*Risikogesellschaft*, Beck, 1986), Unsicherheit (*The Age of Uncertainty*, Galbraith, 1971), Unübersichtlichkeit (*Die neue Unübersichtlichkeit*, Habermas, 1985) und die Untauglichkeit herkömmlicher Denkweisen (*The Age of Unreason*, Handy, 1990) gekennzeichnet sind:

- Die Schulen müssen die Schüler auf ein Berufsleben vorbereiten, das durch globale Megatrends grundlegend verändert wird. Angesichts eines für möglich gehaltenen beruflichen *40:30:30*-Szenarios, in dem nur mehr 40 % der arbeitenden Bevölkerung verläßliche Lebenszeit-Berufe haben werden, 30 % auf von mehrfachem Wechsel gekennzeichneten *Patchwork-* oder Teilzeitkarrieren angewiesen sein werden und der Rest von wiederholter, z. T. langer Arbeitslosigkeit bedroht sein wird, dürfte es zunehmend schwieriger werden, bei Jugendlichen – insbesondere bei solchen mit schwachen Schulleistungen – Lern- und Anstrengungsbereitschaft aufrechtzuerhalten.
- Bei der Verantwortlichkeit für die »Erziehung« bzw. bei der

»Arbeitsteilung« zwischen Schule und Elternhaus gibt es immer weniger Konsens. Die Schulen haben Schwierigkeiten, sich auf die unbefriedigende familiäre Sozialisation, auf schulkritische jugendliche »Gegen-Kulturen« und auf den erhöhten Zeit- und Argumentationsaufwand, der sich aus der Expressivität und den Selbstbestimmungsbedürfnissen von modernen Kindern und Jugendlichen ergibt, einzustellen (Fend, 1988).

- Die elektronischen Medien stellen nicht bloß dadurch eine schulische Herausforderung dar, daß etwa das Fernsehen und das Computerspielen bei vielen Kindern und Jugendlichen einen erheblichen Anteil der *potentiell schulbezogenen Zeit* einnehmen. Die neuere Generation der interaktiven, multimedialen Computer wird die Schule mit ihren nach wie vor traditionellen Lernritualen »alt aussehen lassen«, und es wird sich in absehbarer Zeit das Problem stellen, wie dafür vorgesorgt werden kann, daß »privatistisch« über den Computer/das Internet erworbene Qualifikationen schulisch anerkannt bzw. zertifiziert werden.
- Die gewaltige Expansion des Sekundarschulbesuchs – über die Schulpflicht hinaus – ist in vielen Ländern von zwei Erscheinungen begleitet, deren Tragweite in Österreich noch nicht ausreichend reflektiert wird: erstens die Heterogenisierung der Schülerschaft (zu den Kindern der schulisch »angepaßten« Mittel- und Oberschicht kommt eine wachsende Zahl von Kindern, die als »Bildungs-Aufsteiger« eine gewaltige *affektive Distanz* zwischen Schule und Elternhaus zu überwinden haben), und zweitens die sogenannte *vocationalization*, d. h. die *Verberuflichung der Sekundarstufe II* durch den massiven Andrang zu den berufsbildenden höheren Schulen. (In Frankreich ist dies eine explizite Regierungspolitik, in Österreich verläuft diese Entwicklung *laissez faire* durch die weitverbreitete Abwahl traditioneller gymnasialer Oberstufenformen.)
- In der Mehrzahl der OECD-Länder ist ein *Powershift* (Toffler, 1991), d. h. die Suche nach befriedigenderen und effizienteren Formen der Verteilung von Macht und Entscheidungskompetenzen auf die verschiedenen Ebenen des Schulsystems, im Gange. Es geht dabei vorrangig, aber nicht ausschließlich, um Prozesse der Deregulierung, Dezentralisie-

rung, Entbürokratisierung und Autonomisierung der einzelnen Schulen. Es handelt sich auch um einen Prozeß der Globalisierung und internationalen Vernetzung, sei es indirekt durch eine zunehmende Orientierung nationalstaatlicher Politik an internationalen Trends, um die Beurteilung nationaler Bildungssysteme auf der Basis übernationaler *Indikatoren* und Leistungsmeßwerte, wie dies von der OECD forciert wird, oder, wie im Falle der Europäischen Union, durch Standardisierungs- und Harmonisierungsbemühungen, hinter denen reale supranationale Macht steht.

- Schulische *Sparpakete* sind kein österreichisches Spezifikum. Die meisten europäischen Schulsysteme, die von den sechziger bis in die frühen siebziger Jahren ein »goldenes Jahrzehnt« (T. Husén) von Reformfreudigkeit, Planungsoptimismus und großzügiger Bildungsfinanzierung erlebt haben, machen seit etwa einem Jahrzehnt die Erfahrung restriktiver Bildungsbudgets. Bei der betriebswirtschaftlichen Prüfung der effizienten Nutzung von personellen, räumlichen und materiellen schulischen Ressourcen steht Österreich im internationalen Vergleich erst am Anfang.

II. Die Besonderheiten der österreichischen Bildungspolitik

Schulreformen sind in allen Ländern politisch kontroversiell und geraten rasch an die Grenzen dessen, was soziale Systeme an Innovation akzeptieren können bzw. wollen. Da Schulreformen die »bewährten« Verfahren der Statuszuweisung durch Schulerfolg (»Bildung«) verändern, werden sie, insbesondere wenn sie demokratisch-egalitäre Ziele verfolgen, von der um die Statusreproduktion ihres Nachwuchses besorgten Mittel- und Oberschicht – angeblich »aus Sorge um das allgemeine Bildungsniveau« – abgelehnt. Österreich hat in Europa nicht den Status eines Schrittmachers der Schulentwicklung, wie etwa Schweden oder die Niederlande. Das Gegenteil ist der Fall: Aufgrund einer besonderen Konstellation von Umständen scheint eine Schulreform in Österreich noch schwieriger zu sein als anderswo.

1. Polarisierung und Verkrampfung

Nirgendwo sind die Standpunkte der großen politischen Parteien in Grundfragen der Schulentwicklung so extrem polarisiert

wie in Österreich. Es handelt sich dabei nicht bloß um zwei unterschiedliche bildungspolitische Positionen, sondern um zwei weltanschauliche »Lager«, die seit ihrer Entstehung in den sechziger Jahren des vorigen Jahrhunderts in permanenter Konfrontation – mit Phasen von großer Erbitterung und Gehässigkeit – stehen.
Als ein Forschungsteam am Max-Planck-Institut für Bildungsforschung in Berlin Ende der sechziger Jahre eine internationale Studie über die Entwicklung der Differenzierung im Sekundarschulwesen von sieben Ländern durchführte, identifizierte man als österreichisches Spezifikum »das Phänomen einer bildungspolitischen Frontenbildung und daraus resultierenden Reduktion der schulpolitischen Argumentationsfähigkeit« (Robinsohn, 1975).
Auf der einen Seite steht heute die Sozialdemokratische Partei Österreichs sowie der – relativ wenig Engagement zeigende – Österreichische Gewerkschaftsbund, auf der anderen Seite die Österreichische Volkspartei, die mehrheitlich konservativen Lehrervereinigungen, die katholische Kirche und die zum Großteil »bildungsbürgerliche« Presse. Die beiden kleinen Parteien, die Grünen und das Liberale Forum, vertreten bildungspolitisch offene, liberale Positionen. Bisher gelang es ihnen aber ebensowenig wie der liberalen Zeitung »Der Standard«, die Diskussion zu entpolarisieren und zu entkrampfen. Der umstrittenste Topos ist seit Jahrzehnten die Einführung einer Gesamtschule für alle 10- bis 14jährigen. Debatten darüber erfolgen – wie in den sechziger Jahren – nach wie vor nicht auf der Basis rationaler Argumente und empirischer Befunde, sondern mittels affektiv stark besetzter Bekenntnisse, unbewiesener Behauptungen und (nicht als solche eingestandener) standespolitischer Befürchtungen. Mit der Beendigung der Schulversuche im Jahr 1986 wurde das Gesamtschulproblem jedoch nicht gelöst, sondern verdrängt.

2. Bürokratisierung

Die österreichische Schule leidet unter einer Hypertrophie des Prinzips der *Rechtsstaatlichkeit,* bei der Legalität als totale Verrechtlichung, Zentralisierung und uniformierende Bürokratisierung verstanden wird und formale Regeln der allgemeinen Verwaltung auf innerschulische pädagogische Prozesse und Entscheidungsfehler übertragen werden. So heißt es z. B. in einem von Schulverwaltungsjuristen verfaßten Studientext zur Lehrer-aus- und -fortbildung: »Im Bereich des Schulwesens erfaßt die staatliche Verwaltung auch die Unterrichtserteilung in den öffentlichen Schulen und alle damit verbundenen Verwaltungsakte« (Haider/Jonak, 1974). Und selbst ein prominenter reformfreudiger Bildungspolitiker hatte keine besonderen Schwierigkeiten damit, daß Unterricht, Förderung, Leistungsbeurteilung und Schülerberatung als »Verwaltungsakte« gelten oder daß – er zitierte die Erläuterungen zum Schulunterrichtsgesetz – »der vollen Verwirklichung des Gesetzmäßigkeitsprinzips bisweilen pädagogische Erfordernisse entgegenstehen« (Schnell, 1978). Fatalerweise scheinen hier nicht der ausufernde Legalismus, sondern die für Schulen wohl doch konstitutiven »pädagogischen Erfordernisse« – vielfältig und komplex, wie sie nun einmal sind – das »Ärgernis« zu sein.

Die Kritik am Grad und am Umfang der Bürokratisierung, die 1993 zur *Schulautonomisierung* führte, war offensichtlich nicht die Manifestation eines Gefühls der Rechtssicherheit, vielmehr war sie Ausdruck der Ohnmacht und der Entmündigung.

Bemerkenswerterweise war es nicht ein »Schuljurist«, sondern einer der prominentesten Verwaltungsjuristen Österreichs, der auf die Unangemessenheit der bisherigen österreichischen Schulrechtsdogmatik und ihre Untauglichkeit für die Demokratisierung und Weiterentwicklung des Schulwesens hinwies. Er stellte fest, daß »eine Demokratisierung [...] ausschließlich über das Medium des parlamentarischen Gesetzes höchst unzulänglich bleiben muß« und »vielmehr dort ansetzen [müßte], wo sich der zu demokratisierende Prozeß abspielt, also bei den innerschulischen Organisationsstrukturen und Herrschaftsbeziehungen«. Und es gelte, »Modelle zu entwerfen und in die Sprache des Rechtes umzusetzen, in denen die – mir unverzichtbar erscheinende – Letztverantwortung der Volksvertretung in ihrer Funktion als Gesetzgeber eine autonome Kooperation von Schülern, Lehrern und Eltern begründet und sichert, nicht aber zerstört« (Öhlinger, 1977).

Walter Berger erklärte die österreichische Praxis der zentralisierten Machtausübung im Bildungswesen mit dem Fortwirken der *dynastischen, imperialen Tradition* in die Gegenwart hinein und wurde dabei von Johnson (1973) bestärkt, der den allumfassenden Legalismus (*constitutionalism*) und den Bürokratismus in der Bundesrepublik Deutschland, wo es eine Fülle von Parallelen zur österreichischen Situation gibt, auf die *preußische Tradition* zurückführt.

3. Schulreform durch »legistische Meilensteine«

Die Einsicht, daß Schulsysteme Subsysteme von sich permanent verändernden Gesellschaften und als solche zur fortlaufenden Überprüfung und Weiterentwicklung ihrer Ziele, Strukturen und Funktionen gezwungen sind, scheint in Österreich nicht weit verbreitet zu sein. Es herrscht vielmehr ein statischer bzw. reaktiver Ansatz vor, der Schulreform als einen »durch Gesetz inaugurierte[n], in einer bestimmten Zeit ablaufende[n] und eine neue, dauerhafte und stabile Ordnung schaffende[n], administrativ-technische[n] Vorgang« sieht. In den anglo-amerikanischen und skandinavischen Ländern dominiert hingegen das Konzept der *rollenden Schulreform*, »als prinzipiell elastischer und offener Dauervorgang, [der] dem dynamischen Wandel der modernen Gesellschaft entspricht« (Anweiler, 1967). Schulreformen werden in Österreich als »legistische Meilensteine« angesehen, die in Jahrhundertabständen gesetzt werden (1774 Einführung der Schulpflicht – 1869 Reichsvolksschulgesetz – 1962 Schulorganisationsgesetz), zwischen denen schulische »Ruhe und Ordnung« zu herrschen haben.

Bei einer Meinungsumfrage im Jahre 1978 waren nur 20 % der Befragten für eine Fortsetzung der damals kaum acht Jahre betriebenen Schulversuche, welche wegen der gesetzlichen Beschränkung nur einen geringen Prozentsatz der 10- bis 14jährigen Schüler betrafen, während 60 % der Befragten dafür waren, »endlich mit den Reformen aufzuhören und die Schule in Ruhe zu lassen« (Höchtl, 1983). Daß eine weitgehend uninformierte Öffentlichkeit auf Veränderungen mit Ablehnung oder Skepsis reagiert, überrascht kaum.

4. Das Fehlen eines *Bildungsgesamtplans*

Die »Selbstläufigkeit« und die »Planlosigkeit«, die der österreichischen Hochschulpolitik (bemerkenswerterweise von zwei hohen Beamten des Wissenschaftsministeriums) vorgeworfen wird, kennzeichnet auch die Schulpolitik (Höllinger/Steinbacher/Richter, 1993). Während es in so gut wie allen Ländern so etwas wie einen *Bildungsgesamtplan*, ein Bildungs-*Weißbuch* oder eine andere Form von politischer Willensbekundung gibt, fehlt in Österreich ein parlamentarisch legitimiertes, Orientierung gebendes und Maßstäbe setzendes Planungsdokument. Statt auf klar formulierten Prioritäten beruht die Entwicklung der österreichischen Schule auf unverbindlichen Absichtsbekundungen von Koalitionsvereinbarungen, auf vagen und weitgehend impliziten Vorstellungen von der Kohärenz, Diversifizierung und Kapazität der Teilsysteme (Was ist eine wünschenswerte Typenproportion zwischen AHS und BHS?), auf der Verdrängung lästiger Fakten (die gewaltige regionale Varianz des AHS-Übertritts nach der Volksschule) und auf der Tabuisierung konfliktträchtiger Problembereiche wie die europaweit eingeführte Gesamtschule.

Diese das gesamte Bildungswesen betreffende Planungsabstinenz läßt sich bis zum ersten OECD-Bericht »Bildungsplanung in Österreich« (1966) zurückverfolgen. Dieser gibt in seinem Vorwort nüchtern, wenngleich im Widerspruch zu seinem Titel, zu, er sei »kein Plan im eigentlichen Sinn«, sondern enthalte »Feststellungen und Vorausschätzungen, die bei der Planungsarbeit des Bundesministeriums für Unterricht zu beachten sein werden«.

Es gibt in Österreich keine positiven Aussagen über eine von der Gesellschaft gewünschte Anhebung der Beteiligung an Bildung. Im Par. 44 AHStG ist bloß von der »zu erwartenden Zahl an Studierenden«, also von der (wie immer zustandegekommenen) aggregierten individuellen Bildungsnachfrage die Rede. Weder die Koalitionsabkommen der letzten Jahre – »Anhebung des allgemeinen Bildungsniveaus«, »Berücksichtigung der geänderten Bildungserwartungen« – noch das Schulentwicklungsprogramm der Bundesregierung 1990 – »Anpassung und Verbesserung des Bildungsangebots zur Behebung von Verteilungs- und Nutzungsdisparitäten« (Schepp, 1990) – enthalten implementierbare Festlegungen.

Der österreichische »OECD-Fachhochschulbericht« (BMWF, 1992) ist ein Beleg für dieses *Policy-Defizit*. Die beiden für Bildung zuständigen Minister verweisen in ihrem gemeinsamen Vorwort darauf, daß der Bericht »verschiedene Auffassungen« wiedergebe, was der »Meinungsvielfalt der österreichischen Diskussion« entspreche. In der Tat sind alle Aussagen des Berichts

»offiziös«, d. h., es handelt sich um private Expertisen bzw. um Stellungnahmen unterschiedlicher Gremien und öffentlicher Interessenvertretungen. Was der Bericht jedoch nicht enthält, ist die »offizielle Meinung« der Regierung.

5. Neuhumanistische »Altlasten«

Österreich gehört zum Einflußbereich des deutschen Neuhumanismus, in dem der Bildungsdualismus der ständischen Gesellschaft des frühen 19. Jahrhunderts fortlebt. Zwei obsolete Vorstellungen, die in allen anderen europäischen Ländern längst aufgegeben wurden, machen es vielen an der österreichischen Schulreformdiskussion Beteiligten schwer, ein zeitgemäßes Konzept von einer – in sich differenzierten – Allgemeinbildung sowie eine damit zusammenhängende gesamtschulische Sekundarstufe I zu akzeptieren: zum einen die Annahme, die Bevölkerung zerfalle in eine kleine, früh identifizierbare, gymnasial zu bildende Elite und in eine praktisch zu qualifizierende Mehrheit; zum anderen das Postulat, jedem unterschiedlichen Sekundarschultyp liege ein eigenes *Bildungsideal* zugrunde.
Außerdem besteht in Österreich ein auf den idealisierenden und spekulativen Neuhumanismus zurückzuführender Vorbehalt gegen die Empirie generell und eine Aversion gegen die Messung von Schulleistungen bzw. Tests im besonderen. Das hat zur Folge, daß sich über die Funktionstüchtigkeit des österreichischen Schulsystems kaum Aussagen treffen lassen und es nur ganz wenige international vergleichbare Leistungsdaten über österreichische Schüler gibt. Dazu kommen noch zwei Handicaps: Die österreichische Schulstatistik ist »sozial blind«, d. h., sie enthält keine sozialschichtspezifischen Angaben, die es ermöglichen würden, die Verringerung schichtspezifischer Chancenungleichheit zu verifizieren. Und es gibt in Österreich so gut wie keine Bildungsökonomie, die in Hinblick auf die *Sparpakete* zur Rationalisierung der Debatte über effizienten Personaleinsatz, die »Betriebswirtschaft« der einzelnen Schulen etc. genutzt werden könnte.

6. Mangelhafte »Aufklärung«

Es gibt in Österreich kein effizientes pädagogisches Massenmedium in der Art des britischen »Times Educational Supplement« oder des französischen »Le Monde de l'Education«, in dem von einem unabhängigen Bildungsjournalismus der Status quo des Bildungssystems kritisch dargestellt, »gute Praxis« vorgestellt, Schwachstellen aufgezeigt, die Pros und Contras von Reformvorschlägen diskutiert, Forschungsergebnisse allgemeinverständlich aufbereitet und neuere Literatur ausführlich besprochen werden.

Der während der Schulreformphase der siebziger Jahre etablierte »Informationsdienst für Bildungspolitik« und die Schulreform-Beilagen zur »Wiener Zeitung« haben wohl nur eine kleine Leserschaft erreicht und waren mit ihrer »ministeriellen Hofberichterstattung« von einem kritisch aufklärenden Bildungsjournalismus weit entfernt. Ihre Einstellung bzw. Auflösung waren jedoch kurzsichtige Maßnahmen. Die »Bildungsseiten« von Tageszeitungen wie dem »Standard«, den »Salzburger Nachrichten« oder der »Presse« sind eine anerkennenswerte Neuerung der letzten Jahre; die »Sachzwänge« einer Tageszeitung und die sich daraus ergebende Knappheit der Darstellung eignen sich aber nicht für einen differenzierten Diskurs.

Die wenigen pädagogischen Fachzeitschriften unterliegen der Logik, den wissenschaftsimmanenten Trends und den Publikationsritualen der Erziehungswissenschaft; sie sind nicht für eine breite, »öffentliche« Leserschaft konzipiert und erreichen diese auch nicht.

III. Elemente einer prospektiven Schulpolitik

1. Die Revitalisierung des bildungspolitischen Diskurses

Man mag die gegenwärtige Situation der österreichischen Bildungspolitik eher affirmativ als *Phase der Konsolidierung* oder eher kritisch als *Phase der Stagnation* bezeichnen. Faktum bleibt, daß Schule, Bildung und Schulreform den prioritären Status verloren haben, den sie während der siebziger Jahre innegehabt haben. Daß das österreichische Bildungswesen von der neokonservativen Tendenzwende weniger stark betroffen war als das deutsche, hat seinen Hauptgrund wohl darin, daß es in Österreich nur wenig »Tendenz« gegeben hat und es daher auch nicht viel zu »wenden« gab.

Angesichts der Geringschätzigkeit, mit der die österreichische Bildungspolitik 15 Jahre Schulversuchs-Begleitforschung, die zum Zwecke der politischen Entscheidungsfindung initiiert und deren Integrität nie in Frage gestellt worden war, zur Seite schob, ist es nicht verwunderlich, daß der von Tillmann (1991) für die Bundesrepublik konstatierte »massive Rückzug [der Erziehungswissenschaft, d. Verf.] aus reformerischen und politiknahen Forschungsfeldern« auch für Österreich zutrifft.

Es wäre naiv zu glauben, die Entfremdung von Bildungspolitik und Erziehungswissenschaft bzw. Bildungsforschung ließe sich allein durch »guten Willen« beseitigen und die »Lager-Mentalität« der beiden bildungspolitischen Großgruppen ließe sich durch einen Appell an Vernunft und Fairneß rasch und nachhaltig auflösen. Dennoch müßte es auch in Österreich möglich sein, jenen Prozeß der Entkrampfung und Versachlichung einzuleiten, den von den Parlamenten beauftragte Kommissionen in so unterschiedlichen Ländern wie Norwegen, Schweden, Spanien, Frankreich und den Niederlanden zustande gebracht haben. Musterbeispiele für demokratisch legitimierte öffentliche Problemlösungsgremien sind die schwedischen »Kommissionen«, in denen nach Sachkompetenz ausgewählte Politiker, Vertreter der Schulverwaltung, Erziehungswissenschaftler und Schulpraktiker Gutachten und Reformvorschläge erarbeiten.

In Österreich gibt es einen Überfluß an parteipolitischem Hick-Hack und an beiläufigen Ad-hoc-Vorschlägen, aber ein gravierendes Defizit an seriösem *educational policymaking*. Als parlamentarisch legitimierte Agentur für Schulreform und Schulentwicklung bietet sich die vor mehr als 25 Jahren eingerichtete Schulreformkommission an.

Selbst wenn man in Rechnung stellt, daß dieses von allen Sozialpartnern, allen politischen Parteien und allen möglichen Interessenvertretungen beschickte Gremium zu groß war und die Beratungen häufig aus einem der Problemlösung wenig förderlichen rituellen Abtausch voraussagbarer Pro- und Contra-Stellungnahmen bestand, ist ihr seit Jahren andauernder Dornröschenschlaf bedauerlich. Was geboten scheint, ist eine Reduzierung der Mitglieder auf eine handlungsfähige Größe, die (Neu-)Rekrutierung der Mitglieder nach ihrer nachweislichen Sachkompetenz und die Ausstattung mit einem allgemeinen und einem spezifischen Arbeitsauftrag. Zum einen geht es dabei um

- die Erkundung des in Österreich bildungspolitisch Wünschenswerten, realpolitisch Möglichen;
- die Stiftung von Konsens über Schule und Bildung sowie

über die Werte, Normen und »Gütekriterien«, nach denen das Bildungswesen insgesamt, einzelne Schulen und die Schulabgänger beurteilt werden;

- die Auseinandersetzung mit dem gesellschaftlichen Bildungsbedarf und die Antizipation des wirtschaftlichen »Qualifikationsbedarfs« sowie
- die Gewichtung und Bewertung bildungspolitischer Optionen.

Zum anderen sollte die Schulreformkommission für das Parlament konkrete Vorschläge auf der Basis wissenschafts- und praxisgestützter Recherchen erarbeiten, etwa zur pädagogischen Tauglichkeit und Sinnhaftigkeit des Sitzenbleibens, zur Reform des Lehrplans für die Sekundarstufe I, zum schulischen Umgang mit Antisemitismus und jugendlichem Rechtsradikalismus, zur Annäherung von AHS und BHS, zu den Rückwirkungen der Einführung von Fachhochschulen auf die Schülerströme der Sekundarstufe II.

Gleichzeitig mit der Reaktivierung der Schulreformkommission sollte eine Neudefinition der Rolle des »Zentrums für Schulversuche und Schulentwicklung« in Graz erfolgen, das seit der Beendigung der Gesamtschulversuche keine klar erkennbare Aufgabe hat. Als *Clearinghouse* bzw. »Koordinationsstelle« für die schulreform-relevante Bildungsforschung könnte das Zentrum auch die Funktion des Wissenschaftstransfers zur Schulreformkommission übernehmen.

Die sogenannten »Bildungsforen«, die das Unterrichtsministerium seit einigen Jahren für ausgewählte »Multiplikatoren« aus Lehrerbildung, Schulaufsicht, Schulverwaltung und Erziehungswissenschaft veranstaltet, könnten durch Einbettung in ein breiteres Konzept der Schulreform strategisch aufgewertet werden. Nachhaltige Schulerneuerung muß allerdings alle Interessierten und erst recht alle Betroffenen in den Diskurs einbeziehen. Deswegen braucht das österreichische Bildungswesen ein Massen(print)medium mit dem Schwerpunkt Bildung/Schule/Lernen/Aufwachsen,

- das im Lehrerzimmer jeder Schule aufliegt und von allen Lehrerinnen und Lehrern zumindest »durchgeschaut« wird;
- das an jedem Zeitungskiosk für »jedermann«, insbesondere aber für die für Bildung und Schule im engeren Sinne Verantwortlichen (Bildungspolitiker, Vorsitzende von Schulge-

meinschaftsausschüssen und Elternvereinen etc.), erhältlich ist;
- in dem die Visionen und Pläne von Bildungspolitikern mit dem konfrontiert werden, was Lehrerinnen und Lehrer unter den Bedingungen des schulischen Alltags für realistisch und machbar halten;
- in dem kritische journalistische Recherchen ein ehrliches Bild vom Status quo des Schulwesens geben;
- in dem öffentlich und ohne pragmatische Verkürzungen über Schule und Bildung nachgedacht werden kann, damit ideologische Behauptungen und unbegründete Befürchtungen (auf denen zur Zeit ein Teil der österreichischen Bildungspolitik beruht) durch rationale Argumentation und die Auseinandersetzung mit wissenschaftlichen Befunden von vernünftigen Handlungsstrategien abgelöst werden.

2. Ein *Weißbuch* bzw. *Bildungsgesamtplan*

Es gibt eine Reihe von Gründen für eine systematische Standortbestimmung des österreichischen Schulwesens und die Erarbeitung eines *Bildungsgesamtplans* bzw. *Weißbuchs* über die Zukunft der österreichischen Schule:
- Ein Vierteljahrhundert nach dem ersten OECD-Bericht »Bildungsplanung in Österreich« scheint es an der Zeit, für eine Selbstvergewisserung des österreichischen Schulsystems hinsichtlich der Gültigkeit seiner Organisationsprinzipien und der Stimmigkeit des Gesamtsystems angesichts der Veränderung einzelner Sektoren in den letzten Jahrzehnten zu sein.
- In mehreren Ländern, darunter in Frankreich, in den USA, in der BRD und in Schweden, wurde oder wird das Jahr 2000 zum Anlaß für eine planerische und perspektivische Neuorientierung der Entwicklung des Bildungssystems genommen.
- Wie andere Bereiche der Politik, etwa das Gesundheitswesen, kann sich das Bildungswesen nicht mit einer Fortschreibung des nachfragegesteuerten Status quo begnügen, sondern muß sich an einer vorausschauenden, aktiven und gesellschaftliche Entwicklungen antizipierenden Planung orientieren.

Die »Megatrends« in den spätindustriellen Gesellschaften der westlichen Welt sind im Lichte der wirtschaftlichen, sozialen,

historischen und demographischen Situation Österreichs auf ihre Relevanz für den vorgesehenen ersten Planungszeitraum (5 Jahre ?) bzw. längerfristig zu prüfen und zu berücksichtigen.
Ein Bildungsgesamtplan darf nicht als technokratische Maßnahme der zentralen Schulverwaltung (»des Ministeriums«) mißverstanden werden, sondern ist als explizite, rationale, wissenschaftlich fundierte Entscheidungsgrundlage zu sehen, die auf die legitimen Mitentscheidungsbefugnisse aller betroffenen Instanzen Rücksicht nimmt.
Das bedeutet, daß gesamtstaatliche, »systemische« Interessen mit den Anliegen der Länder, mit den professionellen Autonomisierungsbedürfnissen der Lehrer und mit den Forderungen der Wirtschaft abgeklärt werden müssen. Im Zentrum des Bildungsgesamtplans steht klarerweise das Schulsystem selbst. Hier geht es (exemplarisch) um

- die Vergewisserung der Prinzipien, Ziele und Prioritäten, nach denen die Funktionstüchtigkeit bzw. Qualität des Schulsystems beurteilt wird, etwa
- ▫ die Sicherung des »Bürgerrechts auf Bildung« durch den Abbau von sozialen, regionalen und geschlechtsspezifischen Ungleichheiten bei der Teilhabe an weiterführender Bildung;
- ▫ die Integration von lernschwachen und behinderten Kindern in das Regelschulsystem;
- ▫ die gezielte Förderung multikultureller Erziehung;
- ▫ die Verbesserung des schulischen Managements und die ökonomische Nutzung schulischer Ressourcen;
- ▫ die Anhebung der Beteiligung an weiterführender Vollzeitschulbildung bzw. der Hochschulzugangsquoten auf ein Niveau, das sich am OECD-Durchschnitt orientiert;
- die Prüfung der Angemessenheit der gegenwärtigen Schulorganisation, ob sie imstande ist, diese Ziele und Prinzipien auch tatsächlich zu realisieren. Hier geht es unvermeidlich um die Organisation der Sekundarstufe I, die Beibehaltung des Polytechnischen Lehrgangs, den Weiterbestand des dualen Systems der Berufsbildung und den Trend zur Vollzeit-Berufsbildung;
- die Neudefinition eines allgemeinen, während der Pflichtschulzeit grundlegenden Lehrplan-Fundamentums (*core curriculum*) und das Ausmaß der curricularen Differenzierung durch verschiedene Schulformen oder durch subjektive Fä-

cherzuwahl, ein Problemfeld, das durch die europaweite Annäherung bzw. Durchdringung von Allgemeinbildung und Berufsbildung an Bedeutung gewinnt;

- die Beibehaltung der getrennten Lehrerbildung für Pflichtschulen und für höhere Schulen oder ihre Integration wie in den meisten europäischen Ländern;
- Lehrerfortbildung als konstitutives Element eines professionellen Selbstverständnisses der Lehrerschaft zur Erhöhung der Innovationskapazität und der Teamfähigkeit;
- die empirische Messung von schulischen Leistungen und Einstellungen nationaler Samples von Schülern, um verläßliche Daten über die Tüchtigkeit des Systems zu erhalten, wie sie auch für das Indikatorenprojekt der OECD und für die IEA-Studien benötigt werden.

Von fundamentaler Bedeutung für alle einschlägigen Maßnahmen ist die Planungskompetenz des Unterrichtsministeriums. Viel spricht dafür, daß im BMUK – wie in den meisten anderen OECD-Ländern – eine Planungs-, Bildungsforschungs- und Schulentwicklungssektion eingerichtet wird. Dies sollte zu einer wesentlichen Stärkung systemischen Denkens führen, das die Entwicklungsanliegen des Gesamtressorts vernetzt wahrnimmt. Angesichts der sich abzeichnenden Neuverteilung schulischer Entscheidungsbefugnisse ist konsequenterweise auch die Planungskompetenz der Landesschulbehörden und erst recht der mit mehr Autonomie ausgestatteten einzelnen Schulen auszubauen.

Abgesehen von einer weitverbreiteten Planungsskepsis, werden eine kritische Prüfung des Status quo und die daraus zu ziehenden Konsequenzen auf Widerstände stoßen, weil traditionelle Vorstellungen und Praktiken in Frage gestellt und unbequeme Neuorientierungen erforderlich werden. Strategien bzw. Maßnahmen zum Abbau von solchen Widerständen werden zu den Aufgaben der Planungsgruppe gehören.

3. Die Neuverteilung der pädagogischen Macht

Dezentralisierung und *Schulautonomie* gehören ebenso wie *Schulqualität* und *Schuleffektivität* seit etwa eineinhalb Jahrzehnten zu den Leitmotiven des internationalen Diskurses über Schulreform.

Die Suche nach der »optimalen Balance von zentraler Lenkung und lokaler Autonomie« (Specht, 1994) wirft in mannigfaltigen nationalen Varianten das Problem auf,

- welche Entscheidungen
- auf welcher Ebene des Bildungssystems
- von wem
- mit welchem Freiheitsgrad bzw. »wie autonom« getroffen werden können oder getroffen werden sollen.

Es spricht viel dafür, den Begriff *Schulautonomie* immer mit verfremdenden Anführungszeichen zu verwenden, denn aufgrund der Komplexität und Vernetzung der meisten schulischen Entscheidungen gibt es nur wenige, die »autonom« im eigentlichen, engeren Sinn des Wortes sein können. Was in einem Land für dezentralisierbar bzw. »autonomisierbar« gehalten wird, unterliegt nationalen Traditionen, d. h. kulturell geformten Vorstellungen und gesetzlich-administrativen Konventionen, von der Angemessenheit und Legitimität der Machtverteilung.

Die Akteure auf den unterschiedlichen Ebenen (Lehrer, Schuldirektoren, Ministerialbeamte) beziehen ihre Rollen und ihre Vorstellungen von Verantwortlichkeit, von »Unabdingbarem« oder »Unzumutbarem« aus der Positionierung im jeweiligen nationalen Macht- und Entscheidungsgefüge. Ein Großteil der Autonomisierungsmodelle und -theorien stammt aus angloamerikanischen Ländern, in denen die einzelne Schule traditionell ein größeres Maß an institutioneller Selbstbestimmung hat als in Kontinentaleuropa und die Lehrer sich eher als *Professionals* denn als Beamte verstehen.

Was sind die Gründe für folgende Akzentverschiebungen bzw. Perspektiven- oder »Paradigmenwechsel« der Bildungspolitik und der Erziehungswissenschaft (Rolff, 1993):

- von der *Makropolitik* (Mitter, 1993) zur *Mikropolitik* (Ball, 1987);
- von der Reform des Gesamtsystems – »von oben und von außen« – zur Entwicklung der einzelnen Schule – »von unten und von innen« (Gruber, 1988);
- von der Schulstruktur zur Schulkultur;
- von der vorausgehenden bürokratischen Determination schulischer Entscheidungen zu ihrer nachträglichen evaluierenden Kontrolle (Granheim et al., 1990);
- vom politischen Interesse an Schulreform und Chancen-

gleichheit zum »entpolitisierten« Interesse an Schulqualität und der Forderung nach Schulvielfalt (Bargel, 1992; Pelinka, 1994)?

Handelt es sich, wie Weiler meint, um eine Art »Pendelbewegung« der Schulentwicklung bzw. »um den Ausdruck einer gewissen internationalen Periodizität bildungspolitischer Prioritäten, bei der – zum Beispiel – auf Phasen der stärkeren Betonung von Chancengleichheit und Umverteilung die vorrangige Beschäftigung mit Qualität und Tüchtigkeit folgt, und wo auf Perioden des stärkerenVertrauens auf Zentralisierung eine ausgeprägte Bevorzugung dezentraler Formen der Machtausübung folgt [...]?« (Weiler, 1990) Oder beginnen nun auch die Schulsysteme – allmählich, widerstrebend, verspätet – als Teilsysteme hochentwickelter post-industrieller Gesellschaften jene *Megatrends* mitzuvollziehen, die nach Naisbitt Gesellschaft, Wirtschaft und Politik verändern, darunter die Entwicklungen

- von Zentralisierung zu Dezentralisierung,
- von der repräsentativen zur partizipatorischen Demokratie,
- von Hierarchien zu Netzwerken (Naisbitt, 1984)?

To round up the usual suspects seien hier einige der häufig vorgebrachten und in der Regel miteinander verquickten demokratiepolitischen, organisationssoziologischen, innovationstheoretischen, erziehungswissenschaftlichen und bildungsökonomischen Argumente angeführt (ausführlich dazu HIBS, 1987 ff.; AECSE, 1990; Elmore, 1990; Murphy, 1991 und Obin, 1993):

- die Repädagogisierung der Institution Schule durch ihre Befreiung von hypertropher, disfunktional gewordener Bürokratie;
- die »Wiederentdeckung« der einzelnen Schule als Forschungsgegenstand sowie als »Aufgaben- und Problemlösungskontext«;
- die Schwierigkeit, durch zentrale, basisferne Regeln der Komplexität und Heterogenität regionaler Kulturen gerecht zu werden;
- die Enttäuschung über den geringen Impakt makropolitischer schulischer (Struktur-)Reformen, z. T. gespeist von der Politik- und Staatsverdrossenheit der *Education of the New Right* in der Form von Thatcherismus und Reagonomics;
- die Professionalisierung und das *empowerment* der Lehrerschaft, um ihr Engagement und ihre pädagogische Kreativi-

tät freizusetzen und um den Kollegien einzelner Schulen die Chance zu bieten, eine *corporate identity* zu entwickeln und die kollektive Verantwortung für die Verbesserung der Qualität ihrer Institution zu übernehmen;

- die Ausweitung von Bürgernähe, Mitbestimmung und Klientenorientierung, die bereits in zahlreichen gesellschaftlichen Belangen erfolgt ist, auf den Bereich der Bildung;
- das neu erwachte bzw. politisierte Bewußtsein von der unterschiedlichen Qualität der Schulen und der sich verstärkende *Bildungs-Konsumerismus* der Eltern;
- die Erhöhung der Effektivität und Effizienz des Einsatzes (knapper werdender) öffentlicher Mittel für Bildung durch lokale Kontrolle, Mitverantwortung und Rechenschaftspflicht (*accountability*);
- die Zurücknahme der bestehenden gesetzlich-administrativen Regelungsdichte auf allgemeine Zieldefinitionen und Rahmenrichtlinien, flankiert von externer Evaluation.

Zwischen den »Logiken« der Zentralisierung und der Dezentralisierung bestehen vielfach ungelöste Spannungen und Widersprüche: auf der einen Seite die Sicherstellung der Systemerhaltung, der Chancengleichheit, der fairen Ressourcenallokation und der landesweiten Standardisierung von Qualifikationen; auf der anderen Seite das Streben nach regionaler Vielfalt, nach basisnaher Mitbestimmung und nach professionellen, standortspezifischen »Freiräumen«.

Noch ist nicht abzusehen, wie weit angesichts der josephinistischen, etatistischen Tradition in Österreich Dezentralisierung und Entbürokratisierung gehen werden. Viele Lehrer sehen durch das zeitliche Zusammentreffen des Beginns der Autonomisierung mit den schulischen Sparpaketen in der Autonomisierung weniger eine Chance zu einer befriedigenderen, selbstbestimmteren Berufsausübung als eine Delegierung des Verteilungskampfes um schrumpfende Ressourcen an die einzelnen Schulstandorte.

Charlot (1994) und Pelinka (1994) zerstören die Hoffnung, daß Autonomisierungwürde mit *Entpolitisierung* einhergeht; beide sehen pädagogische Machtausübung als *zero sum game*: Wenn bestimmte Interessengegensätze und die daraus resultierenden Konflikte nicht von zentralen Instanzen ausdiskutiert und gelöst werden, so tauchen sie unvermeidlich auf der autonomen, einzelschulischen Ebene auf und müssen dort mikro-politisch ausgehandelt werden. Zentralstaatliche *De-Regulierung* bedeutet de facto einzelschulische *Re-Regulierung*.

4. Schulorganisation: die Verdrängung der Gesamtschule

Die europäische Schullandschaft hat sich in den vergangenen Jahrzehnten einerseits durch »souveräne« nationale Reformen, andererseits durch übernationale Anpassungsprozesse aus der Logik hochkomplexer Bildungsgesellschaften heraus nachhaltig verändert.

Wenn in der Folge von gesamteuropäischen Trends gesprochen wird und Verallgemeinerungen getroffen werden, so sind diese durchwegs nicht einheitlich, nicht gleich stark und im Hinblick auf unterschiedliche nationale Traditionen und spezifische politische und administrative Umstände zu relativieren. Insbesondere ist zu berücksichtigen, daß in den deutschsprachigen Ländern die Resistenz gegenüber Reformen und Innovationen stärker ist als anderswo.

In vielen Ländern hat in den Grundschulen eine »stille Revolution« stattgefunden. Befruchtet durch die kindzentrierten Lern- und Umgangsformen der Vorschuleinrichtungen und befreit vom Druck, für die Sekundarschulen auslesen zu müssen, steht nunmehr Individualisierung im Zentrum der Bemühungen vieler Primarschullehrer. Sitzenbleiben, das sich in großen empirischen Meta-Analysen als pädagogisch nicht nur fragwürdig, sondern schädlich erwiesen hat, ist in vielen Ländern im Grundschulbereich abgeschafft worden. Fächerübergreifende, projektartige, »offene« Lernformen haben den Grundschulunterricht in erheblichem Maße von Zwängen des Stundenplans befreit und soziales Lernen und die Öffnung der Schule bezüglich ihrer Umwelt begünstigt. In den meisten skandinavischen und britischen Grundschulen hat die moderne Informationstechnologie ohne groß angekündigte Reformen Eingang gefunden; so gibt es kaum mehr britische oder norwegische Primarschulklassen ohne Computer und kindgerechte Software.

Italien, Schweden und Großbritannien waren die Länder, die bei der Integration von »Sonderschülern« in Regelschulen eine Schrittmacherrolle übernommen haben und nur mehr solche Schüler in besondere schulische Einrichtungen einweisen, die eine therapeutisch ausgestattete, geschützte schulische Umwelt

benötigen. Im Bereich der Sekundarstufe I haben die meisten europäischen Länder in den sechziger und siebziger Jahren (z. T. schon früher) Gesamtschulreformen durchgeführt. Die psychometrische Unverläßlichkeit und die soziale Verzerrung der frühen Sekundarschulauslese – beides empirisch vielfach nachgewiesen – erzeugten in so unterschiedlichen Ländern wie Schweden, Italien und Frankreich einen so starken politischen Druck, daß die schulorganisatorische Differenzierung bis zum Ende der Schulpflicht durch integrierte Gesamtschulsysteme ersetzt wurde. In den skandinavischen Ländern wurden im Rahmen der Gesamtschulreform durchgehende, neunjährige *Grundschulen* für die gesamte Pflichtschulzeit etabliert, die Primarschule und Sekundarstufe I verschmelzen. In Frankreich und Italien wurden die Gesamtschulen als Mittelstufen eingerichtet, während es in Großbritannien *comprehensive schools* mit unterschiedlichem Stufenumfang gibt, darunter Langformen für die gesamte Sekundarschulzeit von 11 bis 18 Jahren.
Die verschiedenen nationalen Gesamtschulsysteme, deren Schülerschaft nunmehr die gesamte soziale Bandbreite und das gesamte Begabungsspektrum umfaßt, realisieren die unabdingbare Differenzierung nach Talent und Interesse auf unterschiedliche Weise. Während zum Beispiel in Schweden und Norwegen der Großteil der Lernerfahrungen auf der Sekundarstufe I in heterogenen Stammklassen mit flexibler Binnendifferenzierung und individualisierten Materialien erfolgt und sich die Schüler einem Teil ihres Lehrplans durch die Wahl von unterschiedlich schwierigen Niveaukursen und Wahlpflichtfächern individuell anpassen können, werden in Frankreich (und an manchen britischen *comprehensive schools*) die weniger leistungsfähigen und an weiterführender Bildung nicht interessierten Schüler in spezielle Abteilungen bzw. Sonderklassen segregiert. Es gibt jedoch einen unverkennbaren übernationalen Trend weg von der Ghettoisierung leistungsschwacher, schulisch gering motivierter und oft aus der Unterschicht stammender Schüler. Denn es entstehen überall dort, wo solche Schüler in *Restschulen* oder abgesonderten Einheiten innerhalb von Gesamtschulen zusammengefaßt werden, konfliktträchtige Subkulturen mit Merkmalen wie Disziplinschwierigkeiten, Schulschwänzen, geringem Anspruchs- und Leistungsniveau etc.
Die Expansion der Sekundarstufe II bewirkte in vielen Ländern

einen Funktionswandel der Langformen, die bisher auf universitäre Studien ausgerichtet waren. Es kommt zur vermehrten Zulassung von nicht unbedingt an Hochschulstudien interessierten Schülern, zu einer Erweiterung der Bildungsangebote und zu einer begrenzten (BRD) oder starken (Großbritannien) institutionellen Verschmelzung von allgemeinbildenden und berufsbildenden Bildungsgängen. Ein eindrucksvolles Beispiel für den Funktionswandel einer Oberstufe und der in ihr vermittelten Sekundarschulabschlüsse ist das französische Lycee, das dabei ist, von einer Eliteinstitution für eine akademisch orientierte Minderheit zu einer Schule für (fast) alle Schüler der Sekundarstufe II zu werden. Während um 1900 nur 1 % des Altersjahrgangs ein der Matura entsprechendes Bakkalaureat erwarb und es auch 1960 erst 10 % waren, weitete die *Explosion scholaire* diesen Anteil auf 20 % im Jahr 1970 und schließlich auf 50 % im Jahr 1990 aus. Bis zum Jahr 2000 sollen etwa 80 % der französischen Sekundarschüler ein berufs- oder allgemeinbildendes Lycee abschließen. Selbstverständlich sind die vielen neuen Bakkalaureats nicht mehr identisch mit den akademischen Abschlüssen des Jahres 1900, aber 80 % der französischen Jugendlichen sollen ihr Begabungspotential bis zum Ende der Sekundarstufe II in Vollzeitschulen entwickeln.
In den deutschsprachigen Ländern ist das duale System der Berufsbildung zwar noch intakt, doch in der Mehrzahl der westeuropäischen Länder zeichnet sich ein Trend zu berufsorientierten Vollzeitschulen ab, in denen ein allgemeinbildender »Kern« durch eine zunächst größere Berufsfelder erschließende und sodann auf bestimmte Berufe abzielende Ausbildung im engeren Sinne ergänzt wird. Europaweit verliert die scharfe Demarkationslinie zwischen Allgemeinbildung und Berufsbildung an Bedeutung. An die Stelle fixer, durch Lehrpläne festgeschriebener Fächerpakete für bestimmte Schultypen treten Kombinationen von Pflicht- und Wahlfächern, die den einzelnen Schülern die Entwicklung individueller Qualifikationsprofile ermöglichen. Sowohl das internationale Bakkalaureat als auch die reformierte bundesdeutsche Oberstufe demonstrieren, wie die Sorge um ein *Kerncurriculum*, das in alle wesentlichen Lernerfahrungsbereiche einführt, mit Individualisierung kombiniert werden kann. In den Oberstufen Schwedens, Großbritanniens, der Bundesrepublik und beim internationalen Bakkalaureat können die Jugend-

lichen im Pflichtbereich zwischen inhaltlich und zeitlich unterschiedlich anspruchsvollen Varianten von Fächern wählen. »Schlüsselfächer« wie die Mathematik oder eine moderne Fremdsprache sind nicht zur Gänze abwählbar, aber sie können in einer »allgemeinbildenden« Variante im Ausmaß von 2/3 Wochenstunden oder in einer schwierigen Schwerpunktvariante von 5/6 Wochenstunden absolviert werden. Die Aufnahme von »berufsrelevanten« Wahlfächern befreit vormals allgemeinbildende Bildungsgänge von ihrer vorrangigen Ausrichtung auf universitäre Studien, wie umgekehrt die Ausweitung der allgemeinbildenden Elemente in berufsschulartigen Bildungsgängen der Sekundarstufe II diese »nach oben« durchlässiger macht, wie schwedische Gymnasialschulen, offene englische *Sixth Form Colleges* und deutsche Fachoberschulen belegen.
Nicht zuletzt wegen der so gut wie nicht vorhandenen Effizienzkontrolle des Schulsystems – im Vergleich zu den hervorragenden französischen Jahresberichten der Schulentwicklung ist die österreichische Schulstatistik ein kaum nutzbarer Datenfriedhof – war es der österreichischen Bildungspolitik möglich, die Gesamtschulversuche zu beenden, die Mängel und Unstimmigkeiten der Sekundarstufe I zu verdrängen, die Diskussion weithin auf dem Niveau der zwanziger Jahre zu führen und sich über die Frage hinwegzuschwindeln: Wieviel Ungleichheit der Bildungschancen ist in Österreich tolerierbar? Im österreichischen Durchschnitt treten etwa 30 Prozent der Zehnjährigen in eine AHS-Unterstufe ein. In Wien und in anderen städtischen Ballungsräumen liegen die AHS-Übertritte jedoch bereits bei der 60-%-Marke, und in einigen Wiener (»Nobel«-)Bezirken gehen an die 80 % Prozent der Volksschulabgänger in das Gymnasium.
Die Hauptschule ist auf dem besten Weg, in städtischen Bereichen zu einer Restschule für Unterschicht- und Gastarbeiterkinder zu werden. In ländlichen Regionen wird sie vor allem aus Tradition (einstweilen noch die Mehrheit) oder aus Mangel an einer nahegelegenen AHS besucht.
Es ist eine offene Frage, welche Art von »gymnasialer Bildung« an AHS-Unterstufen stattfindet, die rund 70 % der Volksschulabgänger aufnehmen – ohne Leistungsgruppen, ohne differenzierte Lehrmaterialien und ohne entsprechende Lehrerbildung. Niemand kann ernsthaft glauben, daß diese enormen Diskre-

panzen in der AHS-Übertrittsrate etwas mit regional unterschiedlicher AHS-Befähigung zu tun haben. Es handelt sich vielmehr um ein Produkt aus elterlichen Ambitionen, sozialer (Selbst-)Auslese, der »großzügigen« Benotungspraxis der Volksschullehrer und der Bereitschaft der AHS-Lehrer, eine Schülerschaft mit einem außerordentlich breiten Begabungsspektrum zu akzeptieren. Daß diese Entwicklung nicht mehr lange so weitergehen kann, ist offensichtlich, selbst der Status quo ist politisch unerträglich.

Was tun? Gegen eine Rückkehr zu »strenger, objektiver« Auslese spricht, daß selbst sehr aufwendige Sekundarschulausleseverfahren wie das englische *Eleven plus* (eine Kombination von Intelligenztests, Schulleistungstests und Lehrergutachten) keine verläßlichen Schulerfolgsprognosen erbracht haben. Bei aller gebührenden Anerkennung für die Arbeit, die in Hauptschulen geleistet wird: Der Versuch, die Hauptschule als Schultyp durch eine Lehrplanreform attraktiver zu machen, kommt dem Bemühen gleich, die Geschwindigkeit einer Dampflokomotive durch einen windschlüpfrigen Anstrich zu erhöhen.

Es ist höchste Zeit, die Gesamtschule für die Zehn- bis Fünfzehnjährigen auch in Österreich ohne parteipolitische Verzerrungen als das zu sehen, was sie in den meisten europäischen Ländern bereits ist: weder ein Instrument linker Nivellierung noch eine radikale Lösung aller bisherigen Schulprobleme, sondern ein glaubwürdiges pädagogisches Organisationsmodell, das die Entscheidung für weiterführende Schullaufbahnen bis zum Ende der Schulpflicht offenhält.

Die naive bzw. demagogische Verwendung der Begriffe *Einheitsschule* oder »Eintopfschule« durch manche konservative Bildungspolitiker unterstellt eine Gleichbehandlung aller Schüler, die es nirgendwo gibt. In den Gesamtschulsystemen wird nach Neigung und Begabung differenziert – aber eben ohne den Preis der permanenten Angst vor Schulversagen und Schulwechsel. Der deutsche Erziehungswissenschaftler Wolfgang Klafki hat schon vor 20 Jahren nachgewiesen, daß die Forderung, es müsse eine »klare Unterscheidung zwischen Bildungsidealen der Hauptschule und der AHS-Unterstufe geben«, unhaltbar ist: »Zwar sind Unterschiede im Grad der Schwierigkeit, im Umfang des Wissens und Könnens, in der Anforderung an Abstraktions- oder Konkretisierungsfähigkeit usw. möglich und legitim, aber es lassen sich in einem demokratischen System und in einer zunehmend verwissenschaftlichten Kultur keine grundsätzlich verschiedenartigen Zielsetzungen [...] für verschiedene Schülergruppen rechtfertigen.«

In keinem einzigen europäischen Land gab es bisher eine Gegenreform von der Gesamtschule zurück zu früher Auslese, nicht einmal in Großbritannien, wo der pädagogische Thatcherismus zwar radikale Eingriffe im Schulwesen vornimmt, die Existenzberechtigung der Gesamtschule jedoch anerkennt. Sowohl in den skandinavischen Ländern als auch in Italien und in Frankreich sind Gesamtschulen der Regeltyp der öffentlichen Sekundarschule; auch die Privatschulen sind in diesen Ländern als Gesamtschulen organisiert. Österreich hat den zweifelhaften Ruf, das einzige europäische Land zu sein, das seine Gesamtschulentwicklung – unter Mißachtung der empirischen Forschungsergebnisse und der internationalen Erfahrungen – mit einem parteipolitischen Kompromiß beendet hat.

5. Lehrplanreform

Seit Jahrzehnten ist das wiederkehrende Leitmotiv der Lehrplanreform die »Entrümpelung«. Wer schon einmal im Dorotheum oder auf einem Flohmarkt war, wird festgestellt haben, wie erstaunlich schwierig und subjektiv die Definition von »Gerümpel« ist. Wenn etwas alt, verstaubt und anscheinend nutzlos ist, bedeutet dies noch keineswegs, daß es nicht dennoch Objekt von Interesse, Neugier, Freude und Leidenschaft werden kann.

Die Analogie von Flohmarkt und Lehrplan hat offensichtlich ihre Grenzen, aber es ist nicht weniger schwierig und ebenso müßig, Gerümpel in den Lehrplänen zu identifizieren. Die Gerümpel-Metapher scheint auf der Vorstellung zu beruhen, daß Lehrpläne so etwas wie Lehrstoff-Speicher sind, aus denen von Zeit zu Zeit das Verstaubte, Antiquierte, Unbrauchbare entfernt werden muß.

Was könnte als veralteter Bildungsmüll entsorgt werden? Die Kirchenväter? Pyramus und Thisbe? Boyle und Mariotte? Alle Heinriche und Ludwige mit Ausnahme des VIII. und des XIV.? Die Gambe und das Cembalo samt den schwer auseinanderzuhaltenden Söhnen Johann Sebastian Bachs? Den aus der Mode gekommenen Genitiv? Also gut, so geht es nicht. Die Meinung, daß alles, was im Lehrplan steht, von allen Lehrerinnen und

Lehrern gelehrt und von allen Schülerinnen und Schülern gelernt werden muß, war immer schon falsch.
Es gibt keinen allgemein, verbindlich vorgeschriebenen Lehrstoff. Aus diesem Grund hat es auch nur wenig Sinn, wenn man bestimmte Inhalte aus den Lehrplänen herausstreicht. Ein Lehrer, der etwas pädagogisch Sinnvolles ausläßt oder ablehnt, »weil er sonst mit dem Stoff nicht fertig wird«, hat den Sinn des Lehrplans katastrophal mißverstanden.
Die österreichischen Lehrpläne geben als *Rahmenlehrpläne* die allgemeinen und fachspezifischen Bildungsziele vor und benennen Themenbereiche und Inhalte, mit denen diese Ziele zu erreichen sind. Was ein Lehrer tatsächlich unterrichtet bzw. was Kinder tatsächlich lernen müssen, hat der Lehrer nach dem Prinzip des »Exemplarischen« ausgewählt; niemand kann sich für ihn den Kopf darüber zerbrechen, ob ein bestimmter Lehrstoff für eine bestimmte Gruppe von Schülern in einer bestimmten Situation ideal oder irrelevant ist.
Selbstverständlich sind manche Themen und Inhalte wichtiger und »bildungsträchtiger« als andere. Es ist schwer, sich vorzustellen, daß ein österreichisches Kind nichts über Mozart, das KZ Mauthausen, die Vitamine und den Neusiedler See lernt. Aber man kann davon ausgehen (oder sollte davon ausgehen können), daß verantwortungsbewußte, ordentlich ausgebildete Lehrer darüber selbst entscheiden können.
Angesichts der *Allgemeinen didaktischen Grundsätze*, die allen österreichischen Lehrplänen vorangestellt sind, ist es verwunderlich und ziemlich beunruhigend, daß es überhaupt eine Lehrplan-Entrümpelungsdebatte gibt. Denn dort ist die Rede von *Kindgemäßheit*, vom Schutz vor Über- und Unterforderung, von Individualisierung durch Variation der Lernzeit und der Unterrichtsstoffe …
Offensichtlich ist »der Stoff, aus dem die Ängste sind«, nicht der in den Lehrplänen angegebene Lehrstoff, sondern das, was im Unterricht und bei den Prüfungen daraus gemacht wird.
Es hat den Anschein, daß der »Lehrplan« gegenwärtig als Universalsündenbock für alle möglichen Arten von Angst und Ärger im Zusammenhang mit der Schule und dem Lernen herhalten muß. Daß eine wohlüberlegte Überarbeitung von Lehrplänen sinnvoll und erfolgversprechend ist, belegt die seit einigen Jahren unspektakulär vor sich gehende Erneuerung des Volksschul-

lehrplans. Wenn sich die Volksschullehrer an diese neuen Richtlinien halten (was erfahrungsgemäß Zeit und Überzeugungsarbeit braucht), dann werden österreichische Volksschüler häufiger als bisher die beglückende Erfahrung des selbstgesteuerten, entdeckenden und sozialen Lernens machen. Im kritischen Bereich der Sekundarschulen kann eine Lehrplanrevision allein weder an der seit Jahrzehnten verdrängten Strukturreform der Unterstufe noch an den müden Unterrichtsroutinen und mehr oder weniger angstmachenden Prüfungsritualen viel ändern.

Mehr als von einer »Entrümpelungsaktion« ist von der für die Sekundarstufe I vorgesehenen Lehrplanreform zu erwarten, zu der seit 1995 ein Entwurf vorliegt, der die Konturen einer neuen Lehrplan*architektur* erkennen läßt. Im Schuljahr 1996/97 werden an einer Reihe ausgewählter Schulen Machbarkeitserkundungen durchgeführt. Grundgedanke der Lehrplanreform ist eine Differenzierung der Fächer in »Kernbereiche«, die eher von der »Logik der Disziplin« bestimmt sind, und in »Erweiterungsbereiche«, die sich für Individualisierung und fächerübergreifende, vernetzte Arbeitsformen anbieten.

Schon jetzt wird es den Schulen im Rahmen der Autonomisierung ermöglicht, eigene *Schulprofile* zu entwickeln. Sofern es sich bei den Bemühungen um curriculare Schwerpunkte (»Öko«, EDV, Kunst, Fremdsprachen ...) und nicht um aus der Not des Schülerschwundes geborene Überlebensstrategien städtischer Hauptschulen handelt, die mit einer »Profilierung« der AHS-Unterstufe Schüler abwerben wollen, mag es von Vorteil sein, daß sich Lehrerkollegien gemeinsam über Lehrplan-Zielvorstellungen verständigen und ihre Energie auf ein spezielles *Schulprogramm* richten. An diesem kann der Lehrer mitarbeiten, und ein solches Schulprogramm gibt der Lehrer- und der Schülerschaft eine besondere *corporate identity*.

Dennoch steckt im Konzept des *Schulprofils* derselbe Mangel wie in den (Oberstufen-)Schultypen mit ihren fixen Lehrplanpaketen: die wesentliche pädagogische »Handlungseinheit« sind nicht die einzelnen Schülerinnen und Schüler mit ihren subjektiven Interessen und individuellen Begabungen, sondern die Schulen. Schulprofile würden pädagogisch nur Sinn machen, wenn Schüler aus einem großen Spektrum von Schulen mit variierenden Lehrplanprofilen, die ihrer Eignung und Neigung entsprechen, wählen könnten. Dies ist, wie US-amerikanische Er-

fahrungen mit sogenannten *magnet schools* zeigen, nur in Großstädten der Fall, aber auch dort nur für wenige Kinder.
Anstatt sich allzuviel von einer curricularen Erneuerung der Sekundarstufe I durch Schulprofile zu erwarten, sollte es allen Schülerinnen und Schülern ermöglicht werden, über einen sorgfältig zu definierenden, verbindlichen Lehrplan-*Kern* hinaus ein individuelles Bildungsprofil zu entwickeln, das sie von den schultypenspezifischen Pflichtfächerpaketen befreit. Pädagogisch sinnvoll ist nicht die Wahl zwischen Schulen mit verschiedenen Profilen, sondern die Ermöglichung der Wahl eines subjektiven Profils innerhalb jeder Schule. Aus ebendiesem Grund fordert Hartmut von Hentig statt der Dreigliedrigkeit des deutschen Schulsystems, die der Vielfalt der Kinder nicht gerecht wird, die »Dreitausendgliedrigkeit« (Hentig, 1996).

6. Die *Professionalisierung* der Lehrerbildung

Eine der Konsequenzen des Dualismus der Schule der 10- bis 14jährigen ist, daß Österreich nicht wie die meisten europäischen Länder eine *Stufenlehrer-Ausbildung* hat, d. h. eine auf bestimmte Schul- bzw. Altersstufen abgestimmte Ausbildung, sondern nach wie vor eine Teilung in zwei unterschiedlich lang dauernde, unterschiedlich anspruchsvolle und auch sozial unterschiedlich eingeschätzte Typen von Lehrerbildung: eine dreijährige Pflichtschullehrerbildung für Volks-, Haupt- und Sonderschullehrer, die an Pädagogischen Akademien erfolgt, und eine an Universitäten stattfindende AHS-Lehrerbildung. (Auf die besondere Ausbildung der Lehrer für berufsbildende Schulen kann hier nur verwiesen werden.)
Diskussionen über die Qualität bzw. Reformbedürftigkeit der österreichischen Lehrerbildung (vgl. Buchberger, 1995) identifizieren bei beiden »Ausbildungsformen« Stärken und Schwächen: Den Pädagogischen Akademien wird eine hohe Qualität der (fach)didaktischen und schulpraktischen Ausbildungselemente zuerkannt; als ihr Handicap gelten – wegen der Kürze der Ausbildung – die unzureichenden fachtheoretischen Studien sowie das Fehlen einer herausfordernden intellektuellen »Institutionskultur«: im Unterschied zu ihren europäischen Partnerinstitutionen sind die Pädagogischen Akademien keine Hochschulen, sondern *postsekundäre* Schulen.
Der universitären Lehrerbildung wird zwar ein hohes, vielfach

allerdings nicht auf die Bedürfnisse der zukünftigen Lehrertätigkeit ausgerichtetes Anspruchsniveau der fachtheoretischen Ausbildung attestiert, aber – selbst nach der vor einem guten Jahrzehnt erfolgten Ausweitung der erziehungswissenschaftlichen Studien und der Einführung von Schulpraktika – eine unbefriedigende Vermittlung von schul- bzw. unterrichtsrelevanten Fertigkeiten und eine unzureichende Grundlegung der sozialen Handlungskompetenz zukünftiger Lehrer und Erzieher.
Die Absolventinnen und Absolventen beider Ausbildungsformen finden ein Berufsfeld vor, das in mehrfacher Hinsicht anspruchsvoller wird:

- An den Pflichtschulen nimmt die Zahl der aggressiven, »schwierigen« Kinder aus erziehungsschwachen Elternhäusern zu, und insbesondere in den städtischen Hauptschulen fordert der steigende Anteil ausländischer Kinder bzw. von Kindern aus nicht-deutschsprachigen Elternhäusern den Lehrern eine erhöhte Sensibilität für *Multikulturalität* ab.
- Der gesamtgesellschaftliche Bildungsaspirationsschub der siebziger Jahre hat zu einer gewaltigen Expansion aller weiterführenden Schulformen geführt. Es sind viel mehr Jugendliche in Oberstufen aufgestiegen, deren Bedürfnis nach Selbstbestimmung und Expressivität an die Grenzen traditioneller schulischer Konventionen und Rituale stößt. Was jahrzehntelang von Jugendlichen mehr oder weniger problemlos als schulische Routine akzeptiert wurde, erfordert – wie die neuere europäische Jugendforschung zeigt – einen hohen Argumentationsaufwand und führt häufiger als früher zu konflikthaften Auseinandersetzungen. Ebenso wie die Eltern müssen die Lehrer lernen, mit *sub-optimalen Pubertätsverläufen* (Fend) im Kontext der Institution Schule zurechtzukommen.
- Im Zuge des im gesamten OECD-Bereich feststellbaren Trends zu mehr Entscheidungskompetenzen auf der Ebene der einzelnen Schulen (*Autonomie*) wird der Prozeß der innerschulischen Entscheidungsbildung und damit die Berufsrolle der Lehrer komplexer.

▫ Die Teamarbeit mit Kollegen,
▫ die Beratung von Schülern bei komplexer werdenden Schullaufbahnentscheidungen (reformierte Oberstufe),
▫ die Öffnung der Schule gegenüber ihrer sozialen Umwelt,

- die Mitwirkung an schulischer Handlungsforschung,
- die Kooperation und Vernetzung mit anderen innovativen Schulen oder Lehrergruppen,
- die Beteiligung am Diskurs über die Entwicklung des Schulsystems innerhalb und außerhalb der Schule etc.

  stellen Herausforderungen dar, die weit über herkömmliches »Stundenhalten« hinausgehen, für die es aber in der Lehrerbildung kaum geeignete Formen »handelnden Lernens«, zu wenig Lehrerfortbildung und an vielen Schulen zuwenig Solidarität mit stützungs- und orientierungsbedürftigen Junglehrern gibt. Es ist zu vermuten, daß viele junge Lehrer, sofern sie nicht mehr oder weniger zufällig Anschluß an eine Kollegengruppe finden, in ihren ersten Dienstjahren auf autodidaktisch erworbene Überlebensstrategien angewiesen sind.

- Eine immer häufiger geforderte *neue Lernkultur* verlangt nach einem Unterricht, der weniger in der Vermittlung von »fertigem Wissen« besteht als vielmehr in der Grundlegung eines »fragenden Bewußtseins« sowie im Erlernen von Denk- und Problemlösestrategien, die u. a. zur selbständigen Nutzung der modernen Informationstechnologien befähigen.
- »Konsumeristisch« werdende Eltern beginnen sich vermehrt als »Klienten« zu verstehen und verhalten sich nicht mehr so passiv wie früher: sie vergleichen Schulen, stellen schulische Entscheidungen in Frage und fordern von Lehrern Begründungen und Rechtfertigungen für deren professionelles Verhalten.

An bildungspolitischen Bekenntnissen zur Verbesserung der Lehreraus- und -fortbildung mangelt es nicht: sie sind sogar in rezente Koalitionsabkommen eingeflossen. Eine »große« Lösung durch eine Verlängerung, Aufwertung und Eingliederung der Pflichtschullehrerbildung in die Universität wird in Österreich zwar schon seit den zwanziger Jahren gefordert, hat jedoch nicht nur wegen der Umstellungskosten zur Zeit keine Realisierungschancen. Das Finanzministerium ist nicht daran interessiert, eine zur Gänze akademisierte Lehrerschaft nach dem A-Beamtenschema zu besolden, und die katholische Kirche, die auf der Basis eines Konkordats eine Reihe von Pädagogischen Akademien führt, will nicht auf ihren Einfluß auf die Lehrerbildung verzichten.

Dennoch dürfte die Debatte über den Status der Pädagogischen Akademien aktuell bleiben: Seit dem Beitritt Österreichs zur EU ist bekannt geworden, daß die Ausbildungsprogramme der Akademien die formalen Kriterien der EU für die Verleihung eines »ersten akademischen Grades« (3 Jahre postsekundäres Vollzeitstudium) erfüllen. Aber auch die Einrichtung von Fachhochschulstudiengängen, die mit einer Graduierung abschließen, wirft die Frage auf, wie stimmig der Status der verschiedenen Institutionen des tertiären Sektors ist.
Die Notwendigkeiten und Möglichkeiten einer Verbesserung der Ausbildung, der Fortbildung und der beruflichen Zufriedenheit von Lehrern werden seit einigen Jahren unter dem Leitbegriff *Professionalisierung* zusammengefaßt (Thonhauser, 1995). Es geht dabei um eine fundamentale Umorientierung des Lehrerberufs von einer »Dienst-nach-Vorschrift«-Unterrichtsbeamtenmentalität zu einem Rollenverständnis, dessen Merkmale wissenschaftliche Ausbildung, Autonomie am Arbeitsplatz, Flexibilität, Innovationsbereitschaft usw. sind. Eine Annäherung an dieses Syndrom von Kompetenzen und Einstellungen erfordert ein Bündel von Maßnahmen von unterschiedlicher Reichweite und unterschiedlichem Schwierigkeitsgrad:

- Der Zugang zum Lehramtsstudium und die Aufnahme in den Schuldienst selbst sind in Österreich, im Unterschied zu den meisten anderen europäischen Ländern, völlig unmeritokratisch und unselektiv: jede Matura und jedes Lehramtszeugnis hat dieselbe »Kaufkraft«. Daß bei dieser Art von Berufszugang auch Personen Lehrer werden, die dafür kaum oder gar nicht geeignet sind und mit ihren Mißerfolgen im Unterricht und beim Umgang mit Schülern zu einer Belastung ihres Kollegiums werden, ist offensichtlich. Seit einigen Jahren gibt es zumindest für Studierende der Pädagogischen Akademien Hilfestellung bei der »Selbstauslese«. Es muß aber in Zukunft viel systematischer nach Verfahren gesucht werden, mit denen das Vorhandensein oder das Fehlen wichtiger Dispositionen für die zukünftige Tätigkeit als Lehrer (»Ich-Kompetenz«, geringes Ängstlichkeitsniveau etc., aber wohl auch kognitive Befähigung) festgestellt werden kann.
- Unabdingbar ist eine angemessene Balance der fachbezogenen und der professionellen Ausbildungselemente, was für

die universitäre Lehrerbildung eine Ausweitung der erziehungswissenschaftlichen, fachdidaktischen und schulpraktischen Studien bedeutet. Exemplarisch lassen sich zwei (keineswegs radikale) Maßnahmen anführen, die mit hoher Wahrscheinlichkeit die universitäre Lehrerbildung erheblich und nachhaltig verbessern würden. Erstens: An jedem lehramtsausbildenden Universitätsinstitut muß eine fachdidaktische Abteilung mit mindestens einer Professur eingerichtet werden. Zweitens: Jeder Erziehungswissenschaftler, der lehrerbildend tätig sein will, muß einen Tag pro Woche oder alle 5 Jahre für ein Semester an einer Schule tätig sein.

- Die angemessene Reaktion auf die Dynamik des permanenten Wandels der beruflichen Anforderungen des Lehrerberufs ist die berufsbegleitende Fortbildung. Während in manchen Ländern die nachgewiesene Fortbildung eine Voraussetzung für die Aufrechterhaltung der Lehrbefähigung ist und diese Fortbildung zum professionellen Selbstverständnis gehört, gibt die »Freiwilligkeit« der Fortbildung in Österreich Anlaß zur Sorge (Thonhauser, 1995). Es zeigen sich allerdings hoffnungserweckende Ansätze: Dazu gehört das Konzept der *schulinternen Lehrerfortbildung*, bei dem sich im Unterschied zur traditionellen Beteiligung einzelner Lehrer an Veranstaltungen schulexterner Einrichtungen das gesamte Kollegium einer Schule – oft unter Beiziehung eines Experten – auf ein bestimmtes Thema konzentriert.
- Ein nicht zu unterschätzendes Element der Professionalisierung (bzw. der Schulentwicklung überhaupt) ist schließlich die neuere Praxis einiger Landesschulräte, Direktorenstellen nicht mehr – wie jahrzehntelang üblich – als parteipolitische Gratifikationen zu vergeben, sondern

▫ Lehrern mit Leitungsambitionen ebenso wie aktiven Direktorinnen und Direktoren Ausbildungsprogramme (Schulmanagement, Kommunikation, Konfliktlösung ...) anzubieten;

▫ den Bestellungsverfahren explizite (»objektivierte«) Kriterien zugrundezulegen und auf nachgewiesene *leadership*-Befähigung zu achten und

- die betroffenen Schulen bzw. Lehrerkollegien im Rahmen des Auswahlverfahrens anzuhören.

7. Schulqualität

Während in der Mehrzahl der OECD-Länder der Komplex *Qualität/Effizienz/Tüchtigkeit* einzelner Schulen wie auch des Schulsystems insgesamt die 3 Hauptkriterien

- *equity*: die faktische Chancengleichheit/-ungleichheit der Realisierung des »Bürgerrechts auf Bildung«,
- *efficiency/performance*: die Leistungsfähigkeit der Schüler im Hinblick auf nationale und internationale Standards und
- *school quality*: Schulqualität im engeren – institutionellen – Sinne

umfaßt, neigt die österreichische Schulqualitätsdebatte zu einer Einengung auf den letzteren Aspekt. So verdienstvoll es ist, das Syndrom von Faktoren und Bedingungen zu erkunden, das die Befindlichkeit (das *Klima*, die *Kultur*, den *feel good factor*) einer Schule ausmacht, so bedenklich ist es, den makro-politischen und den Leistungsaspekt auszublenden. Wenn sich die Bildungspolitik und die Schulforschung in Österreich nicht dem Vorwurf aussetzen wollen, einer Art »pädagogischem Biedermeier« Vorschub zu leisten, in dem jede einzelne Schule »autonom« nach ihrem eigenen »häuslichen Glück« strebt, ohne sich um die Qualität des Gesamtsystems zu kümmern, wird man das gesamte Repertoire von »monitoring, assessment, performance standards, quality assurance und evaluation« (bemerkenswerterweise gibt es für dieses Problemfeld noch kaum passende deutschsprachige Ausdrücke) einsetzen müssen:

- den internationalen Vergleich der Funktionstüchtigkeit des österreichischen Schulsystems auf der Basis der OECD-INES-Bildungsindikatoren, der IEA-Leistungsmessungen und der Eckdaten der Europäischen Kommission;
- die Entwicklung eines eigenen österreichischen Indikatorensystems analog zu dem der Schweiz oder zu dem Frankreichs, das verläßliche Daten über regionale, soziale und ethnische Ungleichheiten in der Bildungsteilhabe sowie über die Existenz von »schulischen Notstands- oder Prioritätszonen« liefert;
- landesweite Leistungsmessung (seltener einer gesamten Alterskohorte, öfter von *light samples*), um Aufschluß über die Kompetenz der Schülerinnen und Schüler an bedeutsamen Abschnitten ihrer Schulkarriere zu erhalten (Angesichts der Gefahr der Reduktion der Curricula und der Lernprozesse

auf das Meßbare bzw. das in den Tests Gemessene weisen OECD-Experten darauf hin, daß »offenere«, kindzentrierte Formen der schulischen Erfolgsvergewisserung nicht nur möglich, sondern notwendig sind.);

- die Neudefinition der ambivalenten Rolle der Schulinspektoren als externe Evaluatoren einerseits und als *critical friends*, die im Rahmen der autonomeren Entwicklungsarbeiten der einzelnen Schulen Beratung und strategische Hilfe bieten, andererseits;
- die *Selbstevaluation* der Entwicklungsarbeit jeder einzelnen Schule durch ihr Lehrerkollegium (Das Grazer Schulversuchszentrum leistet hier bereits anerkennenswerte Pionierarbeit.);
- die Einführung von *Modellschulen*. Die Idee, einzelnen Schulen für einen bestimmten Zeitraum den offiziellen Status einer Modellschule zu verleihen, um zur Verbreitung von »guter Praxis« beizutragen, geht davon aus

▫ daß an vielen Schulen hervorragende Arbeit geleistet wird, es zur Zeit aber keine systematischen Bemühungen gibt, ihre Erfahrungen für andere Schulen fruchtbar zu machen;

▫ daß beobachtende Teilnahme an vorbildlichem Schulleben eine tauglichere Form der Junglehrersozialisation, der Lehrerfortbildung und der Gewinnung von Innovationsbereitschaft darstellt als Vorträge und Lektüre und

▫ daß die Auszeichnung einer Schule als Modellschule eine Form der öffentlichen Wertschätzung der guten Arbeit eines Lehrerkollegiums darstellt, die es zur Zeit nicht gibt.

Literatur

AECSE: L'etablissement. Politique nationale ou strategie locale? Paris 1990.

Anweiler, O.: Entwicklungstendenzen europäischer Schulreformen. In: Bildung und Erziehung 20 (1967).

Ball, S.: The Micro-Politics of the School. London 1987.

Bargel, T.: Gesellschaftliche Zukunftsszenarien und die Qualität von Schulen. In: Schulentwicklung im Umbruch 6 (1992), hrsg. vom Hessischen Institut für Bildungsforschung und Schulentwicklung (HIBS), Wiesbaden.

Beck, U.: Risikogesellschaft. Frankfurt 1996.

Bundesministerium für Wissenschaft und Forschung: Fachhochschule als Alternative zur Universität. Wien: BMWF 1991.

BMWF: Das österreichische Bildungswesen in Veränderung. Background-Report für die OECD-Länderprüfung. Wien: BMWF 1992.
Buchberger, F. (Hrsg.): Lehrerbildung auf dem Prüfstand. Innsbruck 1995.
Charlot, B.: L'ecole et le territoire. Paris 1994.
Elmore, R. & Associates: Restructuring Schools. San Francisco 1990.
Galbraith, K.: The Age of Uncertainty. London 1971.
Granheim, M./Kogan, M./Lundgren, U. (Eds.): Evaluation as Policymaking. London 1990.
Gruber, K. H.: Schulreform »von innen«? In: O. Achs [u. a.] (Hrsg.): Umbruch der Gesellschaft – Krise der Schule? Wien 1988.
Gruber, K. H.: Comparative Comments on Educational Research in Austria, Germany and Switzerland. In: OECD: Educational Research and Development. Paris: OECD 1995.
Habermas, J.: Die neue Unübersichtlichkeit. Frankfurt 1985.
Haider, F./Jonak, H.: Schulrecht. Wien 1974.
Handy, C.: The Age of Unreason. London l990.
HIBS: Beiträge des Arbeitskreises »Qualität der Schule«. Wiesbaden 1987 ff.
Höchtl, J.: Entwicklungstendenzen der Bildungspolitik im Spiegel empirischer Befunde. In: J. Höchtl./F. Windhager (Hrsg.): Bildungspolitik für Österreich. Jahrbuch der Politik. Wien 1983.
Höllinger, S./Steinbacher, W.: Universitätsorganisation: Selbstläufigkeit, Planlosigkeit und Veränderungschancen. In: R. Forster./R. Richter (Hrsg.): Uni im Aufbruch. Wien 1993.
Johnson, N.: Government in the Federal Republic of Germany. Oxford 1973.
Klafki, W.: Integrierte Gesamtschule. Ein notwendiger Schulversuch. In: Zeitschrift für Pädagogik 15 (1969).
Mitter, W.: Ansätze eurozentrischer Reformen im Sekundarschulwesen. In: K. Schleicher (Hrsg.): Zukunft der Bildung in Europa. Darmstadt 1993.
Murphy, J.: Restructuring Schools. London 1991.
Naisbitt, J.: Megatrends. London 1984.
Obin, J.-P.: La crise de l'organisation scolaire. Paris 1993.
OECD: School and Quality. Paris: OECD 1989.
OECD: Education at a Glance. Paris: OECD 1992, 1993, 1995.
OECD: Making Education Count. Paris: OECD 1994.
OECD: Measuring the Quality of Schools. Paris: OECD 1995.
Öhlinger, T.: Schule, Demokratie und Recht. In: Schulheft 2 (1977).
Pelinka, A.: Entpolitisierung oder Umpolitisierung? In: Kulturell 19 (1994).
Robinsohn, S.: Schulreform im gesellschaftlichen Prozeß. Bd. II. Stuttgart 1975.
Rolff, H.-G.: Wandel durch Selbstorganisation. München 1993.
Schepp, H.-H.: Pädagogik und Politik. Zur Problematik der Demokratisierung in Schule, Hochschule, politischer Bildung und Erwachsenenbildung. Bad Heilbrunn 1990.
Schnell, H.: Die österreichische Schule im Umbruch. Wien 1978.
Specht,W.: Die vier Fallstudien im Kontext der Debatte um die Qualität von Schulen. In: H. Altrichter et al.: Innenansichten guter Schulen. Wien: BMUK l994.

Thonhauser, J.: Die universitäre Lehrerbildung unter dem Anspruch der Professionalität. In: F. Buchberger (Hrsg.): Lehrerbildung auf dem Prüfstand. Innsbruck 1995.
Tillmann, K.-J.: Erfahrungen aus der jüngsten Reformphase. In: Zeitschrift für Pädagogik 6 (1991).
Toffler, A.: PowerShift. New York 1991.
Hentig, H. von: Bildung. München 1996.
Weiler, H.: Decentralization in educational governance: An exercise in contradiction. In: M. Granheim/M. Kogan/U. Lundgren (Ed.): Evaluation as Policymaking. London 1990.

Hans Pechar

Die »offene« Gruppenuniversität und ihre Grenzen

I. Öffnung: das Zauberwort der siebziger Jahre

Die Streiks und Demonstrationen im Frühjahr 1996 haben für die österreichische Hochschulpolitik eine neue Situation geschaffen. Daß alle Akteure – Professoren, Mittelbau, Studenten, aber auch Politik und staatliche Bürokratie – mit der bestehenden Situation unzufrieden sind, wußte man schon vorher.[1] Aber erst die Protestaktionen gegen das Sparpaket haben diese Unzufriedenheit in einer Weise gebündelt und öffentlichkeitswirksam gemacht, die eine Rückkehr zu *business as usual* als unmöglich erscheinen läßt. Innerhalb weniger Wochen wurden mehr Eigenschaften des österreichischen Hochschulsystems in Frage gestellt als in vielen Jahren zuvor. Nicht nur die Diskussion über Studiengebühren hat neuen Auftrieb bekommen, auch der »offene« Hochschulzugang wurde in Frage gestellt. Mehrere Institute und ganze Fakultäten kündigten einen Aufnahmestopp an. Die Spannungen zwischen den Universitäten und der staatlichen Hochschulpolitik sind derzeit wahrscheinlich noch größer als am Höhepunkt der Auseinandersetzungen um das Universitäts-Organisationsgesetz (UOG) 1975.

Diese Konflikte bringen zum Ausdruck, daß das österreichische Hochschulsystem in seiner gegenwärtigen Realverfassung an die Grenzen seiner Leistungsfähigkeit gestoßen ist. Diese Realverfassung ist eine spezifische Kombination von Merkmalen, die allen kontinentaleuropäischen Hochschulsystemen zueigen sind (die Universität besitzt eine geringe institutionelle Autonomie, sie ist eine staatliche Anstalt[2]), mit anderen, die immerhin noch weit verbreitet sind (Nulltarif an Hochschulen), und schließlich solchen, die es außer in Österreich nur noch in sehr wenigen anderen Ländern gibt (»offener« Hochschulzugang). Dieses spezifische Muster hat sich während der Hochschulreformen der Kreisky-Ära herausgebildet. Erst durch diese Reformen hat das Hochschulsystem der Zweiten Republik eine neue Qualität gewonnen, die es von seinen Vorläufern klar unterscheidet.

Nach einer relativ langen restaurativen Periode hat es erst in den sechziger Jahren energische Bemühungen um eine Neugestaltung der österreichischen Universitäten gegeben. Noch das Hochschulorganisationsgesetz (HOG) von 1955 war weniger eine Neuerung als vielmehr eine Konzentration und Systematisierung des noch in die Monarchie zurückreichenden alten Organisationsrechts (vgl. Welan, 1995, S. 114). In den sechziger Jahren wurden dann die Weichen für Entwicklungen gestellt, die in den siebziger Jahren voll zum Durchbruch gelangten. Vor allem in der ersten Hälfte der siebziger Jahre zählte die Hochschulpolitik zu den Prioritäten der sozialdemokratischen Alleinregierung. Schon die Loslösung der Universitäten aus dem Unterrichtsministerium und die Schaffung eines eigenen Wissenschaftsressorts war ein Signal für den gehobenen Stellenwert der Universitäten. Gleichzeitig war die Hochschulpolitik – gemessen an den eigenen Zielsetzungen – auch einer der erfolgreichsten Bereiche der Regierung Kreisky.

Die Hochschulpolitik der siebziger Jahre wurde wesentlich durch Hertha Firnberg, die erste Wissenschaftsministerin (1970–1983) geprägt. Im Zentrum stand die Bemühung um eine »Öffnung« der Universität, wobei sich drei Dimensionen dieser Öffnungsmetapher unterscheiden lassen:

- Eine Öffnung im Sinne einer Erweiterung der Zugangschancen: Dies war die am wenigsten kontroversielle Seite der sozialdemokratischen Reformen, wenngleich der Grundkonsens über die Hochschulexpansion, der in den sechziger Jahren noch alle Interessengruppen und politischen Lager umfaßte, allmählich brüchig wurde. Es war zugleich jene Seite, bei der die spektakulärsten Erfolge ausgewiesen werden konnten, denn die Zuwachsraten bei den Studenten übertrafen alle Erwartungen der Bildungsplaner.
- Eine Öffnung im Sinne einer Modernisierung des Studienangebots und der Forschungslandschaft: Vor allem im geistes- und sozialwissenschaftlichen Bereich sollte ein frischer Wind das provinzielle Klima der Nachkriegsjahre, das sich bis in die sechziger Jahre erhalten hatte, durchlüften. Hier genügt der Hinweis, daß die durch Austrofaschismus und Nationalsozialismus vertriebene Intelligenz nach 1945 nicht zurückgeholt wurde (Stadler, 1988); daß die Entnazifizierung der Universitäten nur fragmentarisch erfolgte (Weinert,

1986). Erst in den späten sechziger und frühen siebziger Jahren wurden die Studienrichtungen Soziologie und Politikwissenschaft eingerichtet. In den schon bestehenden Disziplinen wurde eine größere Pluralität in den wissenschaftlichen Ansätzen gefördert.

- Schließlich eine Öffnung im Sinne einer Demokratisierung der Universität: An die Ordinarienuniversität, in deren feudalen Enklaven die Lehrstuhlinhaber nicht nur über Studenten, sondern auch über den wissenschaftlichen Nachwuchs unumschränkt verfügten, wurde die Zumutung herangetragen, auch die in der Hierarchie tiefer angesiedelten Gruppen in den Entscheidungsprozeß einzubeziehen. Dies erwies sich als das schwierigste und konfliktträchtigste Reformvorhaben Firnbergs. Die Mitbestimmung von Assistenten und Studenten konnte von der staatlichen Hochschulpolitik nur gegen den heftigsten Widerstand der Professoren durchgesetzt werden. Da die statusstärkste Gruppe nicht bereit war, freiwillig einen kleinen Teil ihrer Macht abzugeben, mußte die Demokratisierung der Universität »verordnet« werden, was eine massive Verrechtlichung des Hochschulbetriebs nach sich zog.

Nach den einschneidenden Reformen zu Beginn der siebziger Jahre war die österreichische Hochschulpolitik bis in die späten achtziger Jahre hinein durch relative Ruhe und Kontinuität gekennzeichnet. Erst die Einrichtung von Fachhochschulen und die Organisationsreform von 1993 waren neuerlich hochschulpolitische Meilensteine. Freilich befindet sich das UOG 1993 auch drei Jahre nach seiner Beschlußfassung noch in der Anfangsphase seiner Implementierung, und auch der neue Fachhochschulsektor ist in quantitativer Hinsicht noch zu vernachlässigen. Man kann daher sagen, daß die Realverfassung des österreichischen Hochschulsystems auch Mitte der neunziger Jahre noch den Stempel Firnbergs trägt.

Trotz vieler Jahre relativer Ruhe in bezug auf die hochschulpolitischen Aktivitäten hat es an den österreichischen Universitäten in den zwei Jahrzehnten seit der Verabschiedung des UOG 1975 gewaltige Veränderungen gegeben. Die Zahl der Studenten ist in einem Tempo gewachsen, das alle Prognosen Lügen gestraft hat.[3] Was anfangs als Bestätigung und Erfolg der sozialdemokratischen Reformpolitik gewertet wurde, löste schon in den achtziger Jahren gemischte Gefühle aus und wird heute nur noch als Belastung wahrgenommen. Die *Massenuniversität*, die noch während der Auseinandersetzungen um das UOG 1975 nur als Schlagwort präsent war, ist Realität geworden. Die Konflikte im Frühjahr 1996 können als Indiz dafür gewertet werden, daß die in die siebziger Jahre zurückreichende Realverfassung der österreichischen Hochschulen dem mittlerweile erreichten Expansionsgrad dieses Systems nicht mehr gerecht wird.

II. Die Grenzen der staatlichen Hochschulfinanzierung

Vordergründig stellt sich die gegenwärtige Hochschulkrise als Finanzierungsproblem dar, als Folgewirkung des Sparpakets der Bundesregierung. Obwohl die Probleme weiter reichen, ist es doch evident, daß die Universitäten an einem Ressourcenmangel leiden. Gewiß, die staatlichen Hochschulausgaben sind im Zuge der Studentenexpansion gewaltig gestiegen. Im Zeitraum 1970 bis 1995 hat sich das Hochschulbudget von 2,3 Mrd. öS auf 28,5 Mrd. öS erhöht. In derselben Zeit hat sich der Anteil des Hochschulbudgets am BIP verdoppelt (von 0,6 % auf 1,2 %), sein Anteil am gesamten Bundeshaushalt ist von 2,3 % auf 3,8 % gestiegen. All das zeigt, wie sich der volkswirtschaftliche Stellenwert des Hochschulbereichs erhöht hat.

Setzt man diese Daten jedoch zur Expansion der Studentenzahlen in Beziehung, wird das Ausgabenwachstum relativiert. Während die Hörerzahlen sich seit 1970 um den Faktor 4,15 erhöht haben, ist das Hochschulbudget im selben Zeitraum nur um den Faktor 3,89 gewachsen. Die realen Ausgaben pro Student sind also gefallen. Besonders ernüchternd ist der Vergleich mit der Entwicklung der Planstellen für Hochschullehrer, die sich seit 1970 nur etwas mehr als verdoppelt haben. Das Betreuungsverhältnis hat sich also im Verlauf der Hochschulexpansion radikal verschlechtert.

Bis Ende der siebziger Jahre konnten die Budgetzuwächse mit der Hörerexpansion Schritt halten.[4] Es gab damals zwar sehr hohe Zuwachsraten, das absolute Niveau der Hochschulausgaben war aber noch vergleichsweise niedrig. Im übrigen gab es Vollbeschäftigung und einen halbwegs ausgeglichenen Staatshaushalt. In der Blütezeit des Austrokeynesianismus waren mögliche Finanzierungsengpässe im Hochschulbereich kein ernsthaftes

Thema, Bildungsausgaben wurden als Zukunftsinvestitionen mit höchster Priorität betrachtet. Zwar gab es vereinzelte Stimmen, die die mittel- und langfristigen Folgen der Hochschulexpansion für den Bundeshaushalt weniger optimistisch sahen. So zum Beispiel hatte das BMWF in den späten siebziger Jahren ein Forschungsprojekt zur »Finanzierung der Hochschulexpansion« vergeben (Bodenhöfer [u. a.], 1980), in dem der zu erwartende Druck auf die öffentlichen Haushalte sehr deutlich dargestellt wird. Auch wird auf die regressiven Verteilungswirkungen der öffentlichen Hochschulfinanzierung aufmerksam gemacht, und es werden verschiedene Varianten privater Beiträge diskutiert. Solche Minderheitenpositionen waren aber damals von den dominanten Strömungen in der Hochschulpolitik so weit entfernt, daß sie keine öffentliche Wirkung entfalten konnten.

Abbildung: Studentenzahlen, reales Hochschulbudget und Planstellen für wissenschaftliches Personal – Entwicklung seit 1970

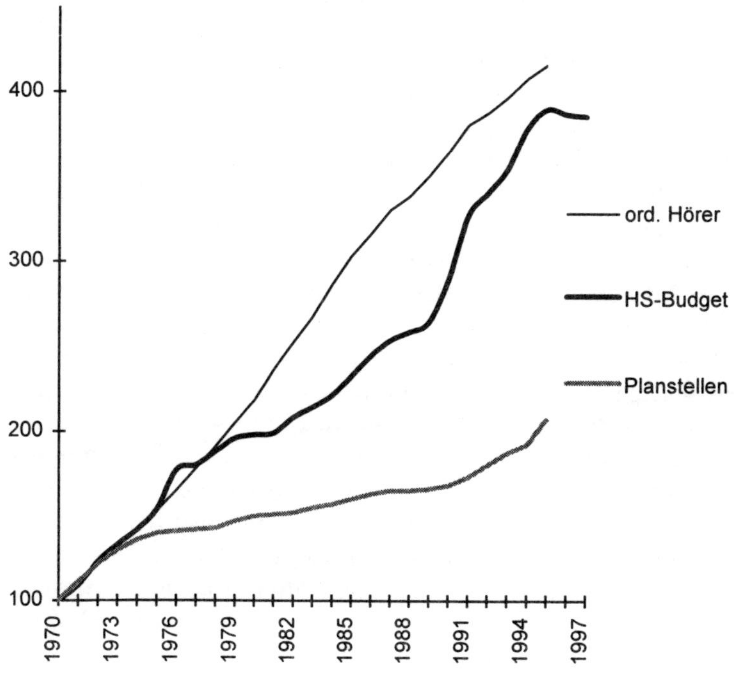

In den achtziger Jahren öffnete sich dann eine Schere, Geld und Planstellen vermochten den ungebremst wachsenden Studentenzahlen immer weniger zu folgen. Darin wird ein Wandel der politischen Prioritäten und die Erschöpfung der reformerischen Energien erkennbar. Zum einen wurde um diese Zeit das Fundament des Austrokeynesianismus brüchig. Darüber hinaus ließen erste Anzeichen von Akademikerarbeitslosigkeit grundsätzliche Zweifel am Sinn der Hochschulexpansion aufkommen. Die Hochschulpolitik hat zwar nicht die symbolträchtigen Grundsätze der Firnberg-Ära (»offener« Hochschulzugang, keine Studiengebühren) aufgegeben, aber sie hat die finanzielle Unterstützung der Hochschulexpansion sukzessive reduziert. Diese Tendenz hat sich noch verstärkt, seit ab 1986 die Konsolidierung des Bundesbudgets angestrebt wird.
Anfang der neunziger Jahre ist dann ein Gegensteuern zu beobachten, das aus jetziger Perspektive als eine Art »Aufbäumen« gegen den Trend erscheinen mag, als vergeblicher Versuch, dem Ressourcenbedarf eines expandierenden Massenhochschulsystems im Rahmen der bestehenden Finanzierungsmechanismen gerecht zu werden. Der neuerliche Anlauf zur Budgetkonsolidierung, die diesmal – mit den Maastrichter Kriterien im Rücken – mit mehr Energie betrieben wird als in der zweiten Hälfte der achtziger Jahre, hat alle diesbezüglichen Illusionen zerstört.
Die neue Qualität des jüngsten Sparpakets liegt darin, daß nun nicht nur die Pro-Kopf-Ausgaben pro Student sinken (bei gleichzeitigem realen Wachstum des gesamten Hochschulbudgets); in den Budgets für 1996 und 1997 ist es erstmals zu echten Kürzungen gekommen, die den Bestand der Hochschullehrer treffen. Nicht genug, daß das Lehrangebot und die Planstellen mit den weiterhin steigenden Studentenzahlen nicht mitwachsen können; schon bestehende Planstellen können nicht nachbesetzt werden[5], was einer Kürzung gleichkommt; da auch die Mittel für Lehraufträge gekürzt werden, wird voraussichtlich das Lehrangebot reduziert werden. Daß sich die finanzielle Situation der Universitäten im Zuge der Hochschulexpansion verschlechtert hat, läßt sich also nicht bestreiten. Aber was folgt daraus? Kann man ernsthaft erwarten, daß der Ressourcenbedarf eines expandierenden Massenhochschulsystems gedeckt werden kann, wenn ausschließlich öffentliche Mittel zur Verfügung stehen? Zwei Argumente sprechen dagegen:

- Bei den öffentlichen Haushalten ist keine Entspannung in Sicht. Bezüglich der Arbeitsmarktentwicklung ist jeder Optimismus unangebracht; eine hohe, möglicherweise steigende Arbeitslosigkeit wird über Einnahmenausfälle und Ausgabensteigerungen weiterhin das Budget belasten. Auch bei der Alterssicherung und im Gesundheitssystem ist eine Ausgabendynamik erkennbar, die den Spielraum für Bildungsausgaben einengen wird.
- In allen Industrieländern sind die Universitäten mit ähnlichen Finanzierungsproblemen konfrontiert. Auch andere reiche Länder mußten zur Kenntnis nehmen, daß es leichter ist, während der Hochkonjunktur Bildungsplanung zu betreiben, als unter geänderten wirtschaftlichen Rahmenbedingungen die Rechnung zu begleichen. Im internationalen Vergleich schneidet Österreich bei den staatlichen Hochschulausgaben nicht schlecht ab. Diese variieren zwischen 0,3 % (Japan) und 2,4 % (Kanada) des BIP. Für den gesamten OECD-Bereich beträgt der Anteil 1,1 %, in Österreich macht er 1,2 % aus (vgl. OECD, 1995).

Der internationale Vergleich gibt aber auch einen Hinweis auf die Konsequenzen, die der chronische Mangel öffentlicher Mittel nahelegt. In vielen Ländern werden die staatlichen Gelder durch Studiengebühren ergänzt. Die Summe der Hochschulausgaben aus öffentlichen und privaten Quellen beträgt im gesamten OECD-Bereich 1,9 % des BIP. In Österreich, wo es keine privaten Einnahmen gibt, ändert sich nichts an dem erwähnten Wert von 1,2 %. Bezogen auf die gesamtgesellschaftliche Wertschöpfung haben die österreichischen Universitäten also insgesamt deutlich weniger Ressourcen zur Verfügung als jene Hochschulsysteme, in denen es neben der öffentlichen Finanzierung auch private Einnahmen gibt.[6]

Der Nulltarif zählt aber zu den Kernbeständen der Realverfassung des österreichischen Hochschulsystems. Es war ein Akt von großer Symbolkraft, daß gleich zu Beginn der Amtsführung Firnbergs die Hochschultaxen abgeschafft wurden. Ein Grund war der hohe Verwaltungsaufwand, den diese zuletzt nur noch geringfügige Gebühr verursachte.[7] Der wichtigste Grund lag aber zweifellos darin, daß man sich von einer Abschaffung der Studiengebühren eine soziale Öffnung der Universitäten erhoffte. Die SPÖ betrachtet den kostenlosen Hochschulzugang seither als ihr »historisches Erbe«, an dem sie kompromißlos festzuhalten gedenkt.[8]

Haben sich die Erwartungen, die man Anfang der siebziger Jahre in die Abschaffung von Studiengebühren gesetzt hat, erfüllt? Obwohl sich die Zahl der Studenten seither vervierfacht hat, hat sich an deren sozialer Zusammensetzung nur wenig verändert (vgl. Lechner/Reiter, 1994). Der Anteil von Erstinskribierenden[9] aus Arbeiterhaushalten liegt unverändert bei ca. 12 % (gegenüber einem Anteil dieser Haushalte an der Gesamtbevölkerung von ca. 40 %). Offensichtlich hat die sozialdemokratische Reformpolitik die Wirkungen von Zugangsbarrieren, die an der Oberfläche sitzen und durch Bildungspolitik leicht zu beeinflussen sind, überschätzt und die Resistenz tiefersitzender Sozialisationsmechanismen, an die die Bildungspolitik nur schwer herankommt, unterschätzt. Eine Bilanz des bisherigen Verlaufs der Hochschulexpansion kommt an der Schlußfolgerung nicht vorbei, daß der Nulltarif ein sehr wenig treffsicheres Mittel ist, um Zugangsgerechtigkeit herzustellen.

Auf Grund dieser unveränderten sozialen Disparitäten im Hochschulzugang werden durch die öffentliche Finanzierung der Universitäten weiterhin Steuergelder von unten nach oben verteilt. Eine Studie des WIFO schätzt, daß drei Viertel der staatlichen Hochschulausgaben in die obere Einkommenshälfte und deutlich mehr als die Hälfte ins oberste Viertel fließen (Guger, 1994). Bereits Ende der sechziger Jahre wurde in den USA auf diese regressiven Verteilungseffekte hingewiesen. Für die sozialdemokratische Reformpolitik bestand damals aus zwei Gründen kein Anlaß, von der Politik des Nulltarifs abzuweichen. Erstens wollte man ja mit Hilfe dieser Politik einen spürbaren Abbau der erwähnten Disparitäten bewirken. Würden sozial schwache Schichten stärker als bisher am Hochschulbesuch partizipieren, dann würden auch die regressiven Verteilungswirkungen schwächer werden und tendenziell verschwinden. Diese Hoffnung wurde aber, wie erwähnt, enttäuscht.

Dazu kommt ein weiteres: Solange die Politik über genügend Geld verfügt und Verteilungskonflikte durch Ausgabensteigerungen stillgelegt werden können, wird der Zielgenauigkeit einer Maßnahme keine hohe Beachtung geschenkt. Heute stellt sich die Situation der öffentlichen Haushalte aber völlig anders dar als zu Beginn der siebziger Jahre. Unter dem Eindruck wachsender Verteilungskonflikte und dem Zwang, in immer mehr Kernbereichen des Sozialstaates die Leistungen einzuschränken, müßten sich gerade sozialdemokratische Politiker die Frage stellen, ob sich eine so wenig treffsichere Maßnahme wie der Nulltarif an Hochschulen noch rechtfertigen läßt.

Das gilt jedenfalls unter der Annahme, daß eine Gebührenvariante möglich ist, die auch einkommensschwache Schichten nicht am Besuch einer Universität hindert. Andernfalls müßte man die regressiven Verteilungseffekte des Nulltarifs in der Tat als kleineres Übel in Kauf nehmen. Besser ein kostspieliges, aber wenig treffsicheres Mittel zur Förderung der Chancengleichheit als eine Lösung, die sicher die sozial Schwachen trifft und auf noch stärkere soziale Selektion hinausläuft. Daß sozialverträgliche Studiengebühren tatsächlich möglich sind, ist aber keine theoretische Spekulation mehr; man kann auf praktische Beispiele zurückgreifen.

In Österreich geht die Diskussion über sozialverträgliche Studiengebühren zumeist von der konventionellen Vorstellung aus, daß die Gebühr zu Beginn jedes Semesters bezahlt werden muß. Man könnte von einer *Eintrittsgebühr* sprechen, die in diesem Fall in der Regel von den Eltern finanziert wird. Um keine Barriere für Studenten aus einkommensschwachen Familien zu errichten, müßte man die Beitragshöhe nach dem Elterneinkommen staffeln und das Studium unter einer bestimmten Mindestgrenze gebührenfrei lassen.[10] Da knapp die Hälfte der Studenten aus Elternhäusern kommt, denen man eine volle Gebühr zumuten kann, könnte man über eine solche Lösung vernünftige Einnahmen erzielen. Ihr Nachteil liegt einerseits in einem relativ hohen Verwaltungsaufwand[11]; zum anderen werden bei diesem Modell Studenten als Teil des Elternhaushalts betrachtet, während es in Wahrheit immer mehr Studentenhaushalte gibt. Da Studenten mit eigenem Haushalt in der Regel keine Gebühr zahlen müßten, stellt sich die Frage, wie man einer Flucht in Studentenhaushalte vorbeugen könnte.

Es gibt eine Alternative zur *gestaffelten Elterngebühr.* Sie geht davon aus, daß Studenten zwar während ihres Studiums zu den einkommensschwächsten Teilen der Gesellschaft zählen, sie in den meisten Fällen aber schon kurz nach dem Studienabschluß ein überdurchschnittliches Einkommen erzielen. Es liegt daher nahe, die Gebühr über ein staatliches Darlehen[12] zwischenzufinanzieren und auf diesem Weg die Abhängigkeit vom Elternhaushalt zu lockern. Allerdings wird sich die Investition in ihr Humankapital nicht für alle Studenten auch in finanzieller Hinsicht lohnen. Unter den Bedingungen eines wachsenden Absolventenangebots müssen auch Akademiker mit Arbeitslosigkeit, nicht adäquater Beschäftigung oder niedrigem Einkommen trotz einschlägiger Beschäftigung rechnen. Alle diese Risken sind für Hochschulabsolventen deutlich kleiner als für Arbeitskräfte mit niedrigerer Qualifikation. Aber sie könnten dennoch ausbildungswillige Jugendliche davor zurückschrecken lassen, ein Studiendarlehen aufzunehmen. Um volle Sozialverträglichkeit herzustellen, müßte die Tilgung eines solchen Darlehens daher einkommensabhängig gestaltet werden: Erst sobald ein Student über ein ausreichendes Einkommen verfügt, muß das Darlehen zurückgezahlt werden, wobei auch die Höhe der Raten vom Einkommen abhängt.

Ein Gebührenmodell dieser Art wurde 1989 in Australien eingeführt (vgl. Pechar/Keber, 1996). Diese Maßnahme hat keinen Einbruch in der Studienbeteiligung nach sich gezogen; die Zahl der australischen Studenten ist im Gegenteil gestiegen. Bemerkenswert ist auch der geringe Verwaltungsaufwand, der sich unter anderem daraus ergibt, daß die einkommensabhängige Darlehenstilgung von der Steuerbehörde abgewickelt wird. Diese verfügt ohnehin über alle erforderlichen Daten. Das australische Modell hat aus gutem Grund hohe internationale Aufmerksamkeit erregt; in einigen Ländern wird die Einführung eines ähnlichen Gebührenmodells vorbereitet.

In Österreich kann die Regierung zwar die staatlichen Hochschulausgaben nicht erhöhen, sie will aber auch keine Studiengebühren einführen. Daher werden die Finanzierungsengpässe von ihr tendenziell verharmlost. Eine Erhöhung der Einnahmen sei nicht nötig, wenn die vorhandenen Mittel besser genutzt würden. Solche Effizienzsteigerungen sind zweifellos möglich und nötig. Aber erstens ist es unwahrscheinlich, daß sich allein auf diese Weise das Ressourcenproblem lösen läßt. Und zweitens stellt sich die Frage nach den Bedingungen für einen effizienten Einsatz der bestehenden öffentlichen Mittel. Die wichtigste Voraussetzung ist eine ausreichende institutionelle Autonomie der Universitäten, die eine volle Finanzautonomie einschließt. Diese Voraussetzung ist in Österreich nicht gegeben.

III. Die Handlungsunfähigkeit der staatlich regulierten Gruppenuniversität

Das österreichische Hochschulsystem zeichnet sich durch eine sehr hohe Regelungsdichte aus, die den Entscheidungsspielraum der universitären Leitungsorgane einengt. Die Universitäten verfügen nicht über genügend institutionelle Autonomie, um neben den wissenschaftlichen und pädagogischen auch die kaufmännischen und administrativen Leitungsfunktionen eigenständig auszuüben. Sie sind zwar seit langem staatliche Anstalten, aber in den sechziger Jahren und vor allem im Zuge der sozialdemokratischen Reformen der siebziger Jahre hat der effektive Einfluß des Staates noch zugenommen.[13]

Der Grund dafür liegt im erhöhten politischen Stellenwert des Hochschulsystems. Seit den sechziger Jahren werden die Universitäten nicht mehr ausschließlich unter kulturellen, sondern auch unter wirtschafts- und sozialpolitischen Gesichtspunkten betrachtet. Sie gelten als wichtiger Faktor für die ökonomische Leistungsfähigkeit eines Landes, und das erklärt das Bestreben des Staates, hochschulpolitische Prioritäten zu setzen und diesen Bereich mit anderen Politikfeldern abzustimmen. Auch der wachsende Finanzbedarf führt dazu, daß die Regierung ihre Kontrolle über die Hochschulen auszudehnen versucht.

Darüber hinaus hat der Staat in den siebziger Jahren in die innere Machtstruktur der Universitäten eingegriffen. Das UOG 1975 hat Mittelbau und Studenten in die Entscheidungsprozesse einbezogen; es hat aber zugleich bewirkt, »daß die Universität in Verbindung mit den auf ihre Angehörigen bezogenen Interessenvertretungen zur kompliziertesten Organisation Österreichs wurde« (Welan, 1995, S. 115).

Diese Entwicklung ist seit einigen Jahren Gegenstand heftiger Kritik. Vor allem die Vertreter der Universitäten wenden sich gegen die zunehmende Verrechtlichung und Regulierung des Hochschulsystems. Aber auch die Vertreter des Staates sind Anfang der neunziger Jahre zur Überzeugung gelangt, daß die hochschulpolitischen Steuerungsprobleme innerhalb der bestehenden Regelungsstruktur nicht zufriedenstellend gelöst werden können (vgl. Bast, 1990; Höllinger, 1992). Diese Unzufriedenheit mit dem Status quo war der Anstoß für die Organisationsreform zu Beginn der neunziger Jahre, deren Ziel eine Stärkung der universitären Leitungsorgane, eine Reduktion des staatlichen Einflusses und eine Erweiterung der universitären Autonomie war.

Das UOG 1993 ist nach wie vor sehr umstritten[14], und es ist ungewiß, wie sich diese Divergenzen auf seine Implementierung auswirken werden. Stark vereinfacht könnte man drei Organisationsmodelle unterscheiden, die in der gegenwärtigen hochschulpolitischen Diskussion eine Rolle spielen. Sie werden in der Folge als *Ordinarienmodell*, *Mitbestimmungsmodell* und *Managementmodell* bezeichnet.

- Das Ordinarienmodell will mit dem staatlichen Einfluß gleich auch die Mitbestimmung von Studenten und Mittelbau zurückdrängen. Aus dieser Perspektive geht es letztlich um eine Rückkehr zum Organisationskonzept der Zeit vor Firnberg, auch wenn das explizit in dieser Form nur selten gesagt wird. Das Ordinarienmodell ist für starke kollegiale Organe (in denen aber die Professoren eine klare Dominanz haben müssen) und gegen eine Professionalisierung von Leitungsorganen. Ein starkes, professionelles Management ist mit der Vorstellung unvereinbar, daß der Rektor ein *primus inter pares* sein soll. Dieses Ideal läßt sich nur durch kurze Funktionsperioden universitärer Führungskräfte, die ihr Amt vorzugsweise als Nebenbeschäftigung ausüben, realisieren. Im Hinblick auf das Verhältnis von Staat und Universität vertritt das Ordinarienmodell ein traditionelles Autonomieverständnis, das einerseits die individuelle Autonomie der Lehrstuhlinhaber in den Vordergrund rückt (andere universitäre Gruppen besitzen diese Autonomie nicht oder nur in sehr eingeschränktem Maße, da sie vom Ordinarius abhängig sind) und das andererseits Autonomie als Privilegium, als staatlich garantierten Schonraum auffaßt: Der *Kulturstaat* hat die Pflicht, die Universitäten ausreichend zu alimentieren, aber in die Verwendung dieser Gelder soll er sich nicht einmischen; er kann der akademischen Oligarchie vertrauen, daß sie das Richtige tut.
- Das Mitbestimmungsmodell will das Organisationskonzept des UOG 1975 in seinem Kern erhalten. Auch dieses Modell tritt für starke, allerdings paritätisch besetzte Kollegialorgane ein. Eine Stärkung und Professionalisierung von Leitungsfunktionen wird abgelehnt, weil dadurch die inneruniversitä-

re Demokratie, die Partizipationsmöglichkeiten von Studenten und Mittelbau, geschwächt werden. Die universitäre Autonomie nimmt im Mitbestimmungsmodell einen vergleichsweise geringen Stellenwert ein. Der Staat ist nämlich eine »Schutzmacht« für jene Gruppen, die sich im universitären Binnenraum nicht aus eigener Kraft behaupten können. Mit den realen Akteuren aus Politik und Verwaltung liegen die Vertreter des Mitbestimmungsmodells freilich im Dauerkonflikt, sei es, weil sie ihnen eine Begünstigung der Professorenseite vorwerfen, sei es, weil sie die staatlichen Hochschulausgaben als ungenügend kritisieren.

- Das Managementmodell will eine Stärkung und Professionalisierung der Leitungsfunktionen an Universitäten. Der Einfluß von Mittelbau und Studenten auf die Entscheidungsprozesse soll erhalten, in Einzelfragen auch ausgedehnt werden, aber das schwerfällige Gremienwesen der Gruppenuniversität soll einer effizienten Entscheidungsstruktur Platz machen. Durch eine Funktionendifferenzierung soll ein neues Gleichgewicht zwischen monokratischen und kollegialen Organen entstehen. Ersteren obliegt die Unternehmensführung, letztere üben eine Ziel- und Kontrollfunktion aus. Das Managementmodell strebt eine institutionelle Autonomie der Universität gegenüber dem Staat an: innerhalb gesetzlicher Rahmenbedingungen soll die Universität über ein Globalbudget und volle unternehmerische Freiheit verfügen, zugleich aber der Öffentlichkeit gegenüber rechenschaftspflichtig sein.

Diese Modelle sind idealtypische Konstrukte, die in der Realität zumeist in Form verschiedenartiger Misch- und Kompromißbildungen auftreten. Die unterschiedlichen Akteure und Interessengruppen der Hochschulpolitik lassen sich zwar nicht eindeutig diesen Modellen zuordnen, man kann aber doch ein mehr oder minder starkes Naheverhältnis beobachten. Die Professoren dürften mehrheitlich dem Ordinarienmodell zuneigen (wenngleich häufig hinter vorgehaltener Hand, da diese Position politisch »nicht korrekt« ist); es gibt aber Minderheiten, die für die beiden anderen Modelle eintreten. Im Mittelbau gibt es zweifellos eine Mehrheit für das Mitbestimmungsmodell, eine Minderheit vertritt das Managementmodell. Bei den Studenten dürfte es eine ziemlich starke Diskrepanz zwischen den Funktionären und der Basis geben: die Studentenvertreter optieren fast geschlossen für das Mitbestimmungsmodell; über die große Masse der Studenten weiß man wenig, hier dürfte aber neben dem Mitbestimmungs- auch das Managementmodell auf Resonanz stoßen. Die nach außen hin sichtbaren Entscheidungsträger in Politik und Verwaltung vertreten das Managementmodell, in den Apparaten ist die Position weniger klar; je nach den parteipolitischen Loyalitäten sind hier auch das Ordinarien- und das Mitbestimmungsmodell stark vertreten.

In einem Punkt sind sich die Vertreter aller Modelle einig: Sie lehnen eine zentralistische Steuerung des Hochschulsystems durch den Staat ab. Das gilt auch für die meisten Vertreter des Mitbestimmungsmodells. Niemand würde die Möglichkeiten einer *bedarfsgerechten*, mit den sozial- und arbeitsmarktpolitischen Anforderungen abgestimmten Planung des Hochschulsystems noch so optimistisch einschätzen, wie dies in den sechziger und siebziger Jahren der Fall war. Damit ist aber eine der zentralen Legitimationsgrundlagen für die Ausdehnung des staatlichen Einflusses weggefallen. Alle Akteure, Politik und staatliche Verwaltung eingeschlossen, wollen Entscheidungsbefugnisse vom Ministerium auf die Universitätsebene verlagern. Kontrovers hingegen ist, auf welche Weise und in welchem Umfang eine Dezentralisierung und Deregulierung erfolgen soll. Wer soll das Vakuum füllen, das entsteht, wenn der Staat Regelungskompetenzen abgibt? Darauf geben die verschiedenen Organisationsmodelle divergierende Antworten. Aus der Sicht des Ordinarienmodells sollten die staatlichen Entscheidungsbefugnisse auf die akademische Oligarchie übergehen. Ihre Legitimation besteht darin, die ranghöchste und bestqualifizierte akademische Gruppe zu sein. Aus der Sicht des Mitbestimmungsmodells sollte im Zuge der Deregulierung die Macht der paritätisch besetzten Kollegialorgane gestärkt werden, da diese als einzige eine demokratische Legitimation besitzen. Das Managementmodell will einen Teil der staatlichen Kompetenzen einem professionellen Hochschulmanagement übertragen, das in einem öffentlich-rechtlichen Rahmen agiert und der strategischen Kontrolle durch ein Aufsichtsorgan unterliegt; es ist in erster Linie durch seine Sachkompetenz legitimiert.

Bei allen Unterschieden zeichnen sich das Ordinarien- und das Mitbestimmungsmodell durch eine Gemeinsamkeit aus: Beide unterschätzen die Komplexität von Leitungsaufgaben in Massenuniversitäten und beide werten jene administrativen Tätigkeiten ab, die den Führungsfunktionen zuarbeiten. Verwaltungstätigkeiten werden als subalterne Funktionen betrachtet, sie werden als selbstverständlich vorausgesetzt und fallen nur dann auf, wenn etwas nicht funktioniert. Hinsichtlich der Leitungskompetenz der von ihnen favorisierten Gremien unterliegen das Ordinarien- und das Mitbestimmungsmodell komplementären Mißverständnissen.

Aus der nostalgischen Perspektive des Ordinarienmodells erscheint die Universität der vorexpansiven Periode als eine Einrichtung, in der die akademische Oligarchie ihre Angelegenheiten eigenverantwortlich und ohne staatliche Einmischung regeln konnte. In Wahrheit sind die österreichischen Universitäten seit dem Absolutismus staatliche Anstalten.[15] Das Humboldtsche Modell, das in Österreich in leicht modifizierter Form seit der Mitte des 19. Jahrhunderts besteht, hat wohl Freiräume für Forschung und Lehre eröffnet. Die Universitäten blieben aber staatliche Anstalten, was sich für ihre Angehörigen so lange nicht negativ bemerkbar machte, als es zwischen den staatlichen und den universitären Eliten ein wechselseitiges Vertrauensverhältnis und stillschweigendes Einverständnis gab. Ein kleines und homogenes Elitesystem, das einfach zu überschauen war, konnte weitgehend auf informellem Weg gesteuert werden. Bis in die sechziger Jahre unseres Jahrhunderts machte der Staat sowohl von seinem Aufsichtsrecht (das sich auf den *autonomen Wirkungsbereich* der Universität bezog) als auch von seinem Weisungsrecht (das sich auf den *staatlichen Wirkungsbereich* bezog) nur sehr sparsamen Gebrauch (vgl. Welan, 1995, S. 113). Die höheren Ministerialbeamten und die Ordinarien hatten die gleichen Sozialisationserfahrungen, den gleichen weltanschaulichen Hintergrund, kein Wunder, daß sie fast alle strittigen Fragen konsensuell lösen konnten.

Die Hochschulexpansion hat dem unwiderruflich ein Ende bereitet. Die Universitäten sind nämlich nicht nur quantitativ gewachsen, sie sind zugleich in mehrfacher Hinsicht heterogener geworden. Erhöht hat sich die Heterogenität in der sozialen Zusammensetzung und im weltanschaulichen Hintergrund von Studenten und Hochschullehrern. Mit der Veränderung in den quantitativen Relationen zwischen Assistenten und Professoren

haben die Interessenkonflikte zugenommen.[16] Auch die Öffnung für neue Disziplinen, die zunehmende wissenschaftliche Spezialisierung und die Vielfalt der Lehrmeinungen haben dazu beigetragen, daß es in einem Massensystem wesentlich schwieriger ist als in einem homogenen Elitesystem, auf informellem Weg Konsens herzustellen. Damit ist dem Ordinarienmodell der Boden entzogen. Denn in der vorexpansiven Phase beruhte dieses Modell weniger auf »gewaltsamer Unterdrückung« aller anderen Gruppen, sondern darauf, daß alle Akteure und Thematiken, die die Selbststeuerung durch die akademische Oligarchie hätten stören können, ausgegrenzt blieben.[17] Diese Grenzen hat die hochschulpolitische Öffnung der siebziger Jahre unwiderruflich beseitigt. Heute wäre das Ordinarienmodell tatsächlich nur in Form offener Repression denkbar, wodurch die Universitäten als produktive Lehr- und Forschungseinrichtungen lahmgelegt wären.
Im Gegensatz zum Ordinarienmodell trägt das Mitbestimmungsmodell der erhöhten Pluralität von Interessen und Lehrmeinungen ausdrücklich Rechnung. Eben deshalb sollen ja die verschiedenen Interessengruppen in den Entscheidungsorganen repräsentiert sein. Die Vertreter dieses Modells überschätzen aber die Leitungskompetenz der so entstehenden Gremien. Die Kollegialorgane des UOG 1975 sind nicht nur sehr komplexe und schwerfällige Einrichtungen, ihre innere Logik treibt sie auch dazu, internen Konflikten auszuweichen und die dabei auftretenden Probleme nach außen zu verdrängen (vgl. z. B. Laske/Hammer, 1992). Der Selbststeuerungs- und Autonomiefähigkeit der nach dem UOG 1975 verfaßten Universität sind dadurch unüberschreitbare Grenzen gesetzt.
Am deutlichsten wird das bei jenen Entscheidungen, die sich auf die Verteilung knapper Ressourcen beziehen. Ressourcen sind immer knapp, ganz egal wie hoch das absolute Niveau der Ausgaben ist. Von Führungskompetenz kann man nur dann sprechen, wenn ein Organ die Bereitschaft und Fähigkeit besitzt, Prioritäten zu setzen. Dies ist bei den universitären Kollegialorganen nicht der Fall. Statt Verteilungskonflikte im Inneren auszutragen, haben diese Organe regelmäßig Einzelinteressen addiert und nach außen, d. h. an das Ministerium weitergegeben.[18] Unter den Bedingungen des UOG 1975 war das insofern nicht weiter problematisch, als die Universitäten ohnehin nur eine

Antragsautonomie besaßen. Die »harten« Entscheidungen wurden vom Ministerium getroffen, hier wurden jene Verteilungskonflikte gelöst, um die sich die universitären Organe gedrückt hatten. Würde die Universität aber ein Globalbudget erhalten, über das sie autonom verfügen kann, würde sich diese Entscheidungsschwäche und die daraus resultierende Handlungsunfähigkeit fatal auswirken. Aus der Perspektive unternehmerischer Entscheidungen ist eine ministerielle Zentralbürokratie, auch wenn sie schwerfällig ist, Kollegialorganen, die sich selbst blokkieren, immer noch vorzuziehen.

Ein Massenhochschulsystem benötigt sachkundige und handlungsfähige Leitungsorgane. Verantwortung darf nicht in anonymen Gremien versickern, sie muß eindeutig zuordenbar sein. Daher wird es nur in dem Ausmaß, in dem sich ein professionelles Management entwickelt, möglich sein, Entscheidungskompetenzen vom Staat an die Universitäten zu verlagern. Der Widerstand der meisten Hochschulangehörigen gegen eine solche Entwicklung wird hauptsächlich mit der Sorge um die akademische Freiheit und die innere Demokratie begründet. Man scheint davon auszugehen, daß das Management sich grundsätzlich an engstirnigen Wirtschaftlichkeitskriterien orientiert und jedes Verständnis für die Eigengesetzlichkeiten des Hochschulbetriebs (dazu Pellert, 1995) vermissen läßt. Natürlich kann man das nicht prinzipiell ausschließen[19]; es handelt sich dann eben um ein schlechtes Management, das langfristig keinen Erfolg erzielen wird. Eine unentbehrliche Funktionsbedingung für das Managementmodell besteht in einer wirksamen Kontrolle, die in solchen Fällen Konsequenzen aus dem Versagen der Leitungsorgane zieht. Um erfolgreich zu sein, muß das Hochschulmanagement die wissenschaftliche Autonomie seines Lehrkörpers respektieren, weil es andernfalls die akademische Leistungsfähigkeit und Reputation seiner Institution gefährdet. Der maßgebliche Erfolgsindikator für Hochschulen ist nämlich nicht ökonomische Effizienz, sondern akademische Leistung auf der Basis meritokratischer Kriterien.

Daher muß ein fähiges Management auch daran interessiert sein, Vertreter aller universitären Gruppen in den Entscheidungsprozeß einzubeziehen. Erstens hebt es die Qualität der Entscheidungen, wenn nicht nur die Kompetenz der Professoren, sondern auch die des Mittelbaus und der Studenten genutzt und ein möglichst breites Spektrum an Sichtweisen berücksichtigt wird. Zweitens würde das Übergehen dieser Gruppen ernste Konflikte provozieren und das Arbeitsklima an Universitäten belasten. Aus all diesen Gründen ist es nicht plausibel, daß ein professionelles Management mit gestärkten Entscheidungskompetenzen eine Gefahr für Mitbestimmung und akademische Freiheit darstellt.

Das UOG 1993 ist ein – eher zaghafter – Schritt in Richtung Managementmodell. Das erste Reformkonzept des BMWF (grünes Papier, vgl. BMWF, 1991) war wesentlich radikaler, es hätte auch ein Globalbudget vorgesehen. Das letztlich beschlossene Gesetz ist ein Kompromiß zwischen Mitbestimmungs- und Managementmodell.[20] Der wichtigste Konflikt bezog sich auf die Frage, wer das oberste Leitungsorgan der Universität bestellt und kontrolliert. Das ministerielle Reformkonzept sah eine externe politische Kontrolle vor: die wichtigste Leitungspersönlichkeit (die im grünen Papier als Präsident bezeichnet wird) sollte vom Minister bestellt werden; dieser benötige eine Einflußmöglichkeit, um seine politische Verantwortung für die mit öffentlichen Mitteln finanzierten Universitäten wahrnehmen zu können. Die Universitäten wollten eine rein interne Kontrolle durchsetzen und an der bisherigen Rektoratsverfassung festhalten, weil diese als der Kern der universitären Autonomie betrachtet wurde.

Beide Positionen haben Schwachstellen. Eine direkte politische Kontrolle des Hochschulmanagements schränkt die institutionelle Autonomie in unzumutbarer Weise ein und erlaubt es nicht, die Universitäten von den kurzfristigen Konjunkturen der Tagespolitik abzuschirmen. Auf der anderen Seite tendiert eine interne Kontrolle durch Kollegialorgane dazu, starke Führungspersönlichkeiten zu verhindern, die unpopuläre Maßnahmen auch gegen den Widerstand in den eigenen Reihen durchsetzen könnten.[21] Auch in dieser Frage wurde ein Kompromiß gefunden, der sowohl dem Minister als auch den Kollegialorganen einen Einfluß auf die Bestellung des Rektors neuen Typs sichert. Es bleibt abzuwarten, wie sich diese Lösung bewährt, aber es ist unwahrscheinlich, daß der Konflikt damit aus der Welt geschafft ist.

IV. Die Schwächen des Lehrbetriebs

Eine breitere Öffentlichkeit beurteilt die Universitäten vor allem anhand ihrer Ausbildungsleistungen. Diese sind in Österreich nicht unumstritten. Die Kritik entzündet sich vor allem an der langen Studiendauer und der hohen Drop-out-Quote. Tatsächlich liegt Österreich bei beiden Indikatoren im Spitzenfeld der OECD-Staaten. Mehr als 50 % der Erstinskribenten brechen derzeit das Studium ab; die restlichen benötigen im Durchschnitt 7,5 Jahre bis zu ihrem Erstabschluß. Beide Probleme haben im Zuge der Hochschulexpansion leicht, aber nicht dramatisch zugenommen, in beiden Fällen ist die Tendenz weiterhin steigend.

Eine überzogene Kritik an diesen Phänomenen hat wenig Sinn. Auch wer sein Studium abbricht, hat in der Regel seine Fähigkeiten erweitert[22]; in einigen Fällen wird dies auch am Arbeitsmarkt honoriert.[23] Die lange Studiendauer hat vielfältige Ursachen und ebenso unterschiedliche Auswirkungen auf die weitere Berufskarriere. Gewiß ist sie gelegentlich Ausdruck eines »verbummelten« Studiums. In anderen Fällen ist sie Folge einer Nebenerwerbstätigkeit während des Studiums. Diese studentische Erwerbstätigkeit hat nicht nur negative (den Abschluß verzögernde) Effekte, sie stellt zugleich einen wichtigen Kontakt zur Arbeitswelt her. In vielen Fällen können diese Studenten berufspraktische Erfahrungen sammeln, die sich positiv auf ihre weiteren Karrierechancen auswirken.

Trotz dieser Einschränkungen ist eine Beschönigung der hohen Drop-out-Quoten und der langen Studiendauer fehl am Platz. Für die meisten Abbrecher stellt das Studium eine Fehlinvestition dar, die ihnen am Arbeitsmarkt keine Vorteile, u. U. sogar Nachteile[24] bringt. Die lange Studiendauer wird wegen des späten Berufseintritts von Hochschulabsolventen als Problem betrachtet. Von den Unternehmen wird häufig kritisiert, daß die Akademiker gerade in ihrem leistungsfähigsten Lebensabschnitt der Wirtschaft nicht zur Verfügung stehen. Aus der Perspektive der Absolventen[25] bedeutet die späte Erwerbstätigkeit eine Verringerung ihres Lebenseinkommens, aus der Perspektive des Staates einen Entfall von Steuern und Abgaben.

Wo liegen die Gründe für den hohen Drop-out und die lange Studiendauer? Die staatliche Hochschulpolitik interpretiert sie zunehmend als Versagen des universitären Lehrbetriebs. Die Universitäten – so der Vorwurf – bemühen sich zuwenig um die Lehre und tragen dem Umstand nicht Rechnung, daß im Zuge der Hochschulexpansion das Spektrum an studentischen Begabungen, Interessen und Bedürfnissen breiter geworden ist. Die Universitäten halten dem entgegen, daß man sie nicht für eine Entwicklung verantwortlich machen kann, über deren wichtigste Faktoren sie keine Kontrolle besitzen. Angesichts ständig schlechter werdender Betreuungsrelationen sei der Lehrbetrieb ohnehin an die Grenze seiner Belastbarkeit gestoßen. Beide Standpunkte können gute Argumente ins Treffen führen. Um sie abzuwägen, muß man einen Zusammenhang zu den Besonderheiten des Hochschulzugangs und des Studienangebots in Österreich herstellen.

Am Hochschulzugang stechen zwei Besonderheiten hervor: Erstens ist er dem Einfluß der Universitäten vollständig entzogen. Es ist der Staat, der durch Bundesgesetz festlegt, daß alle Absolventen höherer Schulen eine generelle Studienberechtigung besitzen.[26] Zweitens erfolgt der Hochschulzugang ohne jede Rücksicht auf vorhandene Kapazitäten. Keine österreichische Universität kann einen Bewerber wegen Personal- oder Raummangel abweisen. Dieser »offene« Hochschulzugang ist ein wichtiges Erbstück der sozialdemokratischen Reformpolitik und ein Eckpfeiler der Realverfassung des österreichischen Hochschulsystems. Auf die Probleme, die durch eine von den Ressourcen abgekoppelte Hörerexpansion entstehen, wurde bereits hingewiesen. Darüber hinaus stellt sich die Frage, warum der Hochschulzugang über ein Abgangszeugnis der Sekundarstufe und nicht über eine Eingangsselektion der aufnehmenden Universität geregelt werden soll.

Bei aller Offenheit haben natürlich auch in Österreich keineswegs alle Jugendlichen Zugang zu einer Universität. Es ist gerade der selektive Charakter der österreichischen Sekundarstufe, der es möglich macht, die Studienberechtigung an ein Schulzeugnis zu koppeln.[27] Bis zu Beginn der Hochschulexpansion wurden die Selektionsbarrieren der Sekundarstufe nur von einer kleinen Minderheit überschritten: Anfang des Jahrhunderts waren das noch weniger als 5 %, zu Beginn der sechziger Jahre dann 10 % eines Altersjahrgangs. Seither sind diese Barrieren porös geworden und die Zahl der Studienberechtigten ist massiv gewachsen: derzeit beträgt die Maturantenquote 35 %, die 40-%-Grenze wird bald erreicht werden; auch die »Schallmauer« von 50 % könnte mittelfristig durchbrochen werden.[28]

Diese quantitativen Verschiebungen wirken sich aber auch auf die Logik einer Studienberechtigung durch Vorselektion aus. Solange die Gruppe der Maturanten sehr klein war, konnte man mit guten Gründen davon ausgehen, daß sie homogen genug ist, um ihr eine allgemeine Studienberechtigung zu verleihen und sie damit zugleich von der großen Gruppe der Nichtmaturanten scharf abzugrenzen. In einem Elitesystem war Studienberechtigung eben ein exklusives Merkmal, was mit diversen Begabungstheorien auch ideologisch abgesichert wurde. Seit sich die Proportionen verschoben haben (und weiterhin verschieben), ist das Konzept zweier klar getrennter und – im Hinblick auf ihre »Studierfähigkeit« – homogener Gruppen immer weniger plausibel. Was (außer der Tatsache, daß die bestehenden Gesetze dies so festlegen) spricht für die Annahme, daß derzeit ein Drittel der Jugendlichen über eine generelle Studienbefähigung verfügen, die restlichen zwei Drittel hingegen über gar keine?[29]

Aus dieser Überlegung kann man die Konsequenz ziehen, die Öffnung der Hochschulen zu radikalisieren und eine generelle Studienberechtigung gleich auf die gesamte Alterskohorte auszudehnen.[30] Mehr Bodenhaftung hat der Vorschlag, der Matura ihren Berechtigungscharakter zu nehmen und das Urteil über die »Studierfähigkeit« von Bewerbern den Universitäten zu überlassen (zur Diskussion in Deutschland vgl. Meyer/Müller-Böling, 1996). Nicht mehr der Staat würde entscheiden, wer studieren darf, sondern die Universitäten würden ihre Studenten selbst aufnehmen. Man kann einwenden, daß die Universitäten durch den administrativen Aufwand einer solchen Maßnahme überfordert wären. In der Tat sind sie darauf nicht vorbereitet, und speziell in den Massenfächern ist es unwahrscheinlich, daß sie unter den derzeitigen Bedingungen viel Zeit und Energie in das Aufnahmeverfahren investieren könnten.[31] Kurzfristig würde sich an der gegenwärtigen Praxis vermutlich nicht allzuviel ändern, aber mittel- und langfristig hätten die Universitäten die Chance, das Aufnahmeverfahren auf ihr spezifisches Profil auszurichten.

Allerdings müßte man auch die Zuteilung der öffentlichen Mittel auf diese Neuregelung des Hochschulzugangs abstimmen.

Nötig wäre eine explizite Studienplatzfinanzierung: Innerhalb einer von der Regierung festgelegten Obergrenze würde die Höhe des Budgets von der Anzahl der Studienplätze abhängen.[32] Auf diese Weise kann man sicherstellen, daß die Universitäten nicht jedes Interesse an Studenten verlieren und ihre Tore dichtmachen. Die Aufnahme (bzw. die Festlegung der Aufnahmekriterien) wird damit zu einem Prozeß, bei dem zwei Gesichtspunkte gegeneinander abzuwägen sind: der finanzielle Anreiz (der für die Aufnahme von möglichst vielen Studenten spricht) und das Interesse an möglichst guten Studenten (das für eine eher restriktive Aufnahme spricht). Wie die einzelnen Universitäten diesen Zielkonflikt lösen, hängt dann von ihren strategischen Zielen und dem Profil ab, das sie anstreben.

Eine solche Reform wäre das Ende des »offenen« Hochschulzugangs österreichischer Prägung. Wäre sie auch das Ende einer Politik der Chancengleichheit und der Erweiterung von Bildungsmöglichkeiten? Derzeit hat die Hochschulpolitik die Möglichkeit, unbeschränkten Zugang zu proklamieren, ohne die vollen Konsequenzen dieser Entscheidung zu tragen. Die hier vorgeschlagene Veränderung im Hochschulzugang würde den Spielraum für Lippenbekenntnisse einschränken und die Regierung zwingen, Farbe zu bekennen. Ob sie eine expansive Politik vertritt oder die Zahl der Studienplätze einfriert, hängt dann von ihren Prioritäten ab, die sie den Wählern gegenüber begründen muß. Nicht nur für die Universitäten, auch für die Hochschulpolitik erhöht sich damit die Rechenschaftspflicht gegenüber der Öffentlichkeit; besser als bisher wäre es möglich, die Politik an ihren Versprechen und Zielen zu messen.

Farbe bekennen müßten auch die Universitäten. Sobald sie Einfluß auf den Hochschulzugang erhalten, können sie die Verantwortung für die Ausbildung nicht mehr mit der Entschuldigung von sich weisen, der Staat zwinge sie zur Aufnahme zu vieler bzw. ungeeigneter Studenten. Der Staat kann zwar unbeschränkten Zugang erzwingen[33]; aber wie der Lehrbetrieb organisiert ist, darauf hat er relativ wenig Einfluß. Hier beginnt der autonome Wirkungsbereich der Universitäten, und die Studenten machen die Erfahrung, welchen Wert der »offene« Hochschulzugang für sie hat, wenn er gegen den Widerstand der Universität erfolgt.

Erstens werden nun die Engpässe spürbar, die auftreten, wenn Studenten ohne Rücksicht auf vorhandene Kapazitäten aufgenommen werden. Durch das unwillkürliche Chaos einer schlecht organisierten Massenuniversität (überfüllte Hörsäle, unzureichende Betreuung), aber auch durch bewußte Maßnahmen (Beschränkung bei bestimmten Lehrveranstaltungen, Warteschleifen bei Labor- und Praktikumsplätzen) kommt es zu einer Art indirektem Numerus clausus. Zweitens treffen die Studenten auf eine universitäre Lehre, die nach wie vor auf ein Elitesystem ausgerichtet ist und die dem Umstand, daß auch in Österreich mittlerweile ca. 20 % eines Jahrgangs an die Universität übertreten, noch nicht Rechnung trägt.

Die Mehrheit der österreichischen Hochschullehrer verlangt von Studenten die Fähigkeit, sich selbständig, ohne fremde Hilfe, auf den dunklen Pfaden der Wissenschaft und im Labyrinth der Studienpläne zurechtzufinden. Die Hochschuldidaktik hat bis heute nicht Fuß fassen können; sie dient eher als Feindbild, als daß man sie zur Verbesserung der eigenen Lehrkompetenz nutzt (vgl. Brinek/Schirlbauer, 1996). Das herrschende Verständnis von akademischer Freiheit wendet sich gegen jede Professionalisierung der Lehre.[34] Auf jener Höhe der Gelehrsamkeit, auf der die universitäre Lehre angesiedelt sei, habe jede äußerliche Hilfestellung ihre Berechtigung verloren. Didaktik sei eine Krücke, auf die der unselbständige Geist des Schülers ein Anrecht habe, nicht aber der Student, der die Maturitätsriten erfolgreich durchlaufen habe und ins Reich der wissenschaftlichen Bildung eingetreten sei. Aus dieser Sicht stellt auch die hohe Mißerfolgsquote keine Irritation dar. Nur wenige Hochschullehrer kommen auf die Idee, darin auch ein Versagen der Universitäten zu sehen. Im Gegenteil, einige äußern sogar offene Genugtuung darüber, daß die Vermassung der Universitäten durch den *Selbstreinigungseffekt* des Studienabbruchs halbwegs in Grenzen gehalten wird (vgl. Thonhauser, 1991).

Eine Eingangsselektion durch die Universitäten würde diesen anachronistischen Ideen die Grundlage entziehen. Die Universitäten übernehmen gegenüber den Studenten, die sie selbst aufnehmen, eine Verpflichtung.[35] Sie müssen der Lehre mehr Beachtung schenken und Verantwortung für den Studienfortschritt ihrer Studenten übernehmen. Es versteht sich von selbst, daß das nicht automatischen Erfolg garantiert. Natürlich kann das Ausbildungsziel nur bei aktiver Anstrengung der Studenten erreicht werden. Die Einsicht in die Bedeutung der Lehre für

den Studienerfolg darf nicht als Blankoscheck für Studenten fehlinterpretiert werden.
Im Gegenteil: Ein wichtiges Ziel einer Studienreform müßte darin bestehen, auch von Studenten eine höhere Verbindlichkeit zu verlangen. Die Abwehr gegen eine Professionalisierung der Lehre hat ihr Pendant im studentischen Widerstand gegen die *Verschulung* des Studiums. Die Kritik an der Verschulung ist eine universell einsetzbare Phrase zur Abwertung jeder Bemühung um eine Strukturierung des Studiums. Wenn es noch verständlich ist, daß Hochschullehrer die Unverbindlichkeit ihres Verhaltens zum Kern akademischer Freiheit verklären (immerhin werden sie von lästigen Pflichten entlastet), so gibt dieselbe Ideologie bei Studenten angesichts deutlicher (und in Form von Drop-out-Quoten und Studienzeiten auch quantifizierbarer) Nachteile einige Rätsel auf.
Ob das Humboldtsche Ideal einer im freien Austausch wissenschaftlicher Ideen verbundenen Gemeinschaft von Lehrenden und Lernenden jemals der Realität an den Universitäten entsprach, sei dahingestellt. Heute ist dies offenkundig nicht mehr der Fall. Die Grundbedingung des Humboldtschen Konzepts war eine kleine und homogene Studentenpopulation. An die Stelle kleiner Gemeinschaften ist die Anonymität eines Massenbetriebs getreten. Begabung, Interessen, Vorbildung und berufliche Erwartungen von Studenten sind heute wesentlich heterogener als vor der Hochschulexpansion. Wollen die Universitäten dieser veränderten Klientel gerecht werden, dann müssen sie nicht nur der Didaktik mehr Aufmerksamkeit schenken, sie müssen auch ihr Ausbildungsangebot neu strukturieren.
Gegenwärtig gibt es an den österreichischen Universitäten nur wissenschaftliche Langzeitstudien. Zwar hat das AHStG eine Differenzierung in Diplom- und Doktoratsstudien vorgenommen, aber die Intention des Gesetzgebers nach einer Rationalisierung des Studiums hat sich nicht erfüllt. Bei einer durchschnittlichen Studiendauer von 7,5 Jahren kann man auch das Diplomstudium (das im internationalen Vergleich einem Master gleichwertig ist) beim besten Willen nicht als kurzen Ausbildungsgang bezeichnen. Die meisten anderen Industrieländer haben im Zuge der Hochschulexpansion ein wesentlich stärker differenziertes Studienangebot geschaffen und bereits in den sechziger und siebziger Jahren einen nichtuniversitären Sektor

aufgebaut. Österreich ist diesem Muster nicht gefolgt (Lassnigg/Pechar, 1988). Erst 1993 wurden mit dem Fachhochschul-Studiengesetz die Grundlagen für eine Alternative zu den wissenschaftlichen Langzeitstudien geschaffen. Neben einer berufspraktischen Orientierung ist eine kurze Studiendauer das erklärte Ziel dieser Reform.[36] Fachhochschulen werden aber noch lange Zeit ein relativ kleines Segment des österreichischen Hochschulsystems bilden[37], sie werden daher nicht wesentlich zu einer quantitativen Entlastung der Universitäten beitragen.

Die Einrichtung von Fachhochschulen sollte die Universitäten keinesfalls daran hindern, ihr eigenes Studienangebot neu zu strukturieren. Dabei sollte man sich auf die Erfahrungen der englischsprachigen Welt mit der Gliederung des Studiums in einen *Undergraduate-* und einen *Graduate*-Bereich stützen.[38] Diese Gliederung hat sich gerade für Massenhochschulsysteme sehr gut bewährt und dafür gesorgt, daß die Hochschulexpansion in diesen Ländern geringere Turbulenzen hervorgerufen hat als am europäischen Kontinent. Das 3- bis 4jährige Grundstudium dient als Auffangbecken für die große Masse der Studierenden. Es zeichnet sich durch eine relativ klare Strukturierung aus, was einerseits die Orientierung der Studenten erleichtert und mit einer vergleichsweise dichten Betreuung einhergeht; zugleich stellt es ein verpflichtendes Grundlagenwissen sicher, das umso wichtiger wird, je weniger man eine einheitliche studienpropädeutische Sekundarbildung voraussetzen kann. Der Studienabschluß (*Bachelor*) dieses Grundstudiums erfolgt annähernd in der vorgesehenen Studiendauer und wird vom Arbeitsmarkt voll akzeptiert. Erst darauf aufbauend schließt eine Minderheit der Studenten ein Graduiertenstudium an, das entweder einer spezialisierten professionellen Ausbildung oder einer wissenschaftlichen Laufbahn dient. Dies ermöglicht einen Erstabschluß nach relativ kurzer Dauer, ohne die Qualität spezialisierter und forschungsorientierter Studien zu gefährden. Während das Grundstudium von dem in einem Massensystem nicht realisierbaren Anspruch entlastet ist, die Studenten in die Forschung einzubeziehen, kann das Graduiertenstudium diesem Anspruch wirklich gerecht werden. Diese Systeme unterscheiden sich wohltuend vom österreichischen, das diesen Anspruch vom ersten Semester an stellt und ihn gleichzeitig bis zum letzten Semester nicht einlösen kann.

Auch in Österreich hat es Vorschläge gegeben, die in diese Richtung zielen.[39] Sie werden in der Regel mit dem Argument abgelehnt, daß an der Universität ohnehin nur jene einen Platz haben sollten, die dann ein Graduiertenstudium ergreifen wollen. Dieses Argument folgt der Logik, daß nicht sein kann, was nicht sein darf. Da sich diese Logik annähernd ein Vierteljahrhundert lang nicht bewährt hat, sollte man allmählich auch in Österreich die Realitäten der Massenuniversität zur Kenntnis nehmen. Nie wieder wird die Universität ein Ort sein, an dem nur der wissenschaftliche Nachwuchs und einige wenige spezialisierte akademische Professionen ausgebildet werden. Um auch den vielen anderen Studenten förderliche Bedingungen zu bieten, ist eine Differenzierung des Studienangebots unumgänglich.

V. Wie realistisch ist ein neuer Reformschub?

Dieser Aufsatz hat ein eher düsteres Bild vom österreichischen Hochschulsystem gezeichnet. Das soll nicht den Eindruck erwecken, die sozialdemokratischen Hochschulreformen der siebziger Jahre, die dessen Realverfassung geprägt haben, seien eine Fehlentwicklung gewesen. Im Gegenteil, sie haben einen unumgänglichen Modernisierungsschub eingeleitet und in mancher Hinsicht hat ihr eigener Erfolg dazu beigetragen, daß sich die Voraussetzungen, von denen sie ausgegangen sind, gewandelt haben. Es war richtig, die Weichen für eine Studentenexpansion zu stellen und die Vielfalt der Studienfächer und der Lehrmeinungen zu erhöhen.[40] Das Hochschulsystem hat sich dadurch auf irreversible Weise verändert. Auch bei jenen Reformen, die weniger glücklich verlaufen sind, geht es nicht um eine Rückkehr zum Status quo ante. Die Gruppenuniversität ist nicht der Weisheit letzter Schluß, aber sie ist der alten Ordinarienuniversität immer noch vorzuziehen. Das letzte, was heute nötig ist, wäre eine »Abrechnung« mit den Reformen der siebziger Jahre. Diese Reformen waren geeignet, den Übergang von einem Elite- in ein Massensystem in Gang zu bringen. Aber die dadurch geschaffenen Strukturen versagen gegenüber dem Expansionsniveau, das mittlerweile erreicht ist. In einer Zeit beschleunigter Veränderungen im gesellschaftlichen Umfeld der Universitäten sind auch Maßnahmen, die von den beteiligten Akteuren als »Jahrhundertreform« betrachtet werden, schon nach wenigen

Jahren überholungsbedürftig. Wie realistisch sind die oben anvisierten Reformziele?

- Glaubt man den offiziellen Regierungsverlautbarungen, dann ist der Nulltarif an Hochschulen so unbestritten wie eh und je. Überzeugend klingt das nicht.[41] Es wird immer wahrscheinlicher, daß irgendeine Form von Kostenbeteiligung auf die Studenten zukommt.[42] Vermutlich wird die Grundsatzdiskussion, ob es Studiengebühren geben soll, bald von einer eher pragmatischen Diskussion über die Vor- und Nachteile unterschiedlicher Gebührenvarianten abgelöst werden. Dabei werden zwei Fragen im Zentrum stehen: Kann man auch mit einem sozialverträglichen Modell spürbare Einnahmen[43] erzielen? Sollen diese Einnahmen der Verbesserung der Studienbedingungen oder der Budgetsanierung dienen?
- Die Reform der Entscheidungsstrukturen ist von allen hier diskutierten Zielen das einzige, das bereits in Angriff genommen wurde. Der breite Raum, der dieser Frage hier gewidmet wurde, ist durch die Zweifel des Autors bedingt, daß das UOG 1993 von langer Dauer sein wird. Die Haltbarkeit dieses Gesetzes könnte noch begrenzter sein als die des UOG 1975. Schon während seiner Implementierung könnte sich erweisen, daß diese Kompromißbildung zwischen dem Mitbestimmungs- und dem Managementmodell nicht tragfähig ist.
- Am wenigsten weit fortgeschritten ist die Diskussion über eine Reform von Hochschulzugang und Studienangebot. Zwar hat das Sparpaket Bewegung auch in diese Frage gebracht. Bei der Drohung vieler Institute, ihre Tore dicht zu machen, handelt es sich freilich um defensive Kampfmaßnahmen, die sich gegen eine weitere Überlastung der eigenen Kapazitäten richten. Auch die Diskussion über *Knock-out-Prüfungen* zielt in diese Richtung.

  Diese Überlegungen sind noch weit davon entfernt, die Aufnahme von Studenten zu einer positiv definierten Aufgabe der Universitäten zu machen. In Zukunft wird vor allem zu klären sein, ob es den Universitäten nur um Zugangsbeschränkungen geht (die ebensogut durch einen zentralen Numerus clausus erfolgen können) oder ob sie eine Eingangsselektion als aktive Maßnahme der Profilbildung betrachten (was mit Aufwand verbunden ist).

Die Kluft zwischen dem Status quo und den hier diskutierten Zielen ist sicher groß. Eine Schwierigkeit besteht darin, daß die Veränderung jedes einzelnen Elements die Funktionsweise des Gesamtsystems beeinflußt. Punktuelle Eingriffe laufen immer Gefahr, daß ihre innovativen Impulse von den stabilisierenden Kräften des Gesamtsystems absorbiert werden. Auf der anderen Seite fehlt einem radikalen Systembruch die politische Akzeptanz und ein solcher Gewaltakt läßt sich auch schwer umsetzen. Daß es sich dennoch um keine weltfremden Spekulationen handelt, zeigen die Fachhochschulen. Dieser erst 1993 eingerichtete Sektor ist in quantitativer Hinsicht noch so klein[44], daß er bei der Diskussion der Realverfassung nicht berücksichtigt wurde. In qualitativer Hinsicht ist er aber bemerkenswert. Ein Großteil der hier diskutierten Reformziele ist im Fachhochschulsektor verwirklicht. Fachhochschulen werden von einem professionellen Bildungsmanagement geleitet, sie verfügen über ein Globalbudget auf der Basis von Studienplätzen und sie nehmen ihre Studenten selbst auf. Nicht nur, was ihr curriculares und didaktisches Profil, sondern auch was ihre Organisationsform und Finanzierung betrifft, stellen sie eine Innovation im österreichischen Bildungswesen dar. Eine erste Zwischenbilanz der Implementierung des Fachhochschulkonzepts ist überwiegend positiv ausgefallen (Altrichter/Posch/Thaler, 1996; Fischer/Melchior 1996; Pechar, 1996). Wenn sich dieses Konzept weiterhin so gut bewährt, dann wird sein Beispiel auch den Reformdruck an den Universitäten verstärken.

Anmerkungen

1 Schon Anfang der neunziger Jahre haben die österreichischen Entscheidungsträger ihrem System bei einer international vergleichenden Expertenbefragung ein vernichtendes Zeugnis ausgestellt (McDaniel, 1992). Von den 12 untersuchten europäischen Staaten wurde die hochschulpolitische Lage nur in Spanien und Griechenland ähnlich pessimistisch eingestuft.

2 Erst in jüngster Zeit weichen einige Länder, wie die Niederlande oder Schweden, von dieser Tradition ab.

3 Die Hochschulplanungsprognosen haben die Expansion der Hörerzahlen immer unterschätzt. Im Hochschulbericht 1978 wurde angenommen, daß die Zahl der inländischen Hörer 1989 bei 125.000 (Standardvariante) bzw.

140.000 (Maximalvariante) einen Gipfel erreichen und dann aus demographischen Gründen wieder abnehmen würde. 1995 hätten sie dieser Prognose zufolge zwischen 110.000 und 135.000 betragen (BMWF, 1978, S. 16 ff.). Im Hochschulbericht 1981 wird diese Schätzung geringfügig korrigiert. Der Höhepunkt der Entwicklung wird nun auf das Jahr 1990 verlegt (125.000–155.000 Hörer), 1995 hätte die Hörerzahl zwischen 110.000 und 145.000 betragen (BMWF, 1981, S. 62 ff.). Tatsächlich gab es 1995 191.000 inländische Hörer.

[4] Für die Entwicklung der Planstellen trifft dies allerdings nur bis Mitte der siebziger Jahre zu. Eine der Ursachen für die Divergenz zwischen Budget- und Planstellenentwicklung liegt darin, daß ein wachsender Teil der Lehre durch remunerierte Lehraufträge abgedeckt wurde; eine andere darin, daß sich die Personalkosten verteuert haben (Reallohnzuwachs, Altersstruktureffekt).

[5] Während der übrige öffentliche Sektor vom Nachbesetzungsstopp hauptsächlich insofern betroffen ist, als der natürliche Abgang durch Pensionierungen etc. nicht ersetzt werden kann, sind die Auswirkungen im universitären Bereich auf Grund der vergleichsweise hohen Mobilität viel schwerwiegender.

[6] Die wichtigsten privaten Einnahmequellen für Universitäten sind Studiengebühren und Drittmittel. In der Folge werden nur Studiengebühren thematisiert. Über die Einnahmen aus Drittmitteln ist nur wenig bekannt (vgl. BMWF, 1993). Ein Problem dürfte darin bestehen, daß ein nicht unbeträchtlicher Teil dieser Gelder an den Universitäten vorbeigeschleust wird und als zusätzliches Einkommen der Hochschulangehörigen dient.

[7] Im Durchschnitt wurde jeder Student durch dieses komplexe Taxensystem (Matrikel- und Inskriptionstaxen, Kollegiengelder, Prüfungstaxen, Benützungsgebühren für Laboratorien, Institute u. ä., Materialersätze etc.) mit 730 öS pro Jahr belastet. In heutigen Preisen hatte ein Student 1971 ca. 2.000 öS zu entrichten. Die Hochschultaxen waren aber seit 1953 nicht mehr an die Inflation angepaßt worden. Damals waren 730 öS annähernd ein halbes Durchschnittsgehalt.

[8] Energische Vorstöße für Studiengebühren hat es bislang auch von anderen Parteien nicht gegeben. Von der ÖVP wurden sie seit Mitte der achtziger Jahre dann und wann zur Diskussion gestellt; da es sich um ein unpopuläres Thema handelt, wurde aber sehr zurückhaltend agiert. Zuletzt dürfte sich in dieser Partei aber eine eindeutige Präferenz für Studiengebühren durchgesetzt haben. Von den Freiheitlichen ist eine konsistente Position nicht zu erwarten. Aber auch von den Liberalen kommen in dieser Frage widersprüchliche Signale. Die Grünen, deren Wähler einen hohen Studentenanteil haben, sind überwiegend gegen Studiengebühren. Innerhalb der SPÖ ist die offizielle Parteilinie freilich nicht unbestritten. Seit Anfang der neunziger Jahre sind mehrere hochrangige SPÖ-Politiker für sozialverträgliche Studiengebühren eingetreten.

[9] Auf dem Weg von der Immatrikulation bis zum Erstabschluß gehen bekanntlich mehr als die Hälfte der Studenten »verloren«. Über die soziale Zusammensetzung der Absolventen liegen keine Daten vor, man kann aber vermuten, daß sozial schwache Gruppen überproportional zum Studienabbruch neigen.

[10] Wir haben diese Variante als *gestaffelte Elterngebühren* bezeichnet (Pechar/Keber, 1996). Einen ähnlichen Effekt erzielt man, wenn man einheitliche Gebühren einhebt, aber diese Belastung für einkommensschwache Studenten über höhere Stipendien ausgleicht.

[11] Für eine große Zahl von Studenten müßte das Haushaltseinkommen der Eltern nachgewiesen und überprüft werden.

[12] Der private Kapitalmarkt ist für Darlehen dieser Art nicht funktionstüchtig, da das Risiko für beide Seiten zu groß ist.

[13] Das war nicht immer Folge legistischer Veränderungen. Zum Teil wurden verschiedene staatliche Weisungsrechte, die es auch schon früher gab, stärker in Anspruch genommen. Teilweise ist der wachsende staatliche Einfluß auf die Entscheidungsunfähigkeit der universitären Organe zurückzuführen.

[14] Vor allem von Teilen des Mittelbaus und den Studenten wird das UOG 1993 weiterhin abgelehnt. Das zeigt sich z. B. an der Forderung, angesichts des Sparpakets zuallererst die Implementierung dieses Gesetzes »einzusparen«.

[15] Nur in England – und in der Folge in allen vom britischen Muster geprägten Hochschulsystemen – sind die Universitäten unabhängige Korporationen geblieben. Das ist eine Konsequenz der unterschiedlichen politischen Entwicklung dieser Länder. Am europäischen Kontinent ist ein starker absoluter Staat entstanden, der sich bereits während der Religionskriege die unabhängigen Korporationen des Mittelalters untergeordnet hat und der bis in die Gegenwart ein viel engeres Naheverhältnis zu seinen Universitäten unterhält, als dies in der englischsprachigen Welt der Fall ist.

[16] Da die Anzahl der Assistentenstellen rascher gewachsen ist als die der Ordinariate, reduzierten sich die Chancen auf eine rasche akademische Karriere. Dadurch haben sich stärker als früher eigenständige Interessenpositionen des Mittelbaus ausdifferenziert (vgl. Bourdieu, 1988).

[17] Natürlich kann man auch in dieser Ausgrenzung eine Unterdrückungsmaßnahme sehen; in diesem Zusammenhang ist entscheidend, daß das Innenverhältnis der Universität dadurch von Konflikten entlastet wurde, was die Voraussetzung für eine vergleichsweise »harmonische« Ordinarienherrschaft schuf.

[18] Im Hochschulbericht 1984 wird die universitäre Finanzplanung so charakterisiert: »Die an den universitäts- und hochschulinternen Entscheidungsprozessen beteiligten Gruppen haben Schwierigkeiten, ein über die Aufsummierung individueller Interessen hinausgehendes Gesamtinteresse zu entwickeln, so daß ihr ›Interesse‹ auf das Bestreben nach weiterer, oft bedarfsneutraler Expansion beschränkt bleiben muß.« (BMWF, 1984, S. 24)

[19] Diese Gefahr dürfte aber kaum größer sein als bei der Steuerung des Hochschulsystems durch das Ministerium. Trotzdem fällt auf, daß die mei-

sten Hochschulangehörigen die staatliche Bürokratie – trotz aller verbaler Attacken – einem starken institutionellen Management vorziehen. Das liegt wohl daran, daß der »Wirkungsgrad« des Managements ein wesentlich höherer ist als jener der Ministerialbürokratie, die auf Grund ihrer Entfernung nur einen Bruchteil ihrer Intentionen tatsächlich umsetzen kann.

20 Im Zuge der Implementierung wird die Professorenseite versuchen, möglichst viele Bestimmungen im Sinn des Ordinarienmodells zu interpretieren.

21 Eine mögliche Lösung dieses Dilemmas liegt in einer externen Kontrolle, die aber nicht vom politischen System ausgeübt wird, sondern von einem Aufsichtsorgan, das eine Treuhandfunktion wahrnimmt. Externe Kontrollorgane dieser Art gibt es in allen englischsprachigen Hochschulsystemen, die sich durch hohe institutionelle Autonomie auszeichnen. Dadurch werden die Universitäten vor direktem politischen Zugriff geschützt, zugleich aber einer öffentlichen Rechenschaftspflicht unterworfen. Am wichtigsten ist die Rolle der *Boards of Trustees* im amerikanischen Hochschulsystem (vgl. Kerr/Gade, 1989).

22 Es sei denn, das Studium wird schon in der Anfangsphase abgebrochen oder aber der Abbruch ist nur das Eingeständnis, daß in Wahrheit nie ernsthaft studiert wurde. In beiden Fällen werden die universitären Ressourcen nur gering belastet. Eine Fehllenkung von Ressourcen wird allgemein als das Hauptproblem des Studienabbruchs betrachtet.

23 Es werden z. B. am Arbeitsmarkt Studienabbrecher nachgefragt, die bereits die erste Diplomprüfung eines Betriebswirtschaftsstudiums absolviert haben. Ein großer Teil der Journalisten besteht aus Abbrechern eines Publizistikstudiums.

24 Dies dann, wenn ein später Eintritt ins Beschäftigungssystem ohne formelle Höherqualifikation als Ausdruck mangelnder Zielstrebigkeit interpretiert wird.

25 Für Deutschland wurde gezeigt, daß eine lange Studienzeit sich negativ auf die Berufszufriedenheit der Absolventen auswirkt (Meulemann, 1992).

26 Davon ausgenommen sind nur die Kunsthochschulen, deren Hörer eine künstlerische Begabung nachweisen müssen.

27 In den USA, wo etwa 80 % einer Alterskohorte die gesamtschulartige High School abschließen, wäre das unmöglich. Hier fällt die Entscheidung über die Hochschulzulassung nicht bei Abschlußprüfungen im Schulbereich, sondern durch Eingangsselektion der Hochschulen.

28 Angesichts sinkender Geburtenjahrgänge wird die absolute Zahl der Maturanten viel weniger stark steigen. Gerade weil die Altersgruppen schrumpfen, üben die dadurch freiwerdenden Kapazitäten in den höheren Schulen einen Sogeffekt auf die Bildungsnachfrage aus, was eine weitere Erhöhung der Maturantenquote wahrscheinlich macht.

29 Man kann natürlich auf die Möglichkeit eines alternativen Hochschulzugangs via Studienberechtigungsprüfung verweisen; diese Option ist je-

doch von so geringer quantitativer Bedeutung, daß sie hier vernachlässigt wird (vgl. Hochschulbericht, 1990, S. 158 ff.).

30 In diese Richtung zielt die Forderung der Sozialpartner der Arbeitnehmerseite, Lehrabsolventen mit Maturanten gleichzustellen (vgl. die 1994 von der damaligen GPA-Vorsitzenden Hostasch initiierte Diskussion). Eine solche Maßnahme hätte immerhin den Vorteil, die Widersprüche der bestehenden Regelung auf die Spitze zu treiben und damit sichtbar zu machen.

31 In den englischsprachigen Systemen, die durchwegs Eingangsselektion betreiben, ist das Aufnahmeverfahren unterschiedlich organisiert. Am aufwendigsten ist es in den USA, wo neben einem standardisierten Test mit jedem Bewerber auch persönliche Gespräche geführt werden. Sicher ist das für beide Seiten, den Bewerber und die Institution, mit erheblichem Aufwand verbunden. Aber dieser Aufwand ist nicht vergeudet, er dient der wechselseitigen Klärung von Erwartungen und stärkt das Gefühl für die Verpflichtungen, die man der anderen Seite gegenüber eingeht.

32 Natürlich haben die großen Universitäten auch jetzt ein höheres Budget als die kleinen. Aber dieser Zusammenhang ist vage; nach welchen Kriterien die staatliche Bürokratie die Hochschulausgaben verteilt, ist nicht transparent.

33 Auf die provokante Ankündigung der Wiener Medizinischen Fakultät und einiger anderer Institute, im Herbst 1996 keine neuen Studenten aufzunehmen, hat das Wissenschaftsministerium sofort mit dem Verweis auf die Gesetzeslage geantwortet.

34 Natürlich würde man nicht bestreiten, daß es bessere und schlechtere Lehrer gibt; aber in der Fähigkeit zum guten Vortrag sieht man ein Charisma, das einigen in die Wiege gelegt wurde, das man aber nicht erlernen kann. Im übrigen disqualifiziert es keineswegs für den Beruf des Hochschullehrers, wenn man über dieses Charisma nicht verfügt.

35 In allen Hochschulsystemen mit Eingangsselektion gibt es deutlich weniger Studienabbrecher als in »offenen« Systemen; das gilt auch in Österreich für die Kunsthochschulen. Es wäre zu einfach, das ausschließlich damit zu erklären, daß jene Studenten, die bei »offenem« Zugang vorzeitig herausfallen, bei einer Eingangsselektion erst gar nicht hineinkommen. Dagegen spricht das Faktum, daß in den meisten angelsächsischen Systemen, vor allem in den USA, die Studentenquote viel höher ist als bei uns.

36 Laut FHStG beträgt die Mindeststudiendauer 3 Jahre; allerdings sehen alle bislang eingerichteten Studiengänge 4 Jahre vor. Im Gegensatz zu den universitären Studien wird die Mindeststudiendauer aber als Regelstudiendauer betrachtet, die es einzuhalten gilt. § 3 des FHStG schreibt dem Erhalter vor, das »Fachhochschulstudium so zu gestalten, daß es in der vorgeschriebenen Studienzeit abgeschlossen werden kann«. Bei den meisten universitären Studien wäre diese Bedingung derzeit nicht erfüllt.

37 Es sei denn, man würde einen Teil der Universitäten samt ihrem Personal in Fachhochschulen »umwidmen«; das wäre sinnvoll, ist aber politisch vermutlich nicht durchzusetzen.

38 Es gibt keinen rationalen Grund, sich vor einer »Kolonialisierung« durch angelsächsische Modelle zu fürchten (vgl. Pechar, 1993). Diese Modelle verdanken ihre internationale Ausstrahlung dem Umstand, daß sie die meisten Schlüsselprobleme von Massenhochschulsystemen besser lösen als ihre kontinentaleuropäischen Pendants. Im 19. Jahrhundert übte das Humboldtsche Modell einen weltweiten Einfluß aus, weil Preußen zu dieser Zeit ein sehr erfolgreiches System hatte. Heute trifft dasselbe auf die englischsprachigen Systeme zu, wobei schon deren Variantenvielfalt zeigt, daß die Sorge vor einer totalen Homogenisierung unbegründet ist.

39 Sie haben sich in der Regel darauf beschränkt, einen »mittleren Ausgang« zu schaffen. So z. B. der Vorschlag des damaligen Wissenschaftsministers Tuppy im Jahr 1988 nach einem Bakkalaureat. Um den oben beschriebenen Effekt zu haben, müßte das aber mit einer Reorganisation des Grundstudiums einhergehen.

40 Als es darum ging, die Bildungsbeteiligung anzukurbeln, war auch die Abschaffung der Hochschultaxen sinnvoll. Die Hochschulexpansion hat aber mittlerweile eine Eigendynamik entfaltet, die auch durch eine Kostenbeteiligung am Studium (sofern diese sozialverträglich erfolgt) nicht wesentlich gebremst werden kann.

41 Gewiß: Unter einem Bundeskanzler Vranitzky sind Studiengebühren unwahrscheinlich. Aber wie lange ist Vranitzky noch Bundeskanzler? Die Position der SPÖ zu Studiengebühren erinnert ein wenig an die Garantieerklärungen, die Kreisky Ende der siebziger Jahre in bezug auf die Arbeitsplätze in der verstaatlichten Industrie abgab. Wenige Jahre später gab es die verstaatlichte Industrie nicht mehr.

42 Das Sparpaket 1996 mit seinen »Rasenmäherkürzungen« ist eine sehr unsoziale Belastung, die einkommensschwache und wohlhabende Studenten auf gleiche Weise trifft. Auch Studentenvertretungen denken neuerdings darüber nach, ob sozialverträgliche Studiengebühren nicht eine bessere Alternative wären.

43 Absurd ist die Behauptung, Studiengebühren würden sich nur dann lohnen, wenn sie die vollen Kosten des Studienbetriebs deckten. Bei den Auseinandersetzungen im Frühjahr 1996, die den Lehrbetrieb für fast ein Semester lahmgelegt haben, ging es um ein Sparvolumen von ca. 400 Mio. öS. Mit sozialverträglichen Gebühren könnte man Einnahmen von – je nach Variante – 1,5 bis 2,5 Mrd. öS erzielen (vgl. Pechar/Keber, 1996). Auch wenn das »nur« ca. 10 % des Hochschulbudgets sind, kann diese Summe kaum als Bagatelle betrachtet werden.

44 Noch im Jahr 2000 werden im Fachhochschulsektor weniger als 5 % aller Studenten inskribiert sein.

Literatur

Altrichter, Herbert/Posch, Peter/Thaler, Michaela: Profile und Entwicklungsprozesse der neuen Studienprogramme. Forschungsbericht ans BMWFK. Klagenfurt/Innsbruck 1996.

Bast, Gerald: Ordinarienuniversität, Gruppenuniversität – und weiter? In: BMWF: Universitäts-Management. Wien: BMWF 1990.

BMWF: Hochschulbericht 1978. Wien: BMWF 1978.

BMWF: Hochschulbericht 1981. Wien: BMWF 1981.

BMWF: Hochschulbericht 1984. Wien: BMWF 1984.

BMWF: Hochschulbericht 1990. Wien: BMWF 1990.

BMWF: Die neue Universitätsstruktur. Reformkonzept. Wien: BMWF 1991.

BMWF: Hochschulbericht 1993. Wien: BMWF 1993.

Bodenhöfer/Ötsch/Terlak: Finanzierung der Hochschulexpansion. Wien 1980.

Bourdieu, Pierre: Homo academicus. Frankfurt/Main 1988.

Brinek, Gertrude/Schirlbauer, Alfred (Hrsg.): Vom Sinn und Unsinn der Hochschuldidaktik. Wien 1996.

Fischer, Roland/Melchior, Josef: Qualitätssicherungsmechanismen im Fachhochschulbereich. Forschungsbericht an das BMWFK. Wien: IHS 1996.

Guger, Alois: Verteilungswirkungen der gebührenfreien Hochschulbildung in Österreich. Forschungsbericht an das BMWF. Wien: WIFO 1994.

Höllinger, Sigurd: Universität ohne Heiligenschein. Aus dem 19. ins 21. Jahrhundert. Wien 1992.

Kerr, Clark/Gade, Marian: The Guardians: Boards of Trustees of American Colleges and Universities. Washington DC 1989.

Laske, Stephan/Hammer, Richard: Skizzen zur Autonomiefähigkeit der Universitäten – Eine eher skeptische Nabelschau. In: Altrichter/Schratz (Hrsg.): Qualität von Universitäten. Innsbruck 1992.

Lassnigg, Lorenz/Pechar, Hans: Alternatives to Universities in Higher Education. Country Study: Austria. Paris: OECD 1988.

Lechner, Ferdinand/Reiter, Walter: Die Sozialstruktur der Studierenden. Entwicklung und Stand seit der »Öffnung der Hochschulen«. Forschungsbericht an das BMWF. Wien 1994.

McDaniel, Olaf: The Direction of Higher Education. Short report of a DELPHI study. Zoetermeer 1992.

Meulemann, Heiner: Über die sozialen und persönlichen Kosten langer Studienzeiten. In: Kaiser/Görlitz (Hrsg.): Bildung und Beruf im Umbruch: Zur Diskussion der Übergänge in die Hochschule und Beschäftigung im geeinten Deutschland. Nürnberg 1992.

Meyer, Hans Joachim/Müller-Böling, Detlef: Hochschulzugang in Deutschland. Gütersloh 1996.

OECD: Education at a Glance. OECD Indicators. Paris: OECD 1995.

Pechar, Hans: Vorbild oder abschreckendes Beispiel: Das amerikanische Hochschulsystem und die österreichische UOG-Reform. In: Zeitschrift für Hochschuldidaktik 2–3 (1993).

Pechar, Hans: Finanzierung der Fachhochschulen. Forschungsbericht an das BMWFK. Wien 1996.

Pechar, Hans/Keber, Christian: Abschied vom Nulltarif. Argumente für sozialverträgliche Studiengebühren. Wien 1996.

Pellert, Ada: Die Besonderheiten der Organisation Universität und ihrer Veränderungsprozesse. In: Pellert/Welan (Hrsg.): Die formierte Anarchie. Die Herausforderung der Universitätsorganisation. Wien 1995.

Stadler, Friedrich (Hrsg.): Vertriebene Vernunft II. Emigration und Exil österreichischer Wissenschaft. Wien 1988.

Thonhauser, Josef: Studieren in Österreich. Forschungsbericht an das BMWF. Salzburg 1991.

Weinert, Willi: Die Entnazifizierung an den österreichischen Hochschulen. In: Meissl/Mulley/Rathkolb (Hrsg.): Verdrängte Schuld, verfehlte Sühne. Entnazifizierung in Österreich 1945–1955. Wien 1986.

Welan, Manfried: Die neue Universitätsorganisation oder die dritte Organisationsreform seit 1945. In: Pellert/Welan (Hrsg.): Die formierte Anarchie. Die Herausforderung der Universitätsorganisation. Wien 1995.

Karl Aiginger

Wirtschaftsstandort Österreich

I. Erfolgskrise

Die zentrale These dieses Beitrages ist, daß die österreichische Wirtschaft in eine kritische Phase eingetreten ist. Ein Teil der Probleme ist dadurch entstanden, daß die Wirtschaft, und hier vor allem die Industrie, in den letzten Jahrzehnten so erfolgreich war, ein anderer Teil entstand durch die radikalen Veränderungen des Umfeldes. Die Institutionen, aber auch die Österreicher in ihrer Selbsteinschätzung, haben sich noch nicht auf die neue Position und auf die Veränderung der Außenfaktoren eingestellt. Dauert diese Umstellung zu lange oder werden hier falsche Rezepte angewendet, könnte ein Teil der bisherigen Errungenschaften verlorengehen, jedenfalls aber würden die Chancen, die aus der neuen Situation erwachsen, vergeben.
Wir beschreiben die Veränderung der Rahmenbedingungen und diskutieren internationale Bewertungen des Wirtschaftsstandortes Österreichs. Eine Analyse der institutionellen Schwächen und der Stärken der österreichischen Wirtschaft schließt daran an.

II. Veränderung der Rahmenbedingungen

Österreich als Wirtschaftsstandort hat sich von einer Randlage zu einem zentralen europäischen Standort verändert. Allerdings hat die Ostöffnung bewirkt, daß auch Berlin, Prag, Budapest und Warschau eine neue Standortqualität erreicht haben und mit Wien konkurrieren. Es findet heute weltweit eine Neubewertung von Industriestandorten statt. Die Stärken der österreichischen Wirtschaft liegen in der Ausbildung und Leistungswilligkeit der Arbeitskräfte, in der Flexibilität und dem Leistungsniveau der Unternehmen und in einer funktionierenden Infrastruktur.
Die Mitgliedschaft in der EU seit 1995 veränderte die österreichischen Wirtschaftsgesetze. Die letzten Märkte wie z. B. jene der Nahrungsmittelindustrie, der Elektrizitätswirtschaft und der Telekommunikation mußten bzw. müssen geöffnet werden. Die

Förderung der Landwirtschaft wurde auf die Förderung der Produktion, auf Landschaftserhaltung und nach Ökokriterien umgestellt. Die Regionalförderung muß nun nach Regionalkonzepten ausgerichtet werden und die Betriebsansiedlung ist nur noch nach Regionen abgestuft durchführbar.

Die Öffnung der Ostgrenzen verstärkt den Anpassungsbedarf, besonders in der östlichen Hälfte Österreichs, und dies im Bereich der mittleren und billigeren Marktsegmente. Erstens wächst eine neue Konkurrenz heran, die unsere Märkte mit einfachen, aber auch bei leicht kopierbaren technischen Produkten beliefert. Die Konkurrenz zahlt heute nur ein Fünftel, teilweise ein Zehntel der österreichischen Löhne und hat vorübergehend niedrigere Transport-, Umwelt- und Energiekosten. Zweitens entsteht für Österreich die Möglichkeit, lohnkostenintensive Teile der Produktion in den Osten zu verlagern. Österreichische Unternehmen können dann – durch die günstige Produktion von Teilen der Produktpalette in nächster Nähe – selbst ein kostengünstiges Gesamtprodukt (Komplettangebot) im Westen verkaufen. Unternehmen, die überlegt haben, ihre Produktion in den Fernen Osten zu verlagern (und die damit wohl auch ihre Zentrale verlagert hätten), können nun von Österreich aus wettbewerbsfähig produzieren. Drittens entsteht im Osten ein Markt für österreichische Industrieprodukte. Jahrelang litten insbesondere die östlichen Bundesländer an der toten Grenze, nun ist der Handel nach Osten und Westen möglich.

Der Gesamteffekt aus diesen drei Komponenten ist positiv. Die Handelsbilanz Österreichs mit den Oststaaten hat sich von einem Defizit in ein Aktivum verwandelt. Die Industrieproduktion ist besonders im Burgenland gewachsen, und die Beschäftigung ist in den niederösterreichischen Grenzbezirken seit der Ostöffnung weniger zurückgegangen als im Bundesdurchschnitt. Die österreichischen Firmen sind bei den Joint-Ventures im Osten führend.

Die Mittel der öffentlichen Hand sind knapp und werden es über die nächsten Jahre bleiben. Die hohen Defizite, das Ansteigen der Staatsschuld und die Konvergenzkriterien der EU ziehen einen Sanierungsbedarf nach sich, der zu drastischen Sparprogrammen der öffentlichen Hand führte und führen wird. Wenn die Sanierung der Staatsfinanzen auch aus nationaler Sicht geboten ist, so ist doch der zeitliche Spielraum durch die

Perspektive einer Währungsunion enger geworden. Alle aktivseitigen Maßnahmen der öffentlichen Hand werden daher in absehbarer Zeit gezielt und effizient ansetzen müssen.

Aus historischer Perspektive ist der Erfolg der österreichischen Wirtschaft beachtlich. Nach dem Ersten Weltkrieg war der Wirtschaftsraum zerrissen, die Identität Österreichs als Land und Nation war fraglich, die politischen Kräfte waren zerstritten. Die zweite Nachkriegsperiode begann mit weitgehend zerstörten Produktionsanlagen und mit der Existenz einer Besatzung. Der Rückstand gegenüber den europäischen Ländern in der Wirtschaftsleistung war groß, noch in den fünfziger Jahren lag Österreich nach allen Indikatoren im unteren Drittel.
Heute ist Österreich von einem Nachzügler in der wirtschaftlichen Entwicklung zu einem einkommens- und produktivitätsmäßig führenden Industrieland geworden. Weltweit liegt Österreich heute unter den 15 Ländern mit dem höchsten Pro-Kopf-Einkommen. Es ist das drittreichste Land unter den 15 EU-Mitgliedstaaten und hat nach den Währungsturbulenzen 1993/94 vor ihm liegende skandinavische Länder eingeholt. Besonders nach umfassenderen Ansätzen, die auch Inflation, Arbeitslosigkeit, Währungsstabilität, Verteilung und sozialen Frieden beinhalten, liegt Österreich im Spitzenfeld. Die Produktivität der Industrie, die viele Jahre deutlich hinter jener Westdeutschlands nachhinkte, hat die hohe Wertschöpfung dieses führenden Industrielandes erreicht. Österreich hat heute auch die dritthöchsten Industrielöhne in der EU. Ein anspruchsvolles soziales Netz ist geknüpft. Österreich wird durch diese Entwicklung ein Standort für anspruchsvolle Produkte; Produktionsformen oder Techniken, die nur mit niedrigen Lohnkosten zu adäquaten Ergebnissen führen, sind in Österreich nicht mehr durchführbar.
Dennoch – und das ist die zentrale These – ist es gerade dieser Erfolg, der Veränderungen notwendig macht. Ein Land, das in der wirtschaftlichen Entwicklung zurückliegt, kann durch Nachahmungen – im wirtschaftlichen Bereich bedeutet das: Importe von Technologien, Hereinholen von Investoren, Imitation von Managementstilen – wettbewerbsfähig sein. Ein Land, das überdurchschnittliche Löhne zahlen will, das hohe Sozialausgaben tätigt, das die Umwelt schonen will, muß selbst neue Produkte entwickeln, Techniken verbessern, organisatorisch Spitzenlei-

stungen bringen und Vorreiter in der Informationstechnologie sein. Das ist nicht nur eine Forderung an unsere Industriebetriebe, sondern auch an die wirtschaftspolitischen Institutionen, die Schulen, die Medien und die Politik.

III. Wertungen der Standortqualität durch das Ausland

Das *Rating* von Standorten wird weltweit von vielen Institutionen durchgeführt. Wir wollen hier von einem *Schweizer Rating* berichten, das sehr stark von der Perspektive des Investors ausgeht, nämlich von der Möglichkeit, an einem Standort Gewinne zu erzielen. Dann berichten wir von anderen unternehmensorientierten Ratings, beleuchten Österreich aus der Sicht der Maastrichter Kriterien und nehmen eine eigene Einschätzung der makroökonomischen Performance vor.

Das populärste investororientierte Rating war lange Jahre jenes des *World Competitiveness Report.* Dieser wurde vom *World Economic Forum* (Genf) und dem *Institute of Management Development* (Lausanne) gemeinsam herausgegeben und umfaßte zuletzt 378 Indikatoren pro Land, inklusive der ostasiatischen Länder und der Nachfolgestaaten der UdSSR. 1996 trennten sich die beiden Institutionen und reduzierten ihre Indikatoren auf 155 bzw. 224.

Das Ergebnis für Österreich ist nach beiden Schweizer Ratings ähnlich. Nach dem hervorragenden 11. Platz im gemeinsamen Rating von 1995 ist Österreich nach dem WEF 1996 auf den 19. und nach dem IMD auf den 16. Platz unter 49 bzw. 46 Ländern zurückgefallen. Das ist noch immer ein Platz in der ersten Hälfte, aber mit der Schweiz, Dänemark, Norwegen und den Niederlanden liegen auch kleine Länder vor Österreich. Deutschland liegt nach einem Rating hinter Österreich (WEF 22. Stelle), nach einem davor (IMD 10. Stelle), wobei in der WEF-Wertung die Inflexibilität des Arbeitsmarktes und die Last des Wohlfahrtsstaates stärker negativ vermerkt wird.

Welche Indikatoren werden hier für Österreich als günstig und welche als ungünstig gewertet? Wir erläutern das Ranking des WEF, in dem Österreich an 19. Stelle landete; Positionen in Klammern bedeuten die Stelle, die Österreich unter 49 Ländern einnimmt.

- Das größte Minus ist der Posten »Regierung« (36). Hier

werden insbesondere Faktoren, die objektiv meßbar sein sollten, wie Staatsanteil, staatliches Sparen, Budgetdefizit, Lohnsteuer und Sozialversicherungsausgaben als negativ für den Wirtschaftsstandort Österreich gewertet. Auch die Kommunikationsleistung der Regierung wird als gering und die Bürokratie als hoch eingestuft. Die geringe Höhe der Kapitalsteuern wird anerkannt, ebenso wird betont, daß der Staat sich wenig in die Unternehmenstätigkeit einmischt (6 bzw. 7).

- Der zweite Negativposten ist »Arbeit« (28). Am negativsten schlägt sich die Arbeitslosenprognose nieder (49), knapp gefolgt von den Kollektivvertragsverhandlungen (45) und der mangelnden Bereitschaft, den Wandel zu akzeptieren. Von den harten Faktoren wird der Unterschied zwischen Brutto- und Nettolohn (44) und die Lohnhöhe selbst (43) negativ vermerkt. Auf der Positivseite werden die Motivation der Arbeitnehmer (3!), die Weiterbildung in den Unternehmen und das Ausbildungssystem an sich gewertet.
- Knapp negativ wird der Faktor »Management« gewertet (25). Hier wird die Dauer kritisiert, die verstreicht, bis ein Produkt auf den Markt kommt (*time to market*), aber auch Entrepreneurship und Innovationsbereitschaft sind ungenügend. In der internationalen Erfahrung des führenden Managements (*senior management*) erklimmt Österreich die Position 1, ähnlich hervorragend ist generell das »Angebot an Managern« (7). In der positiven Bewertung des *Total Quality Managements* und in der Marktdominanz werden überraschend positive Zensuren erteilt.
- Im Bereich Infrastruktur (18) werden die hohen Flugkosten und die Nichterreichbarkeit am Seeweg beklagt, aber auch Kritik an Telekommunikation und technischer Infrastruktur wird laut. Die Dichte des Straßennetzes wird lobend erwähnt (6 bzw. 2), die positive Erwähnung der Telekommunikationsausgaben pro Kopf zeigt eher eine Schwäche der Wertung.
- Beim Kriterium »Zivile Institutionen« (16) erhält Österreich die Gelbe Karte für seine wettbewerbsgefährdenden Umweltschutzanforderungen (49) und ein mildes Lob für Rechtsstaat und Gerichte.
- Im Technologiebereich erreicht Österreich Rang 13, wobei die niedrigen Forschungsinputs auf der Passivseite erwähnt

werden. Die Qualifikation der Ingenieure erhält Gold, die naturwissenschaftliche Ausbildung immer noch Silber. Bei Forschungskooperation, technischem Niveau der Sekundärausbildung und Patentanmeldungen pro Kopf der Bevölkerung fällt die Wertung positiver aus als in manchen nationalen Analysen.

- Die »Offenheit« des Landes wird mit Rang 12 gewertet. Nicht ganz nachvollziehbar ist die Klage über den hohen Wechselkurs gerade innerhalb dieser Kategorie. Die Negativpunkte wegen der fehlenden Offenheit der nationalen Kultur (37) schmerzen. Unzureichende Investitionsanreize[1] und zu geringe Priorität der Exporte werden auf der Passivseite gebucht. Auf der Aktivseite wird die Offenheit des Kapitalmarktes (in beiden Richtungen), die Vollintegration und die Joint-Venture-Tätigkeit über die nationalen Grenzen hinaus gelobt.
- Auch hinsichtlich des »Finanzsektors« liegt Österreich an 12. Stelle und damit besser als in der nationalen Betrachtung. Das fehlende *Venture Capital* und der Aktienmarkt werden auf der Passivseite erwähnt; Sicherung von Auslandsinvestitionen, Schutz des Bankgeheimnisses und niedrige Kapitalkosten werden hervorgehoben.

Vergleicht man die vorliegenden Rankings mit der Position Österreichs in der internationalen Einkommens- oder Kaufkraftskala (z. B. BIP/Kopf) oder auch im Wachstum der realen Wertschöpfung, so fällt die Wertung ungünstiger aus. Sie ist auch deutlich ungünstiger als vor fünf Jahren.

Dazu tragen mehrere Faktoren bei. Erstens gibt es in manchen Bereichen Fehler, wenn Analysten gleichzeitig 40 Länder beurteilen. Diese Fehler wurden angemerkt, können aber das Bild nicht beeinflussen. Ein zweiter Faktor liegt darin, daß die behandelten Studien die Sicht des Investors betonen und hier wieder eher die *kurzfristige* Sicht. Niedrige Löhne, geringe Sozialausgaben, laxe Umweltbestimmungen und fehlende Gewerkschaften sind kurzfristig für den Investor attraktiv. Langfristig erlaubt die Gesprächskultur zwischen Unternehmen und Gewerkschaften kompliziertere Problemlösungen und senkt die Unsicherheit; höhere Umweltanforderungen können die Konkurrenzfähigkeit bei Zukunftstechnologien forcieren; höhere Löhne können Motivation und Ausbildungsbereitschaft stärken etc.

Ein dritter Einflußfaktor auf das Ranking dürfte sein, daß hohe Ansprüche bei Ländern, in denen diese schon länger gegeben sind, eher akzeptiert werden. So wird das hohe Lohnniveau in der Schweiz mit den Spitzenleistungen in der Unternehmensführung, Unternehmensorganisation und Technik verglichen und nicht als hoch angesehen. Das hohe Lohnniveau Österreichs (dritte Stelle in der EU, aber um ein Viertel niedriger als in der Schweiz) wird als bedrohlich empfunden. Österreich ist als Industrieland mit hohen Löhnen *und* hoher Technologie noch nicht bekannt.

Neben den genannten Rankings gibt es viele andere Wertungen und Einschätzungen des Wirtschaftsstandortes Österreich. Europäische Regionen werden auf ihre Attraktivität für Investitionen untersucht, Städte werden als Standort für Geschäftsbeziehungen erwähnt. – Es kann hier kein voller Überblick gegeben werden, aber die Ergebnisse sind typischerweise für Österreich und Wien nicht allzu positiv.

Anders fällt die Beurteilung nach makroökonomischen Gesichtspunkten. Nach einem Index, der geringe Arbeitslosigkeit und Inflation als Maßstab zusammenfaßt (*Misery Index*), liegt Österreich oft im Spitzenfeld. Die Konstruktion von wirtschaftspolitischen »Vielecken«, in denen vier bis sechs Indikatoren (Wachstum, Inflation, Arbeitslosigkeit, Ausgleich der Außenbilanz, Verteilung, Umwelt) zusammengefaßt werden, zeigen eine gute Performance für jeden »Mix an wirtschaftspolitischen Zielen«. Die Maastricht-Kriterien der EU sind auf finanzielle und fiskalische Stabilität hin definiert, Verteilungs- oder Beschäftigungsziele fehlen.

Österreich gehört zu jener Gruppe von Ländern, für die alle Kriterien zumindest annähernd erreichbar sind (das gravierendste Problem ist die Obergrenze für die Staatsschulden in Relation zur Wirtschaftsleistung).

Komplexe Wertungen der Wettbewerbsfähigkeit, die das Anspruchsniveau und die jeweiligen nationalen Zielsetzungen einbeziehen, fallen für Österreich günstiger aus als für andere Länder, weil das erreichte Einkommensniveau historisch hoch liegt und es keinen ausgeprägten Wunsch gibt, ein »Spitzenland« einzuholen. Österreich erreicht ein hohes Sozialniveau, ein international beachtliches Umweltniveau, zahlt hohe Löhne und wertet seine nationale Währung ständig auf, ohne gravierend Marktanteile zu verlieren.[2] Urlaub, Freizeit, saubere Umwelt und breite Ausbildung haben einen hohen Stellenwert und das Anspruchsniveau wird im großen und ganzen erreicht.

IV. Schwachstellen und Reformbedarf

1. Wirtschaftliche Schwachstellen

Dennoch sind in diesen Studien Schwächebereiche zu identifizieren: Die Leistungsbilanz ist nun seit 3 Jahren leicht passiv. Dies ist primär darauf zurückzuführen, daß der Fremdenverkehr nicht mehr wie bisher imstande ist, die Kluft im Warenverkehr zu schließen. Auch hier ist Österreich sicher noch nicht das teuerste Land, aber die gestiegenen Preise werden vom jetzigen Publikum als zu hoch angesehen, und das neue Zielpublikum sieht das Preis-Leistungsverhältnis nicht als gerechtfertigt an. Dies hat zum Teil subjektive Gründe, zum Teil ist es noch nicht gelungen, neue Zusatzleistungen anzubieten. Die bisherige Vollauslastung der Beherbergungsbetriebe hat die Anbieter verwöhnt und die Preise hinaufgetrieben. Die zahlungskräftigeren Kunden zahlen heute für Erlebnis-, Kultur- oder Gesundheitsurlaub, nicht mehr nur für Nächtigung und Essen.

Die Forschungsausgaben Österreichs sind immer noch niedriger als in den meisten anderen Ländern. Besonders die Schweiz, Finnland und Schweden haben gezeigt, daß auch kleine Länder hohe Forschungsquoten erzielen können. Mit dem Erreichen der durchschnittlichen Produktivität der führenden Industrieländer wird das geringe Forschungsvolumen immer problematischer. Ein Know-how-Vorsprung in Teilbereichen ist notwendig, um als gleichberechtigter Partner angesehen zu werden.

Es gibt Anzeichen, daß die österreichische Industrie ihre im Gesamtbefund sichtbare Wettbewerbsfähigkeit durch einen relativ großen Aufwand erzielt. Österreich ist stark auf schrumpfenden Märkten präsent. Das umfassendste Maß für Qualität ist der *Unit Value*, also der *Erlös je Einheit*. Jede qualitative Verbesserung des Produktes, aber auch jede erfolgreiche horizontale Produktdifferenzierung erhöhen den *Unit Value*. Österreich hat im Export von Industriewaren eine um 33 % niedrigere »Qualität« als im Import. Mengenmäßig exportiert Österreich mehr Industriewaren (13,1 Mio. t) als es importiert (11,2 Mio. t). Wertmäßig decken die Exporte nur 80 % der Importe.

Die österreichischen Exporte sind auf nahe Märkte konzentriert. Der Marktanteil Österreichs an den Importen der USA liegt hingegen mit 0,3 % bei einem Viertel von jenem der Schweiz (1,2 %). In Japan hat Österreich einen Marktanteil von 0,6 %, in den Ländern Südostasiens 0,3 %.
Der Marktanteil der österreichischen Exporte am europäischen Markt, in der EU usw., steigt schneller als jener der meisten anderen Länder. Die qualitativen Defizite sind ein Hinweis dafür, daß die Entwicklung noch besser sein könnte, daß das Einsatz-Ertragsverhältnis günstiger liegen könnte und daß es möglich wäre, Österreich stärker gegenüber der nachdrängenden Billiglohnkonkurrenz abzusichern.

2. Bereiche mit besonderem Veränderungsbedarf

Anhand von vier Schwerpunktbereichen werden Veränderungen beschrieben, die durch die Änderung der Rahmenbedingungen erforderlich waren und – in unterschiedlichem Ausmaß – teils schon stattgefunden haben bzw. in den nächsten Jahren erfolgen müssen. Als Bereiche wurden gewählt: Verstaatlichte Industrie, Regulierung öffentlicher Unternehmungen, Investitionsförderung und Sozialpartnerschaft.

Privatisierung der Verstaatlichten Industrie

Die Verstaatlichung eines großen Teiles der Grundstoffindustrie charakterisierte die österreichische Industrie seit ihrem Wiederaufbau nach dem Zweiten Weltkrieg, ebenso die Erfolge der Verstaatlichten Industrie in der Technologieentwicklung und im Export und ihre Probleme im Management sowie ihre Verluste in den siebziger und achtziger Jahren. In der Reform von der ÖIAG (Österreichische Industrieholding AG) zu den Austrian Industries (ÖIAG-Gesetz 1986, BGBl. 204) wurde ein echter Konzern gemäß § 15 des Aktiengesetzes geschaffen, der verbindliche Richtlinien erlassen konnte. Die Reform wurde zur Professionalisierung des Konzerns genutzt (Verbesserung der Planung, Neugliederung), jedoch wurde versucht, den Konzern als Gesamteinheit zu steuern. Beispielsweise wurden die Divisionen daran gehindert, einzeln an die Börse zu gehen. Erste Erfolge waren zu sehen, doch dann führte eine Sonderentwicklung in der AMAG (Austria Metall AG, Expansionsoffensive ohne Kapitalbasis und mit zu geringen Managementkapazitäten) zu gro-

ßen Verlusten und zum Scheitern des Konzeptes der Erhaltung eines Konzerns. Gleichzeitig blieben rezessionsbedingt die Ergebnisse der anderen Divisionen hinter den Erwartungen zurück, und es wurde klar, daß weder Verlustfreiheit noch Börsegang des Konzerns erreichbar waren.
Die eigentliche Privatisierung begann 1993 und ist unter Berücksichtigung der Ausgangslage als sehr erfolgreich einzustufen. Im Gesetz wurde ein Zeitplan zur Privatisierung der Unternehmungen im Sinne der Abgabe der Aktienmehrheit fixiert (ÖIAG-Gesetz und ÖIAG-Finanzierungsgesetznovelle 1993, BGBl. 973/1993). Der Plan war exakt genug, um eine Verschiebung der Privatisierung als Gesetzesbruch erscheinen zu lassen, aber doch flexibel genug, um nicht im schlechtesten Moment verkaufen zu müssen. Die zu verkaufenden Unternehmen wurden einzeln, teilweise mit Stichtagen und mit mindestens zu verkaufenden Kapitalanteilen fixiert. Es wurde auch festgelegt, daß die zukünftige österreichische Wertschöpfung als Kriterium für die Auswahl des Käufers bzw. die zu wählende Privatisierungsmethode gelten sollte. Damit wurden die Organe der ÖIAG von der Verpflichtung befreit, in jedem Fall an den Meistbieter zu verkaufen. Die Unternehmensplanung der potentiellen Käufer für die zu erwerbenden Unternehmen wurde anhand einer »Privatisierungscheckliste« bewertet. Die Verkäufe lagen am Beginn des Jahres 1996 in dem vom Gesetz vorgegebenen Zeitplan, teilweise auch vor diesem. Bei günstigen Kapitalmarktbedingungen könnte der Verkauf der Mehrheit in allen Unternehmen und die Schuldenfreiheit der ÖIAG 1996 erreicht werden.
Die Privatisierungsstrategien waren für die einzelnen Unternehmen unterschiedlich. Die VA-Tech (ein Technologie- bzw. fast schon ein Engineeringkonzern) wurde mehrheitlich über den Aktienmarkt verkauft (mit je einem großen Paket bei der ÖIAG und der VA-Stahl), die ÖMV-Privatisierung wurde primär über einen strategischen Partner aus Abu Dhabi vorgenommen, die Privatisierung von VA-Stahl und Böhler-Uddeholm erfolgte über den Aktienmarkt.
In allen diesen Fällen blieben Unternehmensleitung und strategische Führung in Österreich (ebenso eine Beteiligung der ÖIAG von 25 %), und die Unternehmen sind heute am Aktienmarkt geschätzt. Randbereiche wurden teilweise restruktu-

riert, teilweise an ausländische Firmen und teilweise an das Management verkauft. Die Privatisierung der AMAG kann nicht über den Aktienmarkt erfolgen. Das Unternehmen wird an einen ausländischen Partner oder an eine heimische Interessengruppe verkauft, nachdem viele Randbereiche teils unter Verlusten verkauft wurden.

Die Strategie der Privatisierung enthielt folgende Elemente: Der Eigentümer hat die Abgabe der industriellen Führung und die Beendigung der finanziellen Zuschußpflicht unmißverständlich fixiert. Management und Aufsichtsrat wurden per Gesetz auf den Verkauf und auf die Berücksichtigung österreichischer Wertschöpfung eingeschworen. Das frühere »schlampige« Verhältnis zwischen Eigentümer und Managern der Teilbetriebe und die schwammige, nie schriftlich definierte, »öffentliche Aufgabe« verstaatlichter Unternehmen wurde beseitigt bzw. im Verkaufsprozeß auf die Berücksichtigung österreichischer Wertschöpfung als ein Argument bei der Wahl des Käufers reduziert. Die Zahl der Arbeitskräfte in den Unternehmungen hat sich fast halbiert, doch sind die Betriebe heute wettbewerbsfähig; die Leitung erfolgt von einem österreichischen Headquarter aus.

Reformdruck im halböffentlichen Sektor

Der stärkste Einfluß des EU-Beitritts auf die österreichische Industrie ist in einem bisher geschützten Sektor festzustellen. Dazu zählen im Bereich der Industrie im engeren Sinne die Nahrungs- und Genußmittelindustrie, im industrienahen Bereich die Sektoren Energiewirtschaft, Post und Telekommunikation, Bahn und Straßenbau.

Im Bereich der Nahrungsmittelindustrie war Österreich in Folge der Regulierung der Landwirtschaft ein überreguliertes Land, in dem nicht nur die gesundheitlich bedingten Standards, sondern auch viele Rezepturen und die Mengen und Preise von Vor- und Halbprodukten staatlich festgelegt wurden. So hielten sich kleine Betriebsgrößen, wurden Innovation und Marketing vernachlässigt und auch Entwicklungen zugunsten gesunder oder hochwertiger Nahrungsmittel verschlafen. Das Ergebnis war ein Defizit in der Handelsbilanz, besonders ausgeprägt bei hochwertigen, im Trend liegenden Nahrungsmitteln. Die Betriebsstrukturen haben sich durch den EU-Beitritt entscheidend geändert. In vielen Fällen wurden Betriebe geschlossen, in anderen konn-

ten die Exporte gesteigert werden. Die Konsumentenpreise sind deutlich gefallen, die Vielfalt des Produktangebots im Handel ist deutlich gestiegen.
Im Telekommunikationsbereich wurden in den letzten Jahren in allen Ländern Liberalisierungen und Privatisierungen durchgeführt. Früher war dieser Bereich als natürliches Monopol gesehen worden, bei dem es für ein Land sinnvoll war, nur einem Unternehmen den Versorgungsauftrag zu erteilen. Heute ermöglicht die Technologie die Zusammenarbeit vieler dezentraler Bewerber, die über ein oder über mehrere Netze zusammengeschaltet werden. Die preisgünstigste und qualitativ beste Versorgung von Konsumenten und Unternehmen tritt dann auf, wenn mehrere Anbieter konkurrieren, die Regulierungsbehörde aber garantiert, daß die Dienste kompatibel sind. Die Reformen haben in anderen Ländern am Beginn der achtziger Jahre begonnen und zu einer qualitativ hochwertigen Versorgung geführt. In Österreich wird 1996 gerade der erste Schritt, nämlich die Herauslösung der Post aus der Bundesverwaltung, vorgenommen. Eine Teilung des Unternehmens in selbständige Geschäftsbereiche sowie die Reform der Regulierungsbehörde, einer für Preise im Detail verantwortlichen Instanz zur Überwachung des freien Marktzugangs für neue Anbieter, fehlt.
Die Schwierigkeiten der Reform in diesem Sektor sind typisch für jene Bereiche, in denen die österreichische Wirtschaft nicht dem Druck der Konkurrenz ausgesetzt ist. Hier laufen die Interessen von Belegschaft und Management so zusammen, daß der nicht am Entscheidungsprozeß beteiligte Dritte – der Konsument – durch höhere Preise und geringere Vielfalt die Kosten tragen muß.
Eine österreichische Lösung dieses Problems ist extrem schwer durchzusetzen und verzögert sich immer wieder, weil der bisherige Regulator selbst mit den Interessen verbunden ist (die Mitarbeiter aus der Regulierungsinstitution kommen teilweise von der Post selbst). Die Liberalisierung soll von außen über die Regelungen der EU, zuerst bei der Freigabe der Endgeräte, dann der Leitungsnetze und letztlich 1998 auch des reservierten Bereiches der Sprachtelefonie erfolgen. Dieser äußere Reformschub erzeugt den in Österreich bisher mit staatlicher Hilfe eingeschränkten Wettbewerb und löst die verkrampften Strukturen. Für den Standort Österreich ist es wichtig, daß in diesem Über-

gang nicht zu große Wertschöpfungsteile verlorengehen. Das kann aber nicht durch Behinderung des Wettbewerbs erfolgen, sondern nur durch Förderung neuer Anbieter, insbesondere in den Bereichen Beratung, Dienstleistungen und Produktion von Inhalten.

Reform der Institutionen

Jede Institution hat sich selbst bei konstanten Rahmenbedingungen mit dem Versteinerungsargument von Olson[3] auseinanderzusetzen. Der Reformbedarf ist um so größer, je mehr sich die äußeren Rahmenbedingungen ändern.

Die österreichischen *Sozialpartner* haben in ihrem Abkommen vom November 1992 Reformschritte gesetzt. Die Rolle der Preiskommission wurde geändert, Internationalisierung und Umweltanliegen wurden als neue Aufgaben betont. Die Sozialpartnerschaft stand mit ihrem Eintreten für die EU-Mitgliedschaft an der Spitze einer Bewegung zur Veränderung der Rahmenbedingungen, obwohl damit ein Teil des bisherigen Aktionsfeldes verlorenging. Die Sozialpartner haben durch die Unterstützung der Internationalisierung der Produktion bewirkt, daß dieser Vorgang von den Betrieben forciert und von den Betroffenen akzeptiert wurde.

In der *Flexibilisierung* des Arbeitsmarktes gibt es viele Konzepte. Eines davon verwendet Flexibilisierung als Kürzel für Lohnsenkungen. Nun sind die Löhne in Österreich durchaus im europäischen Schnitt sehr hoch (die Industrielöhne liegen an dritter Stelle innerhalb der EU), aber hohe Löhne sind erstens eines der wichtigsten Ziele des Wirtschaftens, und zweitens entscheiden nicht die Löhne, sondern das Lohn/Leistungsverhältnis über die Wettbewerbsfähigkeit (wie die Schweiz zeigt); drittens ist Lohndumping kein geeignetes Mittel, wenn in den Nachbarländern die Löhne nur ein Zehntel betragen.

Intelligente Flexibilisierung bedeutet eine Senkung der Arbeitskosten ohne Reduktion der Wohlfahrt der Arbeitenden. Das ist z. B. möglich, wenn vorhandene Maschinen besser genutzt werden oder wenn Arbeitnehmer dann mehr arbeiten, wenn die Nachfrage größer ist. Unter anderen Umständen kann es auch wohlfahrtserhöhend sein, wenn Arbeitnehmer dann und dort arbeiten, wann und wo es ihnen angenehmer ist. Dies trifft natürlich nur zu, wenn der Produktionsprozeß nicht zwingend ei-

nen Rhythmus vorschreibt, doch bei vielen Dienstleistungsberufen ist diese Flexibilisierung möglich.
Die Flexibilisierung der Arbeit war in Österreich lange durch starre Arbeitszeitgesetze behindert. In den letzten Monaten zeigt sich Bewegung. Die Verzögerung in der österreichischen Entwicklung ist durch einen Paradigmenwechsel zu erklären: Lange war es ein Fortschritt, wenn der Arbeitnehmer durch Arbeitszeitgesetze geschützt wurde. Heute kann es zu einem Nachteil der Arbeitnehmer werden, wenn die Schutzgesetze den Faktor Arbeit verteuern, ohne dem Arbeitnehmer einen großen Vorteil zu bringen. Andere Länder sind hier rasch zu dem neuen Paradigma übergesprungen, die Entscheidungsmöglichkeiten einseitig zugunsten der Unternehmer zu reduzieren. Österreich sucht den Weg, die Wohlfahrt und Mitbestimmung der Arbeitnehmer zu bewahren und die Kosten zu senken. Wie so oft, ist der Mittelweg der klügste. Aber es gibt Beispiele für Lohnsenkungen, für Änderungen in der wöchentlichen Arbeitszeit, für verlängerte Durchrechnungszeiträume etc. auch in Österreich.

Komplizierte Gesetze und hohe Regulierungsdichte
Ausländische Firmen, aber auch potentielle Firmengründer berichten immer wieder, daß es extrem schwierig und teuer sei, Firmen zu gründen, Gebäude zu errichten etc. Ein Teilbereich dieses Problems ist, daß Gesetze in Österreich zahlreich und kompliziert sind. Viele Teilbereiche des Wirtschaftens sind reguliert. Das betrifft den Zugang zur unternehmerischen Tätigkeit (Gewerbeberechtigung) ebenso wie die Abwicklung z. B. im Lebensmittelrecht. Der Gegenpol ist das angelsächsische Recht und insbesondere der amerikanische Ansatz: weniger Materien sind geregelt, dafür greift die Haftpflicht bei eintretendem Schaden stärker.
Die hohe Regulierungsdichte mag teilweise historische Ursachen haben in der langen Geschichte österreichischer Bürokratie. Sie ist auch Ergebnis des umfassenden Schutzinteresses einerseits der Arbeitnehmer durch die Sozialdemokratie, andererseits der Unternehmer durch ihre Interessenvertreter. Eine neue Komponente kommt durch die Kompromißbereitschaft und das Konsensstreben der Sozialpartnerschaft und der Koalitionsregierungen hinzu. Wenn ein Gesetz ein bestimmtes Ziel verfolgt, dann gibt es immer auch Verlierer. Wenn man die Nachteile, auch

wenn sie nur eine kleine Gruppe betreffen, im Begutachtungsprozeß abfedern will, dann werden die Gesetze komplizierter. Nun hat der konsensuale Prozeß der Entscheidungsfindung seine Vorteile, kurzfristig überwiegen diese fast mit Sicherheit. Es müßte einen langfristigen Kontrollprozeß geben, der sicherstellt, daß die Hauptziele eines Gesetzes angesichts der Einschränkungen erreicht werden und daß die Fülle der Gesetze und Ausnahmen angesichts der langfristigen Perspektive noch notwendig sind. Eine regelmäßige Überprüfung oder ein Auslaufen von Gesetzen wäre ein Vorteil, ebenso Automatismen, die den Zeitfaktor zugunsten derer wirken lassen, die etwas Neues schaffen wollen (Genehmigung im Falle des Nichteinspruchs der Behörde innerhalb einer bestimmten Frist etc.)

Fehlende Unvereinbarkeits- und Konfliktkultur
Die ökonomische Literatur steht heute Staatseingriffen zugunsten bestimmter Wirtschaftszweige skeptisch gegenüber. Für eine *Picking the winners*-Strategie habe der Staat zu wenig Informationen, Eingriffe zugunsten bestehender Unternehmen führen zur Verringerung des Anpassungstempos und damit oft zu größeren Problemen in der Zukunft. Demgegenüber steht die Forderung selbst der liberalsten Ökonomen, dann einzugreifen, wenn Marktversagen vorliegt, also z. B. dann, wenn es nur ein Unternehmen gibt, das den ganzen Markt abdeckt, oder sogar ein staatlich geschütztes Monopol, wie bei der Stromeinfuhr, der leitungsgebundenen Telefonie, der Tabakindustrie etc. In diesem Fall muß es eine staatliche Regulierung geben – traditionell eine Festlegung der Preise und der Versorgungsverpflichtung, neuerdings eine Garantie des freien Marktzuganges und der Kompatibilität von Techniken (z. B. Mobilnetze mit Festnetzen, Einspeisungsmöglichkeiten für privat erzeugten Strom). Charakteristisch für den bisherigen Weg Österreichs war eine Doppelregulierung, einerseits durch staatliches oder staatsnahes Eigentum, andererseits durch eine Regulierungsbehörde in einem Ministerium. In der Literatur wird prognostiziert, daß eine lang andauernde Regulierung zu einem »Geiselnahmeeffekt« führt, in dem Sinne, daß die Regulierungsinstanz immer mehr die Interessen der zu regulierenden Unternehmen übernimmt und schließlich ihr Instrument wird. Die österreichische Regulierungspraxis hat diese Bedrohung in der Vergangenheit da-

durch noch gefördert, daß personelle Beziehungen zwischen den regulierten Firmen und den Behörden als vereinbar, wenn nicht sogar als positiv angesehen wurden. Der für die Regulierung verantwortliche Beamte konnte Eigentümerfunktionen (z. B. Aufsichtsrat) bei den zu regulierenden Unternehmen übernehmen. Erst spät wurde im Postbereich die Regulierung einer eigenen Sektion übertragen – immer noch mit dem Instanzenzug zum selben Minister, der auch die Eigentümer, sprich Dividendeninteressen vertritt; erst 1996 wurde die Regulierungsfunktion einem anderen Minister übertragen.
Die mangelnde Sensibilität für inkompatible Positionen findet sich auch in anderen Bereichen, in Unterausschüssen des Parlaments, bei Aktienbesitz von Personen mit Insiderinformationen, bei Finanzierung der Reisetätigkeit von Beamten und Ärzten durch finanziell interessierte Institutionen. Ausgangspunkt dieser mangelnden Sensibilität ist die Vorstellung, daß der redliche Bürger oder Beamte sich des Interessenkonflikts bewußt ist und ihn bewältigen wird. Das individualistischere und opportunistischere Weltbild amerikanischer Ökonomen nimmt an, daß jedes Individuum primär seinen eigenen Nutzen maximieren wird und daher die Regeln des Wirtschaftens so sein müssen, daß Konflikte gesehen und ausgetragen werden müssen. Die Entscheidungsstrukturen haben klar zu sein, die Rollen transparent. Entsprechend muß auch Kritik erlaubt sein. Die Medien können und müssen zu dieser positiven Konfliktkultur beitragen: Erstens in der Berichterstattung und zweitens in der Offenlegung von Einflußstrukturen und Standpunkt.

Mobilitätsproblem

Die Berufskarrieren sind in Österreich starrer als in anderen Ländern, doch teilt Österreich auch dieses Problem mit anderen europäischen Staaten. Die Ausbildung ist berufsspezifisch, wobei diese Segmentierung zum Teil einen Qualitätsvorteil, zum Teil auch Eintrittsbarrieren gegen »Outsider« mit sich bringt und Löhne und Gewinne eines erfolgreich abgeschotteten Berufszweiges zu Lasten der Konsumenten erhöhen hilft. Die Karrieren unterliegen spezifischen Schemata, die einen Lohnanstieg bis zur Pensionierung und dann oft einen firmenspezifischen Lohnzuschlag ermöglichen. Damit verliert man beim Wechsel zwischen Privatwirtschaft und Staatsdienst oder oft auch zwischen Unternehmungen einen Teil seiner Anwartschaften und steckt somit oft in einer Karriere fest – man hat Sicherheit und Lebenseinkommen gegen Mobilität und Risiko getauscht. In einer Zeit raschen Wandels bringt das für Unternehmen, und letztlich für den Arbeitnehmer, auch Nachteile. Systeme für die Mitnahme von Firmenpensionen (Pensionskassen) sind versucht worden, die Tendenz geht dazu, den steilen Anstieg der Lebenseinkommen zu reduzieren. Wenn man aber in bestehende Rechte nicht eingreifen darf, dauert diese Kurskorrektur sehr lange.

Regulierungskultur

Es scheint, daß die Reformfähigkeit besonders dann gegeben ist, wenn die Bedrohung der alten Strukturen dramatisch und unaufhaltsam von außen kommt. In geringerem Maße scheint dies dort der Fall zu sein, wo es starke Partikularinteressen gibt, wo der Veränderungsbedarf langsam und vor allem von inländischen Kunden kommt und keine harten Budgetrestriktionen wirksam sind – mit anderen Worten: im teilweise geschützten Sektor. Dort wird Veränderung abgefedert und verzögert, Innovationen und Konkurrenz werden gebremst. Wie schon erwähnt, ist dies oft nur indirekt eine Folge der Sozialpartnerschaft. Eigentlich ist die Durchsetzung gesamtgesellschaftlicher Interessen gegen konkurrenzferne Unternehmen eine Regierungsaufgabe (Wettbewerbspolitik, Zielvorgaben für Utilities). Die Regierung selbst hat sich aber daran gewöhnt, daß ihr von den Sozialpartnern viele Wirtschaftsprobleme abgenommen werden.

Der Reformbedarf im Bereich der unmittelbaren öffentlichen Verwaltung ist ebenfalls groß. Viele Ministerien sind noch nach Aufgaben strukturiert, die historisch bedingt sind. So gibt es im Wirtschaftsministerium eine Gewerbe- und eine Industriesektion, wobei die erstere nach der internen Wertung nach der Verwaltungsreform als wichtiger eingestuft wurde. Von der EU aus ist überhaupt keine Trennung und somit einheitliches Recht für beide Tätigkeiten vorgesehen. Die Abteilungen müssen von der Erfüllung hoheitlicher Aufgaben abgehen und zu einer Serviceabteilung für eine nach internationalen Regeln arbeitende, offene Wirtschaft werden. An Karrieremuster, an Gehaltshierarchien und an Mobilität im Inland und im Ausland werden neue Anforderungen gestellt.

Es müssen neue Institutionen, neue Tätigkeiten entstehen. Da die Zahl der Beamten eher sinken wird, sollten alte Aufgabenbereiche durch neue ablösbar sein. Die zukünftige Tätigkeit sollte statt auf Verwaltung auf die Unterstützung privatwirtschaftlicher Tätigkeit gerichtet sein, nicht mehr nach innen, auf verwaltungsinterne Abläufe, sondern nach außen, teilweise sogar auf EU-weite Vorgänge.

Stärken

Zu den Stärken zählt erstens die Ausbildung der Arbeitskräfte. Im dualen Ausbildungssystem werden die Industriearbeiter nach Abschluß der Schulbildung teilweise im Betrieb, teilweise in Lehrausbildungsinstitutionen in die industrielle Tätigkeit eingeschult. Österreich hat deswegen im mittleren Qualifikationsbereich wahrscheinlich eine der bestausgebildeten Arbeitnehmerschaften Europas. Einsatzbereitschaft und Problemlösungskapazität von Management und Arbeitnehmern sind weitere Pluspunkte.

Die Sozialpartnerschaft hat bewirkt, daß es praktisch keine Streiktätigkeit gibt und daß Löhne in schlechteren Zeiten oder in Krisenbranchen gedämpft steigen. Insgesamt werden die Lohnkosten heute inklusive Steuern und Sozialabgaben als relativ hoch angesehen, aber nicht primär weil die heimischen Lohnabschlüsse so hoch waren, sondern erstens wegen der Billiglohnkonkurrenz im Osten und zweitens wegen des hohen Schillingkurses. Dennoch hat sich die reale Wettbewerbsfähigkeit Österreichs gegenüber Deutschland auch in den letzten Jahren noch verbessert, eine Verschlechterung ist gegenüber jenen Ländern eingetreten, die stark abgewertet haben.

Eine zu geringe Globalisierung der österreichischen Industrie war lange Zeit eine Strukturschwäche. In den letzten 10 Jahren hat Österreich netto mehr im Ausland investiert, als ausländische Firmen nach Österreich gekommen sind. Kleine multinationale Firmen mit Sitz in Österreich entstehen, die Entwicklung war hier schneller als erwartet. Verblieben ist die Schwäche, daß die Exporte schwerpunktmäßig in die Nachbarländer (Deutschland, Italien und die Schweiz) gehen und die Exporte in die USA und nach Asien zu gering sind. Auch hier gibt es Ansätze zu Verbesserungen, diese werden aber zu langsam umgesetzt.

Angst vor dem Ausverkauf

Unmittelbar nach dem EU-Beitritt (etwa in den Jahren 1995 und 1996) hat eine Reihe von Unternehmenskrisen bzw. -übernahmen die Diskussion über den Ausverkauf der österreichischen Wirtschaft wieder belebt. Zu den Krisen zählen der Zusammenbruch der Handelskette Konsum, Probleme in der Skiindustrie, die Diskussion um das Reifenwerk Semperit, die Übernahmen durch ausländische Konzerne wie jene von Billa, Immuno, VA Bergtechnik. Dazu kommt die hohe Wahrscheinlichkeit, daß ausländische Konzerne bei Liberalisierung von Telekom und Energiewirtschaft sowie bei der Privatisierung der Großbanken eine wichtige Rolle spielen werden.

Die wirtschaftstheoretische Diskussion ist sich über die Bedeutung der Nationalität der Eigentümer für eine Nationalwirtschaft nicht einig. Die Waage neigt sich in die Richtung, daß die Nationalität selbst keine überragende Bedeutung hat, der Standort des Headquarters hingegen schon. Großkonzerne verteilen ihre Unternehmensfunktionen (Produktion, Logistik, Forschung) nach Kostengünstigkeit, neigen aber dazu, komplexe Funktionen, und damit solche mit hoher Wertschöpfung und hohen Löhnen, in der Nähe des Hauptquartiers anzusiedeln. Konzerne neigen auch dazu, im Zweifelsfall ihre Unternehmen so zu strukturieren, zu positionieren oder abzuschlanken, wie es aus der Sicht des Headquarters am günstigsten ist. Andererseits haben Unternehmen mit einem ausländischen Headquarter in der Regel bessere ökonomische Daten (höhere Wertschöpfung, höhere Löhne und Gewinne) als heimische; dieser Effekt ist auf strengeres Monitoring und auf Nutzung des technologischen Wissens im Konzern zurückzuführen. Eine Übernahme bringt daher oft einen Technologiesprung und einen Rationalisierungseffekt.

Die zunehmende Globalisierung der Wirtschaft bringt die gegenseitige Verflechtung von Unternehmen verschiedener Länder (im Sinne von Firmenzentralen als auch Eigentümernationalität). Letztlich sollte der Prozeß wegen der obengenannten positiven Wirkung des Headquarters nicht allzu asymmetrisch sein: die Käufe von Firmen mit Headquarter in Österreich und die Käufe österreichischer Firmen durch »ausländische« Konzerne sollten sich die Waage halten. Die Daten zeigen für die neunziger Jahre, daß diese Balance für Österreich durchaus gegeben ist. Österreichische Firmen haben fast in jedem Jahr mehr Firmen im Ausland gekauft als umgekehrt. Der Bestand an Auslandskapital in Österreich ist gemessen am Nominalkapital der Firmen gleich groß wie jener österreichischer Firmen im Ausland (78,7 Mrd. öS bzw. 79,9 Mrd. öS, jeweils Ende 1995), gemessen am Gesamtkapital ist das Auslandseigentum um etwa 20 % höher (158,4 Mrd. öS zu 122,8 Mrd.). Diese Bilanz ist damit günstiger als in den sechziger und siebziger Jahren, der Trend ist teilweise auf die Käufe österreichischer Industrie- und Handelsfirmen im Osten (30–40 %) zurückzuführen, größer ist allerdings der Anteil der österreichischen Firmen in der EU (knapp 50 %).

V. Zusammenfassung

Die Entwicklung der österreichischen Wirtschaft ist eine Erfolgsstory. Von einem Nachzügler wurde Österreich zu einem Industriestaat mit hoher Wertschöpfung und hoher Produktivität. Das Image Österreichs im Ausland und beim Österreicher selbst entspricht noch nicht dieser neuen Position. Gleichzeitig hat sich das Umfeld so geändert, daß noch mehr Kreativität, Qualität, Internationalität notwendig sind, um Waren und Dienstleistungen zu erzeugen, die mit unseren Ansprüchen hinsichtlich der Löhne, des Sozialnetzes und der Umwelt verkauft werden können. Das Beispiel Schweiz zeigt, daß man mit noch höheren Löhnen und ebenfalls ansprechender Sozial- und Umweltpolitik konkurrenzfähig sein kann. Aber Institutionen und Qualitätsstreben sind in Österreich noch nicht so weit.

Österreich muß sich von der Strategie, Technologie billig zu importieren und billig zu produzieren, wegbewegen. Innovationen sind nötig, um die Stellung unter den anspruchsvollsten Industrieländern zu verteidigen; die Konkurrenz durch Billiglohnanbieter ist durch die Ostöffnung, durch Abwertungen wichtiger Handelspartner und durch unsere Lohn-, Freizeit-, Sicherheits- und Umweltforderungen größer geworden.

Österreich hat in der Vergangenheit viele Herausforderungen gut gelöst: die Besatzungszeit, den Aufholprozeß, die Öffnung der Wirtschaft, die Übernahme einer Hochlohnposition innerhalb der Europäischen Union. Es hat aber auch viele interne Probleme aufgeschoben und nicht gelöst, wie zum Beispiel die Existenz zu starrer Karrieremuster, die Schranken für Outsider, die komplizierten Gesetze, die veralteten Regulierungsmechanismen. Die zu langsame Anpassung dieser Regeln und Institutionen haben gemeinsam mit der noch nicht vollzogenen Änderung des Images Österreichs im Ausland und der Selbsteinschätzung zu ersten Krisensymptomen geführt. Dazu zählen die leicht defizitäre Leistungsbilanz, die zu geringen Anzahl von Betriebsgründungen, der Verlust von Marktanteilen in den neuen Marktwirtschaften. Die Stärken des Standortes, Flexibilität, Motivation und Einsatzbereitschaft, aber auch die gute Ausbildung der Arbeitskräfte könnten helfen, diese Krisensymptome zu bewältigen. Abschottung gegen außen, Rückkehr zu einfachen Rezepten wie Lohn-, Sozial- und Umweltdumping und neue Mauern werden das nicht können.

Anmerkungen

1 Das ist ein gewisser Gegensatz zu der Anerkennung der hohen Abschreibungsmöglichkeiten und der geringen Kapitalbesteuerung.

2 Vgl. WIFO-Definition von Wettbewerbsfähigkeit (WIFO-Strukturbericht, 1986).

3 Olson beschreibt 1982, daß Organisationen immer mehr von Interessenvertretungen durchsetzt werden. Anfänglich überwiegen die Vorteile, dann werden sie zahlreicher und vertreten immer mehr Interessen von Einzelgruppen und deren Vorrechte, letztlich erschweren sie gesellschaftliche Reformen.

Literatur

Aiginger, K. (Hrsg.): Die Internationale Wettbewerbsfähigkeit Österreichs. WIFO-Strukturbericht 1986. Wien: WIFO 1987b.

Aiginger, K.: Chancen und Gefährdungspotentiale der Ostöffnung: Konsequenzen für die österreichische Wirtschaft. 3 Bände. WIFO Gutachten (gemeinsam mit N. Geldner, H. Kramer, M. Peneder, Y. Schnitzer, J. Stankovsky). Wien 1993.

Aiginger, K.: Creating a dynamically competitive economy: Defining the competitiveness of a nation and a case study. In: P. Devine/Y. Katsoulacos/R. Sugden (eds.): Competitiveness, subsidiarity and objectives. Ruthledge 1995a.

Aiginger, K.: The unit value as a complementary indicator for the assessment of the competitive position of USA, EU and Japan. Paper contributed to the conference »On the future of industry in advanced societies«. Boston 1995b.

Aiginger, K.: The use of unit values for evaluating the competitiveness of industries. In: Cambridge Journal of Economics (1996).

Aiginger, K./Peneder, M.: Die qualitative Wettbewerbsfähigkeit der österreichischen Industrie. Wien 1994.
Beirat für Wirtschafts- und Sozialfragen: Industriepolitik. Wien 1990.
IMD: IMD's Competitive Yearbook 1996. Lausanne 1996.
Leo, H.: Technological position and industrial structure of Austria. In: B. Böhm/L. F. Punzo: Economic Performance: A look at Austria and Italy, Physica. Berlin 1994.
Mayerhofer, P.: Metropole Wien. Wien: WIFO 1995.
OECD/TEP: Technology and the economy. The key relationships. The technology/economy programme. Paris: OECD 1992.
Olson, M.: The rise and decline of nations. New Haven/London 1982.
Peneder, M.: Pattern of Industrial Competitiveness. Wien 1994.
WEF: The Global Competitive Report 1996. Genf 1996.

Harald Glatz • Otmar Höll

Sustainable Austria
Probleme und Strategien der Umweltpolitik

Ohne starken politischen Willen und ohne ein Umdenken in den bisher gültigen Wirtschaftsmechanismen wird der schrankenlose Binnenmarkt mit einem schmutzigen Wachstum verbunden sein. Es muß befürchtet werden, daß die Chance, die ökologischen Belange in die Regelungen des Binnenmarktes einzubeziehen, vertan wird.
Environmental Task Force-Report 1989 der EG

I. Einleitung: Das *Sustainability*-Konzept

Seit Beginn dieses Jahrhunderts hat sich der Zustand unserer natürlichen Lebenswelt schon soweit verschlechtert, daß dem ökologischen Aspekt im Rahmen wirtschaftlicher und sozialer Entwicklung ein immer größeres Gewicht beigemessen werden muß. Spätestens seit der UN-Konferenz für Umwelt und Entwicklung in Rio de Janeiro von 1992, in der *sustainability* das zentrale Schlagwort schlechthin war, ist dieses neue Konzept über die Medien weltweit bekannt geworden.[1]
Die Sorge um die ökologische Überlebensfähigkeit der Menschheit ist durchaus begründet. Weltweit hat sich der Verbrauch fossiler Energieträger seit Anfang dieses Jahrhunderts um den Faktor 30 und das industrielle Produktionsvolumen um den Faktor 50 erhöht. Die Bevölkerungszahl ist in der gleichen Zeit um mehr als das Dreifache gestiegen, und konservative Prognosen der UNO gehen davon aus, daß sich die Bevölkerungszahl in den nächsten 50 Jahren verdoppeln könnte und das wirtschaftliche Wachstum sich um das Fünf- bis Zehnfache erhöhen wird. Etwa vier Fünftel der genannten Wachstumsprozesse dieses Jahrhunderts haben allein seit dem Jahr 1950 stattgefunden.
Das *sustainability*-Konzept geht nun davon aus, daß den wirtschaftlichen Aktivitäten der Menschen ökologische Grenzen gesetzt sind. Es respektiert die Grundbedürfnisse der gegenwärtig lebenden, aber auch der zukünftig lebenden Generationen.
In den Industriestaaten, in denen heute weniger als ein Viertel

der Weltbevölkerung lebt, sind die Gefahren für die Ökosphäre in erster Linie auf das seit mehr als 200 Jahren steigende materielle wirtschaftliche Wachstum zurückzuführen. In den Entwicklungsländern, in denen bereits mehr als drei Viertel der Weltbevölkerung leben, nimmt vor allem die armutsbedingte Umweltschädigung immer weiter zu. Allerdings sind es gegenwärtig vor allem die Industriestaaten, die für mehr als drei Viertel der weltweiten Umweltschäden verantwortlich zu machen sind – ihr Anteil am weltweiten Energieverbrauch liegt bei vier Fünftel. Es ist nicht weiter verwunderlich, daß diese Tendenzen die Funktionsfähigkeit der Ökosysteme weltweit gefährden, aber auch eine Gefahr für die Gesundheit von Menschen, Tieren und Pflanzen bedeuten. Naturwissenschaftler und andere Experten gehen davon aus, daß in einer ferneren Zukunft zwar nicht der Bestand der Erde, aber die Überlebensfähigkeit der Menschheit auf dem Spiel steht.[2] Die Menschheit ist ein Teil der Biosphäre, ihr Bestand ist auf das ununterbrochene Funktionieren von Ökosystemen angewiesen, die sie mit Nahrung, Atemluft, Energie und Rohstoffen versorgen. Eine nachhaltige Produktivität der genutzten Ökosysteme und Organismen kann nur dann erreicht und aufrechterhalten werden, wenn ihre Existenzgrundlage nicht gefährdet wird. Die Vielfalt des Lebens auf der Erde, die sich über viele Millionen von Jahren hinweg entfaltet hat, hat erst das Leben von Menschen möglich gemacht. Die Evolution hat für eine biologische Vielfalt gesorgt, wobei immer wieder tierische und pflanzliche Arten ausstarben und neue dazukamen. Seit Beginn der Industrialisierung jedoch sind wesentlich mehr Arten ausgerottet worden als neue entstehen konnten. Diese Artenvernichtung ist vor allem auf menschliche Eingriffe in die Natur zurückzuführen.

Da Umweltschädigung vor nationalen Grenzen nicht haltmacht, ist das Problem auch von der internationalen Staatengemeinschaft aufgegriffen worden, die ihre Aktivitäten insbesondere auf vier Problembereiche, nämlich die zunehmende Erwärmung der Atmosphäre und die dadurch bedingte *Klimaveränderung*, auf das Problem der Verdünnung der stratosphärischen *Ozonschicht*, das Phänomen des *Waldsterbens* und die *Verringerung der biologischen Vielfalt* konzentriert hat.[3] Neben diesen genannten Problembereichen existieren aber noch eine Reihe anderer Probleme, die entweder globaler oder überregionaler Natur sind, wie das Problem der Verschmutzung der Ozeane, der Verfügbarkeit von Wasserreserven sowie der Verlust von landwirtschaftlich nutzbaren Anbauflächen. Der Kern des Zusammenhangs zwischen Entwicklung und Umwelt, der im Mittelpunkt des Brundtland-Berichts stand, soll hier kurz dargestellt werden.

Noch bis vor kurzem wurden Umweltprobleme überwiegend als Probleme der Industriestaaten angesehen. Aus der Sicht der Vertreter der Entwicklungsländer war die Umweltproblematik überwiegend in den nördlichen Industriegesellschaften entstanden, die aber gleichzeitig ihren Bewohnern Wohlstand gebracht haben. Doch nun wird erkennbar, daß dieser Wohlstand mit einem hohen Preis bezahlt werden mußte: Luftverschmutzung, Verschmutzung von Meeren, Seen und Flüssen, Waldsterben und Bodenzerstörung bedeuten nicht nur eine Schädigung der menschlichen Mitwelt, sondern verursachen auch hohe wirtschaftliche Kosten.

Umweltzerstörung kann aber auch durch Armut, durch ungleiche Verteilung von Reichtum und Macht sowie durch die Verfolgung von Teilinteressen erfolgen. Umweltkatastrophen, die in den Industrie- und Entwicklungsländern gleichermaßen stattgefunden haben, zeigen das weltweite Risikopotential deutlich auf: Bhopal, Tschernobyl, das Waldsterben in Nord- und Mitteleuropa, ökologische Katastrophen in verschiedenen Gebieten Afrikas u. a. Jedes Jahr werden weltweit etwa 6 Mio. Hektar ertragfähigen Bodens zu Wüste, über 11 Mio. Hektar Wald vernichtet und durch Bodenerosion ungefähr 20 Mio. Hektar landwirtschaftlicher Fläche unbenutzbar. Armut, vor allem in den Entwicklungsländern, ist daher sowohl Ursache als auch Folge von Umweltzerstörung.[4]

Das bedeutet aber nicht, daß die Entwicklungsländer heute die Hauptquellen der weltweiten Verschmutzung sind. Die hauptsächlichen globalen Bedrohungen haben ihren Ursprung überwiegend in den Industrieländern. Diese Ungleichgewichte sind wesentlicher Bestandteil der Zusammenhänge zwischen Umwelt und Entwicklung.

Was aber bedeuten diese Fakten für unsere mittlere bis längerfristige Zukunft? Für die Mehrheit der Weltbevölkerung wird auch in Zukunft materielles Wachstum zur Existenzsicherung unerläßlich sein. Andererseits muß aber auch klar sein, daß für bestimmte, nicht erneuerbare oder nicht ausreichend substitu-

ierbare Rohstoffe nur begrenzt Reserven vorhanden sind. Aber auch erneuerbare Rohstoffe dürfen weder überlastet noch in ihrer Funktionsweise zerstört werden.
Es ist klar, daß in einer ökologisch interdependenten Welt nachhaltige Lösungen nur in einer weitgehenden internationalen Zusammenarbeit gefunden werden können. Gerade Österreich muß aufgrund seiner geologischen Lage, die es grenzüberschreitendem Schadstofftransport besonders aussetzt, an internationaler Zusammenarbeit interessiert sein.
Österreich hat sich in den vergangenen 25 Jahren, in denen seit der ersten Weltumweltkonferenz von Stockholm im Jahr 1972 intensiviert internationale Umweltpolitik betrieben wird, zwar in einigen Bereichen als Vorreiter erwiesen[5], von einer tatsächlichen Umsetzung der aus ökologischer Sicht notwendigen Maßnahmen, daß nämlich durch menschliches Handeln die globalen Stoffkreisläufe nicht irreversibel beeinflußt und ihre lokale Tragfähigkeitsgrenzen nicht überschritten werden dürfen, ist Österreich jedoch noch weit entfernt. Aber auch die Erhaltung des sozialen Friedens mit einer langfristigen Sicherung qualitativ und quantitativ hoher Beschäftigung, Verteilungsgerechtigkeit und Lebensqualität für diese und künftige Generationen erfordert Strategien nachhaltiger Entwicklung, um einen Strukturwandel in Richtung einer nachhaltigen Wirtschafts- und Gesellschaftsstruktur zu erreichen. Derartige Strategien machen es erforderlich, die Ausrichtung der Lebensstile auf ein naturverträgliches Maß zu beschränken, die Verbindung von Rohstoffströmen zwischen natürlichen und anthropogenen Systemen nicht irreversibel zu beeinflussen, nachhaltige Technologien, Produktionsverfahren und Dienstleistungen zu fördern sowie vor allem erneuerbare Energieträger einzusetzen.
Natürlich kann es in der Auseinandersetzung um nachhaltiges Wirtschaften nicht um die exakte Festlegung von Zielsetzungen und Verbrauchsparametern in der Zukunft gehen, sondern darum, die ungefähre Richtung anzugeben, Handlungsoptionen für die Zukunft offenzuhalten oder neue zu schaffen und vor allem die dafür notwendigen Maßnahmen möglichst rasch zu treffen. Kein wie immer geartetes Szenario ist denkbar, das im Detail Aussagen über den Umfang und die Qualität der Ökosysteme, die den Menschen in näherer oder fernerer Zukunft zur Verfügung stehen werden, treffen kann. Es ist jedoch möglich und

unabdingbar, die Richtung zu definieren, die unsere Gesellschaft bereits in der Gegenwart einschlagen muß, um nachfolgenden Generationen die Möglichkeit zu eröffnen, in einer *nachhaltigen* Gesellschaft zu leben. Die gegenwärtig lebende Menschheit ist von diesem Ziel allerdings noch weit entfernt.[6]

II. Zur Umweltsituation in Österreich

Österreich hat beim Wiederaufbau seiner Wirtschaft nach dem Ende des Zweiten Weltkriegs seine Schwerpunkte auf Vollbeschäftigung und eine möglichst weitgehende Ausgewogenheit zwischen quantitativem und qualitativem Wirtschaftswachstum gelegt. Erst nach dem *Erdölschock* der siebziger Jahre gelang es, das Wachstum des Bruttoinlandsprodukts vom Wachstum des Energieverbrauchs relativ abzukoppeln. In den Jahren seit 1980 ist auch der Schwefeldioxidausstoß wesentlich gesunken (mehr als 80 %), die Stickstoffemissionen um rund 20 %, der Düngemitteleinsatz konnte reduziert werden. Dies alles sind Hinweise auf eine auch im internationalen Vergleich relativ erfolgreiche Umweltpolitik.[7] Dennoch stellt der Bericht (auf S. 5) fest:
»Allgemein läßt sich [...] festhalten, daß das derzeitige Wirtschaftssystem Österreichs und die damit verbundenen Stoff- und Energieströme nicht ›nachhaltig‹, d. h. dauerhaft, aufrechtzuerhalten sein werden. Mit dem Verbrauch von Ressourcen wird ein bestimmter Lebensstil (Produktions- und Konsummuster) aufrechterhalten. Bei den derzeit und auf absehbare Zeit verfügbaren Technologien, mit denen die Ressourcen genützt werden, ist der derzeitige Lebensstil langfristig zum Scheitern verurteilt.«
In der Zusammenfassung des Nationalen Umweltplans (NUP) für Österreich (1995, S. 323) wird die Erreichung des Ziels einer »nachhaltigen Entwicklung« davon abhängig gemacht, daß Maßnahmen und Strategien entwickelt werden müssen, die auf eine stetige, wirtschaftliche und soziale Entwicklung ausgerichtet sind, ohne daß die lebenserhaltenden Ressourcen nachhaltig geschädigt werden. Dies bedeutet u. a., daß der Material- und Stoffdurchfluß in der österreichischen Volkswirtschaft über die gesamte Verarbeitungs- und Gebrauchsphase bis zur Entsorgung weitestgehend zyklisch verlaufen muß, Energie möglichst rationell eingesetzt und aus erneuerbaren Quellen bereitgestellt und

der Lebensstil tiefgreifend verändert werden muß. Weiters muß die integrative und partizipative Umorientierung politischer, ökonomischer und technologischer Zielsetzungen in der österreichischen Gesellschaft durchgesetzt werden, was weit über die konventionellen defensiven Umweltschutzkonzepte hinausgeht. Nachhaltigkeit besitzt in der Sichtweise des NUP auch eine wesentliche regionale Komponente. Es kommt daher der Zusammenarbeit von Bundes- und Landesebenen eine wichtige Rolle bei der Umsetzung dieser Ziele und Strategien zu. Weiters stellt der NUP fest, daß Nachhaltigkeit nicht kurz- bzw. mittelfristig, sondern nur in einer langfristigen Perspektive erreicht werden kann. Eine wesentliche Voraussetzung für die erfolgreiche Implementierung dieses Programms sei eine breite gesellschaftliche Akzeptanz für kommende ökologiegerechte Strukturveränderungen. Diese Akzeptanz der Bevölkerung wird aber nur dann gegeben sein, wenn konkrete Entscheidungen und Maßnahmen gemeinsam mit den Betroffenen erarbeitet und von den politisch nächst-zuständigen Entscheidungsebenen durchgeführt werden.[8]

1. Luftreinhaltung

Bei der Nutzung fossiler, aber auch erneuerbarer energetischer Rohstoffe werden eine Reihe von Luftschadstoffen wie Schwefeldioxid, Stickstoffoxid (NO_x) und das für den Treibhauseffekt besonders relevante Kohlendioxid (CO_2) freigesetzt. Österreich hat sich sowohl in seiner nationalen Energiepolitik (vgl. die Energieberichte des BMfWA 1990 und 1993) als auch in einer Reihe von internationalen Vereinbarungen (vgl. die regelmäßig erscheinenden Berichte des Umweltbundesamtes) zu einer erheblichen Reduktion dieser Schadstoffe verpflichtet. So konnte der SO_2-Ausstoß Österreichs seit 1980 um mehr als 80 % verringert werden und zählt damit (gemessen am BIP) zu den niedrigsten der OECD-Staaten. Auch der NO_x-Ausstoß, dessen Hauptverursacher der Kraftfahrzeugverkehr ist, ist rückläufig. Auch sonstige Schadstoffe wie Kohlenmonoxid, der Ausstoß flüchtiger organischer Verbindungen (VOCs) sind im gleichen Zeitraum geringer geworden. Die Emissionen von CO_2, deren Hauptemissionsquellen zu 30 % der Verkehr, die Industrie zu 26 %, Energieumwandlung 22 % und sonstige, vor allem Heizanlagen ebenfalls zu 22 % sind, sind nicht rückläufig. Die CO_2-Emissionen waren zwischen 1988 und 1991 steil angestiegen

und schwanken seitdem stark in Abhängigkeit von den Temperaturen in den jeweiligen Wintern.
Österreich hat im Vergleich zu anderen Staaten West- und Nordeuropas eine höhere Ozonbelastung, die SO_2-Belastung erreichte bereits zu Beginn der siebziger Jahre ihren Höhepunkt und ist seitdem deutlich rückläufig. Die Staubkonzentration ist zwar leicht zurückgegangen, jedoch wird vor allem im Winter in dichtbesiedelten Gebieten und in der Nähe von Industriestandorten eine hohe Luftbelastung registriert. Infolge der Verschmutzung der Luft erfolgt ein Eintrag von sauren Niederschlägen, die insbesondere im Wald- und Mühlviertel sowie in Teilen des Alpenhauptkamms die Grenzwerte um ein Vielfaches überschreiten. Sulfate und Nitrate blieben in den letzten Jahren in etwa stabil. Österreich ist vor allem ein Nettoimporteur von Schadstoffen. Besonders Schwefel- und Stickstoffverbindungen stammen zu rund 95 % aus dem Ausland. Österreich ist hinsichtlich des Ziels der Bundesregierung, zur Bekämpfung des Treibhauseffektes die CO_2-Emissionen bis zum Jahr 2005 auf der Basis der Emissionen 1988 um 20 % zu senken, in einem deutlichen Rückstand.

2. Verkehr

Verkehr allgemein und Straßenverkehr im besonderen tragen wesentlich zur Umweltbelastung bei. Insbesondere der Straßenverkehr ist ein Hauptverursacher der örtlichen und regionalen Luftverschmutzung. Der steigende Gütertransitverkehr durch Österreich, der fast zur Gänze über die Straße abgewickelt wird, weist hohe Zuwachsraten auf. Bisherige Maßnahmen zur Verminderung der verkehrsbedingten Luftverschmutzung wurden schwerpunktmäßig auf den Bereich der Abgasreduzierung bei privaten Kraftfahrzeugen gelegt. Österreich hat bei der Einhaltung der strengen US-Normen Mitte der achtziger Jahre bereits eine sehr frühe Regelung eingeführt, um die Kraftfahrzeugemissionen herabzusetzen. 1992 waren allerdings erst 36 % des KFZ-Bestandes mit Katalysatoren ausgerüstet, für 1994 wurde diese Quote auf knapp über 50 % geschätzt. Zur Förderung einer stärkeren Verlagerung des Transports von der Straße auf die Schiene wurden insbesondere im Nahbereichsverkehr und in ökologisch sensiblen Gebieten der Ausbau und die Verbesserung des Schienennetzes vorangetrieben.

Seit 1991 besteht ein Transitvertrag mit der Europäischen Union, mit dem Ziel, eine verstärkte Verlagerung des Transits von der Straße auf die Schiene zu erreichen und damit die NOx-Emission deutlich zu reduzieren. Bis zum Jahr 2003 soll eine Reduktion um 60 % erfolgen.
Der Zusammenbruch der kommunistischen Regime Ost- und Zentralosteuropas hat für Österreich (zusammen mit den national steigenden KFZ-Zahlen) zu einer erheblichen Zunahme des KFZ-Verkehrs geführt. Dieser stellt für die Belastung der Luft ein besonderes Problem dar; ca. zwei Drittel der Luftschadstoffe stammen aus diesem Bereich. Die Abgase schädigen nicht nur Fauna und Flora, sondern zunehmend auch die bauliche Substanz alter Gebäude. Sie sind auch eine immer größer werdende Gefahr für die Gesundheit der Menschen. In städtischen Ballungsgebieten ist die Belastung, insbesondere für die Atmungsorgane, weit fortgeschritten, unbelastete Erholungsräume werden immer seltener, und die Verseuchung von Böden und Grundwasser durch Schwermetallemissionen (insbesondere Blei und Cadmium) stellt eine zunehmende ökologische Bedrohung dar.

3. Wasserwirtschaft

Wasser stellt für gesellschaftliches Leben einen existentiellen Rohstoff dar; sowohl Menschen als auch die Wirtschaft sind in ihrem Stoffwechsel auf das Vorhandensein von Wasser angewiesen. Ein großer Teil der gesamtwirtschaftlichen Stoffbilanz entfällt auf die Nutzung, Verarbeitung und Abgabe von Wasser.
Österreich verfügt aufgrund einer relativ hohen mittleren Niederschlagsmenge über reichliche Wasservorkommen. Während eine Jahresniederschlagsmenge von 1.170 mm erreicht wird, fließen durch oberirdische Quellen weitere 340 mm zu, während etwa 1.000 mm aus Österreich abfließen und etwa 500 mm verdunsten. Der Pro-Kopf-Wasserverbrauch liegt bei 326 m^3 pro Jahr (seit 1980 konstant) und ist damit einer der niedrigsten unter den OECD-Staaten. 27 % werden von privaten Haushalten, 67 % von der Industrie und 7 % von der Landwirtschaft benötigt. Der Wasserbedarf pro Person liegt bei etwa 130 Litern pro Tag, ein Betrag, der in etwa 10 % des wirtschaftlichen Bedarfes ausmacht.
Etwa 99 % des Trinkwassers werden aus dem Grundwasser ge-

wonnen. In den letzten beiden Dekaden konnte durch verschärfte Abwasserauflagen der Wasserdurchsatz der österreichischen Industrie trotz eines erhöhten produktiven Gesamtoutputs stabilisiert werden. Mehr als 40 % der gesamten Grund- und Quellwasserreserven entfallen auf Industrie- sowie Groß- und Kleingewerbe.
Die Gewässerqualität der österreichischen Flüsse wurde in den letzten Jahren signifikant verbessert. 72 % der Gesamtlänge der wichtigsten Flüsse weisen eine sehr gute bis gute Gewässerqualität auf. Im Gegensatz zu den späten siebziger Jahren wird in den neunziger Jahren kein Wasserlauf mehr in der schlechtesten Stufe einer vierstufigen Klassifikationsskala eingestuft. Auch der Zustand der österreichischen Seen wird als sehr gut bezeichnet, dafür ist vor allem der für Österreich so wichtige wirtschaftliche Faktor des Fremdenverkehrs ausschlaggebend. Allerdings hat sich die Situation bei den Feuchtgebieten seit dem Zweiten Weltkrieg erheblich verschlechtert. Seit dieser Zeit wurden über 190.000 Hektar entwässert, der Schutz der noch verbleibenden Feuchtgebiete liegt in der Kompetenz der Länder.

4. Abfallwirtschaft

Abfall stellt sich als Folge von Produktion (von Gütern) und Konsum ein. In Österreich fallen jährlich etwa 2 Mio. Tonnen Haus- und Sperrmüll an, wobei in Zukunft noch mit einer Zunahme dieser Mengen zu rechnen ist. Der Anfall gefährlicher Abfälle wird pro Jahr auf ca. 400.000–500.000 Tonnen geschätzt, wobei ein Großteil dieses Mülls auch in Österreich behandelt und entsorgt wird. Längerfristig muß aber ein Denken Platz greifen, die Produktions- und Konsumprozesse so zu verändern, daß möglichst geringe Mengen von Abfall (der nach Möglichkeit durch Recycling wieder in den Stoffkreislauf eingespeist werden muß) anfallen. Die Effizienz der Rohstoff- und Energienutzung ist daher wesentlich zu erhöhen, nach der *Meadows*-Studie ließe sich eine Verringerung des gesamten Materialdurchsatzes in den Produktionsbereichen der Industriegesellschaften auf etwa ein Achtel des gegenwärtigen Volumens erreichen.

5. Lärmbelastung

Die Lärmbelastung zählt subjektiv zu den am schwersten empfundenen Umweltbelastungen. Etwa 40 % der Österreicher fühlen sich durch Lärm stark oder sehr stark belästigt, wobei in den letzten 20 Jahren eine gewisse Verbesserung erzielt wurde. Hauptursache für die Lärmbelästigung sind der Straßenverkehr, der von etwa 80 % der Österreicher als Störung empfunden wird, betrieblicher Lärm sowie der Lärm aus umliegenden Wohnungen. Dauerbelastungen durch Lärm führen zu einer empirisch nachgewiesenen Gesundheitsgefährdung, v. a. zu Bluthochdruck und steigendem Herzinfarktrisiko.

6. Der Zustand des Waldes und der Böden

Der Anteil der mit Wald bedeckten Fläche ist in Österreich seit vielen Jahren steigend und liegt gegenwärtig bei etwa 46 % der Gesamtfläche. Damit ist Österreich mit etwa 0,5 Hektar Wald pro Einwohner das waldreichste Land Zentraleuropas, weltweit sind vergleichsweise magere rund 25 % der Landfläche mit Wald bedeckt.

Die im Forstgesetz 1975 und in den Naturschutzgesetzen der Bundesländer vorgesehenen Funktionen des Waldes sind seine Nutzwirkung zur Produktion nachhaltiger Forstprodukte, die Schutzwirkung zur Abwehr von schädigenden Umwelteinflüssen und Katastrophen, seine Wohlfahrtswirkung durch Reinigung der Luft und des Wassers, seine schützende Wirkung gegen Lawinen etc., weiters seine Erholungsfunktion für die Freizeit- und Tourismusgestaltung und vor allem seine Funktion als Lebensraum für vielerlei Lebewesen.

Die österreichischen Wälder sind das Ergebnis jahrhundertelanger Bewirtschaftung, nur ein kleiner Teil ist in einem (relativen) Naturzustand erhalten. Die Bedeutung von Wäldern liegt besonders auch in ihrer Rolle als Rückzugsgebiet für gefährdete Tier- und Pflanzenarten. Weltweit sind Waldflächen in ihrem Bestand stark gefährdet.

Die Waldschäden in Österreich haben insbesondere in den siebziger bzw. zu Anfang der achtziger Jahre erheblich zugenommen, und v. a. in der politischen Auseinandersetzung um die Ökologiefrage in den achtziger Jahren spielte die Schädigung der Wälder eine bedeutende Rolle. Hauptverursacher der Waldschädigungen sind die Luftverschmutzung, schädliche waldwirtschaftliche Praktiken wie Monokultur und Kahlschläge, aber auch Wildschäden. Seite etwa Mitte der achtziger Jahre ist keine erhebliche weitere Verschlechterung des Zustandes des Waldes festgestellt worden, dennoch kann man nicht von einer Verbesserung sprechen. Ursache dafür sind vor allem witterungsbedingte Umstände, wie etwa regenreiche Sommer, und eine Verschiebung beim Schädigungsbefall von Fichte, Tanne und Weißkiefer zu den Laubbäumen. Nach den Standards der Wirtschaftskommission der Vereinten Nationen für Europa sind gegenwärtig etwa 9 % der österreichischen Wälder als geschädigt einzustufen, weitere 40 % gelten als gefährdet.

Die Forstwirtschaft stellt in Österreich den wahrscheinlich ältesten Wirtschaftszweig dar, in dem Verfahren zur ökologischen Nachhaltigkeit schon relativ früh entwickelt wurden. – Der Begriff *Nachhaltigkeit* wird im deutschsprachigen Raum erstmals 1713 in Carlowitz im Forstschrifttum verwendet, die Definition betont eher den Ertrag bzw. das Aufrechterhalten eines Gleichgewichts zwischen der Holznutzung und der natürlichen Waldvermehrung. Gegenwärtig wäre durchaus eine forcierte Nutzung der forstlichen Biomasse zur Stärkung einer an Nachhaltigkeit orientierten Energiepolitik anzustreben.

Dem Boden kommt aus ökologischer und wirtschaftlicher Sicht eine wesentliche sozio-ökonomische Bedeutung zu. Seine ökologische Funktion liegt insbesondere in der Produktion von Biomasse im weiteren Sinne (Nahrungs-, Futtermittel und Rohstoffe), in seiner Filter-, Puffer- und Transformationsfunktion in bezug auf lebenserhaltende Prozesse, in seiner Genschutz- und Genreservefunktion und vor allem als Lebensraum für Organismen. Diese lebenserhaltenden Funktionen stehen in Konkurrenz zu den wirtschaftlichen Funktionen des Bodens, also zu seiner Inanspruchnahme für menschlich-wirtschaftliche Tätigkeiten wie Straßen- und Siedlungsbau etc. Als besondere Gefahren für die Böden erweisen sich Bodenversiegelung durch Siedlungsräume und Verkehrsinfrastruktur. Jeden Tag gehen etwa 10 Hektar Boden durch Versiegelung für eine anderweitige Nutzung verloren. Aber auch touristische Infrastrukturen sind ein wesentlicher Faktor der Gefährdung. Zu den mechanischen Veränderungen kommt noch die Anreicherung mit chemischen Schadstoffen.

Insbesonders wird die industriell betriebene Landwirtschaft als

Verursacher von ökologischen Belastungen betrachtet. Während die Sicherung der Nahrungsmittelversorgung noch in den vergangenen Jahrhunderten mit *biologischen Mitteln* betrieben wurde, kam es in diesem Bereich im 20. Jahrhundert zum Übergang auf moderne Agrartechniken (Mechanisierung, Düngung, Einsatz von Pestiziden), was zu ungeahnten Produktivitätsfortschritten einerseits, aber auch zu den bekannten ökologischen Schädigungswirkungen andererseits geführt hat. Der Düngemitteleinsatz stieg in den fünfziger und sechziger Jahren sehr rasch an, seit den siebziger Jahren stagnieren die Mengen bzw. sind leicht rückläufig. Im internationalen Vergleich werden aber in Österreich weniger Düngemittel verwendet als in Ländern mit intensiver Landwirtschaft wie etwa in den Niederlanden und in Belgien. Der Verbrauch von Pestiziden hat in Österreich zugenommen, wobei es sich überwiegend um Chlorwasserstoffverbindungen handelt.
Die Konzentration auf Outputsteigerung hat zu einem anhaltenden Strukturwandel in der österreichischen Landwirtschaft geführt, der erst 1992 zu neuen gesellschaftspolitischen Zielsetzungen geführt hat: als Leitbild der zukünftigen bäuerlichen Landwirtschaft wurde Umweltschonung und soziale Orientierung zusätzlich verankert.
Waren 1950 noch etwa 30 % der Gesamtbevölkerung im landwirtschaftlichen Bereich tätig, liegt diese Zahl gegenwärtig bereits unter 5 %. Die beschriebenen Entwicklungen in der Landwirtschaft haben u. a. zu massiven Folgen im Bereich der biologischen Vielfalt geführt, Böden nachhaltig geschädigt, die Grundwassergüte verschlechtert und die Schadstoffbelastung der Luft (v. a. Methan, Lachgas und Stickoxide) erhöht.
Zudem gelten in Österreich 2.800 Tierarten als gefährdet oder bereits als ausgestorben. Durch die Entwicklung der Landwirtschaft und den Ausbau der Infrastruktur wird der Lebensraum für die Tiere immer mehr eingeschränkt.
Zusammenfassend kann gesagt werden, daß die ökologische Situation in Österreich – verglichen mit anderen Staaten in Europa – bislang immer noch als relativ günstig eingestuft werden kann. Dennoch ist für die Zukunft, wenn bisherige Tendenzen ohne Gegensteuerung fortgeschrieben werden, mit einer deutlichen Verschlechterung dieser noch günstigen Situation zu rechnen.

7. Die österreichische Umweltpolitik

Von einer konsistenten österreichischen Umweltpolitik kann erst seit der Gründung des Umweltministeriums (damals Bundesministerium für Gesundheit und Umwelt) im Jahr 1972 gesprochen werden. Vor allem in der Startphase verfügte dieses Ministerium aber weder über eine ausreichende Infrastruktur noch über hinreichende Kompetenzen. Erst mit der Reform im Jahr 1987 konnte das Ministerium seine Kompetenzen, wenn auch nur geringfügig, erweitern. Umweltschutz in Österreich stellt eine Querschnitts- bzw. Annexmaterie dar, d. h., daß die Kompetenzen der verschiedenen Bundes- und Landesbehörden breit verstreut sind. Das bedeutet, daß das Umweltministerium in wichtigen substantiellen Fragen noch immer an einem Mangel an Kompetenzen leidet, während andere Ministerien in erster Linie ihre hauptsächlichen und spezifischen Interessen verfolgen. Umweltschutz dient daher in Österreich nicht selten der Legitimation anderer Vorhaben. Seit den siebziger Jahren wurde dennoch eine Reihe von Gesetzesvorhaben beschlossen, in denen umweltrelevante Bereiche neu geregelt wurden, wie die Gewerberechtsnovelle aus dem Jahr 1973, das Forstgesetz aus dem Jahr 1975, die wichtige Dampfkesselverordnung aus dem Jahr 1981 sowie eine Reihe von Gesetzesänderungen, die sich durch die Mitgliedschaft Österreichs in der Europäischen Union ergeben haben.[9]

Die Umweltbewegung, die in der zweiten Hälfte der siebziger Jahre, insbesondere im Zug der Anti-AKW-Bewegung, wesentlich an Bedeutung gewonnen hatte, übte seit Beginn der achtziger Jahre einen zunehmenden Druck auf das politische System aus. Im Zuge der Kontroversen um die Hainburger Au reagierten die Parteien insofern, als sie ökologiepolitische Aspekte in ihre Wahlprogrammatik aufnahmen. Vor allem der Wahlerfolg der Grünen bei den Nationalratswahlen im Jahr 1986 zeigte wesentliche Auswirkung auf die Großparteien, die sich genötigt sahen, ökologische Aspekte verstärkt in ihrer Parteiarbeit zu berücksichtigen.[10]

Die österreichische Umweltpolitik verwendet eine Reihe von umweltpolitischen Instrumenten: gesetzliche Regelungen, Maßnahmen der Förderung, der Planung, der Infra- und Wirtschaftsstruktur sowie Abgaben und Steuern. Ökonomische Instrumente, Abgaben und Steuern sowie Förderungen, spielen in der österreichischen Umweltpolitik keine dominierende Rolle, der Schwerpunkt liegt eindeutig bei den rechtlichen Regelungen. Zwar wird seit einigen Jahren der Einsatz von ökonomischen Instrumenten diskutiert, jedoch als Lenkungsmaßnahme nicht realisiert. Österreich orientiert sich in seinen Maßnahmen traditionell an seinem internationalen Umfeld (in erster Linie an den Regelungen der EU), und es existieren bereits einige Abgaben (wie etwa die Mineralölsteuer), denen eine gewisse Umweltrelevanz zukommt. Jedoch sind die Preisaufschläge in einer Größenordnung, die einen sehr geringen Anreiz darstellen.

Österreich wendet jährlich etwa 1–2 % des BIP für Umweltschutzmaßnahmen auf. Diese Prozentzahlen enthalten private und öffentliche Leistungen. Die staatlichen Ausgaben waren bis in die achtziger Jahre von besonderer Bedeutung, private Ausgaben steigen seit dieser Zeit stärker an. Charakteristisch für die österreichische Umweltpolitik sind die bedeutende Rolle der staatlichen Finanzierung bzw. Förderung und eine geringere Verbindlichkeit von Normen, da Gesetze oft unklar und unbestimmt formuliert sind und eine Normverletzung nur selten geahndet wird.[11] Weitere Charakteristika sind ein Vollzugsdefizit und eine marginale Rolle umweltpolitischer Erwägungen in der Wirtschaftspolitik. Da der Widerstand gegen wirtschaftliche Instrumente, insbesondere seitens der Unternehmer (aber auch der Arbeitnehmervertretungen), groß ist, dürfte auch in Hinkunft nicht mit einem erheblichen Einsatz dieses Instrumentariums zu rechnen sein.

III. Perspektiven und Strategien

1. Gesellschaftliche und ökonomische Modernisierung

Umweltpolitische Aktivitäten und der Erfolg von Umweltpolitik, das zeigen internationale Vergleiche, hängen nicht notwendigerweise vom Zustand der Umwelt (je schlimmer, desto mehr wird getan) oder von den Aktivitäten ökologisch orientierter Parteien (vgl. Jänicke, 1990, S. 3) ab, sondern von den gegebenen (und auch veränderbaren) Kapazitäten eines Landes, um Probleme zu lösen. Dabei spielen sowohl ökonomische Faktoren eine Rolle als auch die politisch-institutionellen Strukturen eines Landes (vgl. Prittwitz, 1990, S. 107 ff.).

Als wesentliche Voraussetzung für eine erfolgreiche Umweltpo-

litik ist die Wirtschaftsleistung, das Wohlstandsniveau zu nennen. Eine Voraussetzung, die im ökologischen Diskurs nicht unbestritten (vgl. dazu die Diskussion um die Grenzen des Wachstums) und auch nicht widerspruchsfrei ist. Denn schließlich ist ja das Wachstum der ökonomischen Aktivitäten vordergründig ein Verursacher von Umweltzerstörung.
Trotzdem soll davon ausgegangen werden, daß an einer Umstrukturierung der Industriegesellschaft kein Weg vorbeiführt. Daß diese Umstrukturierung nicht ohne weiteres und nicht voraussetzungslos gehen kann, erscheint evident. Das formulierte Ziel der Schließung von Kreisläufen kann nicht eine Rückkehr zu vorindustriellen Produktionsformen bedeuten.
Es spricht zwar alles dafür, daß die ökonomische Entwicklung (die Industrialisierung) ursprünglich mit zunehmender Umweltbelastung einherging. Die Umweltbelastungen vor der Industrialisierung sind im Vergleich zu denen der Industrialisierung zu vernachlässigen. Ob aber die Entwicklung zur postindustriellen Gesellschaft quasi automatisch zu geringeren spezifischen und gesamten Umweltbelastungen führt, ist nicht eindeutig zu beantworten. Gerade hochentwickelte Dienstleistungsgesellschaften bringen neue Verursachungszusammenhänge mit sich, die vermutlich noch schwieriger zu steuern sind als die relativ überschaubaren Umweltprobleme einer frühen Industrialisierung. Zu erwähnen sind hier die Chemisierung, die Verkehrsentwicklung, der Tourismus und die zunehmende Risikogeneigtheit von industriellen Verfahren. Den Entlastungen, die es durch den relativen Rückgang der Grundstoffindustrie, des Bergbaus, der Eisen- und Stahlerzeugung, der Bauwirtschaft gibt, stehen Zunahmen der chemischen Industrie, des Verkehrssektors etc. gegenüber.
Trotz dieser gegenläufigen Befunde dürfte die These, daß mit höherem Wohlstand auch die Umweltbelastungen eher bewältigbar sind, stimmig sein. Auch für Österreich ist eine Entkoppelung von strukturell bedingten Umweltbelastungsfaktoren und Bruttosozialprodukt zu beobachten (vgl. Jänicke/ Mönch 1986, S. 20). Die Reduktion der Gesamtbelastungen durch Massenschadstoffe (Entkoppelung von Wirtschaftswachstum und Emissionsmengen) ist sowohl durch einen Strukturwandel als auch durch neue Technologien zustandegekommen.
Entwickelte Industriegesellschaften haben potentiell die besseren

Voraussetzungen, um die Umweltbelastungen wiederum zu reduzieren. Höher entwickelte Industriestaaten haben zumeist die erforderlichen ökonomischen Ressourcen, um die Probleme zu bewältigen.
Ein weiterer Faktor, der es ermöglicht, daß Dienstleistungsgesellschaften gute Chancen für anspruchsvolle umweltpolitische Strategien haben, ist die Tatsache, daß mit zunehmender Tertiärisierung auch postmaterielle Werte tendenziell zunehmen. Damit steigen die Chancen, daß umweltpolitischen Maßnahmen mehr Nachdruck verliehen wird. Es wird auch angenommen, daß bei einem niedrigeren Wohlstandsniveau höhere Schadstoffbelastungen hingenommen werden als bei einem höheren Wohlstandsniveau.

2. Politisch-institutionelle Voraussetzungen für eine erfolgreiche Umweltpolitik

Faktoren, die in einer zukünftigen Umweltpolitik eine Rolle spielen, sind vor allem politisch-institutionelle Faktoren. Dazu zählen Offenheit, Innovationsfähigkeit, Strategiefähigkeit, Konsensfähigkeit und Integrationsfähigkeit. Jänicke (1990) faßt diese Faktoren in dem Begriff *Modernisierungskapazität* (Reformfähigkeit) einer Gesellschaft zusammen. Als Modernisierungskapazität wird das Niveau institutioneller und technischer Problemlösungsfähigkeiten bezeichnet. Dazu zählen Faktoren, die wie etwa Innovationsfähigkeit (schnelle Problemperzeption) und Strategiefähigkeit (Langfristplanung) unter Umständen auch widersprüchliche Anforderungen an das politische System stellen.

Innovationsfähigkeit

Die Innovationsfähigkeit einer Gesellschaft ist die Fähigkeit einer schnellen Problemperzeption und Problemlösung. Hierarchische Gesellschaften haben diese Fähigkeiten meist nicht.
Für eine rasche Problemperzeption sind vor allem eine weitgehende Institutionalisierung von Öffentlichkeit, sowohl des wissenschaftlichen als auch des umweltpolitischen Diskurses notwendig. Um neu auftauchende Probleme rasch einer Lösung zuzuführen, ist ein funktionierendes Netz von dezentralen Entscheidungsmöglichkeiten sowohl im ökonomischen als auch im politischen System erforderlich.
Die flexiblen Entscheidungsstrukturen sind sowohl bei der

Formulierung von Maßnahmen als auch bei der Umsetzung, beim Vollzug der Maßnahmen notwendig. Instrumente, bei denen die Last des Vollzuges nicht ausschließlich bei den Behörden (zumal bei zentralen) liegen, sind daher zu bevorzugen. Als Beispiel können hier etwa eine stärkere Ausgestaltung des Haftungsrechtes und der Vollzug von Gesetzen durch *beliehene* Vollzugsorgane genannt werden.
Dabei sollten auch die weniger spektakulären Innovationen eine stärkere Berücksichtigung finden. Prätorius und Steger sprechen von »Systeminnovationen mittlerer Reichweite«. Diese Innovationen knüpfen an existierende Produktions- und Konstruktionsweisen an, sind daher meist sozial verträglich und finden politische Akzeptanz. Dabei wird von Innovationspotentialen ausgegangen, für die die jeweiligen Basistechnologien bereits vorhanden sind. Im Bereich des Verkehrs kann dies erläutert werden. Nicht die pauschalierende Forderung nach umfassender *Verkehrsvermeidung* wird postuliert – dies ist auch unter gegebenen Bedingungen nicht möglich –, sondern eine Optimierung der Verkehrsmittel und der dazugehörigen Infrastruktur; dabei sind insbesondere die infrastrukturellen Verknüpfungseinrichtungen (Schnittstellen wie z. B. *Park and Ride*) zu verbessern. Es gibt heute weniger einen Innovationsstau als vielmehr einen Anwendungsstau (Prätorius/Steger, 1994, S. 20 ff.).

Öffentlichkeit und Transparenz

Öffentlichkeit und Transparenz im Umweltbereich kann vielerlei bedeuten, etwa die Publizierung von Emissionsdaten aus stationären Anlagen, die Hinweise auf die Gefährlichkeit und die Inhalte von Waren, die Veröffentlichung von Daten über den Zustand der Umwelt (Immissionsdaten, betriebliche Umweltbilanzen usw.).
Transparenz ist deshalb ein wesentliches umweltpolitisches Instrument, weil sie dazu verhilft, das umweltpolitische Maßnahmen blockierende Mißtrauen abzubauen.
Öffentlichkeit hat aber nicht nur die Aufgabe, Mißtrauen gegenüber privaten oder staatlichen Vorhaben abzubauen, sie ist auch notwendig, um die Ressource *Partizipation* zu nutzen. Nur eine informierte Öffentlichkeit engagiert sich in Umweltfragen und unterstützt somit umweltpolitische Anliegen.
Es ist aber notwendig die Komplexität der Daten zu reduzieren

und die Datenaufbereitung transparent zu machen. Dies bedeutet die paradoxe Anforderung, daß gleichzeitig mehr und weniger (aber sinnvoll reduzierte) Daten notwendig sind.
Die Komplexitätsreduktion kann durch Instrumente wie vereinfachende Umweltgütezeichen erfolgen. Durch zulässige und verantwortungsvolle Vereinfachungen wird dem Konsumenten signalisiert, daß ein bestimmtes Produkt weniger umweltbelastend ist und der Käufer sich nicht mit Details der chemischen Zusammensetzung des Produktes auseinandersetzen muß.
Eine weitere Form der Komplexitätsreduzierung wäre auch dann gegeben, wenn der Adressat der Information (zum Beispiel der Konsument eines Produktes) zwar die volle Information bekommt (zum Beispiel eine Liste der Inhaltsstoffe auf der Verpackung), diese Information jedoch nicht selbst verarbeiten muß (die meisten Konsumenten haben keine Ausbildung in Chemie), weil er die Möglichkeit hat, zu einem chemisch gebildeten Menschen (oder einer Institution) seines Vertrauens zu gehen, um sich die Daten interpretieren zu lassen.
Gegen die Überfülle von Umweltdaten wird vor allem vorgebracht, daß diese nicht zu einer Erhöhung der Akzeptanz führt, sondern daß es aufgrund unzureichender und fälschlicher Interpretationen zu einer Hysterisierung kommt (vgl. Weidner, 1989, S. 22). Für diesen Einwand kann einiges sprechen. Langfristig werden jedoch die Vorteile von Öffentlichkeit die Nachteile überwiegen.

Strategiefähigkeit

Gesellschaften, die in der Lage sind, aufgezeigte Probleme umfassend zu analysieren und langfristige Lösungsmuster auszuarbeiten (Strategiefähigkeit), bieten für Umweltpolitik bessere Durchsetzungschancen. Scharpf bezeichnet daher Strategie als ein erkennbares Muster im Fluß der Entscheidungen einzelner Akteure oder Organisationen (Scharpf, 1987, S. 30), wobei die zentrale Frage die der Koordinierung der teilnehmenden Akteure ist. Länder, in denen die indikative Planung eine gute Tradition hat (Japan, Schweden, Österreich), zeigen uns dies.
Länder mit einer aktiven, kooperativen Industriepolitik berücksichtigen auch das Umweltinteresse aktiver als Länder, in denen der Strukturwandel den *Marktkräften* überlassen bleibt.

Konsensfähigkeit und soziale Verträglichkeit

Wo wirtschaftspolitische Grundentscheidungen auf breiter Basis ausgehandelt werden, sind nicht nur die Konfliktkosten geringer, es gibt auch ein ausgeglichenes Verhältnis von neuen und alten Interessen. In einem solchen Verhandlungsprozeß werden neue Interessen und Ideen früher berücksichtigt und weniger lang abgeblockt als dort, wo etablierte Sonderinteressen ihre Ziele für sich durchsetzen. Offenbar werden in den industriepolitischen Aushandlungsprozessen dann auch die Umweltinteressen früher berücksichtigt. Wenn man die westlichen Industrieländer einteilt in die eher konsens- und die eher konfliktbetonten, so liegen die umweltpolitischen Erfolgsfälle eindeutig in der Konsensualgruppe. Dazu zählt auch Österreich.

Empirische Untersuchungen über den Zusammenhang von Erfolgen der Umweltpolitik und dem jeweiligen Politikstil eines Landes zeigen signifikant bessere Werte für Staaten mit einem konsensual-antizipativen Politikstil (Rieken, 1995, S. 496). Staaten mit korporatistischem Politikstil weisen hochsignifikant geringere Werte für die Indikatoren der Umweltbelastung aus als solche mit pluralistischem Politikstil.

Die Chancen der Durchsetzung von Umweltpolitik stehen meist dann gut, wenn die Umweltpolitik sozialverträglich ist. Staaten mit einer entwickelten Sozialstaatlichkeit (höherem Anteil an Sozialausgaben am Sozialprodukt) haben meist auch umweltpolitische Erfolge zu verzeichnen. Es darf angenommen werden, daß in Ländern mit einer allgemein guten Beschäftigungssituation die Akzeptanz von umweltpolitischen Maßnahmen (in den Fällen, in denen sie mit Kosten verbunden sind – also meistens) höher ist. Die Gefahr des Verlustes von Arbeitsplätzen wird dann als eher gering eingeschätzt. Umweltpolitik wird nur dann politisch durchsetzbar sein, wenn klare Ziele vorgegeben werden und den Verursachern Fristen zu deren Einhaltung eingeräumt werden. Eine solche Umweltpolitik wird dann auch von Gewerkschaften und Arbeitnehmern akzeptiert werden können, wenn die Maßnahmen nicht von heute auf morgen getroffen werden. Der Prozeß des Abbaus von umweltschädigenden Produktionsprozessen und Produkten ist sozialverantwortlich zu organisieren. Lebensqualität und Umweltqualität werden sich zukünftig nicht mehr voneinander trennen lassen. Die soziale Frage hängt mit der ökologischen Frage zusammen.

3. Umgang mit Umweltrisken – Eine neue gesellschaftliche Herausforderung

Eines der wesentlichsten Defizite der Umweltpolitik und der ökologischen Betrachtungsweise ist der Mangel an Information, an Entscheidungsgrundlagen für den einzelnen, für die Gesellschaft und für den Staat.

Da ist einmal der Mangel an ökologischem Wissen, an ökologischen Zusammenhängen, der damit in Verbindung steht, daß mit der Industrialisierung die Menschen von den natürlichen Zusammenhängen immer weniger verstehen mußten. 1973 hat Hans Magnus Enzensberger in seinem Essay »Zur Kritik der politischen Ökologie« geschrieben, daß der Ökologie die klare wissenschaftliche Aussage fehle. Diese Einschätzung gilt zwar heute nicht mehr in der Schärfe wie für 1973. Sie hat aber auch heute noch Bedeutung. Die Ökologie ist, als eine der zentralen Wissenschaften in diesem Zusammenhang, eine vergleichsweise junge Wissenschaft, die sich auch erst ihre Position im Wissenschaftsbetrieb erkämpfen muß, ähnlich den Sozialwissenschaften seit rund 200 Jahren. Es darf angenommen werden, daß sich der Professionalisierungsprozeß relativ rasch entwickeln und eine Position und Akzeptanz erreichen wird ähnlich der, die die Sozialwissenschaften heute einnehmen.

Moderne Industriegesellschaften haben es zunehmend auch mit neuen Risken zu tun, die für den Menschen nicht mehr sinnlich erfahrbar und wahrnehmbar sind. Als markantestes Beispiel ist hier die atomare Strahlung zu nennen, die lediglich über Meßgeräte unmittelbar erfahrbar ist, die dem einzelnen meist nicht zur Verfügung stehen bzw. deren *Wahrheitsgehalt* nicht einfach nachvollziehbar ist.

Weit schwieriger zu lösen ist jedoch das Problem, daß aufgrund der Komplexität der Zusammenhänge und aufgrund der Fülle von Informationen, die es zu verarbeiten gilt, Entscheidungsgrundlagen systemnotwendig nicht vorhanden sind oder sein können und trotzdem Entscheidungen getroffen werden müssen, beispielsweise beim Treibhauseffekt. In vielen Fällen kann nicht eindeutig gesagt werden, ab welchen Belastungsgrenzen Schäden für die Natur, für die Menschen, für die Vegetation etc. eintreten können, da Belastungen oft lange vom ökologischen System abgepuffert werden. Sie können aber ab einer gewissen Größe (dem sprichwörtlichen »Tropfen, der das Faß zum

Überlaufen bringt«) irreversible Schäden hervorrufen. Die Umweltpolitik muß ohne vollkommene Informationen handeln.
Letztlich sind alle technischen Entscheidungen, alle umweltpolitischen Entscheidungen, Wertentscheidungen. So ist beispielsweise der sicherheitspolitische Standard an ein Kraftfahrzeug eine Wertentscheidung zwischen den möglichen negativen Auswirkungen (Unfallfolgen) und dem ökonomischen Kalkül, ein möglichst billiges Auto herzustellen. Ein Kalkül, das sowohl bei den Produzenten als auch bei den Konsumenten zu finden ist. Es wäre heute durchaus möglich, ein Auto zu konstruieren, das um etliche Faktoren sicherer ist als die jetzigen Typen, allerdings auch um etliche Faktoren teurer.

Mit dem Überhandnehmen von Großtechnologien sind auch die Auswirkungen dieser Technologien anders zu betrachten als jene der bisherigen *traditionellen* Technologien. Die Auswirkungen dieser Technologien (z. B. des Autoverkehrs) waren immer lokal begrenzt (Verkehrsunfall), die Auswirkungen von Großtechnologien (Kernkraft, Chemie) sind aber lokal nicht begrenzbar (Tschernobyl). Dazu kommt noch, daß der Nachweis der Kausalität bei traditionellen Technologien relativ leicht zu führen ist, im zweiten Fall sind die Auswirkungen erst nach einer zeitlichen Verzögerung zu bemerken und damit auch nachzuweisen. Und schließlich kann die Eintrittswahrscheinlichkeit von Unfällen bei traditionellen Technologien aufgrund von Erfahrungswerten geschätzt oder berechnet werden. Bei Großtechnologien verbietet sich diese Vorgangsweise logischerweise oder ist extrem unbefriedigend (Tschernobyl). Man ist daher auf oft problematische analytische Einschätzungen angewiesen.

Aus diesen Gründen ist für Großtechnologien eine andere Risikophilosophie anzuwenden als für traditionelle Technologien. Binswanger (1990) hat dazu ein Konzept entwickelt, das sich für eine zukünftige Risikophilosophie anbietet.

Eine Senkung der Wahrscheinlichkeit eines Großunfalls (der Hauptansatzpunkt in den bisherigen Risikominimierungsbemühungen) ist ungenügend und nicht zielführend. Das psychologische Risiko wird jedoch von dem Schadensausmaß dominiert. »Es ist daher im Sinne der Risikominimierung vorteilhafter, die Anstrengungen auf die Verminderung des Schadensausmaßes auszurichten als auf diejenige der Wahrscheinlichkeit.« (Binswanger, S. 115)

Die umweltpolitischen Schlußfolgerungen, die sich daraus ergeben, sind folgende: Erstens müssen diese Aspekte ein Bestandteil des demokratischen Entscheidungsprozesses über neue Technologien sein. Zweitens müssen bei der Beurteilung von neuen Technologien die zusätzlichen Kosten in die Betrachtung miteinbezogen und dem Verursacher zugerechnet werden.

Umweltpolitische Entscheidungen müssen überschaubar sein, davon hängt die Chance der demokratischen Beteiligung ab. Damit müssen auch Entscheidungen über Struktur und Infrastruktur der Ökonomie und über die Technologien korrigierbar sein.

Die Komplexität der Entscheidungsgrundlagen darf jedoch nicht dazu führen, nicht zu entscheiden und zu handeln. Die Schlußfolgerung muß sein: Die Umweltpolitik muß immer auf der sicheren Seite sein. Das heißt, es müssen in allen Bereichen Schadstoffreduktionen vorgenommen werden, um zum Beispiel der Zerstörung der Ozonschicht Einhalt zu gebieten. Das *Risiko*, das sich daraus ergibt, bestünde dann lediglich darin, daß es zu einer Reduktion von Schadstoffen kommen könnte, die gar nicht notwendig gewesen wäre.

Gerade die zunehmende Komplexität und das Wachsen der Risikogeneigtheit von hochentwickelten Industriegesellschaften erfordern ein verändertes Steuerungsinstrumentarium. Dabei sollte das Bild einer lernorientierten Experimentiergesellschaft als Methode angestrebt werden. Fietkau (1988, S. 98) nennt dafür drei Voraussetzungen:

- die kleinräumige Erprobung neuer Technologien und politischer Konzepte,
- die Reversibilität technischer und politischer Innovationen und
- die individuelle und kollektive Lernfähigkeit durch schnelle Rückmeldung von Technik- und Politikfolgen.

Dazu zählt auch die Entwicklung von politischen Entscheidungsverfahren, die in der Lage sind, das Handeln unter Komplexität und Unsicherheit besser zu bewältigen. Umweltpolitisches Handeln leidet ja darunter, daß die Ergebnisse der Problemanalysen vielfach nicht ausreichen, um Grundlagen für umweltpolitisches Handeln darzustellen.

Wichtig ist die Einsicht in die Tatsache, daß angesichts der Komplexität der Zusammenhänge niemals ein perfektes, d. h.

fehlerfreies Handeln möglich ist. Vor diesem Hintergrund sind dann auch Politikformen notwendig, die mit diesem Dilemma umgehen können. Vor allem geht es darum, sich nicht in punktuellen Maßnahmen zu verlieren, ohne das Gesamtbild zu sehen.

»Der Staat ist personell, temporal und funktional auf Handeln eingerichtet und nicht auf Reflexion. Dies war solange unschädlich, als der relativ geringe Komplexitätsgrad geschäftlicher Teilsysteme Systemsteuerung durch Handeln zuließ. Hochkomplexe Systeme reagieren aber auf Handeln nicht, sondern nur auf adäquate reflexive Handlungssteuerung. Erforderlich wäre heute eine wissenschaftlich angeleitete reflexive Handlungssteuerung.« (Wilke, 1983, S. 52).

Ein Ausweg aus dem Dilemma ist die Einsicht in die Tatsache, daß eine vollkommene antizipative Technikbewertung unmöglich ist. Dies bedeutet auch, von der Illusion Abstand zu nehmen, anhand von staatlich-bürokratischen Genehmigungsverfahren in einem Scheinperfektionismus etwa über neue chemische Stoffe oder neue Technologien entscheiden zu wollen. Vorgeschlagen wird ein offenes Konzept des Diskurses über ökologische Risken. Dabei muß allerdings die Reversibilität und die Fehlerfreundlichkeit von Entscheidungen als Voraussetzung gewährleistet sein.

»Etwas erst zulassen zu wollen, wenn es ›erwiesenermaßen ungefährlich‹ ist, bleibt illusorisch. Das geht technisch nicht und ist ein Widerspruch in sich selbst. Um zu erfahren, ob etwas gefährlich ist, muß es ausprobiert, also ein Stück weit zugelassen werden. Nur wenn es ausprobiert wird, kann man wissen, in welcher Weise es gefährlich ist. Über technische Gefahren und Risken muß man sich ständig und immer erneut auseinandersetzen.« (Huber, 1991, S. 94).

Anmerkungen

1 Unter *sustainability* wird im Deutschen meist Nachhaltigkeit oder Dauerhaftigkeit, auch Aufrechterhaltbarkeit bzw. Tragfähigkeit (von Ökosystemen) verstanden. Der Begriff wurde insbesondere durch den Brundtland-Report »Our Common Future«, der von der UN-Generalversammlung

1987 verabschiedet worden war, bekanntgemacht. Vgl. dazu Otmar Höll: »Sustainable Development« – Ein Konzept für eine globale nachhaltige Entwicklung? 1996 (mimeo, im Erscheinen).

2 Vgl. dazu u. v. a. die von Donella und Dennis Meadows [u. a.] (Hrsg.) 20 Jahre nach Publikation ihres berühmt gewordenen Buches neu erarbeitete Studie »Die neuen Grenzen des Wachstums«, Stuttgart 1992, die jährlich herausgegebene Publikation des World Watch Instituts (Hrsg.: Lester Brown [u. a.]) sowie die Enquetekommissions-Berichte des 11. und 12. Deutschen Bundestags zu ökologisch relevanten Problembereichen.

3 Zu den internationalen Aktivitäten im Rahmen der UNO vgl. Patricia Birnie: The UN and the Environment. In: Adam Roberts/Benedict Kingsbury (Hrsg.): United Nations, Divided World, Oxford 1993, S. 327–383 sowie Mostafa Tolba [u. a.] (Hrsg.): The World Environment 1972–1992. Two Decades of Challenge. London 1993.

4 Dazu vgl. Martin Wöhlke: Umweltzerstörung in der Dritten Welt. München 1987 und Bernhard Glaeser (Hrsg.): Eco-Development: Concepts, Projects, Strategies. Oxford 1984.

5 Vgl. u. a. Otmar Höll: Environmental Policy: The Case of Austria. In: Otmar Höll (Hrsg.): Environmental Cooperation in Europe. The Political Dimension. Boulder 1994, S. 284–296. Von einer »Vorreiterrolle« Österreichs im internationalen Vergleich kann beispielsweise bei der Senkung des Emissionsniveaus konventioneller Schadstoffe wie SO_2 (zwischen 1980 und 1994 eine Reduktion um mehr als 80 %), in bezug auf die Gesamtumweltaufwendungen gemessen am BIP, in seinem Engagement bei der Bekämpfung globaler Umweltprobleme (etwa beim stratosphärischen Ozon) und in der Entwicklung einer relativ umfassenden nationalen Umweltgesetzgebung gesprochen werden.

6 In dem im Jahr 1995 fertiggestellten »Ersten Nationalen Umweltplan Österreichs«, der von der Bundesregierung herausgegeben wurde, sind wichtige Strategien und Maßnahmen definiert, die Österreich auf einen Weg der Nachhaltigkeit führen sollen.

7 Eine erste Studie »Auf dem Weg zu einer nachhaltigen Entwicklung in Österreich« wurde 1994 von »Friends of the Earth Österreich« in Auftrag gegeben und von einer Wissenschaftlergruppe unter der Projektleitung von Michael Kosz von der Technischen Universität Wien ausgearbeitet. Der Abschlußbericht ist über den Herausgeber bzw. über die Gruppe »Friends of the Earth Österreich« zu beziehen.

8 Zu den erforderlichen politischen Strategien und Maßnahmen vgl. auch noch die folgenden Abschnitte.

9 Zur Umweltgesetzgebung in Österreich vgl. B. Raschauer: Umweltschutzrecht. 2. Auflage. Wien/Köln/Graz 1988, und den von Werner Doralt herausgegebenen »Kodex des österreichischen Rechts. Sammlung der österreichischen Bundesgesetze, Umweltrecht«. Wien (halbjährlich ergänzt).

10 Zur »Grünen Bewegung« und ihrer Bedeutung für das österreichische

Parteiensystem vgl. die diesbezüglichen Kapitel im »Handbuch des politischen Systems Österreichs«, herausgegeben von Herbert Dachs [u. a.] 1992.

11 Eine Charakterisierung der Österreichischen Umweltpolitik aus politologischer Sicht findet sich bei Volkmar Lauber: Umweltpolitik. In: Herbert Dachs [u. a.] (Hrsg.): Handbuch des politischen Systems Österreichs. Wien 1992, S. 558–567.

Literatur

Beck, U.: Risikogesellschaft. Frankfurt/Main 1986.

Beck, U.: Die Erfindung des Politischen. Frankfurt/Main 1993.

Binswanger, H. C.: Neue Dimensionen des Risikos. In: Zeitschrift für Umweltrecht und Umweltpolitik 2 (1990).

Binswanger, H. C./Geissberger, W./Diensburg, Th.: Der NAWU-Report: Wege aus der Wohlstandsfalle. Strategien gegen Arbeitslosigkeit und Umweltkrise. Frankfurt/Main 1978.

Birnie, P.: The UN and the Environment. In: A. Roberts/B. Kingsbury (Hrsg.): United Nations. Divided World. Oxford 1993.

Bongaerts, J.: Das Zivilrecht in den Vereinigten Staaten als ein Instrument der Umweltpolitik. In: Informationen zur Umweltpolitik 30 (1986).

Dachs, H. [u. a.] (Hrsg.): Handbuch des politischen Systems Österreichs. Wien 1992.

Daly, H. E. (Hrsg.): Towards Steady State Economy. San Francisco 1991.

Doralt, W. (Hrsg.): Kodex des österreichischen Rechts. Sammlung der österreichischen Bundesgesetze, Umweltrecht. Wien (halbjährlich ergänzt).

Einem, C.: Privatrecht als Instrument der Umweltpolitik? Rechtspolitische und praktisch-perspektivische Entwicklung. In: Informationen zur Umweltpolitik 33 (1986).

Enquetekommission des Deutschen Bundestages: Mehr Zukunft für die Erde. Bonn 1995.

Enzensberger, H. M.: Zur Kritik der politischen Ökologie. In: Kursbuch 33. Berlin 1973.

Fietkau, H. J.: Institutionelle und individuelle Bedingungen präventiver Umweltpolitik. In: Simonis U. E. (Hrsg.): Präventive Umweltpolitik. Frankfurt/New York 1988.

Forum österreichischer Wissenschaftler für Umweltschutz: Zukunftsverträgliche Entwicklung. In: Umweltforum 5 (September 1994).

Glaeser, B. (Hrsg.): Eco-Development: Concepts, Projects, Strategies. Oxford 1984.

Gore, A.: Wege zum Gleichgewicht – Ein Marshallplan für die Erde. Frankfurt 1992.

Hansmayer, K. M./Schneider, H. K.: Umweltpolitik. Göttingen 1990.

Harborth, H. J.: Sustainable Development – Dauerhafte Entwicklung. In: D. Nohlen/F. Nuscheler (Hrsg.): Handbuch der Dritten Welt. Band 1. 1992, S. 231–247.

Hardin, G.: The Tragedy of the Commons. In: Science 162 (1968), S. 1243–1248.
Höll, O.: Environmental Cooperation in Europe. The Political Dimension. Boulder/Co 1984.
Höll, O.: Environmental Policy: The Case of Austria. In: O. Höll (Hrsg.): Environmental Cooperation in Europe. The Political Dimension. Boulder 1994.
Höll, O.: »Sustainable Development« –Ein Konzept für eine globale nachhaltige Entwicklung? 1996 (mimeo, im Erscheinen).
Huber, J.: Unternehmen Umwelt. Frankfurt/Main 1991.
Huber, J.: Nachhaltige Entwicklung. Berlin 1995.
Immler, H.: Vom Wert der Natur. Zur ökologischen Reform von Wirtschaft und Gesellschaft. Opladen 1989.
Jänicke, M./Mönch, M.: Die postindustrielle Gesellschaft lebt in freundlicher Umwelt. In: Wirtschaft und Umwelt 2 (1989), S. 18 ff.
Jänicke, M.: Erfolgsbedingungen von Umweltpolitik im internationalen Vergleich. In: Zeitschrift für Umweltpolitik und Umweltrecht 3 (1990).
Jänicke, M.: Successful Environmental Policy. Berlin 1995.
Kosz, M. (Hrsg.): Auf dem Weg zu einer nachhaltigen Entwicklung in Österreich. Wien 1994.
Martin, H. P./Schumann, H.: Die Globalisierungsfalle: Der Angriff auf Demokratie und Wohlstand. Reinbek b. Hamburg 1996.
Meadows, D./Meadows D. [u. a.] (Hrsg.): Die neuen Grenzen des Wachstums. Stuttgart 1992.
Olson, M.: The logic of collective Action. Cambridge (Mass.) 1965.
Österreichische Bundesregierung (Hrsg.): Nationaler Umweltplan Österreichs. Wien 1995.
Prätorius, G./Steger, V.: Verkehrspolitik und Ökologie. In: Aus Politik und Zeitgeschichte B 37 (1994).
Prittwitz, V.: Das Katastrophen-Paradoxon. Opladen 1990.
Raschauer, B.: Umweltschutzrecht. 2. Auflage. Wien/Köln/Graz 1988.
Reicholf, J.: Vor lauter Umweltschutz vergessen wir oft die Natur. In: Raum 19 (1995).
Ricken, Ch.: Nationaler Politikstil, Netzwerkstrukturen sowie ökonomischer Entwicklungsstand als Determinanten einer effektiven Umweltpolitik – Ein empirischer Industrieländervergleich. In: Zeitschrift für Umweltpolitik 4 (1995).
Roberts, A./Kingsbury, B. (Hrsg.): United Nations. Devided World. Oxford 1993.
Sachs, W. (Hrsg.): Der Planet als Patient: Über die Widersprüche globaler Umweltpolitik. Berlin/Basel/Boston 1994.
Scharpf, F.: Sozialdemokratische Krisenpolitik in Europa. Frankfurt/Main 1987.
Scheer, H.: Sonnenstragie. Politik ohne Alternative. München 1993.
Teubner, G.: Verrechtlichung – Begriffe, Merkmale, Grenzen, Auswege. In: Verrechtlichung von Wirtschaft, Arbeit und sozialer Solidarität. Frankfurt/Main 1985.

Tolba, M. [u. a.] (Hrsg.): The World Environment 1972–1992. Two Decades of Challenge. London 1993.
Weidner, H.: Umweltberichterstattung – Grundbaustein einer präventiven Umweltpolitik. Beispiele aus verschiedenen Ländern. In: Interuniversitäres Forschungsinstitut für Fernstudien, Umwelt und Öffentlichkeit. Wien 1989.
Wilke, H.: Entzauberung des Staates. Überlegungen zu einer sozietalen Steuerungstheorie. Königstein 1983.
Wöhlke, M.: Umweltzerstörung in der Dritten Welt. München 1987.
World Commission on Environment and Development (Hrsg.): Our Common Future. New York 1987.
Worldwatch Institute Report. Zur Lage der Welt 1995. Daten für das Überleben unseres Planeten. Frankfurt 1995.

Hermann Knoflacher

Zwischen Autowahn und öffentlichen Verkehrskonzepten: Die Zukunft der österreichischen Verkehrspolitik

I. Lebensqualität durch mehr oder durch weniger Verkehr?

Bis vor etwas mehr als hundert Jahren war diese Frage müßig für den Großteil der Bevölkerung, weil jedes Mehr an Verkehr ein Mehr an Mühe, Plage und Aufwand und somit fast jede Art von Verkehr (von wenigen Ausnahmen abgesehen) einen Verlust an Lebensqualität bedeutete. Die wenigen Ausnahmen waren jene begüterten Kreise, die zum Vergnügen reisten und dies auf Kosten der Allgemeinheit. Für die Feudalherren war mehr Verkehr in der Regel auch mit mehr Lebensqualität verbunden, weil sie durch das Reisen den klimatischen und sonstigen Unbillen entkommen konnten und außerdem Abwechslung, Sehenswertes und Reizvolles genießen konnten. Die niedrigen Geschwindigkeiten sorgten für ein stabiles System und kurze Reiseweiten. Der Semmering und das Salzkammergut waren nicht nur geschätzte, sondern gerade noch erreichbare Reiseziele für den Sommerurlaub. Die Masse des Verkehrs spielte sich zu Fuß ab, nur eine Minderheit bediente sich externer Energie. Dies änderte sich mit der Einführung der Dampfmaschine, der Eisenbahn und später dem Auto dramatisch.

Insbesondere die letzte technische Erfindung erlebte einen Siegeszug sondergleichen, und mit dem Verlust der Dimension des Fußgehers gingen nicht nur Wertsysteme der Gesellschaft verloren, sondern auch Begriffe wie etwa jener des *Verkehrs.*

Während als Verkehr jede Art von Personen-, Güter- und Nachrichtentransport definiert wird, versteht man heute landläufig unter *Verkehr* fast nur mehr Autofahren. Aus dieser mißverständlichen, wenn auch allgemein üblichen, Position resultiert die Fragestellung. Um diese zu beantworten, müssen einige elementare Kenntnisse vorausgesetzt werden:

Die Mobilität verändert sich durch die Verwendung technischer Verkehrssysteme nicht, wenn man als Maßzahl die Zahl der Wege pro Person und Tag verwendet. Wir legen heute durchschnittlich genau so viele Wege pro Tag zurück wie unsere Vorväter, die noch ohne Auto und Eisenbahn unterwegs waren. Was sich aber verändert hat, ist die Art der Mobilität und zwar in den vergangenen fünf Jahrzehnten von umweltfreundlichen und menschengerechten Mobilitätsformen zu maschinenorientierten Mobilitätsformen. Auf die Ursachen wird noch einzugehen sein.

Der zweite große Irrtum, der selbst unter den Experten vorherrscht, ist der Glaube, daß das, was man im Einzelfall erlebt, auch im System wirksam sein müsse, nämlich die Möglichkeit, Zeiteinsparungen durch Geschwindigkeitserhöhungen zu erzielen. In jedem Einzelfall erlebt der Benutzer, wenn er von A nach B schneller fährt, daß er weniger Zeit braucht. Diese individuell richtige Erfahrung wurde nun auf das System übertragen: Diese einzelnen Zeiteinsparungen wurden aufsummiert, um daraus den Nutzen von Investitionen für schnelle Verkehrsmittel zu begründen.

Nun hat der Mensch eine Eigenschaft, die ihn offensichtlich dazu zwingt, eine bestimmte Zeit lang mobil zu sein. Daran ändern unterschiedliche Geschwindigkeiten überhaupt nichts. Wenn daher die Geschwindigkeiten steigen, bleibt die Zeit für Mobilität im System konstant – es ändert sich nur die Länge der Wege und mit der Länge der Wege ändern sich die Strukturen. Aus den kleineren, vielfach vernetzten, wirtschaftlich und ökologisch stabilen Strukturen werden zentrale Großstrukturen, die alle kleinräumigen Strukturen zerstören und damit die wirtschaftliche und ökologische Stabilität der Wirtschaft und auch das Sozialsystem zum Einsturz bringen. Wir stehen derzeit mitten in dieser Entwicklung. Fatalerweise wird dieser Zusammenhang nicht nur von der Bevölkerung, sondern vor allem von der Politik und leider auch von sehr vielen sogenannten Experten überhaupt nicht erkannt und begriffen. Das heißt, man hat die Auswirkungen des technischen Verkehrssystems bis heute geistig nicht bewältigt.

Damit kommen wir zum dritten wesentlichen Begriff in der Fragestellung, der *Lebensqualität*. Abgesehen davon, daß es kaum möglich ist, diesen Begriff befriedigend zu definieren, sind in dem Zusammenhang zwei wesentliche Fragen entscheidend:

- In welchem Systemzusammenhang soll Lebensqualität definiert werden – egoistisch auf den Einzelnen oder auf unsere

Gesellschaft bezogen oder im umfassenden Sinn unter Berücksichtigung der Folgen, die unsere Gesellschaft mit ihrem Verhalten auslöst?

- Für wen in unserer Gesellschaft ist dieser Begriff anzuwenden? Für die – immer noch – lautstarke Minderheit der Autofahrer, die täglich eine Stunde lang dem Autofahren huldigen, oder für die Mehrheit der Menschen, die 24 Stunden am Tag unter den Auswirkungen dieser Art des Verkehrs zu leiden haben?

Zunächst macht die Frage Schwierigkeiten, wie man Lebensqualität definieren soll. Derzeit wird von einem Großteil der Bevölkerung Lebensqualität sicherlich im Zusammenhang mit dem Besitz und der Verfügbarkeit des Autos gesehen. Dies ist nicht unbegründet, weil man ja mit dem Auto der miserablen Wohnqualität entkommen kann, indem man ins Grüne fährt, und weil man die Erfahrung macht, daß man ohne Auto nicht viel Gelegenheit hat, Arbeitsplätze, Einkaufsmöglichkeiten und Freizeiteinrichtungen zu erreichen. Unter diesem Gesichtspunkt ergibt sich die Beantwortung dieser Frage mit einem klaren Ja für mehr Autoverkehr, weil dieses Ja bekanntlich die Lebensqualität auf diese Art und Weise fördert. Diese Position steckt den engen Horizont ab, der im wesentlichen den heutigen politischen Entscheidungen zugrunde liegt.

Diese Position wäre in einer zivilisierten und kultivierten Gesellschaft nicht denkbar, weil man dort verlangen würde, die Beurteilung nicht nach den Symptomen, sondern zumindest nach den Ursachen vorzunehmen. Die heutige allgemeine Verfügbarkeit des Autos ist die Ursache für den Verlust an Lebensqualität für alle Nichtmotorisierten, weil vor allem durch die öffentliche Hand jede andere Art des Verkehrs – betrachtet man es sachlich – eigentlich mit einer unglaublichen Rücksichtslosigkeit unterdrückt und benachteiligt wurde und wird. Die Lebensqualität für Nichtmotorisierte hat in den vergangenen Jahrzehnten dramatisch abgenommen. Darüber täuschen auch nicht die sinkenden Unfallzahlen mit Fußgängern hinweg, weil die Zahl der Fußgänger drastisch reduziert wurde und die verbliebenen Fußgänger heute mit einem wesentlich höheren Risiko unterwegs sind als noch vor zwanzig oder dreißig Jahren. Die *Normalität* hat sich damit völlig verschoben.

Aus der Sicht der schweigenden Mehrheit (diese wurde aus den

Medien ausgeblendet, da diese Medien in bewährter Manier von den Lobbies weitgehend stark beeinflußt werden) ist die Frage ebenfalls klar zu beantworten. Die Lebensqualität sinkt mit mehr Autoverkehr. Es gibt daher aus oberflächlicher Sicht zunächst zwei klare oder diametrale Positionen. Diese Sicht führt sehr häufig zu einer ideologischen Betrachtungsweise, die die Basis der Auseinandersetzungen für und gegen das Auto bildet.

II. Gibt es einen Ausweg aus diesem Dilemma?

Jede Gesellschaft, die überleben will, hat Wertesysteme entwikkelt. Es gibt dabei Primär-, Sekundär- und Tertiärwerte. Wenn eine Gesellschaft diese Werte vertauscht, muß es zwangsläufig zu Schwierigkeiten und enormen Problemen kommen. Für unsere Fragestellung ist die Aufgabe gar nicht so schwer: Es muß der Politik klar werden, ob sie einem maschinenorientierten oder einem menschenorientierten Wertesystem den Vorzug gibt. Mag ersteres auch für den einzelnen Politiker vergnüglich sein, so hat er doch in seiner Position die Pflicht und Schuldigkeit, Verantwortungsbewußtsein und Vernunft vor Eigennutz und Engstirnigkeit zu setzen. Bei einem maschinenorientierten Wertesystem – wie es heute vorherrscht – wird man den Kindern, den Alten und den Nichtmotorisierten den Lebensraum zugunsten der Maschinen wegnehmen; in einem menschenorientierten Wertesystem wäre dies undenkbar.
Der wohnungsnahe Grünraum ist etwa ein Indikator, der aufzeigt, wie die Gesellschaft bisher reagiert hat. Pro Auto wurden in Österreich etwa 400 m^2 Bodenfläche asphaltiert, geschottert, betoniert und damit eine ungeheure Nachfrage nach Autoverkehr und Autobenutzung ausgelöst. Kinder in Städten haben nicht einmal 5 m^2 Grünfläche als naturnahe Aufenthaltsmöglichkeit. Die katastrophale Lebensqualität der Kinder ist zum Teil darauf zurückzuführen, daß deren Lungen, durch das Fehlen der Grünflächen, auch noch als Filter für die abgaskonzentrierte Luft in den städtischen Straßenschluchten herhalten müssen. Hier dominieren klar Maschinenwerte über Menschenwerte. Dies ist im bestehenden System in fast alle Richtungen nachweisbar.
Ein Beispiel dafür ist die Position der Gewerkschaften im Zusammenhang mit den sogenannten Arbeitspendlerpauschalen.

Lebensqualität bedeutet zum Beispiel, nicht pendeln zu müssen, das heißt, den Arbeitsplatz in der Nähe der Wohnung zu haben. Die hohen Geschwindigkeiten des Autoverkehrs, verbunden mit ungemein geringen Kosten, haben in den vergangenen Jahrzehnten dazu geführt, daß die wohnungsnahen Arbeitsplätze und sonstige vielfältige Strukturen durch immer weniger und immer konzentriertere Großstrukturen ersetzt wurden. Bezahlen muß dies der Arbeitnehmer durch die Pendelfahrten einerseits und durch die immer geringere Auswahl an Arbeitsmöglichkeiten andererseits. Dies ging so lange gut, so lange durch die Systemerweiterung noch zusätzlich Arbeitsplätze benötigt wurden. Die heute, auch für den Laien erkennbare, strukturell bedingte Arbeitslosigkeit wird sich in Zukunft mit der Beschleunigung des Systems noch weiter verschärfen. Da die Gewerkschaften diesen verhängnisvollen Regelkreis überhaupt nicht begriffen haben, agieren sie heute, in Unkenntnis der Wirkungsmechanismen, gegen die Interessen der Arbeitnehmer, in bester Absicht, diesen zu helfen. Mit Erhöhung des Pendlerpauschales arbeiten sie großen zentralen Strukturen in die Hand und beschleunigen den Prozeß der Zentralisierung und damit der Arbeitslosigkeit.
Das geschieht aber nicht nur auf dieser Ebene, sondern auch dadurch, daß sich Gewerkschaften für den Ausbau schneller Verkehrssysteme einsetzen, die ausschließlich den zentralistischen internationalen Strukturen dienen und die Position der Arbeitnehmer, die sie zu vertreten haben, rücksichtslos unterminieren. Damit arbeiten sie gegen die Lebensqualität der Menschen. Der Anteil mechanischer Transportformen ist daher ein klares Indiz für fehlende Lebensqualität durch den Verlust von Arbeitsmöglichkeiten am Ort. Es ist daher offensichtlich, daß weniger Autoverkehr mehr Lebensqualität bedeutet.
Diese Beispiele kann man ebenso für den Freizeitbereich wie auch für den Einkaufs-, den Ausbildungsverkehr usw. fast beliebig erweitern. Verkehr wurde nicht mehr, Verkehr wurde nur anders, nämlich aus Fußgehern wurden Autofahrer, aus der Nähe die Ferne, aus der Selbstbestimmung wurde zunehmende Abhängigkeit. Wachsende Abhängigkeit und zunehmende Hilflosigkeit als wachsende Lebensqualität zu bezeichnen, kann nur im Sinne der Nutznießer dieses Systems – und diese werden immer weniger –, aber niemals im Sinne der Mehrheit der Betroffenen sein.

Da die Nutznießer weitgehend den Inhalt der Medien bestimmen, entsteht ein irreales Weltbild in den Köpfen der Menschen – ebenfalls eine Folge des Verkehrssystems, nämlich des Nachrichtenverkehrs, der die Zielvorstellungen jener, die den Nutzen aus dem System ziehen, wiedergibt. – Die Allgemeinheit zahlt heute dafür, daß ihre Möglichkeiten durch immer mehr Steuern für den Bau und die Erhaltung einer immer schnelleren Infrastruktur und durch private Investitionen in die eigenen Verkehrsmittel immer mehr eingeschränkt werden.
Eine weltweite (Selbst-)Täuschung dieser Art dürfte es in der Geschichte der Menschheit bisher noch nicht gegeben haben.

III. Liegt das Optimum bei null Autoverkehr?

Es ist naheliegend, nun zu vermuten, daß man das Optimum dort zu finden glaubt, wo es keinen Autoverkehr gibt. So denken und handeln auch viele Anti-Auto-Fundamentalisten. Diese übersehen dabei nur, daß das Auto offensichtlich deshalb so erfolgreich ist, weil es die Bedürfnisse der Menschen in hervorragender Art und Weise ergänzt. Es ist eine hervorragende Prothese. Das Auto ist tatsächlich ein Segen für Bewegungsbehinderte. Der Mobilitätsbedarf für diese Gruppe liegt im Promillebereich des heutigen Autoverkehrs. Daß im öffentlichen Dienst, wie etwa bei der Feuerwehr oder bei der Rettung, die Verwendung des Autos sinnvoll ist, steht außer Zweifel. Schließlich wäre auch ein Teil des Warentransportes sinnvoll mit dem Auto über kurze Distanzen zu bewältigen. Es gibt daher einen Anteil des Autoverkehrs, der einen erheblichen Beitrag zur Lebensqualität der Menschen leisten kann.
Analysiert man die einzelnen Zwecke, für die das Auto eingesetzt wird, dann läßt sich ein Optimum an Lebensqualität in der Gesellschaft in einem Bereich von 5–15 % des Autoverkehrs lokalisieren. Das heißt, mit einem Sechstel bis zu einem Zwanzigstel des Autoverkehrs von heute wäre nicht nur die Erhaltung, sondern eine Verbesserung der bestehenden Lebensqualität möglich. Dieses Ziel ist aber nur gegen die wirtschaftlichen Interessen einer sehr starken, aber kleinen Minderheit zu erreichen.
Der Großteil der heutigen Autofahrten hat seine Wurzeln in Gedankenlosigkeit und Bequemlichkeit. Die heute praktizierte

Form der Marktwirtschaft unterstützt die Ausbeutung menschlicher und materieller Ressourcen in kürzester Zeit, als Folge des erzwungenen Kapitalwachstums.

IV. Neue Technologien als Möglichkeit zur Reduzierung von Verkehr

Diese naive Vorstellung, durch technologische Informationssysteme physische Mobilität zu verhindern, reicht relativ weit zurück. Als man in den sechziger Jahren in Städten bemerkte, daß es zu immer größeren Problemen mit dem Autoverkehr kam und gleichzeitig die Entwicklung der Computer immer rascher voranschritt, erwartete man sich vom Informations-Highway eine Reduktion des Verkehrsaufwandes im mechanischen Teil des Transportsystems. In der Zwischenzeit durchgeführte Studien, wie die theoretische und empirische Analyse des Verhaltens in der sogenannten *Manto Studie* in der Schweiz, haben gezeigt, daß diese Hoffungen nicht erfüllt werden. Man weiß mittlerweile, daß sie nicht erfüllt werden können, weil der Mensch seine *Mobilitätsstunde* abarbeiten muß. Macht er dies nicht am Arbeitsweg, macht es seine Frau beim Einkaufen oder bei Besuchen. Wohnplatz als Arbeitsplatz ist nichts anderes als die mittelalterliche Stadt, also jene Stadtstruktur, von der Lewis Mumford mit Recht behauptet, sie wäre die einzige menschengerechte Stadtstruktur gewesen.
Autoverkehr wird man aber damit nicht reduzieren, wenn man die Menschen weiterhin zum Autofahren zwingt oder verleitet, wie dies heute der Fall ist. Die Mechanismen, die das Autofahren beeinflussen, sind nicht von Informations-Highways und ähnlichen technischen Dingen abhängig, sondern vom körpereigenen Energieaufwand bei der Benutzung verschiedener Verkehrssysteme. Der Autofahrer spart nämlich mehr als die Hälfte der Körperenergie pro Zeiteinheit im Vergleich zum Fußgeher und kommt dabei zehnmal weiter. Da die Körperenergie zu den ältesten Evolutions- und Steuermechanismen gehört und damit alles andere dominiert, kann der Anteil des Autoverkehrs nur dadurch reduziert werden, daß man zwischen den menschlichen Aktivitäten und der Benützung des Autos entsprechende Barrieren errichtet.
Das heißt, das Auto muß aus der Fläche verschwinden und der

Fußweg zum Auto muß weiter sein als der Fußweg zur Haltestelle des öffentlichen Verkehrs, zum Greißler, zum Arbeitsplatz, zu den Freizeiteinrichtungen etc. Eine Struktur dieser Art kann mit der Hochtechnologie, die heute zur Verfügung steht, wieder Arbeitsplatzstrukturen schaffen, die in der Nähe der Wohnung liegen und nicht nur den Zweck der dezentralen Massenmenschenhaltung erfüllen, wie dies heute der Fall ist. Es können Arbeitsplatzstrukturen mit einem gewissen Grad an Selbstbestimmung und einem optimalen Nutzen für die lokale Wirtschaft entstehen und nicht zum wirtschaftlichen Nutzen weit entfernt liegender Kapitalgruppen, die das Kapital aus allen Teilen der Welt bei sich akkumulieren und es dort einsetzen, wo die Ausbeutungsmöglichkeiten für sie die besten sind.

Derzeit läuft die Entwicklung gerade umgekehrt, der Autositz wird zum Arbeitsplatz, indem Technologien, die am Wohnplatz den Arbeitsplatz sichern sollen, in das Auto eingebaut werden, beginnend vom Telefon über das Fax bis zum Computer.

Der Vorteil der neuen Technologien liegt darin, daß Standortnachteile, bezüglich der Informationen oder des Informationszuganges, aufgehoben werden. Dieser wird derzeit in erster Linie dazu genützt, menschliche Ressourcen dort auszubeuten, wo die Gesellschaft noch kein tragfähiges Sozialsystem errichtet hat, und weiters dazu in jenen Teilen der Welt, wo die arbeitende Bevölkerung ihre Rechte gesichert hat, diese zu unterminieren, indem man die Arbeit in die besseren Ausbeutungsgebiete verlagert. Hier ist eine ungeheure Kluft zwischen Ausbeutungsmöglichkeiten und geistiger Bewältigung neuer Technologien entstanden. Das Ergebnis ist eine Nivellierung des sozialen Standards nach unten und eine Konzentration des Kapitals auf immer weniger und immer größere Einheiten – eine noch nie dagewesene Diktatur der Großkonzerne über alle Nationalstaaten, über alle Regionen, über alle Menschen hinweg.

In der Politik herrscht eine kindliche Naivität gegenüber neuen Technologien vor, die dieser Entwicklung Tür und Tor öffnet. Meist sind die Politiker noch stolz darauf, wenn man die eigenen Strukturen und das eigene Kapital opfern kann. Hier wird Gedankengut des 19. Jahrhunderts, nämlich die naive Technikgläubigkeit, unkontrolliert und ungefiltert auf Entwicklungen übertragen, deren Folgewirkungen außerordentlich schwer abschätzbar sind. Eine Technologiefolgeabschätzung, nämlich die

Abschätzung der sozialen, kulturellen, wirtschaftlichen und sicherheitsmäßigen Risken, fehlt. Mit kindlicher Gutgläubigkeit agiert die Politik sorglos, wie es in der Geschichte demokratischer Strukturen noch nie der Fall war. Aus der Sicht der Großkonzerne muß diese Art des nationalen politischen Verhaltens lächerlich erscheinen. Die Manager der Großkonzerne behandeln die Politiker nicht viel anders, als es Erwachsene mit unmündigen Kindern tun. Kein Wunder, daß bei letzteren ein Gefühl der Geborgenheit entsteht.

Diese gibt es im Sinne einer kontrollierten Beeinflussung oder gar Beherrschung der Entwicklung des Autoverkehrs weder in Österreich noch in den meisten anderen europäischen Staaten. – Diese scheinbar harte Formulierung läßt sich leider an der Entwicklung der Motorisierung und des motorisierten Straßenverkehrs ablesen. So wie es die Autoindustrie, die Autokäufer und die Treibstoffirmen haben wollen, verläuft die Motorisierung, unbeeinflußt von verkehrspolitischen Maßnahmen, entsprechend dem Bild einer *Regelstrecke ohne Ausgleich*. Der Regler *Verkehrspolitik* existiert einfach nicht. Er beschränkt sich auf das mehr oder weniger verständnisvolle Kommentieren der Entwicklung, verbale, aber wirkungslose Absichtserklärungen und Gesetze, die im System unwirksam sind.

Dieser Zustand ist als unhaltbar zu bezeichnen, da das Verkehrssystem kein von der Politik unbeeinflußtes System ist, sondern entscheidend durch die politischen Maßnahmen und die dadurch ausgelösten Geldflüsse in Form von Investitionen in die Infrastruktur, aber auch in die Betriebe beeinflußt wird. Diese Beeinflussung findet allerdings nicht im Sinne zielgerichteter, politischer und rationaler Maßnahmen statt, sondern durch Anpassung an die Eigendynamik des Verkehrs. Wächst der Autoverkehr an bestimmten Stellen, wird zusätzlich Angebot erzeugt und damit das Wachstum beschleunigt. Nimmt die Nachfrage im öffentlichen Verkehr irgendwo ab, wird eine Zeit lang subventioniert und dann eingestellt. Das heißt, das Verkehrssystem organisiert sich selbst im reinen Eigennutz, meist zum Schaden der Gemeinschaft, zum Schaden der Regionen, der Städte, der Länder sowie des gesamten Staates und vor allem der Umwelt.

Eine verhängnisvolle Zweckbindung der Bundesmineralölsteuer für den Bundesstraßenbau hat dazu geführt, daß in Österreich ein Überangebot an Straßen, gemessen an unserer Wirtschafts-

kraft, geschaffen wurde. Im Vergleich zu Italien oder Deutschland wurden in Österreich doppelt so viele Straßenkilometer, bezogen auf das Bruttoinlandsprodukt per Einwohner, gebaut. Dadurch wurde auch ein enormes Anspruchsniveau bei den Autofahrern ausgelöst, das in den meisten anderen Staaten, die mit ihren materiellen Ressourcen diesbezüglich sparsam umgehen, unvorstellbar wäre. Kaum entsteht irgendwo ein kleiner Stau, erschallt der Ruf nach neuen Fahrbahnen oder Umfahrungsstraßen. Diese politische Hilflosigkeit wird noch durch eine fachliche Hilflosigkeit gefördert, da sich die Straßenverwaltung in erster Linie als Diener der Autofahrer und weniger als Bewahrer und Organisator der Mobilität versteht bzw. verstanden hat.
Mit der in den vergangenen Jahrzehnten vorgenommenen Grenzöffnung begannen sich die Nachbarstaaten dieser hervorragenden, kostenlos benützbaren und hochwertigen Infrastruktur zu ihrem eigenen Vorteil immer hemmungsloser zu bedienen, wie es von Italien und Deutschland besonders auf der Nord-Süd-Relation in den vergangenen Jahrzehnten bereits erfolgreich praktiziert wird.

V. Der Transit ist hausgemacht

Der heute allgemein beklagte und bejammerte Nord-Süd-Transit, der insbesondere auf dem Brenner immer klarer ein für die österreichische Wirtschaft, den Fremdenverkehr und die Strukturen Tirols nachteiliges Profil zeigt, ist nicht von selbst entstanden: Er wurde gemacht. Treibende Kraft dabei war der seinerzeitige Landeshauptmann Wallnöfer, der ein konsequenter Vorkämpfer für den Aus- und Fertigbau der Brenner- und Inntalautobahn war, und die Tiroler Landesregierung, aber auch die verschiedenen Bundesregierungen, die dieses verhängnisvolle Vorhaben kräftig unterstützten.
Die Grundlagen dafür schufen aber auch Expertisen, die aus raumordnerischer Sicht Straßen als vordringlich für Österreich klassifizieren, wenn sie ausländische Zentren über unser Land verbinden. Damit wurden Begründungen für diese Transitrouten geschaffen. Dies gilt nicht nur für die Brenner-, sondern ebenso für die Tauern- und die Pyhrnautobahn. Die Analyse der Verkehrsentwicklung zeigt deutlich, daß mit der Eröffnung und

durchgehenden Befahrbarkeit der Brennerautobahn das europäische Transportgewerbe zunehmend auf den Lkw umstellte und die Schiene, aber auch das Schiff vernachlässigte.
Das unkontrollierte System des Straßenverkehrs erlaubt größere und leichtere Gewinne der privaten Konzerne auf Kosten der Allgemeinheit als die kontrollierte Schiene (deshalb läuft international derzeit die massive Kampagne, auch die Schiene zu privatisieren, um sich auch über diesen Teil der Infrastruktur herzumachen, indem man die Kosten der Allgemeinheit zuteilt, um die Gewinne der sogenannten Privatwirtschaft, im wesentlichen jene der Großkonzerne, zu erhöhen).
Dieses, in fast allen europäischen Staaten vorhandene, Unverständnis gegenüber den Systemwirkungen, hat in Österreich leider verheerende Folgen gezeitigt, die auf die Kleinheit des Landes und auf seine Binnenlage zurückzuführen sind.
Zum Unterschied von der Schweiz, die ebenfalls eine überdimensionierte Verkehrsinfrastruktur anbietet, hat es Österreich verabsäumt, diese Infrastruktur durch entsprechende Begleitmaßnahmen wie das Lkw-Nachtfahrverbot, Gewichtsbegrenzungen und entsprechende Abgaben zu schützen.
Die Geschichte der österreichischen Verkehrspolitik der vergangenen Jahrzehnte liest sich wie die Geschichte vom »Hans im Glück«. Die Schlüsselrolle des Landes im europäischen Verkehrssystem wurde durch eine Kette von Fehlentscheidungen, die zu einem Überangebot der Straßeninfrastruktur führte, verspielt.
Die Naivität der Verkehrspolitik in Österreich wird nur noch von der Naivität einer gutmütigen, arbeitswilligen und obrigkeitsgläubigen Bevölkerung übertroffen. Auf Kosten der Österreicher kann daher Europa seine Automobilität hervorragend ausleben. Die heute auftretenden Einbrüche im Fremdenverkehr, besonders entlang der Hauptverkehrsrouten, sind kein Zufall. Warum geht der Fremdenverkehr am Wörthersee 1996 um 15 % zurück, während er in abgelegenen Gebieten Kärntens, wie etwa am Weißensee, sogar leichte Zuwächse zeigt? Das Wetter ist überall das gleiche, der kältere Weißensee ist vermutlich noch weniger attraktiv als der warme Wörthersee. Wer will aber schon in einem Tal oder an einem See an einer stark belasteten Autobahn Urlaub machen? Man hat daher das Huhn, das bisher goldene Eier legte, nämlich den Tourismus, mit Hilfe der feh-

lenden österreichischen Verkehrspolitik und durch zu viele Autobahnbauten geschlachtet. Man schlachtet auch heute noch, obwohl es seit vielen Jahren bekannt ist, daß in Tälern, in denen Autobahnen gebaut wurden, der Fremdenverkehr massive Veränderungen erfährt. Aus dem hochwertigen Tourismus, der gekennzeichnet ist durch lange Aufenthaltsdauer, wird in kürzester Zeit der sogenannte Kurzzeittourismus, jene wirtschaftlich wenig interessante Form, die ökologisch vermutlich mehr Schaden bringt als sie ökonomisch nützt.

Die Chance, die zentrale Lage Österreichs im europäischen Eisenbahnnetz wahrzunehmen, wurde verschlafen. Während die für Österreich nur schädlichen und negativen Transitautobahnen mit hohem Geldaufwand ausgebaut und unterhalten werden, hat man die traditionell vorgegebene hervorragende Eisenbahninfrastruktur der k.u.k. Monarchie baulich und betrieblich vernachlässigt. Anstatt die Nebenbahnen zeitgemäß auszustatten und zu betreiben, stellt man sie ein und läßt sie verfallen. Anstatt die Bahnhofsdichte zu erhöhen, werden Bahnhöfe geschlossen. Anstatt den Betrieb attraktiv zu erhalten, begann man in den letzten Jahren, auf Drängen einer überdimensionierten Bauindustrie, wirtschaftlich nicht vertretbare Großprojekte wie den Semmeringbasistunnel jenseits aller verkehrspolitischen, fachlich und ökonomisch tragfähigen Überlegungen zu forcieren. Man hat auch verabsäumt, die verkehrspolitisch richtigen Randbedingungen für die Erhaltung und Stärkung des zukunftsorientierten Schienenverkehrs zu schaffen. Die Eisenbahn wurde als Bundesbetrieb »ausgenützt«. Dies drückt sich besonders im Bewußtsein der Gemeinden aus. Einerseits wird die Erschließung für das Auto optimiert, aber die Eisenbahn oft nur als Störfaktor oder als Fremdunternehmen gesehen, andererseits sind die Ansprüche der Gemeinden an die Eisenbahn fast unbegrenzt, obwohl sie selbst meist keine Leistungen erbringen.

Es fehlt ein politisch und fachlich schlüssiges Gesamtverkehrskonzept, obwohl es gar nicht so schwer wäre, ein solches in kurzer Zeit zu erstellen. Dieses Vakuum in der Verkehrspolitik, auch des Eisenbahnwesens, wird erfolgreich von Lobbies genutzt, die praktisch der Politik vorschreiben, was zu geschehen hat und damit Investitionen in die völlig falsche Richtung lenken. Das Land wird dadurch wirtschaftlich immer ärmer, aber immer reicher an falscher Infrastruktur.

Ein besonders eindrucksvolles Beispiel dafür bietet wieder der Semmeringbasistunnel, für den sich insbesondere das Land Steiermark stark macht, das offensichtlich nicht in der Lage ist, aus den bisherigen schweren wirtschaftlichen Rückschlägen, die dieses Land in den vergangenen Jahrzehnten erlitten hat, zu lernen. Im Glauben, durch eine bessere Verkehrsverbindung an stärkere Regionen angeschlossen zu werden, um dadurch wirtschaftlich zu gewinnen, übersieht man, daß die starken Ballungsräume gar kein Interesse haben, ihre Ressourcen an strukturschwächere Gebiete abzugeben, sondern ganz im Gegenteil, sich bei besseren Zugangsmöglichkeiten auch dieser strukturschwachen Gebiete optimal bedienen werden. Das heißt, die Steiermark, die der stärkste Betreiber des Semmeringprojektes ist, kann durch dieses nur verlieren. Es ist auch völlig naiv zu glauben, daß der Standort Mur-Mürz-Region für die Ansiedlung von Industrieunternehmen aufgewertet wird, wenn auf der anderen Seite des Semmerings keine Standorteinengung durch eine »Furche« erfolgt, sondern nach allen Seiten hin offene Entwicklungsmöglichkeiten bestehen.
Es ist schwierig, dieses Ausmaß der Fehleinschätzung nachzuvollziehen. Schon vor Jahren hat Professor Lichtenberger darauf hingewiesen, daß der Ausbau einer leistungsfähigen Verkehrsinfrastruktur für die Steiermark wirtschaftliche Nachteile bringe. Fixe Vorstellungen geben aber der Ratio keine Chance. Die Spirale der weiteren Verarmung der Regionen wird durch solche Großprojekte nur beschleunigt.

VI. Empfindliche Umwelt

Die weitgehend gebirgige Topographie Österreichs hat den Lebensraum, die Wirtschaft und die Verkehrswege in den Tälern aneinander gebunden. Solange diese in Harmonie miteinander standen, konnte eine positive wirtschaftliche Entwicklung stattfinden. Mit dem Dimensionsverlust durch den Autobahnbau ist dieses Gleichgewicht zerstört worden. Jede Schnellstraße oder Autobahn durch eine Tallage zerstört nicht nur die Lebensqualität im gesamten Tal, sondern verschiebt das bestehende Gleichgewicht zwischen Verkehrssystem und Wirtschaft zugunsten entfernt liegender Großkonzerne und zum Nachteil der lokalen Wirtschaft. Während sehr stark belastete Autobahnen im Flachland bereits 400 Meter entfernt hohe Lebensqualität zulassen, weil der Straßenverkehrslärm bis dorthin abgeklungen ist, breitet sich dieser in den Tallagen bis zu 2 Kilometer und darüber aus. Der Erholungswert der Landschaft ist damit verloren. Hunderte Kilometer höchstwertigen Lebensraumes in Österreich wurden damit massiv abgewertet.

VII. Die österreichische Wirtschaft – eine Struktur der Mittel- und Kleinbetriebe

Zwischen der Struktur der Wirtschaft und dem Verkehrssystem muß ein Gleichgewicht bestehen – wenn dieses verloren geht, stellt sich ein neues Gleichgewicht ein. Großstrukturen der Wirtschaft brauchen starke und leistungsfähige Verkehrssysteme. Österreich hat leider keine Großstrukturen dieser Art, aber Verkehrssysteme für diese Großstrukturen. Es ist daher völlig logisch und zwingend, daß die vielfältige und kleinstrukturierte österreichische Wirtschaft durch diese Art der Verkehrssysteme zwangsläufig massiven Schaden erleiden muß und Teile dieser Wirtschaft als Folge des Verkehrssystems zugrunde gehen müssen. Das heißt, man hat mit dem Geld der Kleinbetriebe die Verkehrsstrukturen gebaut, die zu ihrem Untergang führen und damit auch zu wachsender Arbeitslosigkeit.
Während die Eisenbahn über hundert Jahre Zeit benötigte, um die strukturellen Veränderungen zu bewältigen und schließlich in einer weitgehenden Harmonie mit den Dörfern und Städten stand, hat das Auto in wenigen Jahrzehnten dieses Gleichgewicht zum Schaden der Mehrheit zerstört. Die kleineren Gemeinden und deren Dorfstrukturen leiden unter einem massiven Funktionsverlust. Statt der Arbeitsplätze am Ort wird das Pendlerwesen gefördert.
Jene Großstrukturen, die durch Kapitalbildung im Ausland entstanden sind, können sich aber mit Leichtigkeit, dank der hervorragenden Verkehrsinfrastruktur, die man für sie gebaut hat, über das im Lande vorhandene Kapital an menschlichen und natürlichen Ressourcen hermachen. Der Ausverkauf unserer Betriebe ist die Folge. Österreichische Verkehrspolitik hat daher die idealen Voraussetzungen für die Übernahme unserer Wirtschaft durch ausländische Großkonzerne geschaffen und ist dabei, dies auch weiterhin zu tun.

VIII. Was ist zu tun?

Die bisherige Verkehrspolitik hat dieses Land in ein Dilemma gestürzt, das ein Ausmaß erreicht hat, das zum Handeln zwingen sollte. Dieses Land hätte die Chance (gehabt), mit einer weitblickenden, zukunftsorientierten Verkehrspolitik europäische Verkehrspolitik zu machen. Um die Wirtschaft dieses Landes wieder zu stärken (nicht die österreichischen Sprecher der ausländischen Konzerne), wäre eine völlige Umkehr in der Verkehrspolitik notwendig.

Um den weiteren Kapital- und Ressourcenabfluß zu stoppen, wäre eine sofortige Einstellung des Baues aller leistungsfähigen Straßenverbindungen notwendig. Wenn das Ausland diese Verbindungen braucht, dann soll es auch dafür bezahlen, und zwar unter jenen Bedingungen, unter denen Österreich seinerzeit in Rosenheim die Verbindungsschleife der Eisenbahn von Salzburg nach Innsbruck baute. Das würde heißen, Österreich plant, baut und kontrolliert – das Ausland zahlt dafür und haftet für alle Kosten.

Damit bliebe Österreich ein erhebliches Maß an Kapital erhalten, das es für die eigene Entwicklung einsetzen könnte. Dieses Geld wäre den Gemeinden und den Städten, zum Zweck einer Förderung des Fußgänger-, Rad- und des öffentlichen Verkehrs, zuzuführen, um möglichst flächendeckend in Österreich autofreie Gebiete zu schaffen. Damit wird auch das Geld lokal gebunden und kann jene wirtschaftlichen Effekte auslösen, die für ein möglichst großes Maß an Autonomie und selbständiger Wirtschaftsentwicklung notwendig sind. Insbesondere wäre die Innovationsfähigkeit der Bevölkerung, die in Österreich, bei entsprechender Förderung, enorm ist, anzuregen und zu unterstützen. Dies wäre wieder die Voraussetzung für die Entwicklung des österreichischen Gewerbes und der Industrie, um auf dem Weltmarkt Positionen zurückzugewinnen, die in der Zwischenzeit von ausländischen Großkonzernen eingenommen wurden.

Im Güterverkehr wären Distanzen ab 50 Kilometer mit dem Lkw weitgehend zu vermeiden. Regionale Umschlagszentren zwischen Schiene und Straße würden in kurzer Zeit geregelte Arbeitsplätze in den verschiedenen Bereichen anbieten und außerdem dem österreichischen Transportgewerbe eine sichere

Existenzgrundlage verschaffen. Da die ausländischen Frächter den gleichen Bedingungen unterworfen werden, würde kein Widerspruch zum EU-Recht entstehen, wenn man dieses rational und nicht lobbyorientiert interpretiert. Es wäre auch Aufgabe der Verkehrspolitik, im Rahmen der EU und anderer internationaler Organisationen, sich dafür einzusetzen, das Recht nicht nur im Sinne der Lobbies, sondern im Sinne der Menschen und der von ihnen angestrebten höheren Ziele zu interpretieren.

Die heutige Technologie läßt es zu, daß im Prinzip bei allen Grenzbahnhöfen Güter in die nächstgelegene Schieneninfrastruktur übernommen werden können. Das Lkw-Nachtfahrverbot, nach dem Muster der Schweiz, würde die Lebensqualität der Bevölkerung entlang der Autobahn erheblich erhöhen und hätte den positiven Effekt, daß ein Großteil der Transportgüter den Weg wieder leichter zur Schiene finden würde. Österreich hat diesbezüglich eine Bringschuld gegenüber den übrigen europäischen Staaten, da durch den überdimensionalen Ausbau der Nord-Süd-Autobahnen nicht nur in Österreich, sondern auch im Ausland der Trend zum Straßengüterfernverkehr massiv gefördert wurde.

Die Gewinner dieser verkehrspolitischen Maßnahmen wären die kleineren Betriebe, sämtliche Regionen, insbesondere auch etwa die ehemaligen steirischen Industriegebiete (diese sind ja nicht durch die Autobahn, sondern durch die Eisenbahn, und zwar der alten Art, stark geworden), der Fremdenverkehr und die werktätigen Menschen.

Die Einführung systemwirksamer Kosten im Straßengüterverkehr (nicht nur auf den Autobahnen, sondern bei allen Lkw-Transporten) könnte zu einem Innovationsschub in allen Bereichen der Wirtschaft führen. Damit wird Zeit am Ort gebunden, damit wird Geld am Ort gebunden, damit werden Arbeitskräfte mobilisiert, die Wirtschaft, von der Landwirtschaft bis hin zur Hochtechnologie, stabilisiert. Damit werden vor allem auch Innovationspotentiale, die weltweit Vorteile bringen, ausgelöst.

Im Personenverkehr liegt die Lösung nicht im Fließverkehr, weil dort nur die Symptome beobachtet werden. Die Lösung liegt hier an den Ausgangspunkten und Endpunkten der Wege, also bei den Parkplätzen. Wenn man die Probleme im Personenverkehr in den Griff bekommen will, ist der Parkraum zukunftsorientiert zu organisieren. Das bedeutet aber, daß die Parkplätze nicht mehr bei den Objekten untergebracht werden dürfen, sondern grundsätzlich in zentralen Garagen, die zu Fuß nicht leichter und kürzer erreichbar sein müssen als die Haltestelle des nächsten regelmäßig und in vergleichbarer Qualität mit dem Autoverkehr betriebenen öffentlichen Verkehrsmittels. Das heißt, es müssen autofreie Dörfer und Städte entstehen. Es wird zwar keinem das Auto weggenommen, es wird nur Ordnung in das System gebracht, um Chancengleichheit zwischen den Verkehrsträgern herbeizuführen. Ein enormes Ausmaß an Raum wird damit für die Bevölkerung wiedergewonnen, nicht nur, daß mit dem Freiwerden der Einzelhausgaragen, Hobbyräume oder Gartenhäuser zur Verfügung stehen, auch die Sicherheit für alle Schichten der Bevölkerung steigt und die Umweltbelastungen sinken. Zur Finanzierung dieser zentralen Abstellmöglichkeiten ist eine Verursacherabgabe auf alle Parkplätze, die sich nicht in diesen zentralen Garagen befinden, einzuheben. Das heißt, für jeden Parkplatz wird eine Miete eingehoben, die den Marktpreisen bzw. den Folgekosten anzupassen ist. Zum Beispiel sind für Parkplätze an Supermärkten jene Gebühren einzuheben, die auch ein Parkplatz in einer zentralen Lage im Einzugsbereich dieses Supermarktes für die Allgemeinheit an Abgaben bringt. Diese Einnahmen müßten für einen Zeitraum von mindestens fünf bis zehn Jahren zweckgebunden, zur Entwicklung der lokalen Wirtschaft, also der lokalen Nahversorgung und des Gewerbes, eingesetzt werden, um die nötige Gesundung und Umstrukturierung sicherzustellen.

Mit der Gepflogenheit in der österreichischen Verkehrspolitik, Mißstände so lange anstehen zu lassen, bis sie zwingend von außen zerschlagen werden, sollte gebrochen werden. Diese Verhaltensweise hat bisher nur zu Schäden und zur Hilflosigkeit geführt. Dazu gehören die unzeitgemäßen Konzessionen im Personenverkehr. Um eine zeitgemäße Struktur, auch im öffentlichen Personenverkehr zu schaffen, wären die bestehenden Konzessionen aufzuheben und neu zu organisieren. Busse wären als Zubringer zu den Eisenbahnen zu führen, die Eisenbahnen wären über die Nebenbahnen im Personenverkehr so attraktiv aufzubauen, daß es kein Problem für den Einzelnen sein darf, zwischen Auto und dem öffentlichen Verkehr zu wählen. Verkehrsleistung für den öffentlichen Verkehr im System ist genügend vorhanden – nur findet sie derzeit im Auto statt. Unter neuen Randbedingungen würde sich dieser Zustand sehr schnell ändern. Das Ergebnis wäre eine Kosteneinsparung, eine Erhöhung der Verkehrssicherheit, eine Stabilisierung und Stärkung der österreichischen Wirtschaft, eine Behinderung des Zugriffes ausländischer Konzerne und die damit verbundene Zerstörung der österreichischen lokalen Strukturen und damit eine Verbesserung der Umweltqualitäten. Außerdem wäre damit eine bessere Situation für die Bevölkerungsgruppen, die nicht über ein Auto verfügen – also auch eine soziale Aufgabe –, gegeben.

Da sich jeder Transitverkehr den gleichen Regeln anzupassen hätte, könnte Österreich damit ein Schrittmacher für eine zukunftsorientierte Verkehrspolitik in Europa werden. Der Vorteil dieses Landes besteht darin, daß die Strukturen noch überschaubar sind, daß es immer noch Reste hoher Kultur und Zivilisation in einem erheblichen Ausmaß aufweist und daß aus den verbliebenen Reststrukturen zukunftsorientierter Wirtschaft wieder Synergien entwickelt werden können, die die notwendigen Beschäftigungseffekte und die Kapitalentwicklung in diesem Lande positiv beeinflussen. Vieles an bestehender Infrastruktur, die uns derzeit und in Zukunft enorm belasten wird, wäre damit überflüssig. Der Weg wäre damit auch für eine innovative zukünftige Entwicklung, die entsprechend selektiv und kontrolliert eingeführt werden könnte, frei. Vor allem werden aber im Zuge dieser Umstrukturierung die Verkehrsbehörden angewiesen, Recht wieder zu Recht zu machen. Der Paragraph 43 der Straßenverkehrsordnung schreibt den Verkehrsbehörden vor, daß im Bereich des Verkehrs, insbesondere des Autoverkehrs, alle jene Maßnahmen ergriffen werden müssen, die verhindern, daß Nachteile oder Schäden, sowohl der Verkehrsanlage, als auch der Umgebung entstehen können. Es dürfte daher in einem Rechtsstaat, aus Gründen der Eigendynamik des Verkehrssystems, niemals zur Notwendigkeit des Ausbaues, aufgrund des Mengenwachstums im Autoverkehr, kommen, wenn die Verkehrsbehörde ihre Pflicht erfüllt. Die bisherige Entwicklung ist gekennzeichnet durch die Aufgabe des Rechtsstaatlichkeitsprinzips im Verkehrsbereich, und ohne rechtsstaatliche Exekutionsgewalt kann es auch keine Verkehrspolitik geben.

Josef Hoppichler • Josef Krammer

Was wird aus Österreichs Bauern?

Um etwas über die Zukunft der Landwirtschaft zu erfahren, müßte man sich eigentlich bei der griechischen Wahrsagekunst die Idee der Eingeweidebeschau entlehnen und sie mit Hilfe moderner Analysemethoden auf die Konsumenten der Zukunft anwenden. Denn was und wie die Konsumenten in 20 bis 30 Jahren essen werden, welche Konsumgüter – insbesondere jene, die aus der Landwirtschaft stammen könnten – sie in ihre Mägen stopfen werden, wird in weiten Bereichen bestimmend für die Art und Weise des Betreibens von Land- und Forstwirtschaft sein. Auch die Vorgänge in den vor- und nachgelagerten Industriesektoren und die Größe und Dynamik der Warenströme auf den Weltagrarmärkten werden dadurch determiniert.
Doch über dem Magen steht der Kopf. Um der ländlichen Zukunft näherzukommen, sollten deshalb vor allem auch die Strömungen und Tendenzen in den modernen »Ideenfabriken« beachtet werden. Denn es geht nicht mehr um landwirtschaftliche Produkte als solche, sondern um die Gedanken darüber. Nicht das Produkt hat eine Geschichte zu erzählen, sondern die »Botschaft ist das Produkt« – und wer die zukünftigen Botschaften und Informationen erzeugt bzw. die beherrschenden Botschaften medial durchsetzt, betreibt auch die zukünftige Landwirtschaft.
So sind z. B. die Gedanken- und Bilderwelten der Freizeitindustrie – als bedeutendster Landschafts*produzent* – und jene des Touristen – als wichtigster Landschafts*konsument* – entscheidend für die Gestaltung zukünftiger Landschaften und die darin lebenden und arbeitenden Menschen. Die *Idee von der Landschaft* ist das postmoderne agrarische Zukunftsprodukt schlechthin – insbesondere für die Landwirtschaft in peripheren und benachteiligten Regionen, weil hinter dem Produkt keine materielle Substanz steckt und es sich trotzdem verkaufen läßt.
Doch auch die Werbebotschaften von Nahrungsmitteln sind wichtiger als die Nahrungsmittel selbst; denn sollten jene nicht schmecken, so ist es schon heute möglich, den Geschmack zu verstärken, neue Geschmackskomponenten hinzuzufügen oder

eben auch neue Geschmacksrichtungen zu schaffen. Diesbezügliche Beispiele ließen sich in beliebiger Menge finden.
Die Botschaft kann jedoch auch in ihr Gegenteil umschlagen: Der Schock durch den *Rinderwahnsinn* greift tief. Er läßt ganze agroindustrielle Wirtschaftszweige erzittern und die große Politik in krisenhafte Agonie verfallen. Die Zukunft der Landwirtschaft ist somit auch durch das »Unbehagen in der Ernährung« gekennzeichnet.
Die Zukunft der Landwirtschaft findet sich also in den Köpfen und Mägen der Konsumenten. Konsumenten »essen« Landwirtschaft, direkt in Form von Nahrungsstoffen und indirekt mit den Augen und Meinungen der Touristen, der Journalisten und der Informationsprofis. Die Konsumkräfte bestimmen die Produktivkräfte und die Produktivkräfte lassen sehr vieles zu: Die Zukunft ist, das Kaufbare zu kaufen und das nicht Kaufbare kaufbar zu machen.

These 1:
Die weitere Globalisierung und Liberalisierung der Weltagrarmärkte, die Osterweiterung der EU, aber auch die drohende Finanzkrise in den Agrarbudgets wird auch in Österreichs Landwirtschaft die Intensivierung und Industrialisierung weiter vorantreiben und den Strukturwandel zusätzlich beschleunigen. Wenn es nicht gelingt, bei knapper werdenden öffentlichen Mitteln die Direktzahlungen sozial ausgewogen zu verteilen und durch Strukturpolitik eine integrale Wirtschaftsentwicklung für den ländlichen Raum einzuleiten, dann wird aus unserer kleinstrukturierten Landwirtschaft in Gebirgsregionen und strukturschwachen Gebieten eine Freizeit- und Hobbylandwirtschaft mit beschränkten Zukunftschancen.

Die großen Freiheiten der Zukunft finden nicht direkt bei den Menschen, sondern am Weltmarkt statt. Das bedeutet Freizügigkeit der Produkte, der Dienstleistungen und des Kapitalverkehrs. Grenzenlosigkeit ist angesagt in einer Zeit, in der die Welt an ihre Grenzen stößt. Daß sich auch die Massen der Arbeitskräfte mehr oder weniger unfreiwillig zu bewegen beginnen, ist dabei kaum zu vermeiden.
Der freie Warenaustausch, die technologischen Transformationen und die damit einhergehenden strukturellen Veränderungen

der Welt- und Kontinentalwirtschaften lassen weitere materielle Wohlstandsgewinne und ein weiteres Wirtschaftswachstum in den Industrieländern und Schwellenländern erwarten. Vor allem von der Öffnung der Märkte für agrarische Produkte verspricht man sich im Rahmen der globalen Liberalisierung stärkere klassische Wachstumsimpulse als von den übrigen Bereichen, handelt es sich dabei doch um jenen Sektor, der bisher am stärksten geschützt war. Der Handel mit Nahrungsmitteln und agrarischen Rohstoffen soll ausgedehnt werden.

Die Landwirtschaft ist Teil eines sich globalisierenden Industriesystems, dem eine weitere Liberalisierung des Handels bevorsteht. Nach Abschluß der GATT-Runde in Uruguay 1994, die im Agrarbereich durch Produktionsbeihilfenkürzungen, Abbau von Exportstützungen und Importrestriktionen bis zur Jahrtausendwende eine erhebliche Ausdehnung der Weltagrarmärkte mit sich bringen soll, wird es ab 2000 neue multilaterale Verhandlungen geben. Es ist davon auszugehen, daß der bisher beschrittene Weg des freien Marktzutrittes und des globalen Konkurrenzkampfes fortgesetzt wird.

Der zu erwartende verschärfte Wettbewerb auf den Weltagrarmärkten zwischen der Europäischen Union, den USA und den wenigen übrigen bedeutenden Agrarexportländern, wie Kanada, Australien, Brasilien oder Argentinien, läßt eine neue *Erzeugungsschlacht* erwarten. Diese wird aber nicht primär zur Ernährung der wachsenden Weltbevölkerung dienen (wie es die dahinterstehenden ökonomietheoretischen Konzepte annehmen), sondern ist darauf ausgerichtet, die rasant wachsende Nahrungsmittelnachfrage bei steigenden Konsumniveaus in den aufstrebenden Industrieländern Südostasiens, in China und in den erdölexportierenden Ländern zu befriedigen. Seit China für 1996 13 Mio. Tonnen Weizen geordert hat, ist der internationale Agrarhandel optimistisch bis euphorisch. Es geht um den Austausch von Weizen, Rindfleisch und Milchprodukten gegen billige Konsumware und billige Rohstoffe.

Vielen Ländern der dritten Welt droht eine weitere soziale Erosion der kleinbäuerlichen Subsistenzlandwirtschaft. So meinte der Träger des alternativen Nobelpreises José Lutzenberger (1996): »Wir sind heute nahe an die sechs Milliarden Menschen. Davon leben noch über drei Milliarden in traditionellen sozialen Strukturen. Wenn davon auch nur eine Milliarde entwurzelt wird, werden die Folgen katastrophal sein. Es wird zu Völkerwanderungen in unaufhaltbaren Ausmaßen kommen.« Das ökologische, soziale und politische Risiko der wachsenden Weltagrarmärkte mit ihren ungleichen Machtkonstellationen ist somit ein erhebliches.

Die zu erwartende Ausdehnung des Weltagrarhandels erzeugt aber auch starke Impulse für die europäische Landwirtschaft. Innerhalb der EU, die gleichzeitig als Weltagrarexporteur den zweiten Rang einnimmt, werden die Stimmen immer lauter, sich an den wachsenden Märkten voll zu beteiligen und sich in die neue *globale Wettbewerbs- und Erzeugungsschlacht* zu stürzen. So meinte der EU-Agrarkommissär Fischler (1996): »Trifft dies zu, dann wäre es für die Gemeinschaft [...] äußerst wichtig, an diesem Wachstum der Marktchancen aktiv teilzunehmen.« Das heißt, daß der europäischen Landwirtschaft eine weitere Intensivierungs- und Rationalisierungswelle und somit ein verstärkter Strukturwandel bevorsteht.

Dazu kommt die geplante und politisch motivierte Osterweiterung der EU, die zunehmend zur Realität wird. Die innereuropäischen Wettbewerbsverhältnisse auf den Agrarmärkten werden in bezug auf agrarische Rohprodukte von einer verschärften Konkurrenz aus dem Osten geprägt sein. Gleichzeitig werden »westliche« Agrartechnik und »modernes« Agrarmanagement, obwohl verbunden mit großen sozialen Transformationsproblemen, eine zusätzliche Effizienzsteigerung in den großen Kombinaten der Ostlandwirtschaft ermöglichen.

Es ist heute schon absehbar, daß die bestehende Struktur- und Regionalpolitik der EU einer Abänderung bedarf und auch Teile der Direktzahlungen zurückgenommen werden müssen, da ansonsten eine unvertretbare Überlastung des EU-Agrarbudgets und somit eine Finanzkrise der EU eintreten würde. Die Folge ist, daß die finanzielle Verantwortung für die Agrarpolitik wieder den Mitgliedstaaten zugeschoben werden soll. Diese sind aber im Rahmen der Restriktionen der Wirtschafts- und Währungsunion vollkommen überfordert, so daß mittelfristig viele Förderungsleistungen für die Landwirtschaft und den ländlichen Raum in Frage gestellt sind.

Selbst wenn man in schönen Worten von Deregulierung und Dezentralisierung der EU-Agrarpolitik spricht: Österreich wird nicht nach Brüssel zahlen, Sparpakete schnüren und gleichzeitig das nationale Agrarbudget ausdehnen können. Österreichs Landwirtschaft kann sich dieser globalen und kontinentalen Dynamik nicht entziehen, so daß die Entwicklung des Agrarsektors inklusive des nachgelagerten agroindustriellen Komplexes zusätzlich in Richtung »wettbewerbsfähiger« Strukturen beschleunigt wird. Für die Agrarindustrie bedeutet dies, daß nach beitrittsbedingten Konzentrationen und Arbeitsplatzverlusten weitere Folgen zu erwarten sind.

In der Landwirtschaft wird sich der Trend in Richtung einer dualen Agrarstruktur weiter verstärken: Die großen Vollerwerbsbetriebe in den Gunstlagen werden weiterhin durch Intensivierung, Spezialisierung und Technologisierung und durch vertikale Integration in den Verarbeitungssektor geprägt sein. Sie werden versuchen, durch Flächenausdehnung und Vergrößerung der Tierbestände und durch die Einbindung in professionell organisierte Erzeugerverbände ihr Rationalisierungs- und Marktpotential voll zu nützen. Damit werden aber auch die negativen ökologischen Begleiterscheinungen wie z. B. Grundwasserbelastung, Bodendegradation und Verlust von natürlichen Lebens- und Ausgleichsräumen wieder zunehmen.

Die vielen Klein- und Nebenerwerbsbetriebe, insbesondere in den Bergregionen und strukturschwachen Gebieten, werden an der wettbewerbsbedingten Produktionssteigerung nicht teilnehmen können. Sie sind keine idealen Partner für die Logistikansprüche der agroindustriellen Strukturen. Gleichzeitig werden sie aber von den Direktzahlungssystemen immer abhängiger. Diese Abhängigkeit wird dann gravierend, wenn die außerlandwirtschaftlichen Erwerbsmöglichkeiten nicht gesichert sind.

Da vorauszusehen ist, daß der Förderungsspielraum für die Landwirtschaft enger und der Förderungskuchen immer kleiner wird, ergibt sich für die zweite Kategorie von landwirtschaftlichen Betrieben, die die Mehrzahl darstellen, ein schwerwiegendes Problem. Gelingt es im Rahmen der EU-Agrarpolitik bzw. im Rahmen der gemeinschaftlichen Politikdezentralisierung nicht, die Direktzahlungen an die sozioökonomischen Verhältnisse der kleinstrukturierten österreichischen Landwirtschaft sozial und regional ausgewogen anzupassen, und gelingt es nicht, die Struktur- und Regionalpolitik zur integralen ländlichen Entwicklung und zur Schaffung von außerlandwirtschaftlichen Erwerbsmöglichkeiten auszubauen, dann hat die kleinstrukturierte bäuerliche Landwirtschaft, insbesondere in Ungunstlagen, als Marktnischen-, Freizeit- und Hobbylandwirtschaft und als *neue armutsbedingte Subsistenzlandwirtschaft* nur eingeschränkte Zukunftschancen. Einige wenige große, extensive Weidebetriebe werden das Landschaftsbild prägen.

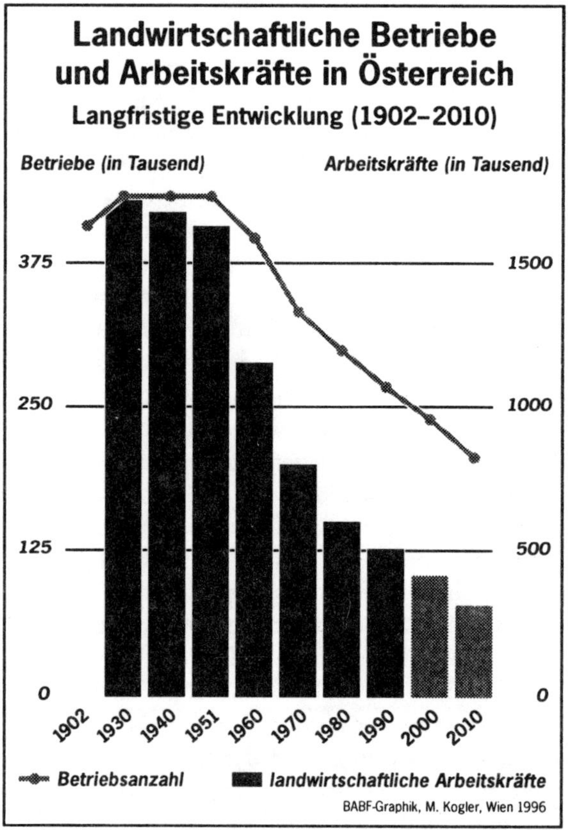

These 2:
Gen- und Biotechnologie werden zur bestimmenden Agrar- und Agrarindustrietechnologie des 21. Jahrhunderts. Die absichtliche Freisetzung gentechnisch veränderter Organismen (GVO) und die Verbreitung gentechnisch veränderter Lebensmittel werden jedoch

schwerwiegende ökologische und gesundheitliche Probleme mit sich bringen. Patente auf Lebewesen und die Nichtkennzeichnung von veränderten Lebensmitteln sind jene Machtinstrumente, mit denen die Gentechnik in der Landwirtschaft gegen die Interessen der Bauern und Konsumenten durchgesetzt wird. Obwohl 80 % der österreichischen Konsumenten Bedenken gegen die veränderten Lebensmittel anmelden, kann sich Österreich dem mittlerweile global stattfindenden GVO-Freisetzungsboom nicht entziehen. Es besteht aber die Chance, daß wir innerhalb Europas zu jenem Land mit dem minimalsten Umfang an Gentechnik werden. Die Gentechnik in Landwirtschaft und Nahrungsmittelverarbeitung wird ähnlich wie die Atomtechnologie zu einem politischen Konfliktfeld.

Die Gentechnik in der Pflanzenzucht und in manchen agronomischen Spezialproduktionszweigen (z. B. Sea food: Diagnoseinstrument und damit erhöhte Selektionsschärfe in der Tierzucht) wird sich mit Hilfe der liberalen Weltmärkte bei Agrarprodukten als effiziente, d. h. als kostensparende, ertragserhöhende und -sichernde, als gewinnbringende, intensivierende und weiter spezialisierende, kurz als industrielle Agrartechnologie weltweit durchsetzen. Dies führt zu einer weiteren Industrialisierung der Landwirtschaft bzw. zu einer weiteren Einbindung dieser in das Industriesystem.
Die Chemie- und Nahrungsmittelindustrien werden eine zunehmend zentrale Rolle einnehmen, indem sie Input und Output koordinieren und dadurch die Landwirtschaft in ein globales *Agrobusiness* transformieren (OECD, 1989).
Motor dieser Entwicklung ist das Konkurrenz-, Macht- und Wachstumsstreben der großen multinationalen Konzerne, die den Weltsaatgutmarkt als Zukunftsbranche entdeckt haben, und das damit verbundene Macht- und Kontrollbedürfnis der Industrieländer des Nordens über die Welternährung. Auch die großen nationalen Agrarindustrien sehen sich diesbezüglich unter Zugzwang, um ihre angestammten Märkte zu erhalten.
Im Jahre 1995 gab es allein in den USA mehr als 500 absichtliche Freisetzungen von GVO in die Umwelt. Fünfzehn unterschiedliche gentechnisch veränderte Pflanzen bzw. Nahrungsmittel wurden in Verkehr gebracht. 1996 werden auf einigen hunderttausend Hektar gentechnisch veränderte Pflanzen – vorwiegend eine insektenresistente Baumwollsorte – angebaut.

Bis Herbst 1995 wurden innerhalb der EU 518 Freisetzungen durchgeführt. Davon waren ca. 30 bereits Bakterien. Allein 1995 wurden mehr als 200 GV-Pflanzen in die Umwelt ausgebracht. Die gentechnischen Veränderungen betrafen besonders Herbizidresistenz, Herbizidresistenz in Kombination mit Ertragssteigerung, Insektenresistenz und Virusresistenz – oft in Kombination mit Herbizidresistenz. Mittlerweile sind in der EU bereits 3 Pflanzen zum kommerziellen Anbau bzw. zur Vermarktung freigegeben worden: Tabak, Importsoja aus den USA und Raps zur Saatgutvermehrung – alle mit Herbizidresistenzen. In den Entwicklungsländern, vorwiegend in den Ländern Südamerikas, wurde bereits massiv freigesetzt, ohne daß dort entsprechende Gentechnikgesetze existieren. So wurden in süd- und mittelamerikanischen Ländern zwischen 1989 und 1992 bereits mehr als 30 GV-Pflanzen, vorwiegend von denselben multinationalen Konzernen wie in den USA und Europa, in die Umwelt ausgebracht.

Die zehn führenden Saatgutkonzerne kontrollieren bereits mehr als 20 Prozent des Weltsaatgutmarktes – sieben bis acht davon sind weltweit führende Chemiekonzerne wie Shell, Monsanto, Sandoz, Ciba Geigy, ICI, Upjohn und Rhône Poulenc.

Die wachsende Weltbevölkerung und die damit wachsende Nahrungsmittelknappheit (sprich: der Hunger der Menschen) sowie der Wunsch nach industrietauglichen nachwachsenden Rohstoffen verspricht ein sehr großes, wenn nicht das größte, zukünftige Geschäft für die Industrieländer zu werden, sofern es gelingt, das Patentsystem auf *biotechnologische Erfindungen* weltweit durchzusetzen. Die Nahrungsmittelerzeugung und die Ernährung der Menschen wird als große gewinnträchtige Herausforderung für die Industrie gesehen, wobei für eine traditionelle bäuerliche Landwirtschaft und ihr Erfahrungswissen immer weniger Platz bleibt. Das ökologische und soziale Desaster der (Welt-)Landwirtschaft wird sich verschärfen (Hoppichler, 1991).

Daß sich Österreich als eines der führenden Industrieländer so lange dem »politischen« Imperativ der Freisetzung von GVO in die Umwelt entzogen hat bzw. sich mit der Gesamtproblematik möglichst wenig konfrontieren wollte (»widersetzt hat« wäre zu drastisch formuliert), ist eine »industriepolitische« Provokation.

Es wäre also quasi ein schlechtes Beispiel innerhalb Europas und sogar weltweit, wenn ein bedeutendes Industrieland beweisen würde, daß es fähig ist, eine ertragssichere, zudem relativ ökologische und auf kleinbäuerlichen Strukturen basierende Landwirtschaft erfolgreich zu betreiben, und wenn es gleichzeitig gelingen würde, führend auf dem Sektor der nachwachsenden Rohstoffe zu sein, ohne sich auf die Risken der Gentechnologie einzulassen.

Die Konflikte zwischen industriellen Gewinninteressen und der Umweltschutzbewegung sind vorprogrammiert, da sich das Risiko der Gentechnologie vor allem bei der absichtlichen Freisetzung in die Umwelt nicht eingrenzen läßt. Die Verbreitung der neuen Genkonstrukte und der damit verbundenen synthetisch modifizierten Eiweißstoffe kann nicht kontrolliert werden, so daß eine *Genverschmutzung* unvermeidlich ist. Dies könnte längerfristig zu einer Störung des ökologischen Gleichgewichtes mit erheblichen Schadenswirkungen führen. Zudem sind neue Proteine in Nahrungsmitteln immer auch potentiell allergieerregend. (»Obwohl Lebensmittelallergien kein gentechnikspezifisches Risiko sind, kann damit gerechnet werden, daß es durch den Einsatz von bisher nicht genutzten Enzymen bei bestimmten, meist vorgeprägten, Menschen zu neuen Allergien kommt.« Jany, 1996)

Diese Kritikpunkte, wie sie von der Umweltschutzbewegung primär ins Treffen geführt werden, lassen sich zwar schwerlich prospektiv beweisen, sondern nur hypothetisch herleiten, können aber von der betreibenden Spezialwissenschaft auch nicht widerlegt werden. Dazu kommt, daß bei zunehmender Untersuchungsintensität der Stand des Wissens laufend revidiert werden muß. Und dies ist genau jener konfliktträchtige Argumentationsnotstand der befürwortenden Wissenschaftler und Technologiebetreiber, wie er sich auch in der Atomtechnologiedebatte ergibt. So ist es auch nicht verwunderlich, daß die Bevölkerung sich im Zweifelsfall für die Sicherheit entscheidet und 71 Prozent der Österreicher und Österreicherinnen sich ein »freisetzungsfreies« Land ohne gentechnisch veränderte Lebensmittel wünschen (ÖKONSULT, 1996). Die agrarische Anwendung der Gentechnik wird also zur »heißen Kartoffel« der zukünftigen österreichischen Agrar- und Umweltpolitik.

Es ist zu erwarten, daß der internationale Druck auf Österreich und der Druck durch partielle Industrieinteressen enorm zunehmen wird, um die Kennzeichnungsvorschriften für gentechnisch veränderte Lebensmittel und Produkte nicht zur Wirkung kommen zu lassen und die Freisetzungen und die Inverkehrbringung von GVO liberal zu handhaben. Ein »freisetzungsfreies Österreich« wäre außerhalb der EU (bzw. des EWR) als ökologisch ausgerichtete und sozial motivierte Alternative und Antithese möglich gewesen, ist jedoch innerhalb der EU (und innerhalb der Machtkonstellationen der Weltagrarmärkte) keine realisierbare Variante, wohl aber ein »freisetzungsminimales Österreich« mit »freisetzungsfreien Gebieten oder Regionen« – vor allem im Berggebiet. Dies wäre ein Imagefaktor, der sich auf dem europäischen Markt hervorragend im Bereich des Tourismus und in der Vermarktung von Qualitätsnahrungsmitteln nützen ließe.

These 3:
Der biologische Landbau ist eine große ökonomische und ökologische Chance für Österreichs Landwirtschaft. Er steht derzeit aber an einem wichtigen Entscheidungspunkt, wobei sich eine eindeutige Tendenz abzeichnet: Der biologische Landbau wird in Zukunft vermehrt durch professionelles, auf die großen Handelsstrukturen ausgerichtetes Management gekennzeichnet sein und läuft dadurch Gefahr, sein »ökologisches und soziales Unschuldsimage« zu verlieren.

1980 gab es 200 biologisch wirtschaftende Betriebe, 1990 zählte man schon 1.500 Betriebe und 1995 wies die Arbeitsgemeinschaft zur Förderung des biologischen Landbaues bereits ca. 23.000 Biobauern aus.
Das Interessante am biologischen Landbau ist, daß an seinem Ausgangspunkt eine »alternative Idee« stand. Der Philosoph und Geisteswissenschaftler Dr. Rudolf Steiner (1861–1925) entwikkelte aufbauend auf der Natursicht J. W. Goethes ein umfassendes Welt- und Menschenbild und übertrug diese ganzheitlichen Ansätze auch auf die Landwirtschaft (vgl. Bartussek, 1988). Initialzündung war sein »Landwirtschaftlicher Kursus: Geisteswissenschaftliche Grundlagen zum Gedeihen der Landwirtschaft«, den er im Sommer 1924 auf einem Gut in der Nähe von Breslau hielt. Steiners landbauliche Ideen wurden von kleinen Randgruppen und Individualisten aufgegriffen, abgewandelt und an die sozioökonomischen Verhältnisse angepaßt, so daß der biologische Landbau im Laufe der Zeit zwar verschiedenartige ideo-

logische Differenzierungen erfuhr, jedoch insgesamt ein einheitlicher Gegenentwurf zur konventionellen, sich zunehmend nach industriellen Prinzipien ausrichtenden Landwirtschaft blieb (vgl. Pirklhuber/Grünlinger, 1993).
Im Rahmen der Entwicklung der modernen Landwirtschaft seit dem Zweiten Weltkrieg fristete der biologische Landbau aber lange Zeit ein extremes und vielfach angefeindetes Dasein, von Außenseitern betrieben und als Nische für ganz wenige Betriebe. Erst in den siebziger und vor allem in den achtziger Jahren, mehr als 50 Jahre nach seiner Entstehung, erfuhr der biologische Landbau durch das Zusammentreffen mit der Ökologiebewegung bzw. mit der Umweltkrise der Industriegesellschaften eine breitere Beachtung.
Die einleitend angeführten Steigerungsraten an Biobetrieben in Österreich sind aber nicht auf eine *ideelle Explosion* eines ganzheitlichen Natur- und Menschenverständnisses bei Landwirten und Konsumenten zurückzuführen, sondern auf die gravierenden Veränderungen der politischen, wirtschaftlichen und sozialen Rahmenbedingungen. Wesentliche Bestimmungsmerkmale dafür sind:

- Die Umwelt- und Sozialkrise und die unvorhergesehenen Nebenwirkungen der modernen industrieorientierten Landwirtschaft ließen sich nicht mehr wegleugnen. Zu schwerwiegend waren die Umweltbelastungen und die Gesundheitsgefährdungen durch Agrochemikalien und die Auswüchse der Massentierhaltung.
- Mit dem Aufkommen der Ökologie- und Umweltschutzbewegung und mit dem damit verbundenen Wertewandel in der Gesellschaft entstand ein neues Marktsegment. Produkte, die der Umwelterhaltung dienen und die einen besonderen Gesundheitswert vermitteln, wurden vermehrt nachgefragt und mit einem höheren Marktpreis abgegolten. Die Dynamik der Märkte erfaßte den biologischen Landbau.

Die Agrarpolitik mußte auf den Wertewandel in der Gesellschaft reagieren, wollte sie die massive Förderung der Landwirtschaft weiterhin begründbar erhalten. Die Agrarförderungen wurden schwerpunktmäßig in Richtung Umweltgerechtigkeit und Extensivierung ausgerichtet bzw. umdefiniert, und sie waren später auch im Rahmen des angestrebten EU-Beitrittes systemkompatibel mit den flankierenden Maßnahmen zur Reform

der Gemeinsamen Agrarpolitik. In der Folge wurde der biologische Landbau von der angefeindeten bzw. ignorierten Randerscheinung plötzlich zum agrarpolitischen Aushängeschild, und man mußte ihn aufgrund seiner »besten« Umweltorientierung mehr fördern als andere ökologisch motivierte Maßnahmen. Daß die Agrarpolitik das Gesundheits- und Umweltimage des biologischen Landbaues zu ihrer Gesamtrechtfertigung voll nutzen konnte, war eine nicht unwillkommene Begleiterscheinung.
Hatte die öffentliche Hand 1990 erst 6 Mio. öS Förderung für ca. 1.100 Biobetriebe zur Verfügung gestellt, so waren es 1995 bereits 660 Mio. öS für ca. 16.000 biologisch wirtschaftende Betriebe. Diese Mittel werden im Rahmen des österreichischen Programms zur Förderung einer umweltgerechten Landwirtschaft (ÖPUL) vergeben, wobei die Gesamtsumme dieses Programms zwischen 7 und 8 Mrd. öS pro Jahr beträgt.
Die wachsende Nachfrage nach biologischen Produkten und der geförderte Bioboom bei den Landwirten ließen ab 1994 die großen Handelsketten in den Biomarkt einsteigen. Neue organisatorische Einheiten, neue Verarbeitungsstrukturen und neue Vertriebsnetze wurden aufgebaut, um den logistischen Anforderungen des Handels gerecht zu werden. Heute werden Produktaufmachung, Sortimentszusammenstellung, Lagerung, Lieferzeitpunkte, Werbung und Lieferverträge professionell gemanagt. Der Handel bestimmt durch seine Markenpolitik neben dem Outfit der Biowaren zunehmend die Qualitätsstandards, die Verarbeitungstiefe und die Preise, und er gleicht Engpässe in der Verfügbarkeit durch Importe aus. Große Biobetriebe mit professioneller Betriebsleitung und Fremdarbeitskräften werden zu beliebten Vertragspartnern des Handels. Schon gibt es »immer und überall verfügbare« Convenienceprodukte, die einfach zu lagern und einfach zuzubereiten sind und die aufgrund der hohen Verarbeitungstiefe die Eß- und Kochprozesse erleichtern (vgl. Allerstorfer, 1996).
Damit scheint die Wachstumszeit des biologischen Landbaues als Nischenproduktion mit hoher Wertschöpfung, als Innovation zum Aufbau kleiner regionaler Wirtschaftsstrukturen, als Direktvermarktungschance zur Nahversorgung mit kleinen Hof- und Bauernläden und die Zeit der individuellen Naturkostläden zum Stillstand zu kommen bzw. längerfristig sogar langsam auszulaufen. Zwangsläufig ergibt sich bereits die Diskussion, daß

der biologische Landbau auch viel von seinem bewußten Anspruch, eine sozioökonomische Alternative mit Selbst- und Mitbestimmung der Bauern und Konsumenten zu sein, verlieren wird (vgl. Löschenkohl, 1996).
Im Kontext dieser rasanten Entwicklungen ist die Zukunft des biologischen Landbaues als Gratwanderung zwischen zwei Polen bereits vorgezeichnet: Gelingt es der biologischen Landbaubewegung – durch Aktivität der Biobauern und Konsumenten und auch mit Unterstützung der Agrarpolitik –, sich als Alternative gerade für Klein- und Mittelbetriebe zu halten und weiter zu etablieren, so leistet sie einen wesentlichen Beitrag für eine vielfältige, umweltgerechte und sozial ausgewogene Landwirtschaft, bleibt eine Einkommenschance für viele Bauern und ermöglicht eine Stärkung des regionalen Wirtschaftsgefüges. Wird der biologische Landbau aber zur Domäne von spezialisierten Großbetrieben mit einseitiger Ausrichtung auf die Belieferung von Handelsketten, so droht ihm eine ähnliche Dynamik wie dem konventionellen Landbau, mit Preisverfall und Überschüssen, mit einem Strukturwandel und schwindenden Markt- und Einkommenschancen für kleine Betriebe.
Betrachtet man jedoch die Zukunftstendenzen der modernen Industrie- und Konsumgesellschaft pragmatisch, so wird vom Biolandbau eine hohe Kunst verlangt: nämlich der Ausgleich zwischen den dynamischen Marktkräften der mächtigen Handelsketten und den ökologischen und sozialen Ansprüchen seiner ganzheitlichen Grundprinzipien – wobei das Kräfteverhältnis zugunsten der ersteren auszuschlagen scheint.
Will der biologische Landbau längerfristig als ökologische und soziale Alternative bestehen bleiben, wird er sich einerseits immer wieder auf seine ideellen Wurzeln und seine Grundprinzipien zurückbesinnen und andererseits die Selbst- und Mitbestimmung der Bauern und Konsumenten einfordern müssen.

These 4:
Die Verbürokratisierung der Landwirtschaft hat in den letzten Jahren (insbesondere seit dem EU-Beitritt) ein enormes, kaum mehr zu steigerndes Ausmaß erreicht. Es gibt Anzeichen dafür, daß der Umweltbereich in den nächsten Jahren eine ähnliche Verbürokratisierung erfahren wird.

Bereits vor dem EU-Beitritt mußte ein hoher Verwaltungsaufwand zur Abwicklung der Marktordnungen und der verschiedenen Förderungsmaßnahmen betrieben werden. Dieser Aufwand hat durch die EU-Integration beträchtlich zugenommen. Allein die Abwicklung des österreichischen Umweltförderungsprogrammes (ÖPUL) und der Ausgleichszahlungen sowie die Umsetzung der Reform der Gemeinsamen Agrarpolitik (GAP) bedeuten einen enormen Arbeitsaufwand für die Agrarverwaltung. Die Gewährung unterschiedlicher Prämiensätze für Getreide, Mais, Ölsaaten oder Eiweißpflanzen sowie die Heranziehung von Futterflächen bei der Gewährung tierbezogener Prämien erfordern die vollkommene, parzellen- bzw. schlagbezogene Erfassung der jährlich sich ändernden Nutzung der gesamten Betriebsfläche des Antragstellers.
Zwangsläufig steht und fällt eine solche verwaltungsaufwendige Förderpraxis mit der Exaktheit ihrer Durchführung und Kontrolle. Daher hat die EU zum Zwecke der Kontrolle entsprechende Regelungen eingeführt. Das Kernstück der Kontrolle der EU-Agrarförderungen ist das *Integrierte Verwaltungs- und Kontrollsystem* (INVEKOS). Dieses umfangreiche Regelwerk muß in allen EU-Mitgliedstaaten zum Vollzug der EU-Agrarreform und anderer Förderungsleistungen angewendet werden. Dieses mit dem EU-Beitritt in Österreich eingeführte Antrags- und Kontrollsystem im landwirtschaftlichen Förderungswesen hat sich für viele Landwirte, aber auch für manchen Verwaltungsbeamten, zu einem wahren bürokratischen Alptraum entwickelt und zur verstärkten Fremdbestimmung und Abhängigkeit der Bauern von der Agrarbürokratie geführt. Das in der politischen Polemik vielzitierte Gespenst des *gläsernen Bauern* ist Realität geworden.
Wir erleben derzeit eine verstärkte Ökonomisierung von vielen Lebensbereichen, so auch von Umwelt und Landschaft. Gerade im landwirtschaftlichen Sektor gibt es viele Versuche, die sogenannten Wohlfahrtsleistungen der Landwirtschaft monetär zu bewerten und eine Abgeltung dieser überwirtschaftlichen Leistungen zu fordern. Die übliche Argumentation lautet: Wenn die Touristen in die Alpen kommen und ihr Geld ausgeben, dann ist der Geldwert dessen, was verausgabt wird, ein Gegenwert für die Leistung, die die Landwirtschaft erbringt, indem sie die Kulturlandschaft gestaltet.

Nun ist es aber so, daß bestimmte Regionen vom Tourismus derzeit bevorzugt werden, und dies mag zu einer voreiligen Einschätzung dessen verleiten, was wirklich etwas »wert« ist. Regionen, die derzeit keinen Tourismus anziehen, können in zwanzig Jahren hochgefragte Landschaften sein. Es erscheint einigermaßen überheblich und irreführend, über »Wert« und »Unwert« von Landschaften oder anderer öffentlicher Güter aus einem kurzfristigen ökonomischen Kalkül heraus zu entscheiden. Grenzen der Sinnhaftigkeit der Ökonomisierung von Lebensbereichen werden dabei sehr deutlich. Die Honorierung der Landschaftspflege und *Umweltproduktion*, verbunden mit strikten Nutzungsauflagen, führt zur bürokratischen Bevormundung und einschränkenden Regulierung der Flächennutzung unter dem Vorwand der Umweltpolitik. Die Verbürokratisierung der Umweltpolitik fördert jedoch in keiner Weise die Eigenverantwortung, sondern sie schränkt den Erfahrungs- und Entscheidungsraum für die Bauern weiter ein und verhindert somit die Entwicklung von eigenständigen, positiven Antworten auf das Ökologieproblem durch die Bauern.
Der Ökologe Ludwig Maurer meint dazu: »Wenn man derzeit versucht, die Reduktion des Pestizideinsatzes und der Mineraldüngeraufwandmenge und den subventionierten Anbau anderer Kulturpflanzen als Getreide als Ökologisierung der Landwirtschaft zu interpretieren, zeigt dies, wie lange und mühevoll der Weg zu einer ökologisch orientierten Landwirtschaft noch sein wird.« (Maurer, 1991)

These 5:
Wenn es der Regierung und der agrarischen Interessenvertretung in den nächsten Jahren nicht gelingt, die beachtlichen agrarischen Förderungsmittel sozial gerecht zu verteilen, werden die Agrarpolitik und die mit ihr verbundenen Ausgaben von Steuergeldern die Akzeptanz breiter Bevölkerungskreise verlieren. In der Folge käme es zur Kürzung der Förderungsbudgets auch für jene Betriebe, die der staatlichen Hilfe im besonderen bedürfen.

Österreich hat bei den EU-Beitrittsverhandlungen bezüglich der EU-Mitfinanzierung der Überleitungsmaßnahmen des Agrarmarktes und des österreichischen Umweltprogramms beachtliche Erfolge erzielt. Vor der EU-Volksabstimmung hat die agra-

rische Interessenvertretung diese Erfolge durch finanzielle Zugeständnisse der österreichischen Bundesregierung abgesichert und ausgebaut. Es sind (trotz Budgetkrise) genügend Budgetmittel für die Landwirtschaft vorhanden, um in den ersten Jahren nach dem EU-Beitritt die bäuerlichen Erlösverluste infolge des niedrigeren EU-Preisniveaus zu kompensieren. Dies geschieht in Form von Ausgleichszahlungen und durch die massive Förderung im Rahmen eines Umweltprogramms sowie durch Anpassungs-, Umstellungs- und Entwicklungsmaßnahmen.
Die beachtliche Aufstockung der Finanzmittel für die Landwirtschaft droht aber zum Danaergeschenk für die Landwirtschaft zu werden, weil es der agrarischen Interessenvertretung nicht gelingt, die Mittel sozial gerecht zu verteilen und auf neue zukunftsweisende Entwicklungsprogramme zu konzentrieren. Ohne soziale Ausrichtung der agrarischen Förderungspolitik ist die österreichische Bevölkerung auf Dauer nicht bereit, diese enormen Budgetmittel aufzubringen. Die agrarische Interessenvertretung hat es verabsäumt, von Anfang an bei der Verteilung dieser zusätzlichen Mittel behutsam vorzugehen und auf die soziale Verteilungsgerechtigkeit zu achten.
Dem Trend der Zeit entsprechend, wonach soziale Gerechtigkeit keine Priorität besitzt, besteht die Gefahr, daß nach der sozial differenzierten Agrarpolitik der siebziger und achtziger Jahre und der ökosozialen Agrarpolitik der achtziger und neunziger Jahre, die Agrarpolitik der Jahrtausendwende als jene ohne jede soziale und zukunftsgewandte Orientierung in die Geschichte eingehen wird.

These 6:
Die alte bäuerliche Lebens- und Arbeitswelt, welche durch Arbeits- und Hoforientierung, massive Selbstausbeutung und durch ein spezifisches bäuerliches Erbverhalten gekennzeichnet ist, verschwindet im Generationswechsel; damit verschwinden die Bauern, d. h., die alte bäuerliche Arbeits- und Lebenswelt verliert ihre Besonderheit und ihre Bedeutung.

Das traditionelle bäuerliche Verhalten ist auch heute noch zu einem erheblichen Teil durch eine vorindustrielle und vorkapitalistische Wertorientierung geprägt. Die besonderen Kennzeichen des traditionellen bäuerlichen Verhaltens sind die Arbeits- statt

der Gewinnorientierung, verbunden mit einer massiven Selbstausbeutung, um vor allem den Fortbestand des Betriebes zu sichern. Die Bestandssicherung des Betriebes wird bei vielen Bauernfamilien über die Bedürfnisse der betroffenen Menschen gestellt. Dieser *Hoforientierung* wird zum Teil auch heute noch die Selbstbestimmung und die Entfaltung der persönlichen Fähigkeiten und Bedürfnisse, insbesondere auch die der Kinder, untergeordnet. Zu dieser *Hoforientierung* gehört auch ein spezifisches bäuerliches Erbverhalten, wobei der Hoferbe das gesamte Betriebsvermögen erhält und die weichenden Kinder mit einem Bruchteil des Gesamtvermögens abgefunden werden. Das erweist sich in vielen Fällen als Bumerang und bewirkt gerade das Gegenteil von dem, was erreicht werden soll, nämlich die Erhaltung des Betriebes über die Generationen. Viele Bauernkinder sind heute nicht mehr bereit, auf ihre berufliche und persönliche Entfaltung zu verzichten, und verlassen frühzeitig den Hof; so stehen viele Höfe ohne Nachfolge da. Die Tätigkeit im landwirtschaftlichen Betrieb wird in diesen Fällen nur mehr als Belastung und nicht als möglicher Entfaltungs- und Experimentierbereich erlebt.
Das traditionelle bäuerliche Verhalten verliert zusehends an Bedeutung und wird einerseits durch neue Formen bäuerlicher Lebensweise (die vor allem aus dem städtischen Bereich kommen) und andererseits durch Anpassung an städtische Verhaltensmuster in Zukunft ersetzt werden.

These 7:
Neue Formen bäuerlicher Arbeits- und Lebensweisen, deren primäres Ziel nicht Erwerb und Produktion, sondern Muße und Erfahrung sind, könnten durch die Krise der modernen Industriegesellschaft entstehen.

Unsere moderne Industriegesellschaft wird in Zukunft nicht genug Arbeit für alle haben. Neben den daraus folgenden ökonomischen und sozialen Krisen wird es zu einer Krise unseres kulturellen, über die Erwerbsarbeit definierten, Selbstverständnisses kommen. Wenn Arbeit so knapp wird, daß auch bei optimaler Verteilung nicht genug Arbeit für alle vorhanden ist, wird es Zeit, unser auf Erwerbsarbeit aufgebautes, soziales Wertesystem zu überdenken (vgl. Ribolits, 1995).

Ein Ausweg aus unserer Arbeitsweltkrise ist nicht die Akzeptanz einer Zwei-Drittel-Gesellschaft, sondern die Änderung unseres Wertesystems. Warum sollten soziale Tätigkeiten und Lebensweisen, deren primäres Ziel nicht die Erwerbstätigkeit ist, nicht eine ähnlich hohe Wertschätzung erfahren wie die Erwerbsarbeit? Eine neue bäuerliche, nicht primär auf Erwerb und Produktion, sondern auf Muße und Erfahrung ausgerichtete Arbeits- und Lebensweise könnte sich zu einer solchen neubewerteten sozialen Tätigkeit entwickeln.

Die Sensibilisierung eines beachtlichen Teils der Bevölkerung für Werte wie Naturerfahrung, selbstbestimmte Arbeit, Kreativität, Spontaneität oder lustbetontes Leben könnte längerfristig größere reale Auswirkungen auf die bäuerliche Welt und ländliche Regionen haben als technologische Veränderungen.

These 8:

Der Trend der Integration der Landwirtschaft in die regionale Wirtschaft wird sich in Österreich verstärken. Die Landwirtschaft wird in vielen Regionen des ländlichen Raumes ihre herausragende und prägende Stellung verlieren und zunehmend von der regionalen Wirtschaftsentwicklung abhängig werden. Die zunehmende Verflechtung von Landwirtschaft und regionaler Wirtschaft wird einerseits über verstärkte ökonomische Austauschbeziehungen und andererseits über zunehmende Mehrfachbeschäftigung (Erwerbskombination) der bäuerlichen Bevölkerung erfolgen.

Die hauptberuflich betriebene Landwirtschaft kann in den meisten Regionen Österreichs aufgrund der kleinbetrieblichen Struktur und der schlechten natürlichen Produktionsbedingungen, die eine rentable Intensivierung der Produktion nicht zulassen, nicht überleben.

Die Zukunft der bäuerlichen Haushalte liegt in der Erwerbskombination. Zur Integration der Landwirtschaft in die regionale Wirtschaft bedarf es einer integrierten Regionalpolitik, zu der die Schaffung von Erwerbsmöglichkeiten und der Ausbau der sozialen und wirtschaftlichen Infrastruktur genauso gehören wie die mehrberufliche Qualifizierung durch das landwirtschaftliche Schulwesen.

Die Chancen der Erwerbskombination liegen nicht nur in der unselbständigen Erwerbstätigkeit, sondern auch in der Weiterverarbeitung und Direktvermarktung agrarischer Produkte, in der Nutzung von nichtagrarischen Erwerbsmöglichkeiten am Betrieb (Tourismus ist hier nicht die einzige Möglichkeit) und in der selbständigen Erwerbstätigkeit außerhalb der Landwirtschaft. In einer interessanten Kombination befindet sich die Landwirtschaft vor allem auch dann, wenn es Menschen gelingt, ihre landwirtschaftliche Tätigkeit mit einer selbstbestimmten und unternehmerischen Tätigkeit außerhalb der Landwirtschaft zu verbinden oder sogar durch die Veredelung agrarischer Produkte in den gewerblichen Sektor vorzudringen.

Die Erwerbskombination mit der Landwirtschaft findet in den vielfältigsten Ausprägungen statt; Österreich hat unter den europäischen Ländern ideale strukturelle Voraussetzungen, um so zum Beispielsland der (landwirtschaftlichen) Erwerbskombinierer zu werden.

Was sind die wesentlichsten Eckpfeiler einer zukunftsweisenden Politik für die Bauern?

Mit dem EU-Beitritt hat Österreich seinen eigenständigen Weg nicht nur in der Agrarpolitik, sondern auch in wesentlichen außen- und gesellschaftspolitischen Bereichen aufgegeben. Es ist Österreich bei den Beitrittsverhandlungen nicht gelungen, bewährte österreichische Maßnahmen der ökosozialen Agrarpolitik (wie Düngemittelabgabe, Bergbauernzuschuß etc.) in der EU zu verankern.

Erst kurz vor dem Beitritt Österreichs ist es der EU unter Mühen gelungen, einen Konsens zur Reform der Gemeinsamen Agrarpolitik (GAP) zustande zu bringen. Da mag auch eine Rolle gespielt haben, daß es keine Bereitschaft der EU gab, auf die besonderen Probleme und die praktizierte Agrarpolitik Österreichs Rücksicht zu nehmen.

Hat der Beitritt der drei EFTA-Staaten Finnland, Österreich und Schweden die Gemeinsame Agrarpolitik nicht verändert, so wird dies sicher geschehen, wenn die EU-Beitrittswerber in Mittel- und Osteuropa in die EU aufgenommen werden; denn sie werden gewichtige Agrarsysteme in die EU einbringen, die mit der derzeitigen Gemeinsamen Agrarpolitik nicht zu steuern sind. Die österreichischen Bauern, welche aufgrund der kleinbetrieblichen Struktur und der schwierigen natürlichen Produktionsbedingungen den EU-Beitritt nur schwer verkraften, können

sich mit der Osterweiterung der EU auf gravierende Änderungen der Gemeinsamen Agrarpolitik einstellen. Es erhebt sich die Frage, was dann von den Ansätzen zur Sicherung der bäuerlichen Landwirtschaft in der Gemeinsamen Agrarpolitik noch übrig bleiben wird. In der Nichtbewältigung der Osterweiterung mit dem derzeitigen agrar- und regionalpolitischen Instrumentarium der EU könnte aber auch für ein kleines Land wie Österreich eine Chance gesehen werden, vor allem dann, wenn es zur Re-Nationalisierung der agrarischen Förderungspolitik kommt.
Unabhängig von der möglichen Osterweiterung der EU ist aber eine Reform der Gemeinsamen Agrar- und Regionalpolitik der EU notwendig. Folgende zentrale Forderungen wären an eine solche Reform zu stellen (vgl. Krammer, 1996):

Einführung regionaler und integraler Konzepte auch in der Agrarpolitik

Die Strukturprogramme der EU (nach Ziel 1 und 5b) beinhalten eine integrale Konzeption, die alle Bereiche im ländlichen Raum (Landwirtschaft, Handwerk, Tourismus, Industrie, Umweltschutz und öffentliche Strukturen) und auch die Mitgliedstaaten und Regionen sowohl finanziell wie auch strategisch einbindet.
Für den Bereich der Agrarpolitik gibt es keine vergleichbare Vorgangsweise; nicht einmal im Bereich der Direktzahlungen (Ausgleichszulage, Umweltprämie) liegen ausgereifte Modelle vor.
In den regionalen, integralen Konzepten der künftigen Agrarpolitik müßte eine Verlagerung der Förderungsmaßnahmen in drei Richtungen erfolgen:

- von der sektoralen Agrarpolitik zur integralen Regionalpolitik,
- von den Einzelmaßnahmen zu Förderungsprogrammen und
- von der Fläche zum Betrieb.

Soziale Differenzierung der Agrarpolitik im allgemeinen und der Direktzahlungen im besonderen

Die Agrarpolitik und die damit verbundenen Ausgaben von Steuergeldern werden auf Dauer nur dann die Akzeptanz breiter

Bevölkerungskreise behalten, wenn sie sozial ausgewogen sind und eine soziale Orientierung besitzen. Mit wachsender Betriebsgröße degressiv abnehmende Direktzahlungen bei gleichzeitiger Regionalisierung der Programme sind ein Ausweg, um von den subventionsoptimierenden, nicht standortgerechten Produktionsweisen wegzukommen. Auch die Einbeziehung der Einkommenssituation bei der Bemessung der Direktzahlungen ist notwendig.

Zusammenführung der verschiedenen Ausgleichszahlungen zu einer einzigen betriebsgebundenen Direktzahlung

Die Fläche als Bezugspunkt für den Großteil der derzeitigen Förderungsmaßnahmen führt zu unerwünschten Begleiterscheinungen und verringert die Treffsicherheit und Zielkonformität. Es sollten die verschiedenen Ausgleichszulagen nach einem Punktemodell in einem Betrieb auf eine einzige Direktzahlung zusammengeführt werden (vgl. Pohl, 1995).

Entbürokratisierung und Vereinfachung der Agrarförderungen

Eine Vereinfachung der Förderungsabwicklung, eine Erhöhung der Treffsicherheit der Maßnahmen und eine Verringerung der Bevormundung der Bauern ist dringend notwendig.

Einführung eines Ziel 7 im Rahmen der Strukturfonds zur nachhaltigen Entwicklung der Berggebiete

Die Berücksichtigung der Berglandwirtschaft im Bereich der Förderungen nach Ziel 5a ist mangelhaft und unzureichend. Es existiert lediglich eine Ausgleichszahlung, wie sie für sonstige benachteiligte landwirtschaftliche Gebiete auch gewährt wird, d. h., es existiert keine spezifische Förderung der Berglandwirtschaft. Die Berglandwirtschaft ist mit dem derzeitigen agrarpolitischen EU-Instrumentarium (Marktordnungen und Förderungen) nicht erhaltbar. Gerade die Berglandwirtschaft bedarf spezieller Maßnahmen (wie berggebietsspezifische Maßnahmen in den Umweltprogrammen, eine eigene Quote für das Berggebiet bei Milch und prämienfähigen Tieren etc.) und eines integralen regionalpolitischen Entwicklungsansatzes.

Wie der Tourismus eine intakte Berglandwirtschaft braucht, benötigt die Berglandwirtschaft ein funktionsfähiges, wirtschaftlich, sozial und ökologisch intaktes Umfeld. Die Strukturfondsreform 1999 bietet für Österreich die Chance, weiterführende europäische Anliegen gemeinsam mit anderen Ländern aktiv zu vertreten. Insbesondere müßte Österreich die Initiative für ein eigenes regionales Förderungsziel zur nachhaltigen Entwicklung der Berggebiete ergreifen und gemeinsam mit anderen EU-Ländern durchsetzen. Es bedarf der besonderen Anstrengung der Agrar- und Regionalpolitik, den Menschen im Berggebiet auch unter EU-Bedingungen eine Zukunftsperspektive zu geben.

Was wird aus unseren Bauern?

Im Grunde werden die Bauern nicht mehr »gebraucht«. Doch gerade weil die Bauern nicht mehr gebraucht werden, erhalten sie auch eine neue Chance: Sie ernähren uns »trotzdem«.

Die These von der Hobby-, Marktnischen- und Kulturpark-Landwirtschaft ist in ihrem negativen Beigeschmack nur »eine« Sichtweise einer allgemeinen Entwicklung. Die »neuen« Bauern der Zukunft sehen anders aus. Sie unterscheiden sich deutlich von den Zulieferunternehmern der Agrarindustrie, welche eben zunehmend keine Bauern mehr sein werden. Sie betreiben Landwirtschaft, weil sie sich dafür begeistern, mit Lebewesen zu arbeiten, weil das Land Freiraum und selbstbestimmbare (Frei-) Zeit bietet, und weil man dort dem »Wunschtraum von Natur« am nächsten ist. Man ist vielleicht Biobauer, weil man den Menschen eine »bessere« Landwirtschaft bieten möchte und bieten kann. Man betreibt vielleicht Landwirtschaft, um einen Ausgleich zum beruflichen Alltag zu haben. Man ist vielleicht Landwirt, weil man diese Tätigkeit ideal mit einer Dienstleistungs- oder einer gewerblichen Tätigkeit verbinden kann oder weil man zusätzliche lebendige Erfahrungen machen möchte.

Das Land und eine vielfältige Landwirtschaft bilden ideale Voraussetzungen für die Dienstleistungs- und Informationsgesellschaft: Die »neuen« Bauern können Natur als notwendigen Gegenentwurf für die wachsende technologische Nüchternheit modernen Lebens und für die zunehmende Irrealität digitaler Bilderwelten bieten. Und diese Nachfrage ermöglicht einen neuen vielfältigen Markt.

Beispielsweise könnte es in Zukunft durchaus sein, daß große Teile unserer Landwirtschaft sich nicht nur als Landschaftspflege zur Vorleistung für den Tourismusbereich definieren (dies geschieht ja heute schon), sondern daß ein Großteil unserer Landwirtschaft selbst Dienstleistung und Freizeitwirtschaft ist: d. h. Landbewirtschaftung als touristisches Erlebnis (bis zum zeitweiligen Vermieten ganzer Bauernhöfe), als sportliche Betätigung (*Outdoor* ist mehr als Pferde, Golf und Jagd), als – kostspieliges – Hobby, als Raum von Selbsterfahrung und Selbstverwirklichung, als gesundheitliche Regenerations-, Rehabilitations- und Therapiemöglichkeit, als wichtigste Vorleistung und Vorbeugung für die und vor der *Gesundheitsindustrie*, als integraler Bestandteil vielfältiger sozialer Dienstleistungen (z. B. Behinderten-, Altenbetreuung) (vgl. Wiesinger, 1991), als organisierte Bewirtschaftung natürlicher Ressourcen zum Ausgleich exogener und endogener Umweltschäden, als privatwirtschaftliches und öffentliches Ressourcenmanagement – mit Sponsoring und Clubs als Nachfrager, als Teil von Natur- und Kulturparks. (Teile dieser Thematiken werden derzeit von der Bundesanstalt für Bergbauernfragen im Rahmen eines Projekts über »Alternativ-, Ein- und Aussteigerbauern – ein Innovations- und Erneuerungspotential am Land?« bearbeitet; vgl. Groier, 1996).
All dies kann im Rahmen einer sehr umwelt- und tiergerechten und somit ökologischen Landwirtschaft passieren, welche selbstverständlich noch mehr an Bedeutung gewinnen wird.
Dazu kommen die Möglichkeiten der modernen Informationstechnologie, so daß sich der Bauernhof der Zukunft nicht mehr an der Peripherie des *Global Village,* sondern im Zentrum der *Global City* befinden könnte.
Für all dies gibt es bereits vorzeigbare Einzelbeispiele, und diese könnten bei einer Vervielfältigung – vorausgesetzt, es halten bestimmte gesamtgesellschaftliche Entwicklungstrends an – in Summe ein bedeutender Sektor der Agrarwirtschaft bzw. der Wirtschaft im ländlichen Raum werden. So wie das Thema »Landwirtschaft als Landschaftspflege« vor Jahren für viele ein »rotes Tuch« war, heute aber ganze Kongreßhallen mit Experten zu füllen vermag, so könnten obige Ansätze, auch wenn sie in mancherlei Hinsicht recht utopisch klingen, morgen zur normalen ländlichen (und medialen) Realität gehören.
Sofern also die Bürokratien, dominiert von den agroindustriel-

len Interessen, nicht alles in ihren »Griff« bekommen, wird die österreichische Landwirtschaft ihrer bunten Vielfältigkeit nicht ganz zu berauben sein. Im Gegenteil: Österreichs Landwirtschaft kann noch bunter werden.*

*) Diese Thesen zur Zukunft der Landwirtschaft in Industrieländern gelten selbstverständlich nur, wenn eine stetige und dauernde technologische Innovation und eine freie marktwirtschaftliche Entfaltung im Kontext der Weltwirtschaft ohne größere Krisen stattfindet, und Kapitalismus und Marktwirtschaft weiterhin »siegreich über die Erde fegen«.
Eine andere Grundthese müßte davon ausgehen, daß die eben genannten Bedingungen schon deshalb schwierig vorstellbar und haltbar sind, weil ein freier Waren- und Dienstleistungsverkehr und somit auch ein freier Weltagrarmarkt immer auch eine Freizügigkeit der Arbeitskräfte und der Konsumenten mit einschließt, so daß ein solcher Weltmarkt auch die Migration im weltweiten Maßstab herausfordert. Dies hat Konsequenzen: Anders ausgedrückt – um bei der Marx'schen Analyse und ihrer Begriffswelt eine Anleihe zu nehmen – bedeutet dies, daß die Produktivkräfte (der Globalökonomie) im Widerspruch zu den Produktionsverhältnissen – insofern man dies im Zusammenhang des Nord-Süd-Konfliktes betrachtet – stehen. Und wenn man sich nicht einer Revolutionstheorie oder einem sonstigen Dogma verschreibt, muß man zwangsläufig akzeptieren, daß dieser Widerspruch zu krisenhaften Entwicklungen führt, deren Anfänge wir derzeit beobachten. Diese sozialen und politischen Krisen wirken auf die Welt(agrar)märkte zurück. Das heißt, schwerwiegende Instabilitäten auf den Weltagrarmärkten bis hin zum fast vollkommenen Erliegen derselben sind durchaus vorstellbar oder zumindest nicht unwahrscheinlich. Nur kann man, wenn man sich ein Bild von unserer zukünftigen Landwirtschaft machen möchte, nicht von einer grundsätzlichen Instabilität der Grundbedingungen ausgehen, sondern muß auf die Stabilitätshypothese aufbauen.
Die durchaus erwartbare Labilität des politischen, sozialen und wirtschaftlichen Weltgefüges sollte jedoch nicht aus den Augen verloren werden, und das bedeutet, daß einer autarken kleinräumig organisierten Landwirtschaft immer eine besondere Bedeutung zukommt.
Zu bedenken gilt es auch, daß die großen kontinentalen und immer globaler werdenden Agrarmärkte kein natürliches Phänomen sind und daß die internationalen Warenströme an Nahrungsmitteln und Biomasse nichts mit einem natürlichen ökologischen Kreislauf zu tun haben, sondern eben das Gegenteil davon sind. Das allgemeine, globale Ökologieproblem, durch die Landwirtschaft entscheidend mitverursacht, wird durch die wachsenden Weltagrarmärkte somit nicht kleiner, sondern droht in seiner Dynamik noch mehr zu eskalieren.
Ein ökologischer Kontinental- und Weltagrarmarkt ist ein Widerspruch in sich. Und dieser Widerspruch wird für uns und für zukünftige Generationen eine besondere Herausforderung darstellen.

Literatur

Arbeitsgruppe Futura Rustica: Die Zukunft der österreichischen Landwirtschaft. Unveröffentlichter Projektbericht. Wien 1994.

Allerstorfer, Herbert: Entwicklung von Bio-Produkten im Spannungsfeld zwischen Genuß und Verantwortung für Gesundheit und Ökologie. In: Ernte, Zeitschrift für Ökologie und Landwirtschaft 2 (St. Florian 1996).

Bartussek, Helmut: Begründung ganzheitlichen Denkens im Agrarbereich. In: Haiger et. al.: Naturnahe Viehwirtschaft. Stuttgart 1988.

Dax, Thomas/Niessler, Rudolf/Vitzthum, Elisabeth: Bäuerliche Welt im Umbruch – Entwicklung landwirtschaftlicher Haushalte in Österreich. Forschungsbericht Nr. 32 der Bundesanstalt für Bergbauernfragen. Wien 1993.

Fischler, Franz: Erste Überlegungen zur gemeinsamen Agrarpolitik im 21. Jahrhundert. In: Der Förderungsdienst 1 (1996).

Groier, Michael: Alternativ-, Ein- und Aussteigerbauern – ein Innovations- und Erneuerungspotential am Land? (Arbeitstitel) Forschungsbericht Nr. 39 der Bundesanstalt für Bergbauernfragen. Wien 1996 (in Vorbereitung).

Hoppichler, Josef: Das Prinzip Verantwortungslosigkeit – Die Folgen der Gen- und Biotechnologie für die Landwirtschaft. Forschungsbericht Nr. 30 der Bundesanstalt für Bergbauernfragen. Wien 1991.

Hovorka, Gerhard: Das Direktzahlungssystem in Österreich nach dem EU-Beitritt. Forschungsbericht Nr. 37 der Bundesanstalt für Bergbauernfragen. Wien 1996.

Jany, Klaus-Dieter: Gentechnik und Lebensmittel – was gibt es schon, was kommt, und wo werden wir in zehn und in zwanzig Jahren stehen. Kurzfassung vom Vortrag zum Expertenhearing »Gentechnik und Lebensmittel« in der AK-Wien. 1996.

Krammer, Josef: Österreichs EU-Beitritt: Die verpaßte Chance für eine europaweite ökosoziale Agrarpolitik. In: Agrarbündnis (Hrsg.): Landwirtschaft 96. Der kritische Agrarbericht. Bonn 1996.

Löschenkohl, Rudolf: Bio im Supermarkt – wie Heuernte im Winter? In: Ernte, Zeitschrift für Ökologie und Landwirtschaft 2 (1996).

Lutzenberger, José: Gegen die Abschaffung der Bauern. Kritik der technobürokratischen Machtstrukturen. Auszüge aus einem Vortrag. In: Basis – Zeitschrift der Grünen NÖ (1996).

Maurer, Ludwig: Ökologisierung der Landwirtschaft. In: Politische Bildung 2 (1991).

Niessler, Rudolf: Transite am Land und in der Landwirtschaft (im Erscheinen).

OECD: Biotechnology – Economic and wider impacts. OECD: Paris 1989.

ÖKONSULT: Gen-Mahlzeit: Nein, danke! ÖKONSULT – Umweltforschung. Wien 1996.

Pirklhuber, Wolfgang/Grünlinger, Cornelia: Der biologische Landbau in Österreich – ein Beitrag zur umweltverträglichen Landbewirtschaftung. Umweltbundesamt-Monografien Band 35. Wien 1993.

Pohl, Berthold: Vorschlag einer integrierten Agrar- und Regionalpolitik für die Bergbauernbetriebe des Alpenbogens. Auszug aus dem Endbericht zum

Konzept über die Existenzsicherung der bäuerlichen Landwirtschaft in Vorarlberg. Eppan 1995.

Ribolits, Erich: Die Arbeit hoch? Berufspädagogische Streitschrift wider die Totalverzweckung des Menschen im Post-Fordismus. München 1995.

Wiesinger, Georg: Irrsinn und Landleben: Modelle einer Behindertenintegration in der Landwirtschaft. Forschungsbericht Nr. 28 der Bundesanstalt für Bergbauernfragen. Wien 1991.

Werner Vogt

Gesundheitssicherung für alle als zentrale Aufgabe des Sozialstaates

In den vergangenen zwei Jahrzehnten wurde der öffentliche Diskurs über das Gesundheitswesen nur dann geführt, wenn Fragen der Finanzierbarkeit, also der Aufbringung und Verteilung von Mitteln anstanden oder skandalöse Ereignisse Anlaß zur Empörung gaben: Tötungsdelikte in Spitälern, mumifizierte Leichen in Gemeindebauten, erschlichene oder abgepreßte Wahnsinnshonorare von medizinischen Kapazitäten.

Die öffentliche Auseinandersetzung über die Finanzierbarkeit der Gesundheitssicherung ist wichtig. Der Erfolg zeigt, daß diese Diskussion bisher gut geführt wurde – die ökonomische Absicherung des Versorgungssystems gelang.

99 % aller Österreicher sind über Beiträge oder das System der Mitversicherung durch die gesetzliche Krankenversicherung geschützt und haben Zugang zu allen von der Krankenkasse finanzierten ambulanten und stationären Einrichtungen. Dies stellt einen hohen gesellschaftlichen Wert dar, auch dann, wenn der Anspruch auf Behandlung, Rehabilitation und Krankengeld keineswegs für alle Versicherten gleich hoch ist.

Erwerbstätige sind länger und umfassender geschützt und versichert als Pensionisten oder Arbeitslose. Staatsbeamte oder Gemeindebedienstete können unbeschwerter Krankheit oder Behandlung durchmachen als ein – auch wesentlich strenger kontrollierter – Arbeiter oder Vertragsangestellter. Frauen, meist mitversichert oder »geringfügig beschäftigt«, sind eindeutig anspruchsbenachteiligt gegenüber den in Vollarbeit stehenden Männern.

Das hohe staatliche Versicherungsniveau weist also den Mangel der Ungleichheit auf. Drastisch ausgedrückt: Während die Bundesverfassung auf Gleichheit aus ist, nimmt die österreichische Gesundheitsverfassung Ungleichheit hin. Es gibt den interessanten und wertvollen Patienten, und es gibt das Gegenteil.

Finanziert wird nicht nur der Zugang von 7,9 Mio. Österreichern zum Gesundheitssystem, finanziert wird auch die Arbeit und der gesicherte Wohlstand von 7.869 niedergelassenen Ärzten (Umsatz 19 Mrd. öS), von 2.474 Zahnärzten (Umsatz 8,4 Mrd. öS). Das ärztliche, pflegerische und verwaltungstechnische Personal von 324 Krankenanstalten mit 75.563 Betten versorgte im Jahr 1994 1,7 Mio. Spitalsfälle, die zu 64 % von der gesetzlichen Krankenversicherung finanziert wurden.

Der verengte – ökonomische – Blickwinkel wirkt sich nachteilig auf das sozialstaatliche Gesundheitssystem aus. Notwendige Weiterentwicklungen im ambulanten und stationären Versorgungssystem bleiben aus, die Aufhebung von gravierenden Ungleichheiten wird unterlassen, vor allem ist die völlige Vernachlässigung des primärpräventiven Sektors Folge des einseitig ökonomischen gesundheitspolitischen Diskurses. Finanziert wird ein nahezu statisches, daher mangelhaftes und teures, weil chaotisches und wenig auf qualitative Leistung überprüftes Behandlungssystem.

Wer hat eigentlich welches Interssse an sozialstaatlich finanzierter Gesundheitspolitik?

Da bestehen zunächst allgemeine Unternehmerinteressen an gesunden, leistungsfähigen Arbeitskräften, andererseits aber auch an möglichst geringen Ausgaben für die Gesundheitsversorgung. Tendenziell sind die Kapitalinteressen auf Minimierung von medizinischen Leistungen aus, zumindest dann, wenn den Unternehmen Abgaben und Steuererhöhungen drohen, die in das Gesundheitssystem fließen. Daher die Parole, vor allem zu Zeiten eines Überangebotes an Arbeitskräften: Weniger Staat, mehr Privat. Die Bundeskammer der gewerblichen Wirtschaft spricht in diesem Zusammenhang von *Redimensionierung*.

Vehemente gesundheitspolitische Interessen bestehen von seiten des »medizinisch-ökonomischen Komplexes«, also der Pharmaindustrie, der Bauindustrie, der Hersteller von technischen Geräten und der Zulieferindustrie. Für diese Industriefraktion bedeutet die Ausweitung eines öffentlichen Gesundheitsnetzes zwar eine Ausweitung des Arbeitsmarktes, andererseits gehören aber auch sie als Unternehmer der Kapitalfraktion an, singen daher das Lied von Privat und weniger Staat, während sie mit dem Sozialstaat Geschäfte machen.

Die niedergelassenen Ärzte und Apotheker profitieren unmittelbar von der öffentlich organisierten Gesundheitssicherung, da sie ihre Ware und Leistung hier anbieten. Andererseits gebärden sie sich politisch-ideologisch wie eben alle Kleinunternehmer:

Patienten sind Wesen, die ihrer Gesundheit geschadet haben, sollen daher noch mehr selbst bezahlen. Also auch hier: Mehr Privat, weniger Staat.
Verbleibt die Sozialbürokratie, repräsentiert durch den Hauptverband der Sozialversicherungsträger, das Sozialministerium als Aufsichtsbehörde der Sozialstaatseinrichtungen und das Bundesministerium für Gesundheit und Konsumentenschutz. Diese Trias vertritt das Produkt historischer Auseinandersetzung zwischen Arbeitnehmer- und Arbeitgeberinteressen, vertritt den Status quo: *Eher Staat als auf Gewinn ausgerichteter Markt.* Bei einer Änderung der politischen Kräfte, die bisher ein Übergewicht von Sozialdemokratie und Gewerkschaft in Sozialstaatsbelangen ergab, wäre auch hier ein Änderung in Richtung *Markt gegen Staat* zu erwarten.
Wo bleiben die Patienteninteressen? Wo bleiben die *Agitateure* für den Sozialstaat, eine für alle gleich gute Behandlung, Rehabilitation und Berentung umfassende, für alle Bürger erreichbare Versorgung, als *für* Staat *gegen* Privat?
Diese politisch für die öffentliche Gesundheit agierende Fraktion ist weitgehend verstummt. Sie findet sich noch an der Basis der Sozialdemokratie, dort, wo noch Arbeiterkultur nachwirkt, sowie bei den Erben der linken Alternativgruppen der siebziger Jahre, bei ein paar Grünen.
Die politischen Aussichten für Erhaltung oder Ausbau der Sozialstaatsideen und seiner Gesundheitseinrichtungen sind also nicht rosig.
Wer plant wirklich, wer ordnet Strukturen, wer wirbt für die Sozialstaatsidee?
Auf den ersten Blick wäre beim Bund das Gesundheitsministerium zuständig, ein Amt, das von Bruno Kreisky geschaffen wurde und seither von zwei Frauen und sechs Männern in rascher Abfolge besetzt wurde – allesamt Sozialdemokraten, wobei nicht die Parteizugehörigkeit, sondern die Kompetenzlosigkeit Merkmal dieses harmlosen Amtes ist. Machtlosigkeit scheint das Denken zu stören, denn mit Ausnahme von Primaria Leodolter, der ersten in der Reihe der Gesundheitsminister, der immerhin die Einführung des Mutter-Kind-Passes gelang, war die Innovationskraft der Herren Steyrer, Kreuzer, Salcher, Löschnak, Ettl und Ausserwinkler eher bescheiden.
Dem Gesundheitsminister entsprechen auf der Landesebene die

Gesundheitsreferenten, denen aber immerhin die Landesspitäler direkt unterstehen.
Macht und Kompetenz auf Bundesebene besitzen das Sozialministerium und das Finanzministerium. Der Sozialminister kontrolliert und vergibt die Einnahmen aus Beiträgen, der Finanzminister vergibt die zusätzlichen Mittel aus Steuern. Auf Landesebene besorgen dies die Finanzreferenten.
Auch Macht lähmt das Denken: Finanzministerium, Sozialministerium, Hauptverband und die neun Gesundheitsreferenten, allesamt fest in den Händen der beiden Koalitionsparteien, sind geübt im Verteilungskrieg um die aus Beiträgen und Steuern zusammengesetzten Mittel – dies belegt die Geschichte des erfolglosen Krazaf (Krankenanstaltenzusammenarbeitsfonds) –, lahmen aber seit Jahrzehnten in der Planung, in der Ordnung des chaotischen Systems. So gesehen besteht die österreichische Gesundheitspolitik darin, daß der Gesundheitsminister bei jedem Anlaß seine Kompetenz- und Machtlosigkeit beteuert und beweist, Finanz- und Sozialminister samt Hauptverband sich nicht als Verwalter der notwendigen Mittel erweisen. Von keiner der aufgezählten Behörden gibt es seit 25 Jahren ein richtungsweisendes Papier zur Gesundheitspolitik – viele Köche, kein Brei.
Diese geistige Lähmung verursacht nicht nur wegen der chaotischen Verhältnisse überhöhte Kosten, sie macht es auch den Gegnern der sozialstaatlich finanzierten Gesundheitssicherung leicht, diese anzugreifen: Jeder Rechnungshofbericht liefert Munition gegen die Kranken-, Unfall- und Pensionsversicherung. Bloßgestellt wird stets die feudale Lebensweise und das auf übertriebene Selbstdarstellung ausgerichtete Bau- und Ausstattungsverhalten emporgekommener Parteifunktionäre, übersehen wird die seit Jahrzehnten nützliche und stabile Struktur der Kranken-, Unfall- und Pensionsversicherung. Auf der Strecke bleiben nicht größenwahnsinnige Funktionäre, sondern die Idee des Sozialstaates.
Von den beiden Fraktionen der unmittelbaren Nutznießer des Gesundheitssicherungssystems, den Patienten und den *Gesundheitsarbeitern*, wie es einst so schön hieß, beteiligt sich nur die Standesvertretung der Ärzte merkbar und lautstark am Verteilungskampf um Mittel, dies aber wiederum nur für die niedergelassenen Ärzte. Patienten, Schwestern, Pfleger, Verwaltungspersonal, aber auch die 16.000 Spitalsärzte sind ausgespart.

Die drei Säulen des Sozialstaates, die Kranken-, Unfall- und Pensionsversicherung, sind als Selbstverwaltungskörper der Versicherten organisiert und geschaffen und sind historisch als Patientenvertretung gedacht. (Bis 1938 gab es noch Wahlen in diese Selbstverwaltungskörperschaften.) Tatsächlich geriet jedoch die Selbstverwaltung in die Fänge der seit 1945 bestimmenden Volkspartei und der Sozialdemokratie. Arbeitgeber- und Arbeitnehmervertreter, ernannt in den Kommandozentralen der Bundeswirtschaftskammer und des Gewerkschaftsbundes, stellen die Funktionärskader für die Selbstverwaltung und sind weit davon entfernt, Patientenvertreter zu sein. Sie beschließen, was die aus der Selbstverwaltung gekürten leitenden Funktionäre, die Direktoren und Generaldirektoren, zur Abstimmung vorschlagen.

Auch aus dieser Besitznahme der Selbstverwaltung durch Parteien, durch Bundeskammer und Gewerkschaftsbund, erwachsen Argumente gegen die Sozialstaatsidee: Selbstbedienungsladen für Volkspartei und Sozialdemokratie, Pervertierung der Idee der Patientenvertretung.

In einzelnen Bundesländern, etwa in der Steiermark und in Tirol, wurde das Spitalswesen aus der unmittelbaren politischen Verwaltung ausgegliedert und an Holding-Unternehmen weitergereicht. Ob damit mehr Ordnungskraft und gesundheitspolitische Dynamik erzeugt werden kann, läßt sich noch nicht sagen. Denkbar wäre immerhin auch, daß sich damit, unter Hinweis auf das neu etablierte Management, die gewählten Politiker aus der Verantwortung für das Gesundheitswesen stehlen und sich zurückziehen.

Da es keine wirksame Patientenvertretung gibt, existieren nach wie vor auch keine verbrieften Patientenrechte. Dafür gibt es Ombudsmänner und -frauen, die das rechtlose Dasein von Patienten mit Trost und Rat erleichtern.

Die Standesvertretung der niedergelassenen Ärzte treibt erfolgreich defensive Gesundheitspolitik, verteidigt weiterhin ihre ganz und gar nicht patientenfreundliche »Niederlassungsfreiheit« und das »ärztliche Behandlungsmonopol«, verhindert die Einrichtung notwendiger Versorgungseinheiten wie Kassenambulatorien und bringt neu gewachsene Berufe wie jenen des nichtärztlichen Psychotherapeuten unter die Kontrolle von psychotherapeutisch ungeschulten niedergelassenen Ärzten.

Die durch Jahrzehnte gewachsene Abneigung der Österreichischen Ärztekammer gegen sozialstaatlich organisierte Strukturen ging dabei soweit, die weit größere Zahl der Spitalsärzte (16.000 Spitalsärzte, 13.000 niedergelassene Ärzte) ebenso jahrzehntelang zu ignorieren. Wie sonst wäre es möglich, daß in österreichischen Spitälern noch immer tausende junge Ärzte gezwungen werden, bis zu 100 Stunden pro Woche im Spital zu arbeiten, und dies zu einem Stundenlohn, den keine Gewerkschaftsfraktion für ihre Mitglieder hinnehmen würde?

Welche Rolle spielen die Medien? Sie begleiten seit Jahrzehnten die *Krazaf*-Debatte ebenso lustlos wie ideenlos. Sie widmen sich mit Inbrunst allen verwertbaren Kunststücken aus dem nicht ganz so armen Gruselkabinett der Medizin – der Teilung gesunder siamesischer Zwillinge, dem Koma-Baby, der schwangeren Toten, der Entsorgung von langzeitgelagerten befruchteten Eizellen, der Frage des Rechts auf ärztlich verabreichten Tod. Neben dem Gruselkabinett richtet sich jedes Medium seine Ordination ein, läßt Primarärzte und Professoren auf Anfrage Allerweltsratschläge erteilen. Das Arzt-Patienten-Verhältnis, diese schiefe Ebene, wird zum noch schrägeren Dreiecksverhältnis: Patient-Gazette-Arzt (oder Kräuterpfarrer) par distance. Die *Drei-Minuten-Medizin* wurde um den ferndiagnostischen Ratgeber ergänzt.

Die öffentlich-rechtliche Anstalt ORF hat nach Claus Gatterers Tod (1984) kritische Gesundheitsmagazine weitgehend eingestellt. Dafür bietet Walter Schiejok nahezu jeden Nachmittag irgendwelchen als Wunderheilern getarnten Obskuranten und Irrationalisten stundenlange Sendezeit. Auch wenn einem dabei Hören und Sehen vergeht, der Hörer- und Sehervertretung, dem Kuratorium, ist dies alles keine Überlegung oder Anfrage wert. Die Verbreitung von Schwachsinn erhöht die Einschaltquoten, die öffentliche Anstalt deckt Bedürfnisse ab.

Kritische Öffentlichkeit ist also, nicht nur, aber besonders im Bereich Gesundheitspolitik, kopflos geworden. Dabei wäre nichts wichtiger als eine breit und genau geführte Debatte über die Zukunft des Sozialstaates, die dauerhafte Finanzierbarkeit des Gesundheitssystems.

In Österreich werden die Mittel für Gesundheitssicherung durch Direktzahlungen von Patienten, durch private Zusatzversicherungen, durch obligatorische Beiträge für Kranken-, Unfall- und Pensionsversicherung und aus allgemeinen Steuern aufgebracht. Die Patienten beteiligen sich also auf vierfache Weise an der Erhaltung des Gesundheitssystems, wobei der Finanzierung über Sozialversicherungsbeiträge und über Steuern die größte Bedeutung zukommt. Die zwei Drittel, die über öffentliche Haushalte aufgebracht werden, stammen zu 70 % aus Beiträgen zur Sozialversicherung, zu 30 % aus Mitteln der Gebietskörperschaften der Länder und Gemeinden.

Die Ausgaben für Gesundheitssicherung sind von 6 % des Bruttonationalproduktes im Jahre 1967 über 7,3 % im Jahre 1976 auf 9,7 % im Jahre 1994 gestiegen. In den USA werden 13 %, in der Schweiz 11 % des Bruttonationalproduktes für die Gesundheitssicherung ausgegeben.

Der Anstieg von 6 % auf 9,7 % des Bruttonationalproduktes in 27 Jahren resultiert zu geringen Teilen aus der Ausweitung der medizinischen Leistungen, zum überwiegenden Teil besteht er deswegen, weil die Preise für medizinische Dienstleistungen rascher gestiegen sind als das Bruttonationalprodukt.

Österreich liegt also keineswegs im Spitzenfeld der Ausgaben für Gesundheitssicherung, andererseits wird, was das Beispiel Vereinigte Staaten betrifft, klar, daß die Höhe der Ausgaben nichts über das Versorgungsniveau aussagt. Denn die 13 % der Amerikaner fließen in die Spitzenmedizin, und nahezu die halbe Bevölkerung bleibt von der Grundversorgung ausgeschlossen.

Da die Einnahmen der Sozialversicherung über Beiträge an die Einkommen aus Lohnarbeit gekoppelt sind, ebenso das Steuereinkommen, da die Zahl der Menschen in Niedriglohnkategorien oder mit geringfügigem Einkommen steigt und weiter steigen wird, besteht aufkommensseitig schon jetzt ein Finanzierungsproblem für Gesundheitssicherung. Das wird sich in den nächsten Jahren verschärfen.

Hinzu kommen gravierende Veränderungen in der Altersstruktur der Bevölkerung. Jeder 5. Bürger in der Bundesrepublik Deutschland ist heute älter als 60 Jahre, im Jahre 2030 wird es jeder 3. Deutsche sein. Der hohe Anteil an alten Menschen und die immer noch steigende Lebenserwartung – ein Ergebnis von 50 Jahren Friede und Wohlstand, keine medizinische Leistung – verursachen einen Anstieg auf der Ausgabenseite, da im Alter die Behandlungskosten enorm steigen.

Die Ausgaben für Medikamente sind bei einem 78jährigen Patienten um 1.500 % höher als bei einem 28jährigen Patienten, im

Krankenhaus beträgt die Steigerung 1.000 %, in der ambulanten Behandlung 500 %.
Die jetzt geübte Praxis, auftretende Defizite durch stille oder offene *Selbstbehalte* zu regulieren, also an die Patienten zurückzudelegieren, ist weder zielführend noch gerecht. Denn eine Staffelung von Selbstbehalten nach Einkommenshöhe erfordert eine aufwendige Administration. Werden aber Selbstbehalte unabhängig vom Einkommen festgelegt, trifft dies die untere Sozialschicht stärker. Schon jetzt bezahlen Arbeiter anteilsmäßig höhere Beiträge als Angestellte, Beamte und Selbständige. Die derzeit gängigen Selbstbehalte in der Höhe von 10.000 öS und mehr – für Zahnregulierungen und Sehbehelfe – verstärken die ungleiche Belastung bei den unteren Einkommensstufen.
Wobei ein System von Selbstbehalten, das Arme und Kranke trifft, Reiche und Gesunde schont, dem Sozialstaatsgedanken widerspricht. Dessen Prinzip – arbeitsfähige Gesunde zahlen Beiträge für arbeitsunfähige Kranke – wird auf den Kopf gestellt.
Eigenartigerweise entzündet sich die politisch-ideologische Auseinandersetzung über die Gesundheitssicherung – Markt versus Staat – stets nur zu Wahlzeiten; wobei die Volkspartei, die Freiheitlichen und die Liberalen der Richtung Markt, also individueller Vorsorge, Versicherungspflicht versus Pflichtversicherung, der Ausweitung von Direktzahlungen und der Ausweitung von Selbstbehalten das Wort reden. Sozialdemokraten und Grüne halten der obligatorischen Versicherung, der Idee der solidarischen Risikobewältigung die Treue. Die Maßnahmen zur Bewältigung des 3,6-Milliarden-Defizits bei den Krankenkassen haben jedoch gezeigt, daß die von der SPÖ angeführte Koalition die Kranken- und Einkommensschwachen belastet und die Gesunden mit hohem Einkommen schont. Die Treue zur Sozialstaatsidee gilt also nur in Wahlzeiten.
Bei Betagten oder chronisch Kranken ist eine auf sich selbst gestellte Lebensführung nicht möglich. Fallen Angehörige oder Pflegemöglichkeiten aus, verbleiben Patienten auch zur Pflege in Behandlungseinrichtungen und belasten so die Krankenkassen. Die Einführung der Pflegeversicherung war nicht nur ein wichtiger Entwicklungsschritt des Sozialstaatsgedankens. Der Übergang von notwendiger Krankenbehandlung in ebenso notwendige Pflege war bisher versicherungstechnisch nicht gelöst und ging zu Lasten der Länder und der Sozialversicherung.

Ebenso belastet zu kurze Karenzzeit und auch (immer noch zu kurzer) Pflegeurlaub die Kassen, da Kinder gerade bei Eintritt in Institutionen wie Kindergarten oder Schule krankheitsanfälliger sind, nicht vorhandene Karenzmöglichkeit oder Pflegeurlaube im Notfall durch Krankenstände kompensiert werden. Mit anderen Worten: soziale Probleme werden im Extremfall zu Lasten der Krankenkassen medikalisiert, denn die Eltern, meist die Frauen, »erkranken« zugunsten ihrer kranken Kinder.
Bedauerlich ist, daß die im Sommer 1996 von der Gewerkschaft der Privatangestellten vorgebrachte Idee, eine Ausweitung der Versicherten bei der Allgemeinen Unfallversicherungsanstalt durch Hereinnahme von nicht erwerbstätigen Familienmitgliedern zu erzielen, nicht realisiert wurde. Eine derartige Erweiterung des Sozialstaatsangebotes wäre die einzig richtige Antwort an die Marktbefürworter im Gesundheitswesen. Denn im Ernstfall, bei schwerem Unfall, bleibender Invalidität und dauerhafter Behinderung, schieben die privaten Versicherungen die Last der Verantwortung, die hohen Kosten, an die Sozialstaatseinrichtungen ab. Das große Risiko kann nur durch das Vorhandensein einer großen Risikogemeinschaft aufgefangen werden.
Private Kranken- und Unfallversicherungen sind in erster Linie ein Geschäft für die Versicherungen. Sie benachteiligen aber auch indirekt Patienten, die nur sozialversichert, nicht zusatzversichert sind. »Bei Koexistenz von privaten und staatlichen Formen der Mittelaufbringung wird, insbesondere von Angehörigen mittlerer und oberer Sozialschichten, private Mittelaufbringung primär deshalb vorgenommen, um zu besserer Behandlungsqualität als der durchschnittliche Sozialversicherte zu gelangen. Dadurch wird die Spitzenversorgung unter privatwirtschaftlicher Disposition (und die ärztlichen Spitzeneinkommen) gefördert. Der egalitäre Effekt der Sozialversicherung wird dadurch abgeschwächt, auf lange Sicht unter Umständen rückgängig gemacht.« (Wilfried Schönbäck: Markt versus Staat im Gesundheitswesen. Gesundheit im gesellschaftlichen Konflikt. München 1980, S. 38.) Das in Österreich bestehende Mischsystem von privater und obligatorischer Versicherung ist nicht unbedenklich, da nicht immer die Schwere der Erkrankung, sondern auch das Versicherungsverhältnis ausschlaggebend ist für den Zeitpunkt einer Behandlung bzw. für den Eintritt in das Krankenhaus. Privatversicherte umgehen die Warteschlangen.

Dennoch spricht sich die Standesvertretung der Ärzte für mehr Markt und gegen die Sozialversicherungslösung aus, ermuntert zur Eigenvorsorge und zur Privatversicherung, ist für die Ausweitung der Direktzahlungen durch Selbstbehalte. Öffentlich ist man sozialversicherungskritisch, real sind zwei Drittel der niedergelassenen Ärzte und alle Spitalsärzte mit hohem Zufriedenheitsgrad bei der Sozialversicherung bestens untergebracht.
Das Gerede von der *kostenlosen Behandlung für jedermann*, von der *Übersozialisierung* und der *falschen Begehrlichkeit von Patienten* ist unhaltbar, weil falsch, gehört aber zum Standardvokabular aller Rechts-Parteien und der ärztlichen Standesvertretung. Denkt man an die geringe Zustimmung zum Kammersystem und an das generelle Desinteresse der Mehrheit der Ärzte an standespolitischen Fragen, kann man getrost davon ausgehen, daß die sozialstaatskritischen und patientenfeindlichen Aussagen von Kammerfunktionären nicht repräsentativ sind. (46 % der Wiener Ärzte blieben einer Abstimmung über das Kammersystem fern; von jenen, die zu dieser Abstimmung gingen, wollten sich 47 % nicht mehr von der Kammer vertreten lassen, wobei es nur kammerzustimmende Werbung gab, kammerkritische Werbung wurde unterbunden.)
Die Mehrheit der Ärzte steht positiv zu den geschaffenen Gesundheitseinrichtungen des Sozialstaates. Die Standesvertretung betreibt sozialstaatskritische Honorarpolitik, klagt – und kassiert. Im vergangenen Vierteljahrhundert gab es nicht ein einziges relevantes Papier zu Gesundheitsfragen. Dafür verteidigt man weiterhin die ärztliche Niederlassungsfreiheit, nimmt regionale Versorgungsungleichheiten, regionale Unter- und Fehlversorgung von Patienten gelassen hin. Bewohner von unattraktiven Regionen – Waldviertel, Obersteiermark, Paznauntal etc. – reisen immer noch stundenlang in die von Fachärzten dichtbesiedelten Städte. Sind zur Abklärung eines Krankheitsbildes mehrere Fachärzte erforderlich, werden den Patienten tagelange Reisen zugemutet, vergehen oft Wochen und Monate bis zur endgültigen Diagnose.
Diese durch die Niederlassungsfreiheit bedingte Verdünnung im Angebot ärztlicher Hilfe in unattraktiven Regionen geht also ökonomisch und gesundheitlich zu Lasten der Patienten. Sie verteuert aber auch das Gesundheitssystem. Späte Diagnose und zu späte Behandlung erhöhen das Risiko für die Patienten, ver-

längern Behandlungszeiten und führen oft zu chronischen Krankheiten und Invalidität.

Die »demographische Zeitbombe« tickt: In 40 Jahren müßten 100 Erwerbstätige 55 Rentner erhalten. Es bleibt daher der Vorwurf an das politische System, hier nicht vorausschauend und planend einzugreifen. Der Sozialstaat eignet sich nicht als Rohmaterial für ideologische Auseinandersetzungen zu Wahlzeiten. Staatliche Wohlfahrt und Gesundheitssicherung sind wesentliche Bestandteile der Verfassung, ihre Absicherung sollte als ständige Aufgabe und politische Verpflichtung in die Bundesverfassung übernommen werden. Ausschließlich die Schwere der gesundheitlichen Beeinträchtigung, nicht ein am freien Markt eingegangenes Pflichtversicherungsverhältnis soll über Beginn und Dauer medizinischer Behandlung entscheiden. Alle haben Anspruch auf größtmögliche Rehabilitation und menschenwürdige Pflege.

Zusammenfassend läßt sich also zur ökonomischen Absicherung des Sozialstaates die Aussage treffen, daß die derzeitige Entwicklung des Arbeitsmarktes mit einem Anwachsen von Niedriglohn-Arbeitsplätzen und geringfügigem Einkommen einerseits, bei einem Pensionsalter von 55 Jahren und einer Lebenserwartung von 78 Jahren andererseits, schon jetzt eine Situation geschaffen hat, die die Erhaltung der Gesundheitseinrichtungen aus Beiträgen und Steuern schwierig macht und auf Dauer den Sozialstaat gefährdet.

Seit zwei Jahrzehnten wird in Österreich die Entlastung des Krankenhaussektors zu Lasten des *ambulanten Systems* gefordert. Also: Abbau von Spitalsbetten, Ausbau und Aufwertung des Hausarztsystems, patientengerechte Ansiedlung von Facharztordinationen, aber auch von paramedizinischen Einrichtungen wie physikotherapeutischen und heilgymnastischen Ordinationen, Hebammenzentren, Heimhilfe und Hauskrankenpflege.

Hauptargument für die ambulante und gegen die Spitalsmedizin ist die Behauptung, daß das Krankenhaus teurer ist, den Patienten aus seiner gewohnten sozialen Situation herausreißt, ihn und die Angehörigen belastet, diese Isolierung nicht gesundheitsförderlich ist und die Zahl der Fehldiagnosen, die Zahl der durch Behandlung verursachten Komplikationen und Gesundheitsstörungen im teuren stationären System höher ist als im billigeren niedergelassenen System.

Alle diese Argumente für das extramurale und gegen das Anstaltssystem sind einleuchtend, aber nur schwer begründbar.
Das stationäre System produziert all jene medizinischen Leistungen, die im ambulanten System zeitlich, fachlich und personell nicht untergebracht werden können. Österreich hat deswegen so viele Krankenhausbetten und benötigt deswegen soviel Spitalspersonal, weil die Ein- und Zuweisungsrate durch Allgemeinmediziner und Fachärzte so hoch ist.
Niemand weiß, wieviel extramurales Personal notwendig wäre, um jene medizinischen und pflegerischen Aufgaben ambulant anbieten zu können, die jetzt im stationären System erbracht werden. Niemand weiß daher genau, um wieviel billiger das ambulante System gegenüber dem stationären System wäre. Wobei den materiellen Aufwendungen für die auszulagernden Dienstleistungen im stationären System noch jene hinzuzurechnen wären, die kostenlos oder extrem billig im Krankenhaus erbracht werden. Tausende Arbeitsstunden von Jungärzten, tausende Arbeitsstunden von Fachärzten im Krankenhaus werden ohne Bezahlung und ohne Zeitausgleich erbracht, einfach aus Interesse oder infolge von Dringlichkeit. Und: Würde man das derzeit für praktische Ärzte verwendete Punktesystem auf die in Spitalsambulanzen erbrachten Leistungen anwenden, würde man alsbald erkennen, wie billig Spitalsambulanzen sind, wie teuer das System niedergelassener Ärzte ist. – Freilich, wenn man medizinische Dienstleistungen, die im Krankenhaus erbracht werden, einfach streicht, keine ambulante Behandlung und keine ambulanten Behandlungseinrichtungen vorsieht, spart man Kosten.
Das österreichische Bundesinstitut für Gesundheitswesen hat im Auftrag des Bundesministeriums für Gesundheit und Umweltschutz die »Nahbereichsversorgung im ambulanten Sektor« untersucht (Jean Paul Juchem/Elisabeth Türscherl: Nahbereichsversorgung im ambulanten Sektor. Wien 1986). Demnach beträgt die durchschnittliche Gesamtarbeitszeit des Allgemeinpraktikers in Österreich 50 bis 55 Wochenstunden. Davon verbringt der Arzt 25 Stunden (im Burgenland 20, in Salzburg und in Oberösterreich 26) in seiner Ordination. Für Hausbesuche inklusive Wegzeiten verbraucht er 14 Stunden (in Wien 10, in Oberösterreich 17). Für »mittelbare Krankenberatung inklusive Weiterbildung«, worunter Abrechnung mit Kassen, Erstellung von Gutachten, Führung der Hausapotheke, Praxisorganisation,

Lesen von Fachlektüre verstanden wird, werden nochmals 11 Stunden (in Vorarlberg 8, im Burgenland 17 Stunden) benötigt. Gearbeitet wird an 5 Tagen pro Woche, pro Patient hat der Arzt 10 Minuten zur Verfügung.
Mit dieser Arbeitsaufteilung sind übrigens 59 % der Kassenpraktiker »zufrieden«; 28 % wünschen sich mehr Freizeit.
Drei Daten sind auffällig: Die 10 Minuten Behandlungszeit pro Patient, die Öffnungszeit von 25 Stunden an 5 Tagen und die 59 % zufriedenen Ärzte.
Die *Drei-Minuten-Medizin* hat sich also um 7 Minuten erweitert; dagegen sind die Öffnungszeiten von Ordinationen gleich geblieben oder kürzer geworden, was die Mehrheit der Ärzte zufriedenstellt. (Daß die »Weiterbildung« zusammen mit fünf administrativen Tätigkeiten aufgeführt wird und die entsprechenden Zeitbudgets nicht gesondert erhoben wurden, erscheint bedenklich.)
Vergleicht man die zeitliche Belastung von Spitalsärzten – Mindestarbeitszeit im Spital 40 Stunden, durchschnittliche Arbeitszeit von Spitalsärzten 60 Stunden, maximale Arbeitszeit bis zu 100 Stunden – und zählt man das geforderte Ziel von 4 Wochen Weiterbildung pro Jahr hinzu, das in sehr guten Häusern – bestimmt nicht zum Nachteil der Patienten – auch erreicht wird, so stellt sich die Frage, wie viele Arbeitskräfte mit welchem Arbeitszeitbudget im ambulanten System organisiert werden müßten, um die Spitäler tatsächlich zu entlasten.
Es weiß auch niemand so genau, welche Teile der medizinischen Betreuung vom Krankenhaus ausgelagert oder in das Krankenhaus zurückverlagert werden sollen. Eine vorstationäre Diagnostik ist nicht immer angebracht. Auf alle Fälle aber müßten die stationären Behandler eingebunden werden, denn ein Behandlungssystem, in dem die einen ambulante Diagnostik, die anderen stationäre Therapie betreiben, ist aus vielen Gründen nicht ratsam. Ein derartiges System wäre überaus fehleranfällig, es führt neben der ohnehin bestehenden fachlichen Zersplitterung zu einer innerfachlichen Aufteilung medizinischer Arbeit in wichtige und unwichtige, es käme zu einer Verwässerung der Zuständigkeiten.
In Österreich wurden in den letzten 25 Jahren drei Krankenanstaltenpläne vorgelegt; gehalten hat keiner, verändert wurde nichts. Im letzten, von Gesundheitsministerin Christa Krammer

1995 vorgelegten, Plan wurde aber immerhin mit zwei Vorurteilen aufgeräumt: Pflegebetten sind nicht billiger als Spitalsbetten. Pflegebetten sind nur dann entscheidend billiger als Spitalsbetten, wenn Pflegebedürftigkeit ignoriert und Personal gespart wird. Und: Die Auslagerungsmöglichkeiten aus Spitälern ist gering. Denn die Belegdauer ist ohnehin überall gesunken, die Zahl der vermeidbaren Aufnahmen ist gering. (Nicht untersucht wurde die Zahl der vermeidbaren Leistungen, vor allem in der Diagnose.)

Nicht zu übersehen ist die Wirkung von *Selbstbehalten im ambulanten System*. Wenn bei Arzt- und Facharztbesuchen, bei Röntgenuntersuchungen und in der Labordiagnostik zusätzliche Kosten für die Patienten entstehen, werden diese versuchen, in das selbstbehaltlose Krankenhaus, in die Spitalsambulanzen auszuweichen. Sie tun es schon jetzt.

In der Studie des österreichischen Bundesinstitutes für Gesundheitswesen über die ambulante Versorgung werden neue Aufgaben für die Allgemeinmediziner beschrieben. Sie sollen sich neben ihrer kurativen Tätigkeit der *Gesundheitsaufklärung*, der *Gesundheitserziehung* und der *Gesundheitsstatistik* widmen. Die Praktiker sollen also mit Plakaten, Videofilmen und Referaten in den Dorf- und Gemeindestuben aufklären und erziehen. Und da die Datenlage in Österreich unzureichend ist, die sogenannte administrative Epidemiologie sich auf Krankenhausdiagnosen und die Erfassung von Todesursachen stützt und der gesamte ambulante Sektor unerfaßt bleibt, sollen die Praktiker bei der Datenerhebung mitwirken.

Wenn man einem praktischen Arzt, der 55 Stunden pro Woche arbeitet, weitere Aufgaben zumutet, wird er dies nur tun, wenn es sein Einkommen entscheidend verändert.

Überaus wichtig ist jedoch die Forderung, der Allgemeinmediziner möge seine Daten, also die Angaben über Diagnose- und Therapieschritte erfassen und weitergeben, um so die derzeit auf das Krankenhaus zentrierte Datenlage zu erweitern. Eine derartige vorstationäre Erfassung wäre jedoch nur dann sinnvoll, wenn das bisher rein medizinisch aufgefaßte *Modell von Krankheit* verlassen wird.

In der *administrativen Epidemiologie* ist Krankheit definiert als »biologisch-funktionelle Störung der Normalität«, als »Störung der Arbeits- und Leistungsfähigkeit«, die sich anhand von

Symptomen erkennen und nachweisen läßt. Geordnet nach Organsystemen und Körperfunktionen ergeben sich Register von Krankheiten und ihnen entsprechenden Behandlungen, die sich auf Linderung und Beseitigung von Körperfunktionsstörungen konzentrieren. Diese Art von biologisch ausgerichteter Kurativmedizin fragt nicht, woher die Störung kommt, was sie sozial und lebensgeschichtlich für den Kranken und seine Angehörigen bedeutet. Erfaßt und stationär behandelt werden definierte Krankheiten. Der große Rest, nämlich 70 % aller Leidenszustände vor und außerhalb der definierten Krankheitsbilder, bleibt unerfaßt, weil er nicht ins stationäre System gelangt. Die Mehrheit dieser von der Schulmedizin ausgesperrten Leidenden findet zur Alternativmedizin, nicht wenige landen bei zweifelhaften Heilkünstlern aller Art. Nicht zu vergessen die große Zahl von Patienten, die Selbstmedikation betreiben.

Nun ist offenkundig, daß eine Datenlage, die 70 % der Leidenszustände der Menschen ausfiltert, sich wenig für Planung eignet, vorgelegte Konzepte gemäß der administrativen Epidemiologie daher realitätsfern sind, wenig zielführende Versorgungssysteme ansteuern und auch zu praxisferner Ausbildung von Ärzten und Medizinpersonal führt. Nimmt man diese Störungen ernst, kommt man zu einer patientennahen, frühzeitigen Erfassung von Gesundheitsstörungen, die auch wesentlich mehr über die Verursachung von Krankheit aussagen.

Eine derart erweiterte, *vor* dem Krankenhaus angesiedelte Epidemiologie, richtet den Blick auf Arbeits- und Lebensverhältnisse, erfaßt Krankheitsursachen, sucht nach medizinischen und sozialen Lösungsmöglichkeiten – führt also zur Primärprävention, führt aber auch aus der Individualisierung von Krankheit und der Selbstschuld-Theorie heraus.

Wenn also das Krankheitsspektrum und das Leidensspektrum erweitert wahrgenommen wird, neben den Krankheiten auch die Gesundheitsstörungen erfaßt werden und diese Erfassung in verschiedenen Regionen und an unterschiedlichen Arbeitsplätzen erfolgt, lassen sich Pläne für den Aus- und den Umbau des ambulanten und des stationären Sektors schaffen.

Es ist freilich undenkbar, daß die erweiterte epidemiologische Erfassung der Gesundheitsstörungen den Allgemeinmedizinern abverlangt werden könnte. Zu gründen wäre vielmehr ein Institut für Epidemiologie, das in angewandter Forschung diese Auf-

gabe übernimmt und gleichzeitig Präventivpersonal ausbildet – und dies müßten nicht unbedingt Ärzte sein.
Gleichgültigkeit gegenüber der Verursachung von Unglück und Krankheit ist ein Merkmal der diagnostisch-technisch ausufernden, therapeutisch recht schmalspurigen Reparaturmedizin. Der Arzt zeichnet sich durch hohe fachliche Kompetenz, soziale Gleichgültigkeit und gesundheitspolitisches Desinteresse aus. Diese hochentwickelte anerzogene Einseitigkeit spiegelt sich auch in den Forschungsvorhaben wider: Es dominieren neben der Zellforschung, neben Tierexperimenten die naturwissenschaftlich-technischen Projekte, also die Weiterentwicklung von Implantaten, Prothesen, Operationsverfahren, die Pharmaforschung. Alle Mittel fließen in die naturwissenschaftlich-biologische Medizin, nichts in die sozialmedizinische Forschung, nahezu nichts in Richtung Prävention. Die Einseitigkeit wird noch dadurch gefestigt, daß die Pharma- und die technische Zulieferindustrie umsatzgebundene Forschungsfonds einrichten und damit Forschungsprojeke sponsern, die den Absatz ihrer Produkte garantieren und erweitern. Selbstverständlich geschieht dies alles »zum Wohle des Patienten«.
Eine Gegensteuerung, also eine Krankheitsursachenforschung, eine an Primärprävention orientierte Forschung wäre dringend notwendig. So könnte durch Forschungspolitik Gesundheitspolitik gemacht werden.
Es gibt also viele Gründe, nicht nur jenen einer möglichen Kostensenkung, das Gesundheitssystem aus den festgefahrenen Institutionen der Kurativmedizin, dem Krankenhaus- und dem Ordinationssystem, herauszulösen. Ernst Berger, Mitarbeiter an der »Systemanalyse des Gesundheitssicherungssystems in Österreich« (durchgeführt im Auftrag des Bundeskanzleramtes am Institut für Höhere Studien in Wien, 2 Bände, Wien 1978), hat in einer Fortführung der dort gemachten Reformvorschläge die Schaffung eines *integrierten Gesundheitssicherungssystems* vorgeschlagen, dessen Schwerpunkt in dezentralen, kontextnahen *Basiseinheiten* liegt, in denen kurative und präventive Medizin und offensive Sozialarbeit integriert werden und die überdies Ausbildung und Dokumentation umfassen. Dieses institutionalisierte System ist zu verknüpfen mit einem System von Laienhelfern, die es im Gegensatz zum jetzigen System ermöglichen, die Nahtstelle zwischen Bevölkerung und institutionalisierten Ver-

sorgungssystemen weit in die *Peripherie* zu verschieben. (vgl. Ernst Berger: Das System der ambulanten und stationären Versorgung. Gesundheit im gesellschaftlichen Konflikt. München 1980, S. 239)

Neben dem Krankenhaussystem, neben den stationären und semistationären Einrichtungen und den regional erforderlichen Fachabteilungen wären also medizinische Zentren zu errichten, die Allgemeinmedizin, Facharztteams, psychiatrische Dienste, Sozialarbeiterteams, Stützpunkte für Heimhilfe und Hauskrankenpflege, sozialmedizinische Dokumentation, also ein kurativ-präventiv-sozialmedizinisch orientiertes ambulantes System repräsentieren. Mobile Teams könnten über Ambulanzstationen in Wohngebiete, an Arbeitsplätze und in Schulen gehen.

Die bereits jetzt bestehenden, aber völlig unterentwickelten Bereiche Arbeitsmedizin, Umweltmedizin und das Schularztsystem sollten aufgewertet und aktiviert werden.

Derart veränderte Versorgungsstrukturen müßten sich dann auch in Studium und Ausbildung niederschlagen. Beide sind bislang klinisch ausgerichtet, bieten also jenes Diagnose- und Therapieschema, das im Krankenhaus entwickelt und angeboten wird.

Zehn Forderungen an die österreichische Gesundheitspolitik

1. Die ebenso alte wie neoliberale Behauptung, der freie Markt regle alles vortrefflich, der Staat sei als Unternehmer ein Versager, stimmt für die Organisation eines Gesundheitssystems, das für alle gesellschaftlichen Schichten benützbar und für alle Probleme der Gesundheitssicherung zuständig ist, nicht. Das österreichische System, eine Mischung aus halbstaatlich-obligatem System und aus Selbstverwaltung der Versicherten, hat den Wettbewerb »Markt versus Staat« längst zugunsten des bestehenden halbstaatlichen Systems entschieden: 99 % der Bevölkerung sind versichert und haben Anspruch auf Versicherungsleistungen.

   Es gibt medizinisch, aber auch, was die Kosten-Nutzen-Analyse betrifft, kein Gesundheitssicherungssystem, das dem hierzulande bestehenden System überlegen wäre. Das beweisen auch komparative Studien.

Es ist daher politisch vertretbar, dieses System auszubauen. Es ist Aufgabe der Politik, die hierfür notwendigen Mittel bereitzustellen. 9,7 % des Bruttonationalproduktes sind absolut vertretbar, bedenkt man die Qualität der erbrachten Leistungen und den Nutzen für alle Bürger dieses Landes.

2. Krankheit und Invalidität sind nicht durch persönliches Fehlverhalten verursacht. Die im Vordergrund stehenden »Killerkrankheiten« – coronare Herzkrankheiten, Lungen- und Brustkrebs, Asthma oder Arthrose – sind als Zivilisationsschäden, als gesellschaftlich verursachtes Körperunglück zu sehen. Selbst wenn sie vordergründig als selbstschädigendes Verhalten gesehen werden, sind Suchtverhalten, Bewegungsarmut, Übergewicht nicht Ergebnis eines langgehegten Wunsches. Die von ungebildeter konservativer Seite, auch von Ärzten, oft beschworene *Selbstschuld-Theorie* ist medizinisch und wissenschaftlich nicht haltbar, zudem in keiner Weise hilfreich im Umgang mit dem gestellten Problem der Heilung und Verhinderung von Zivilisationskrankheiten, auch dem Abbau von selbstschädigendem Verhalten.
   Gesellschaftlich verursachte Gesundheitsprobleme müssen auch gesellschaftlich organisiert gelöst werden.
3. Die Finanzierung des Gesundheitssicherungssystems im Rahmen des Sozialstaats gerät mit Sicherheit dann in eine Krise, wenn das System weiterhin überwiegend von an Lohn und Gehalt gekoppelten Beiträgen und Steuern erhalten wird. Zunehmende Arbeitslosigkeit, abnehmendes Lohn- und Gehaltsniveau, Vermehrung von Arbeitsplätzen mit geringfügigem, beitragsfreiem Einkommen bei gleichzeitig steigender Lebenserwartung stellen schon jetzt ein Problem dar, das nicht durch Anspruchskürzungen oder Selbstbehaltsvorschreibungen an die Konsumenten des Systems gelöst werden kann.
   Die Mittel für den Sozialstaat und das Gesundheitssystem sind auch durch Beitragszahlungen und Steuern aus Gewinn und Wertschöpfung aufzubringen.
   Die Sozialstaatsidee ist, wenn nötig, per Volksabstimmung zu sichern und in die Verfassung aufzunehmen: »Die Republik Österreich ist ein demokratischer und sozialer Staat.«
   Ausbau und Absicherung der Gesundheitssicherung für alle soll als politische Aufgabe festgelegt werden. Dies entspräche

auch dem Grundkonsens für soziale Wohlfahrt in Österreich, entspricht der Europäischen Konvention zum Schutz der Menschenrechte (1958), der unser Land beigetreten ist. »Der Sozialstaat sichert gleichen subjektiven Freiheiten erst ihren Gebrauchswert« (Jürgen Habermas, Frankfurter Rundschau, 3.12.1995).

4. Auch das historisch gewachsene, wertvolle Gesundheitssicherungssystem bedarf der Anpassung und Verbesserung und muß weiterhin ausgebaut und den Bedürfnissen von Patienten angeglichen werden. Die derzeit bestehenden Brüche zwischen ambulantem und stationärem System, wie Verständigungsschwierigkeiten zwischen Krankenhaus, Allgemeinmedizin und niedergelassenem Facharztsystem, die ausufernde Mehrfachdiagnostik und die blinde, unkontrollierte Verordnung von Medikamenten sind teuer, ineffizient und gefährden die Gesundheit ohnehin kranker Menschen.

   Die Beseitigung dieses chaotischen Systems in überschaubare, für alle möglichst gleich gut erreichbare, untereinander kommunizierende, ambulante und stationäre Einrichtungen wäre nicht nur schonend und gesundheitsfördernd für den Patienten, sie wäre auch kostensenkend.

   Wenn wir das Krankheitsspektrum und die Krankheitsentwicklung in den verschiedenen Regionen, Schichten und Altersklassen erfassen und beschreiben, können wir Pläne für den Aus- und den Umbau des ambulanten und stationären Sektors erarbeiten. Schülerzahl und Schulziel bestimmen Art und Verteilung der Bildungsstätten – Zahl und Art der Erkrankungen sollen Zahl und Art der Gesundheitseinrichtungen bestimmen.

   Die Kunst, Krankheitsspektrum und Krankheitsentwicklung in einem Land vorausschauend zu beurteilen, nennt man Epidemiologie. Die epidemiologische Sichtweise läßt auch Rückschlüsse auf die Verursachung von Krankheiten zu und ermöglicht präventive Maßnahmen.

   Der Errichtung eines Österreichischen Epidemiologieinstitutes, dem alle Gesundheitsdaten zur Verfügung stehen, jene aus dem ambulanten und dem stationären System, ist der erste Schritt zur Vorbereitung eines österreichischen Gesundheitsplanes zur Beseitigung des teuren Chaos.

   Da die Niederlassungsfreiheit der Ärzteschaft jedem vernünftigen Planungsdenken entgegensteht, muß diese Freiheit zugunsten einer wohlorganisierten Versorgung fallen.

5. Dem bestehenden, ebenso gefährlichen wie teuren Chaos im Versorgungssystem entspricht die chaotische Situation in der Gesundheitspolitik. Die traurige Geschichte der Krankenanstaltenfinanzierung (d. h. des Krazaf) zeigt, daß hier ein politisches System der Ver- und Behinderung entstanden ist, das nun schon durch Jahrzehnte seine Inkompetenz bewiesen hat und sich eben anschickt, aus einem ungelösten zentralen Problem der Finanzierung neun dezentrale Probleme der Finanzierung zu zimmern. Neun Ländertöpfe mit *Gestaltungsfunktionen* werden um 30 Mio. öS Grundlagenforschung betreiben. Ohne Mitwissen der Patienten und der Bevölkerung, ohne Mitwissen der Ärzte und des Pflegepersonals soll ein verbindlicher Krankenanstaltenplan, ein verbindlicher Großgeräteplan, ein Ambulanzplan entwickelt, soll Qualitätssicherung durchgeführt, soll das Gesundheitssicherungssystem weiterentwickelt werden. Die bürokratisch organisierten Strukturkommissionen sollen all diese Pläne bis zum 1. Jänner 1997 fertiggestellt haben. – Es wird bis zu diesem Termin keine Pläne geben.

   Diese chaotische Kompetenzlage zwischen Bund, Ländern, Gemeinden, Sozialministerium, Finanzministerium, Gesundheitsministerium und Sozialversicherungsträgern muß beseitigt werden. Die Gesundheitssicherung muß, gemäß Verfassung, Sache des Bundes werden. Der Bund seinerseits muß sich entscheiden, entweder ein Gesundheitsministerium mit Kompetenzen zu errichten oder das Gesundheitsministerium zu beseitigen.

   Die Länder sollen, gemeinsam mit Patientenvertretern und Gesundheitsarbeitern (Pfleger, Schwestern, Spitalsärzte, Allgemeinmediziner) regionale Versorgungspläne erstellen. Spitalsplan und Spitalsfinanzierung ist Bundessache, regionale ambulante Versorgung ist Sache der Länder.

6. Bisher flossen zwei Drittel der Mittel in die Spitalsfinanzierung, ein Drittel in das ambulante Gesundheitssystem. Es gab weder Mittel noch Pläne für eine Primärprävention. Die Krankheitsursachenforschung und die daraus resultierenden arbeitsmedizinischen, umweltmedizinischen und sozialmedizinischen Gesundheitsprogramme müssen forciert werden.

Programme gegen die Entstehung von Zivilisationskrankheiten (Infarkt, Karzinom) sind wichtiger als die weltweit organisierte Bereitstellung von Organen für die Transplantationsmedizin.
Ärzte sind, bedingt durch Ausbildungsdefizite und aufgrund ihrer Auslastung im Beruf, nicht in der Lage, zusätzliche Verpflichtungen in der Krankheitsverhütung zu übernehmen. Der völlig unterentwickelte Präventivsektor im österreichischen Gesundheitwesen beweist dies zur Genüge. Es muß daher in zu schaffenden Gesundheitsakademien und in epidemiologischen Zentren Präventivpersonal ausgebildet und so angesiedelt werden, daß Gesundheitsvorsorge in Arbeits- und Freizeitwelt sinnvoll realisiert werden kann.
Die Präventivmedizin muß der Scheinverwaltung durch niedergelassene Ärzte entrissen werden.
Für die Präventivmedizin sind 20 % des Gesundheitsbudgets vorzusehen.

7. Die Ansprüche und Rechte von Patienten, sowohl jene gegenüber dem Krankenhaus wie jene gegenüber jedem Diagnostiker und Behandler, sind zu definieren.
Es muß endlich klar werden, daß alle gesammelten Daten und Informationen über einen Patienten (Krankengeschichte, Röntgenbilder, Laborbefunde) diesem gehören, er also selbstverständlich gesetzlich geschützten Anspruch auf diese Daten und Informationen hat. Dies auch zu seinem Schutz. Untersuchungen haben ergeben, daß jene Patienten vor Fehlbehandlungen bis hin zu tragischen Verwechslungen am besten geschützt sind, die einen hohen Informationsstand über ihren Körper und ihre Erkrankung, Verletzung oder Behinderung aufweisen.
Derzeit schuldet der Arzt seinem Patienten nur eine *lege artis*-Behandlung, d. h., Diagnose und Therapie müssen dem letzten Stand der Wissenschaft entsprechen. Es ist zu überlegen, ob bei schlechten, unbefriedigenden, mit Entstellung oder Behinderung einhergehenden Behandlungsergebnissen nicht ebenfalls eine Haftung durch das medizinische System gegeben sein muß. Die ärztliche Haftpflicht wäre also zu erweitern, ein entsprechendes Versicherungssystem zu gestalten.
Um im Sozialversicherungssystem eine echte Patientenverwaltung zu etablieren, sind die Selbstverwaltungskörper-

schaften in den Sozialversicherungsanstalten (Krankenkasse, Allgemeine Unfallversicherungsanstalt) den Traditionsparteien ÖVP und SPÖ zu entreißen. Die Mitglieder der Selbstverwaltung sollen regional gewählt werden, wie dies vor 1938 der Fall war.

8. Die Qualität und die Leistungsfähigkeit von Spitälern werden hauptsächlich durch Zahl und Ausbildungsgrad des Pflegepersonals, erst in zweiter Linie durch Zahl und Ausbildungsgrad der Ärzteschaft bestimmt. Um Qualität und Leistungsfähigkeit der Spitäler zu erhalten, sind die Krankenpflegeschulen in Akademien umzuwandeln. Akademische Ausbildung bedarf dann auch einer akademischen Entlohnung. Krankenschwestern, die im Schichtdienst Nacht- und Wochenenddienste absolvieren, müssen nach 25 Dienstjahren, spätestens mit dem 50. Lebensjahr, bei gleichbleibender Entlohnung aus dieser Schwerstbelastung genommen werden.
9. Zur Qualitätssicherung im ambulanten und stationären System ist für das gesamte Gesundheitspersonal, für Ärzte, Schwestern und das medizinisch-technische Personal, ein verpflichtendes Fort- und Weiterbildungssystem zu erstellen. Mindestzeit pro Jahr: 4 Wochen.
   Die Kosten für eine derartige Qualitätssicherung im Gesundheitssicherungssystem sind weit geringer als die Folgekosten aus Unbildung und Ignoranz.
   Zur Qualitätssicherung gehört selbstverständlich auch die Verabschiedung eines für alle Spitalsärzte in Österreich gültigen Arbeitszeitgesetzes. Ärzte, denen man Arbeitszeiten bis zu 100 Stunden zumutet, gefährden ihre eigene Gesundheit und sind eine Gefahr für die Gesundheit der Patienten.
10. Kranksein bedeutet nicht nur eine Beeinträchtigung des Wohlbefindens und der Leistungsfähigkeit, sondern auch den Verlust der sozialen Rolle und eine existenzielle Bedrohung infolge Einkommensminderung oder Einkommensverlust. Schwere Erkrankung oder Verletzung und chronische Erkrankung oder dauerhafte Verletzungsfolgen verursachen schwere soziale Probleme, für die Angehörigen, oft für Frau und Kinder.
    Fast immer sind zweierlei Bürokratien zuständig, fast immer steht der in Not Geratene zwischen Gesundheits- und Sozial-

bürokratie. Diese Zweiteilung ist menschenverachtend und schafft Probleme, anstatt sie zu lösen. Gesundheits- und Sozialbürokratie müssen daher zusammengelegt werden.
Darüber hinaus ist auch das menschenverachtende Kontrollarzt-System abzuschaffen. Der behandelnde Arzt und sein Patient bedürfen keiner Kontrolle durch eine ignorante Gesundheitspolizei.

Emmerich Tálos

Alterssicherung: Ein Umbau ist notwendig

Vorbemerkung

Daß es 40 Jahre nach der Verabschiedung der einschlägigen Regelungen im Gebälk der Pensionsversicherung beträchtlich kracht, ist wohl unüberhörbar: Schlagzeilen wie »Pensionen sind unfinanzierbar« und »Generationenvertrag wackelt« zählen mittlerweile zum vertrauten Repertoire politischer Rhetorik. Einschneidende Änderungen der ökonomischen und sozialen Rahmenbedingungen korrespondieren mit einem wachsenden Pessimismus darüber, was es mit »wohlerworbenen Rechten« in Zukunft noch auf sich haben wird. Dieser Pessimismus wird nicht geringer – angesichts eines in immer kürzeren Zeitabständen erfolgenden »Reformkarussells«. Die Frage, die sich angesichts der heute bereits realiter vorhandenen und für die weitere Entwicklung absehbaren Herausforderungen stellt, ist, ob das Fortschreiten in den vor Jahrzehnten abgesteckten Bahnen ein tauglicher Weg ist oder ob es nicht – entgegen der Sicht der heute entscheidungsrelevanten politischen und gesellschaftlichen Kräfte – eines strukturellen Umbaus der tradierten Struktur der Alterssicherung bedarf.

I. Grundlegung und Ausbau der Alterssicherung in der Zweiten Republik

Vor mehr als vierzig Jahren ist das sozialversicherungspolitische Grundgesetz der Zweiten Republik beschlossen worden. Es ging dabei einerseits um die Kodifikation der einschlägigen Regelungen, die seit den Anfängen der österreichischen Sozialversicherung im ausgehenden 19. Jahrhundert in je eigenständigen Gesetzen beschlossen und novelliert worden waren. Auf der anderen Seite wurden mit der Kodifikation zugleich Neuregelungen beschlossen, die insbesondere die Pensionsversicherung betrafen. Diese Neuerungen bildeten zusammen mit den tradierten Grund- und Gestaltungsprinzipien das Grundgerüst des Systems der Alterssicherung, das – ungeachtet der verschiedenen Veränderungen – die Entwicklung bis heute prägen sollte.

Eine zentrale Ausgangsbasis für die Kodifikation des österreichischen Sozialversicherungsrechtes im Jahr 1955 bildete jenes Prinzip, das die österreichische Sozialversicherung seit ihren Anfängen kennzeichnet: die Anbindung des Anspruchs auf Leistungen an bezahlte Arbeit und Beitragsleistung.

Ungeachtet der damals auch in Österreich in Reaktion auf den britischen Beveridge-Plan geführten Diskussionen und ventilierten Vorschläge einer *Volkspension* (vgl. Tálos 1989, S. 203) ist diese Anbindung der bestimmende Referenzpunkt der sozialen Sicherung im Alter.

In engem Zusammenhang damit steht traditionell ein zweites Gestaltungsprinzip: die Äquivalenzrelation zwischen Höhe und Dauer der Beitragsleistung und dem Niveau der Leistungen der Pensionsversicherung. Angesichts von Nivellierungstendenzen vor 1955 – bedingt durch die verfolgte Anpassungsstrategie an die wirtschaftlichen Verhältnisse der Nachkriegszeit in Form von festen Zuschlägen (z. B. Ernährungszulage, Beihilfen) – zielte die Neuregelung im Jahr 1955 u. a. vor allem auch darauf ab, den Grundsatz der Äquivalenz wieder stärker zur Geltung zu bringen: »Entscheidender noch als von der Dauer der anrechenbaren Versicherungszeit wird die Höhe der Rente von der Bemessungsgrundlage abhängen, d. h. von der Höhe der Löhne, der Gehälter oder überhaupt den Summen, die der Beitragsentrichtung zugrunde liegen« (613 d. B. zu den Sten. Prot. d. NR, VII. GP., S. 23).

In besonderer Weise finden beide Prinzipien ihren Niederschlag in jener Zielsetzung, die von den 1955 ebenso wie heute bestimmenden Parteien, SPÖ und ÖVP, propagiert wurde und wird: das Prinzip der Sicherung des Lebensstandards. Das Ziel der 1955 beschlossenen Neuregelung der Rentenberechnung war es, »die Rente möglichst an den höchsten, während eines Berufslebens erreichten Lebensstandard anzugleichen und damit dem Versicherten das beruhigende Gefühl zu geben, daß sein materieller Lebensstandard beim Eintritt in den Ruhestand keine unerträgliche Einbuße erleiden kann« (613 d. B., S. 2). Daß dafür nicht nur die Integration in den Arbeitsmarkt, d. h. ein an Erwerbsarbeit gebundenes Versicherungsverhältnis überhaupt, sondern auch eine entsprechende Dauer wesentliche Voraussetzungen sind, wird am Gesetz aus 1955 deutlich: Erst mit 40 Versicherungsjahren werden 72 % der Bemessungsgrundlage erreicht.

Das Höchstausmaß von 79,5 % hat 45 Versicherungsjahre zur Voraussetzung.
Unübersehbar stellt ein an derartige Bedingungen geknüpftes Prinzip der Lebensstandardisierung in erster Linie auf Erwerbsbiographien von Männern ab. Wie aus einer Untersuchung der Einkommensersatzrate ersichtlich ist, bestehen im österreichischen Pensionssystem recht beträchtliche geschlechtsspezifische Unterschiede in der Sicherung des Lebensstandards (vgl. Stefanits, 1989; Tálos/Wörister, 1994, S. 186).
Eine Abweichung vom Grundsatz der Äquivalenz bedeutete die Einführung der Ausgleichszulage, die an Stelle der bisherigen Mindestrenten trat. Als eine an die Voraussetzung des Anspruches auf Pensionsversicherung und zugleich der Notlage gebundene Leistung stellt sie weder eine universelle noch eine für alle Pensionsbezieher zugängliche Mindestrente dar.
Der im Gesetz festgelegte Modus der Finanzierung hielt sich in traditionellen Bahnen: Kernpunkte sind die Beiträge von Arbeitnehmern und Arbeitgebern. Letztere werden von der Lohnsumme berechnet und stellen einen Lohnkostenbestandteil dar. Im Unterschied zur Entwicklung vor 1938 wurde der Finanzierungsmodus dahingehend verändert, daß eine neue Quelle eingeführt wurde: der staatliche Beitrag zur Pensionsversicherung.
Für Politiker der fünfziger Jahre war klar, daß für ein derartiges, an Erwerbsarbeit gebundenes System Vollbeschäftigung und eine günstige zahlenmäßige Relation zwischen Erwerbstätigen und Pensionsbeziehern wichtige Voraussetzungen sind (vgl. dazu die Parlamentsdebatte am 9.9.1955). Mögliche negative Rückwirkungen veränderter wirtschaftlicher Bedingungen auf das staatliche Budget und die Gebarungssituation der Sozialversicherung spielten im Kontext eines kräftigen Wirtschaftswachstums, abnehmender Erwerbslosenzahlen[1] und steigender Einkommen in den fünfziger Jahren vorerst noch keine Rolle.
Daß dieses System aufgrund seines spezifischen Finanzierungsmodus auf einem *impliziten Generationenvertrag* basiert, wurde nicht systematisch diskutiert, sondern eher nur beiläufig angesprochen (vgl. Abgeordneter Köck, Sten. Prot. d. NR, 9.9.1955, S. 3650). Dieser fiktive Vertrag besteht darin, »daß sich die erwerbstätige Generation zur Zahlung der Leistungen an die in Pension befindliche Generation verpflichtet, unter der Annahme, daß sie selbst, wenn sie das Pensionsalter erreicht hat, von

der dann erwerbstätigen Generation die Leistungen in gleicher Weise finanziert erhält. [...] Alle eingehenden Beiträge werden im wesentlichen sofort wieder ausgegeben. Wie man sieht, kann dieses System nur funktionieren, wenn die erwerbstätige Generation in der Lage ist, die Pensionen für die Leistungsempfänger zu finanzieren. Offensichtlich ist diese Art der Finanzierung stark von der Altersstruktur der Bevölkerung abhängig. Je mehr Pensionisten auf eine bestimmte Anzahl von Erwerbstätigen entfallen, um so mehr werden diese Erwerbstätigen an Leistungen für diese Pensionisten zu erbringen haben. Ändert sich die Altersstruktur in Richtung einer Überalterung der Bevölkerung, dann geht dies bei einer Finanzierung der Pensionsversicherung nach dem Umlageverfahren zu Lasten der Erwerbstätigen« (Wolff, 1989, S. 120).

Ohne jegliche Problematisierung blieb auch die geschlechtsspezifische Selektivität eines derart ausgeformten Pensionssystems: Die strukturelle Benachteiligung von Frauen in einem System, das die Dauer und Höhe von Einkommen honoriert, wurde weder im Hinblick auf die beträchtliche ungleiche Einkommenssituation noch auf die Unterbrechung der Erwerbsbiographie infolge der Leistung familiärer Arbeit thematisiert.

Die Altersversorgung der Beamten, die ihre Pension nach wie vor vom jeweiligen Dienstgeber (Bund, Länder usw.) erhalten, blieb von der ASVG-Regelung unberührt. Dies bedeutete für die weitere Entwicklung die Aufrechterhaltung der beträchtlichen Unterschiede in der Altersversorgung zwischen öffentlich und privat Bediensteten.

Den politischen Entscheidungsträgern im Jahr 1955 war durchaus bewußt, daß die Verabschiedung des ASVG – beinhaltend die Kodifikation des österreichischen Sozialrechts, einige Neuerungen und Verbesserungen – keine allumfassende und grundlegende Sozialreform bedeutete. Ein derartiges Unterfangen, dessen Notwendigkeit damals bereits deutlich hervorgestrichen worden ist, wurde allerdings vorerst vertagt. Dennoch heißt es: »Die Feststellungen über den neuen Rentenaufbau sollen nun nicht etwa die Tatsache bestreiten, daß auch in Österreich früher oder später eine echte und grundlegende Sozialreform durchgeführt werden muß. Die österreichische Sozialversicherung, die in ihren Grundzügen der sogenannten klassischen Sozialversicherung, wie sie in Deutschland ausgebildet wurde, entspricht, blickt immerhin auf ein Alter von nahezu 70 Jahren zurück. Wenn man bedenkt, welche gewaltigen Änderungen in den gesellschaftlichen, wirtschaftlichen und demographischen Verhältnissen eingetreten sind, so drängt sich von selbst der Gedanke auf, daß es notwendig wird zu prüfen, inwieweit die Sozialversicherung in den überkommenen Formen geeignet ist, der Forderung nach umfassender sozialer Sicherung der Gesamtbevölkerung bestmöglich zu dienen. Nach allgemeiner Auffassung des Ausschusses ist eine umgehende Untersuchung dieser Frage unbedingt erforderlich [...]« (613 d. B., S. 2 f.).

Die dafür Verantwortlichen gingen allerdings keineswegs unverzüglich ans Werk. Das ASVG blieb mit seinen inhaltlichen und institutionellen Gestaltungsprinzipien und seinem Finanzierungsmodus jener Rahmen, innerhalb dessen sich die Entwicklung der Pensionsversicherung in den nächsten Jahren abspielte. Das wird nicht nur daran deutlich, daß die *Volkspension* bald kein Thema mehr war, sondern auch daran, daß der – ebenso wie in anderen westeuropäischen Ländern (vgl. Alber, 1982; Flora, 1986; Schmidt, 1988; Pierson, 1992) – stattfindende Ausbau der Sozialversicherung hierzulande in den tradierten Bahnen erfolgte. Exemplarisch zeigt sich dies daran, daß die Ausweitung der personellen Reichweite der Pensionsversicherung dem Grundsatz der Erwerbsarbeitsorientierung folgte. In den folgenden Jahrzehnten wurden diverse Gruppen von Selbständigen einbezogen: von den gewerblich Selbständigen (1958), den Bauern (Provisorium 1958, Definitivum 1971) bis hin zu den freiberuflich selbständig Erwerbstätigen (1979).

Einen Kernpunkt der Veränderungen im Leistungsbereich stellt die Beseitigung einer im Gesetz aus 1955 noch enthaltenen Lükke dar: die Regelung der Pensionsanpassung, die auf eine Wertsicherung der Renten durch die Anpassung der Geldleistungen an die sich ständig verändernden wirtschaftlichen Verhältnisse abzielt (in Kraft seit 1966).

Unter den nach der Verabschiedung des ASVG beschlossenen Maßnahmen können wiederholte Anhebungen der Richtsätze der Ausgleichszulagen, die Einführung einer vorzeitigen Alterspension bei Erwerbslosigkeit (1958) und bei langer Versicherungsdauer sowie der 14. Pension (1961), die Erhöhung der Witwenpension und die Einführung der Witwerpension (1981) genannt werden. Letztere wurde analog dem Gleichheitsgebot,

allerdings ohne soziale Dringlichkeit, unter enormem zeitlichen Druck beschlossen.
In Reaktion auf den Anstieg der Erwerbslosigkeit älterer Menschen wurde Ende der siebziger und in der ersten Hälfte der achtziger Jahre der vorzeitige Übergang in die Pension gefördert: durch Novellierungen des Sonderunterstützungsgesetzes, durch Veränderungen der Anspruchsvoraussetzungen für vorzeitige Alterspensionen bei langer Versicherungsdauer und im Fall der Invalidität (vgl. Tálos, 1987 S. 110 f., 127 f.). Diese Verschiebung von Arbeitsmarktproblemen in die Pensionsversicherung hatte für letztere langfristig beträchtliche negative finanzielle Konsequenzen.
Der personelle und sachliche Ausbau der Pensionsversicherung schlug sich zum einen in enorm gestiegenen Gesamtaufwendungen, zum anderen in Veränderungen auf der Einnahmenseite nieder. Der Gesamtaufwand der Pensionsversicherung (einschließlich Ausgleichszulagen) stieg von 4,7 Mrd. öS im Jahr 1956 auf 100 Mrd. öS im Jahr 1980. Dieser steigende Aufwand wurde gedeckt durch beträchtlich angehobene Beiträge: So entwickelte sich der Beitragssatz in der Arbeiterpensionsversicherung von 12 % (Arbeitgeber- plus Arbeitnehmerbeitrag je 6 %) im Jahr 1956 (bei Angestellten 11 %) auf 20,5 % im Jahr 1980 (Arbeitgeberbeitrag 10,75 %, Arbeitnehmerbeitrag 9,75 %). Der Anteil der Bundesmittel an den Gesamtaufwendungen in Prozent stieg nach 1955 an und erreichte im Jahr 1977 mit 34 % einen in der bisherigen Entwicklung – insbesondere im Gefolge von politischen Gegenstrategien seit den achtziger Jahren – nicht mehr erreichten Höhepunkt.

II. Zur aktuellen Entwicklung der Pensionsversicherung in einem veränderten Umfeld

Das »goldene Zeitalter« des Sozialstaates (Flora, 1986; Tálos/Wörister, 1994) ist seit den achtziger Jahren auch für das Pensionsversicherungssystem vorbei. Jene Voraussetzungen, auf denen das Mitte der fünfziger Jahre gesetzlich festgelegte Grundmodell der Alterssicherung der Zweiten Republik basierte und basiert, sind in dieser Form nicht mehr gegeben bzw. unterliegen großen Veränderungen. Das geltende Pensionsversicherungssystem ist in quantitativer wie qualitativer Hinsicht tangiert.

1. Veränderte Voraussetzungen

Wenn auch von der gesellschaftlichen Realität und vom Optimismus der Entscheidungsträger in den fünfziger Jahren überlagert, basierte dieses damals gesetzlich festgelegte Grundmodell der Alterssicherung auf besonderen Voraussetzungen, die in mehrfacher Hinsicht Einfallstore für Probleme werden können: Eine zentrale Voraussetzung zur Realisierung des Zieles einer ausreichenden materiellen Versorgung stellt eine ununterbrochene und vollzeitige Erwerbsbiographie, das sogenannte Normalarbeits(zeit)verhältnis dar. Neben der traditionellen und weitgehend unverändert andauernden Abweichung von dieser Voraussetzung durch die ungleiche Verteilung familiärer Arbeit zwischen den Geschlechtern, zeichnen sich seit den achtziger Jahren verstärkt weitere Abweichungen ab. Diese bestehen zum einen in Schwierigkeiten der Integration in den und des Verbleibs im Arbeitsmarkt, zum anderen in der Ausübung atypischer Beschäftigungen. Diese Abweichungen gehen mit mehr oder weniger weitreichenden substantiellen Einschränkungen der Versorgungsdichte und der Qualität materieller Sicherung (Lebensstandardsicherung) einher. Im Unterschied zu den siebziger Jahren ist Erwerbslosigkeit seit Beginn der achtziger Jahre nicht nur zu einem andauernden, sondern auch zu einem quantitativ beträchtlichen, nach Geschlecht, Alter, Ausbildung und Staatsbürgerstatus ungleich verteilten Problem geworden. Dem Ende der Vollbeschäftigung im Jahr 1982 mit einer Arbeitslosenrate von 3,7 % folgte ein fast durchgängiger Anstieg der Erwerbslosigkeit. Ausnahmen stellen die Hochkonjunktur-Jahre 1988/89 dar. Am gesamten Trend änderte auch das Faktum nichts, daß in den letzten Jahren die Zahl der unselbständig Beschäftigten beträchtlich angewachsen ist (1980: 2,8 Mio.; 1995: 3,07 Mio.).

Tabelle: Arbeitslosenquoten* 1981–1995

1981	2,4 %	1986	5,2 %	1991	5,8 %
1982	3,7 %	1987	5,6 %	1992	5,9 %
1983	4,5 %	1988	5,3 %	1993	6,8 %
1984	4,5 %	1989	5,0 %	1994	6,5 %
1985	4,8 %	1990	5,4 %	1995	6,6 %

* Prozentanteil der Erwerbslosen am Arbeitskräftepotential (Unselbständige und Erwerbslose)

Den vorläufigen Höhepunkt hinsichtlich Erwerbslosigkeit markiert das Jahr 1996. Die Zahl der gemeldeten Arbeitslosen betrug Ende Jänner 1996 mehr als 295.000.

Nach einer zweiten, internationalen Vergleichen angenäherten Berechnungsweise – Arbeitslose gemäß Mikrozensus in Prozent der Erwerbspersonen – betrug die Arbeitslosenrate in Österreich laut Eurostat im Jahresdurchschnitt 1995 3,8 % (Die Arbeitsmarktlage, 1995, S. 161).

Eine weitere wesentliche Facette aktueller Abweichungen vom *Normalarbeitsverhältnis* ist die Verbreitung sogenannter atypischer Arbeits- und Beschäftigungsformen (OECD, 1994) – in Österreich noch vergleichsweise moderat ausgeprägt. Das letzte Jahrzehnt bildet auch diesbezüglich die Take-off-Periode (vgl. z. B. Schmid, 1991). Zu jenen Formen, die von einer Vollzeit-Erwerbstätigkeit abweichen, zählen: Teilzeitarbeit bzw. kurzzeitige Beschäftigung, geringfügige Beschäftigung, befristete Beschäftigung, Arbeit auf Abruf, Job-Sharing, Leiharbeit, sogenannte Scheinselbständigkeit.

Der Anteil der Teilzeitarbeitenden ist in den letzten 15 Jahren in Österreich andauernd, seit Ende der achtziger Jahre verstärkt gestiegen. Die Zunahme seit 1974 beträgt 60 %. Betrug die Zahl der teilzeitbeschäftigten Frauen im Jahr 1974 ca. 136.000 und 1985 151.000, so 1992 227.000. Die auch für Österreich geltende beträchtliche Differenz zwischen den Geschlechtern bei der Ausübung atypischer Beschäftigung zeigt sich ebenso an der Arbeitsform *geringfügige Beschäftigung* (vgl. Wörister, 1996): Im Mai 1994 waren ca. 113.500 Personen geringfügig beschäftigt; im Juli 1996 waren es bereits 150.300. Über 70 % dieser Beschäftigten sind Frauen (zuletzt 109.000), etwa die Hälfte von ihnen hat kein weiteres Versicherungsverhältnis. Bei den männlichen Beschäftigten handelt es sich überwiegend um Studenten und Pensionisten. Im Unterschied zu den angeführten Daten des Mikrozensus gilt für die Zuordnung *geringfügig beschäftigt* ausschließlich eine Einkommensgrenze (1996: öS 3.600).

Nach dem für Österreich substantiellen Einbruch am Arbeitsmarkt im Jahr 1982 waren die folgenden Jahre bis 1988 durch steigende Zahlen von Erwerbslosen bei gleichzeitig sinkender Anzahl der Versicherten gekennzeichnet. Ein derartiger Trend ist auch wieder für die jüngste Entwicklung konstatierbar, nachdem vom Ende der achtziger Jahre bis 1995 gleichzeitig mit der gesamten Zahl der versicherten Beschäftigungsverhältnisse die Zahl der Erwerbslosen gestiegen war. Im Unterschied dazu gibt es allerdings einen durchgehenden Trend in der Verringerung der Relation zwischen Versicherten und Pensionsbeziehern. Seit den achtziger Jahren ist eine beträchtliche Zunahme der Anzahl von Pensionen aus den verschiedenen Leistungsarten konstatierbar (zum folgenden: Tálos/Wörister, 1996, S. 41). Insgesamt ist die Zahl der Pensionen in der Pensionsversicherung (jeweils Dezember) von 1,484.000 im Jahr 1980 auf 1,840.000 im Dezember 1995 angestiegen. Innerhalb der Alterspensionen sind die vorzeitigen Alterspensionen wegen langer Versicherungsdauer in der ersten Hälfte der achtziger Jahre vor allem aus demographischen Gründen angestiegen. Aus demselben Grund nahm deren Anzahl seit 1993 bei Frauen zu, wobei zusätzlich die Anrechnung der Kindererziehungszeiten seit der Reform im Jahr 1993 eine frühere Pensionierung ermöglichte. Zwischen Mai 1993 und Mai 1996 verdoppelte sich die Zahl dieser vorzeitigen Pensionen bei Frauen (von 25.000 auf 50.000), während sie bei den Männern von 72.000 auf 64.400 zurückging. Aufgrund der geburtenstarken Jahrgänge 1938 bis 1940 und dem darauffolgenden Geburtenrückgang ist ab 1998 bei Männern mit einer starken Zunahme zu rechnen. Bei Frauen wird sich die Entwicklung wieder »normalisieren«, und aufgrund der 1996 beschlossenen verschärften Zugangsbestimmungen (Verlängerung der Wartezeit von 35 auf 37,5 Jahre) ist in den nächsten Jahren wieder ein Rückgang zu erwarten.

Die vorzeitigen Alterspensionen wegen Erwerbslosigkeit, die zu über 80 % auf Frauen entfallen, sind ebenfalls aus demographischen Gründen angestiegen (zwischen März 1993 und März 1996 von 16.100 auf 20.500).

Beträchtlich angestiegen ist die Anzahl der Pensionen wegen geminderter Arbeitsfähigkeit an Personen im Erwerbsalter (Frauen bis 59, Männer bis 64). Innerhalb der Pensionsversicherung der Unselbständigen stieg sie von 86.000 im Jahr 1985 auf 177.000 im Jahr 1995. Hierfür waren neben der wachsenden Erwerbslosigkeit die erleichterten Zugangsbestimmungen für ab 55jährige (1981) verantwortlich.

Betrug die Zahl der Pensionen aus dem Versicherungsfall der geminderten Arbeitsfähigkeit bzw. dauernden Erwerbsunfähigkeit in der Pensionsversicherung der Unselbständigen im Jahr

1985 268.800, so im Jahresdurchschnitt 1995 335.000 (inklusive vorzeitiger Alterspensionen wegen geminderter Arbeitsfähigkeit).

Wenn auch in Österreich in den beiden letzten Jahrzehnten die demographische Veränderung eher noch in mäßiger Weise stattgefunden hat, so gilt auch für Österreich das, was für alle Industriestaaten feststellbar ist, nämlich der *Alterungsprozeß* der Bevölkerung. Der steigende Anteil älterer Menschen an der Gesamtbevölkerung resultiert aus zwei gegenläufigen Entwicklungstrends (vgl. Kytir, 1992, S. 1; Welfare, 1993, S. 59): der steigenden Lebenserwartung zum einen, der sinkenden Geburtenhäufigkeit zum anderen.

Alle angeführten Veränderungen finden auf der Ausgabenseite der Pensionsversicherung ihren Niederschlag – ablesbar an der wachsenden Schere zwischen Einnahmen und Ausgaben sowie am steigenden Volumen des staatlichen Beitrags zur Pensionsversicherung.

Als weitere Voraussetzung für die Realisierung des Pensionsversicherungssystems sei der an eine besondere Form der Partnerschaft, nämlich die Ehe, angebundene, rechtlich fixierte Anspruch auf Hinterbliebenenversorgung wie z. B. Witwenrente, angeführt. Die Relevanz dieser Voraussetzung zeigt sich exemplarisch daran, daß zur Zeit ca. 400.000 Frauen keinen eigenen Pensionsanspruch haben. Auch hier zeichnen sich bemerkenswerte Veränderungen ab. Diese werden nicht nur offenkundig an der wachsenden Pluralität von Familienkonstellationen: Kernfamilien auf Basis von Partnerschaft, Ein-Eltern-Familien, Lebensgemeinschaften mit und ohne Kinder (vgl. Viele Formen, 1995). Die Dauer des familiären Zusammenlebens ist häufig eine begrenzte. Dies ist ablesbar am Trend hoher Scheidungs- und Wiederverheiratungsraten.

Derartige Veränderungstendenzen zeichnen sich auch für Österreich ab (vgl. Münz, 1995, S. 26 ff.). Der Anteil der Ein-Eltern-Familien (in erster Linie alleinerhaltende Frauen mit Kindern) hat sich seit den siebziger Jahren erhöht. Heute sind ein Fünftel aller Familien mit Kindern Einelternfamilien, 90 % davon wieder Mutter-Kind-Familien (Beham, 1995, S. 29 f.).

Daß unter diesen Bedingungen für einen wachsenden Teil von Frauen die Frage einer eigenständigen materiellen Sicherung, auch für den Fall der Krankheit, der Erwerbslosigkeit und des

Alters an Brisanz gewonnen hat (vgl. Wörister/Tálos, 1995, S. 413 ff.), ist empirisch untermauert: Alleinerziehende Frauen sind überdurchschnittlich mit dem Einkommensrisiko bzw. mit Verarmung konfrontiert (vgl. Lutz [u. a.], 1994, S. 94; Beham, 1995, S. 31 f.). Der hohe Anteil von Alleinerziehenden an den Sozialhilfeempfängerinnen (vgl. Pratscher, 1992, S. 77) ist Ausdruck dafür, daß für diese die materielle Sicherung im Rahmen der Sozialversicherung nicht mehr »greift«. Darüber hinaus sei hinsichtlich des materiellen Problemdrucks geschiedener alleinerziehender Frauen auf die bestehende Diskrepanz zwischen Gleichberechtigung nach dem Eherecht und den tatsächlichen sozialrechtlichen Ansprüchen hingewiesen.

2. Probleme in der Pensionsversicherung

Finanzierungsprobleme

Wie die Geschichte des österreichischen Sozialstaates zeigt, sind die aktuellen Finanzierungsprobleme im Bereich staatlich geregelter sozialer Sicherung kein Novum. Sie sind allerdings einer der unübersehbaren Indikatoren für das Ende der sozialstaatlichen Hochblüteperiode seit den fünfziger Jahren. Es geht dabei keineswegs nur um konjunkturell bedingte kurzfristige Einbrüche auf der Einnahmenseite. Der Kernpunkt liegt darin, daß die im sozialen Sicherungssystem strukturell angelegte Finanzierungsproblematik in einem auf absehbare Zeit anhaltend veränderten sozio-ökonomischen Umfeld offenkundig geworden ist. Der augenscheinlichste Ausdruck dafür ist die schwindende Balance zwischen Einnahmen und Ausgaben. Der Aufwand der Sozialversicherung ist zum einen in Folge des demographischen Wandels gestiegen: mehr Menschen beziehen aufgrund der gestiegenen Lebenserwartung längere Zeit Pensionen.

Zum anderen ist die Entwicklung des Leistungsbereiches finanzierungsrelevant: Im Vergleich zu den Nachkriegsjahrzehnten weist der überwiegende Teil von Leistungsbeziehern längere Versicherungsverläufe und damit höhere Pensionsansprüche auf; die neuanfallenden Pensionen sind in der Regel höher als jene, die wegfallen; die zunehmende Erwerbsbeteiligung von Frauen führt zu neuen Pensionsansprüchen (Tálos/Wörister 1996, S. 43). Dazu kommen steigende Aufwendungen infolge von zunehmender Doppelversorgung und der Anrechnung von Zeiten der Kinderbetreuung.

Für die Einnahmenseite ist vor allem die Einkommensentwicklung relevant. Die Verschlechterung der Arbeitsmarktbedingungen findet ihr Korrelat in einem generellen Druck auf die Löhne. Der von Beginn der achtziger Jahre bis heute anhaltende Rückgang der Lohnquote ist Beleg dafür (vgl. z. B. Wirtschafts- und sozialstatistisches Taschenbuch der AK, 1995).
Konsequenz dieser Entwicklungstrends: Eine wachsende Schere zwischen Einnahmen und Ausgaben. So betrug beispielsweise im Durchschnitt der Jahre 1982 bis 1992 der jährliche Zuwachs bei den Beiträgen 6,1 %, der beim Pensionsaufwand hingegen 7,3 %.

Qualitative Probleme im Sozialstaat
Gesellschaftliche Spaltungslinien nach der Position im Arbeitsprozeß und am Arbeitsmarkt, nach Geschlechtern und Staatsbürgerstatus sind nicht neu. Sie sind ebenso wie Spaltungslinien im Sozialstaat seit dem letzten Jahrzehnt offenkundiger geworden und finden in Schlagworten wie *Gesellschaftsspaltung* bzw. *Zwei-Drittel-Gesellschaft* ihren Niederschlag. Für Spaltungslinien im Sozialstaat sind die Integration bzw. die Nichtintegration in Erwerbstätigkeit und die positionelle wie auch geschlechterspezifische Einkommenshierarchie am Arbeitsmarkt zentrale Bestimmungsfaktoren. Die Sozialversicherung ist von ihren Gestaltungsprinzipien (Versicherungs- und Äquivalenzprinzip) her so konstruiert, daß sie weder eine Ausgrenzung noch das Verarmungsrisiko ausschließt. Der Zugang zum Leistungssystem ist in dominanter Weise an eine bestimmte Dauer bezahlter Arbeit gebunden. Die bestehende Einkommensdifferenzierung wird im Leistungssystem nicht bloß reproduziert, sondern sogar noch verstärkt. Das auf Grund des Ausbaues in den Nachkriegsjahrzehnten als dicht geknüpft eingeschätzte Netz der Sozialversicherung erwies sich bei steigender Erwerbslosigkeit, bei zunehmender Verbreitung atypischer Beschäftigungsformen und bei merkbarem Wandel der Partnerschaftsbeziehungen als durchaus weitmaschig.
Das ist u. a. daran ablesbar, daß seit Beginn der achtziger Jahre ein Teil der gemeldeten Erwerbslosen (z. Z. ca. 10 %) aufgrund der Nichterfüllung der Anspruchsvoraussetzungen (z. B. wegen fehlender Versicherungszeiten oder wegen der Anrechnungsbestimmungen im Notstandshilferecht) vom Bezug von Arbeitslosengeld und Notstandshilfe ausgeschlossen blieb und bleibt.

Nicht unbedeutend ist der Sachverhalt, daß der Ausschluß aus dem Leistungssystem der Arbeitslosenversicherung auch als *Fehlzeit* für die Pensionsversicherung zu Buche schlägt. Frauen sind davon stärker als Männer betroffen.
Im Kontext andauernder Arbeitsmarktprobleme, des Anstiegs der Langzeit-Arbeitslosigkeit und der Verbreitung von atypischen Beschäftigungsformen wird zudem offenkundig, daß wohlfahrtsstaatlich geregelte Leistungen das Verarmungsrisiko keineswegs ausschließen bzw. daß das Versorgungsniveau bei bestimmten Leistungen und für bestimmte Versichertengruppen äußerst bescheiden ist. In diesem Fall kann von der Sicherung eines ausreichenden Lebensstandards im Sinne der »Väter« und »Mütter« der ASVG von 1955 nicht mehr die Rede sein. Die in öffentlichen Diskussionen immer wieder auftauchende generalisierende Behauptung der Überversorgung im Wohlfahrtsstaat steht im eklatanten Widerspruch zur realen Situation der materiellen Versorgung von Teilen der Leistungsbezieher. Die seit Mitte der achtziger Jahre verfügbaren Daten über Bezieher von Arbeitslosengeld und Notstandshilfe (vgl. dazu Berichte über die soziale Lage, 1986 ff.) belegen, daß für einen beträchtlichen Teil der Betroffenen, und zwar bei einem großen Teil der Frauen, in geringerem Ausmaß bei Männern, die Leistungen unter dem Ausgleichszulagenrichtsatz für Alleinstehende (1995: öS 7.710) liegen. Nicht sehr viel anders ist es im Bereich der Pensionsversicherung: Im Jahr 1995 lagen ca. die Hälfte der neuen Frauenpensionen in der gesamten Pensionsversicherung unterhalb dieses Richtsatzes (vgl. Wörister, 1996b).

3. Politik der sozialen Sicherung in einem veränderten Umfeld und bei vermehrten Binnenproblemen

Hand in Hand mit den wirtschaftlichen und sozialen Veränderungen gingen in Österreich seit den achtziger Jahren Verschiebungen der politischen Prioritäten. Nach dem Wirtschaftseinbruch 1981/82 kam vorerst der Zielkonflikt zwischen einer an Beschäftigungssicherung ausgerichteten Politik (wie Mitte der siebziger Jahre) und einer – in Reaktion auf steigende Defizite und Zinsendienste propagierten – Budgetkonsolidierungspolitik offen zum Vorschein (vgl. Tálos, 1987, S. 140 ff.). Die Konsolidierung wurde in der Folgezeit, insbesondere seit der Neuauflage einer großen Koalition zwischen SPÖ und ÖVP ab 1987, zur budgetpolitischen, die staatliche Förderung des Strukturwandels und die Sicherung des Wirtschaftsstandortes zur wirtschaftspolitischen Maxime erklärt. Beides ging einher mit der Abkehr von dem in den siebziger Jahren realisierten *austrokeynesianischen policy mix*, in dessen Rahmen vor allem die staatliche Nachfragepolitik eine wichtige Rolle spielte.

Die Konsequenzen dieses Prioritätenwandels zeigen sich vor allem zum einen an den beschäftigungspolitischen Strategien (Ausschluß von Beschäftigungsförderungsprogrammen, Dominanz der aktiven Arbeitsmarktpolitik) und Wahrnehmungsweisen von Erwerbslosigkeit, zum andern an Budgetkonsolidierungsstrategien, die insbesondere die Finanzierung der Pensionsversicherung tangierten.

Mit dem Wandel des ökonomischen Umfeldes ging auch ein Wandel des politischen Klimas einher. Konstatierbar ist die zunehmende Kritik am breiten Aktivitätsradius des Staates, insbesondere im Bereich der Sozialpolitik und am dafür benötigten Finanzierungsvolumen. »Weniger Staat – mehr Privat«, Vergrößerung des Handlungsspielraums von Individuen und Unternehmen, wurde auch in Österreich zu einem geläufigen Thema in Programmen von Parteien und Unternehmerinteressenvertretung (vgl. z. B. Belege bei Tálos, 1993a, S. 143 ff.).

Im Bereich der Pensionsversicherung sollte diese Anpassung an neue Prioritäten konkret durch die Verstärkung des traditionellen Versicherungsprinzips und durch die Veränderung des bestehenden Niveaus der Leistungen erreicht werden.

Im Unterschied zum Sozialversicherungsänderungsgesetz von 1977, das entlastende Schritte für das Budget ohne restriktive Eingriffe in das Leistungssystem setzte, enthält die Pensionsreform im Rahmen der 40. ASVG-Novelle (in Kraft seit 1.1.1985) Maßnahmen betreffend sowohl die Einnahmenseite (Erhöhung der Einnahmen, Umschichtung aus anderen Sozialfonds) als auch die Ausgabenseite. Als Maßnahmen zur Entlastung des Budgets waren im Leistungsbereich vorgesehen: die Einführung linearer Steigerungsbeträge anstelle der bisherigen Regelung eines Grundbetrages und (je nach Dauer des Versicherungsverhältnisses) progressiver Steigerungsbeträge, die Verlängerung des Bemessungszeitraumes[2], die Aufschiebung der zweiten und dritten Etappe der Erhöhung der Witwerrente und die Dämpfung der Pensionsanpassung.

Die Annahme und die Beteuerung, daß damit die Finanzierung der Pensionsversicherung für die weitere Entwicklung gesichert und der Beitrag des Bundeshaushaltes zur Pensionsversicherung stabilisiert werden könnte, wurde bereits 1987 revidiert. Im Kontext der durch die große Koalition verstärkt betriebenen Budgetkonsolidierungspolitik und des Anstiegs des Bundesbeitrages wurden in der Pensionsversicherung neuerlich »Reformmaßnahmen« getroffen. Im Unterschied zur *Reform* 1984 enthielt diese mit 1.1.1988 in Kraft getretene Novelle nur mehr Maßnahmen, die den Anstieg der Ausgaben durch Änderungen im Leistungsbereich einbremsen sollten: die Veränderung bei der Bemessungsgrundlage durch Ausweitung der Bemessungszeit von 10 auf 15 Jahre, die Streichung der Schul- und Studienzeiten als leistungsrelevante Ersatzzeiten bei der Pensionsbemessung, Einschränkungen beim Anspruch auf Witwen- bzw. Witwerpension und der Aufschub der Pensionsanpassung von 1.1.1988 auf 1.7.1988.
Mit der *Pensionsreform* 1993, die die 1985 begonnenen Reformmaßnahmen abschließen sollte, wurde eine mittel- und langfristige Absicherung der Pensionsversicherung unter den Bedingungen einschneidender demographischer Veränderungen angepeilt. Der Verabschiedung der 51. ASVG-Novelle ging ein Gutachten des Beirates für Wirtschafts- und Sozialfragen voraus. Mit diesem waren die Konturen des neuerlichen »Reformschrittes« im wesentlichen abgesteckt. Als Bezugspunkt für diese Novelle wurden zukünftige wie aktuelle Entwicklungstrends geltend gemacht: »In den nächsten Jahrzehnten werden steigende Lebenserwartung und anhaltend niedrige Geburtenhäufigkeit – wie in den anderen Industriestaaten – den Prozeß der Alterung der Bevölkerung erheblich beschleunigen« (Beirat, 1991, S. 7) – mit gravierenden Konsequenzen für die Finanzierung der Alterssicherung. Die für die Finanzierung der Pensionsversicherung relevante Altersstruktur hatte allerdings bereits eine einschneidende Veränderung erfahren: Seit 1970 ist das faktische Pensionsalter in Österreich um fast 4 Jahre gesunken (von ca. 62 auf 58 Jahre). Die Konsequenzen, die der Beirat aus seiner Analyse zog, lauteten: ein Bündel von Maßnahmen zur Lösung der Finanzierungsprobleme – unter Beibehaltung des bestehenden Systems mit der Finanzierung auf dem Weg des Umlageverfahrens und der Funktion der Lebensstandardisierung.

Zugleich rückte das Gutachten ein Thema in den Blickpunkt, das mittlerweile in Österreich zu einem viel verwendeten Schlagwort wurde: der *Generationenvertrag*.[3] In Worten des Beirates: Die Akzeptanz des Umlageverfahrens »durch die Bevölkerung und damit seine Stabilität setzen daher einen stets zu wahrenden Interessenausgleich zwischen den Ansprüchen an Einkommen und Lebensstandard der Alten und der Belastbarkeit und Finanzierungsbereitschaft der Aktiven voraus« (Beirat, 1991, S. 33).
Analog zum Beiratsgutachten wurde in dem seitens der Regierung vorgelegten Entwurf der 51. ASVG-Novelle der Hauptanlaß im Rückgang des tatsächlichen Pensionsalters bei steigender Lebenserwartung der Bevölkerung geortet (vgl. Erläuterungen, in 932 d. B. zu d. Sten. Prot. d. NR, XVII. G. P., S. 33).
Um auch zukünftig das traditionelle Ziel der Pensionsversicherung zu erreichen, nämlich den Lebensstandard im Alter zu sichern, wurden u. a. folgende Maßnahmen beschlossen: die Neugestaltung der Aufwertung und Anpassung der Pension, die Neustrukturierung der Steigerungsbeträge für Alterspensionen (stärkere Erhöhung bei späterem Pensionsantritt, bei 40 Versicherungsjahren höchstmögliches Niveau – allerdings gebunden an das Pensionsalter von 60 bzw. 65 Jahren), die Einführung der Gleitpension, die Neuregelung der Hinterbliebenenversorgung, die Vereinheitlichung der Bemessungsgrundlage (die »besten«[4] 180 Beitragsmonate).
Die Einengung der Sicht auf die Finanzierungsproblematik wird vor allem daran offenkundig, daß in der Wahrnehmung der Regierungsparteien alle anderen Probleme der materiellen Sicherung im Alter, wie die Versorgungsqualität und die strukturelle Erosion eines auf ein Normalarbeitsverhältnis und Lebensstandardisierung abgestellten Systems, ausgeblendet bleiben. Damit verbunden ist die Ausblendung der Notwendigkeit einer strukturellen Reform des bestehenden Pensionsversicherungssystems – was insbesondere auch durch die einschlägige parlamentarische Debatte (am 21.4.1993) untermauert wurde. Die damalige Vorsitzende des Sozialausschusses und heutige Präsidentin der Bundesarbeiterkammer, Lore Hostasch, sah in einem strukturellen Umbau des Pensionssystems – in Richtung eines Drei-Säulen-Modells – sogar ein Instrument zur Gesellschaftsspaltung und gesellschaftlichen Entsolidarisierung (ebda).

Die Einengung der Problemsicht und die Änderung der Zielrichtung des regierungspolitisch georteten Handlungsbedarfes sollten allerdings in den folgenden Jahren noch sehr viel deutlicher zum Vorschein kommen. Denn die 51. ASVG-Novelle enthielt neben Maßnahmen, die merkbar auf Einschränkungen im Leistungssystem hinausliefen, vereinzelt auch solche, die wie die Anrechnung der Kinderbetreuungszeiten (höchstens 4 Jahre pro Kind in Form eines fixen Betrages zur Pension) das bestehende System erweiterten – mit nicht unbeträchtlichen finanziellen Kosten für die Pensionsversicherung.

Die Frage der Anpassung der Pensionsversicherung an budgetpolitische Prioritäten erhielt ab 1993 neue Nahrung. Bedingt u. a. durch rückläufiges Wirtschaftswachstum und durch die Steuerreform kam es 1993 zum Anstieg des Budgetdefizits. Mit dem Beitritt Österreichs zur EU war eine erhebliche Finanzierungslast für die öffentlichen Haushalte verbunden (vgl. Van der Bellen 1996; Budgetrede des Finanzministers Klima im Nationalrat am 20.3.1996, S. 16).

Die Bemühungen, den Maastrichter Konvergenzkriterien zu entsprechen (als Voraussetzung der Teilnahme an der Währungsunion), verstärkten den Druck auf die Budgetpolitik. Für das Budgetkonsolidierungsprogramm bildet der Bereich der Pensionsversicherung einen wichtigen Adressaten. Die Koalitionspartner erwarten sich Einsparungen in Höhe von ca. 13 Mrd. öS:

- durch die Anhebung der Anzahl der erforderlichen Beitragsmonate und Versicherungsmonate bei allen Kategorien vorzeitiger Alterspension und die Anrechnung von Schul- und Studienzeiten nur bei Nachkauf von Versicherungszeiten;
- durch strengere Bestimmungen für Invaliditätspensionen;
- durch stärkeren Anreiz zum späteren Pensionsantritt durch Neugestaltung der Anwartschaftsprozenttabelle im ASVG;
- durch analoge Maßnahmen gegen Frühpensionierungen bei sämtlichen öffentlichen Körperschaften;
- durch Rationalisierungsmaßnahmen und strikte Einsparungen in der Verwaltung der Pensionsversicherungsträger sollen nachhaltige Entlastungen des Bundes herbeigeführt werden;
- durch die Senkung des Bundeszuschusses im Bereich der Pensionsversicherung der Gewerbetreibenden und Bauern (Eigenfinanzierungsbeitrag);

- durch eine maßvolle Pensionsanpassung in allen Systemen;
- durch Ruhens- bzw. Anrechnungsbestimmungen bei Mehrfachpensionen und bei Zusammentreffen von Pensionen und Erwerbseinkommen für alle Pensionssysteme;
- durch die Gewährung der Ausgleichszulage nur bei ordentlichem Wohnsitz im Inland (Konsolidierungsprogramm des Bundes 1996–1999 vom 5.2.1996).

Zur Zeit ist ein Großteil dieser Vorhaben gesetzlich bereits beschlossen worden. Fazit: Die seit dem letzten Jahrzehnt in relativ kurzen Zeitabständen verabschiedeten »Reformen« haben den Charakter von Flickmaßnahmen. Entgegen den wiederholt vorgebrachten Ankündigungen stand beinahe alle vier Jahre (1984, 1988, 1993, 1996) eine erneute Novellierung auf der politischen Tagesordnung. Es blieb dabei nicht nur bei einer Anpassung der Pensionsversicherung an veränderte Rahmenbedingungen, die in erster Linie die Frage der Finanzierung des Systems fokussierte. Die Pensionsversicherung wurde – und dies ist ein neuer Aspekt –, ebenso wie andere Bereiche sozialstaatlicher Sicherung (insbesondere die Arbeitslosenversicherung), sozialversicherungsexternen Zielsetzungen (wie dem Beitrag zum EU-Budget, der Erfüllung der Konvergenzkriterien) untergeordnet. Die realisierte Pensionsversicherungspolitik hielt sich in den tradierten Bahnen. Strukturelle Veränderungen standen aus Sicht der entscheidungsrelevanten Koalitionsparteien nicht zur Debatte. Ein Umbau in Richtung eines Zwei- oder Drei-Säulen-Modells wurde sogar explizit ausgeschlossen.

Die seit dem letzten Jahrzehnt verfolgte Politik lief vollends an einigen Veränderungen vorbei, die – wie oben aufgezeigt – Indikator für wesentliche Veränderungen jener Voraussetzungen sind, die als Fixpunkte der Pensionsregelung im Jahr 1955 galten: die Erosion des Normalarbeitsverhältnisses – mit ihren substantiellen Konsequenzen für die materielle Sicherung im Alter, das teilweise Leerlaufen des Pensionssicherungssystems im Hinblick auf die Funktion der Lebensstandardisierung und – nicht zuletzt – das Brüchigwerden des »Zugangskanals Ehe« und die unzulänglichen Bedingungen für eine eigenständige Sicherung von Frauen im Alter.

Insgesamt betrachtet ist die heutige Situation durch Extreme gekennzeichnet: Ein struktureller Umbau des Systems der sozialen Sicherung im Alter ist notwendiger denn je, denn die alten Bestandsgrundlagen sind ins Wanken geraten. Auf der anderen Seite bewegt sich Gesellschaftspolitik allgemein, die aktuelle Pensionsversicherungspolitik im besonderen in die gegenteilige Richtung: Verstärkung der Individualisierung der sozialen Reproduktion, Familialisierung sozialer Reproduktion, Verstärkung der traditionellen Prinzipien, nämlich des Versicherungs- und Äquivalenzprinzips, und damit einhergehend der Ausschluß bzw. die Eindämmung sozialer Komponenten im Leistungssystem (Ausnahme: Anrechnung der Kinderbetreuungszeiten).

III. Absehbare Infragestellungen und Herausforderungen

Die Unzulänglichkeit der seit den achtziger Jahren praktizierten Flickwerkpolitik, die weder die Finanzierungsproblematik langfristig zu lösen noch eine Antwort auf qualitative Probleme zu geben vermochte, wird noch offenkundiger, wenn wir einen Blick auf jene gesellschaftlichen Trends werfen, die bereits heute nicht neu sind, die sich jedoch – laut vorliegenden Prognosen – zukünftig noch drastischer zuspitzen werden. Unter diesen Trends wird in der politischen und medialen Diskussion in erster Linie der demographische Wandel bzw. der Alterungsprozeß in der österreichischen Gesellschaft – analog der Engführung der verbreiteten Problemsicht (im wesentlichen nur) auf die Finanzierungsproblematik – herausgestellt. Qualitative Aspekte spielen demgegenüber in der aktuellen Debatte über die Weiterentwicklung der Pensionssicherung nur eine untergeordnete Rolle.

Demographischer Wandel

Das zentrale Ergebnis der jüngsten Bevölkerungsprognose lautet kurz zusammengefaßt: »Während die Einwohnerzahl Österreichs mit großer Wahrscheinlichkeit zukünftig nur noch leicht zunehmen und in weiterer Folge stagnieren oder sogar etwas zurückgehen wird, sind die Änderungen der Altersstruktur tiefgreifend. Dies betrifft im wesentlichen den Rückgang der Altersgruppen bis 15 Jahre und die Zunahme älterer und hochbetagter Menschen. Diese Strukturänderung zeigt sich in allen Szenarien« (Fassmann [u. a.], 1996, S. 113). Hatte schon zwischen 1961 und 1991 die Zahl der über 60jährigen in Österreich um ein Fünftel, von 1,3 auf 1,56 Millionen, zugenommen, so wird sich

der Alterungsprozeß zukünftig noch beträchtlich verstärken: »Der Anteil älterer Menschen (60 + Jahre) steigt von 20,1 % (1991) bis zum Jahr 2021 auf 27,5 % (Basisszenario), wobei sich vor allem die demographischen Gewichte zwischen Kindern und Jugendlichen einerseits und älteren Menschen andererseits verschieben. Der Anteil der Personen im Erwerbsalter bleibt dagegen bis 2021 vergleichsweise stabil. Erst mit dem Eintritt der Baby-Boom-Generation der frühen sechziger Jahre ins Pensionsalter steigt der Altersanteil auch zu Lasten der 15- bis 59jährigen. Zwischen 2021 und 2031 wird der Anteil dieser Altersgruppe von beinahe 60 % auf 53 % zurückgehen. 2031 wird etwas mehr als ein Drittel der Bevölkerung (33,9 %) laut Basisszenario zu den über 60jährigen zählen« (ebda, S. 73 f.).
Ein vor allem auch pensionspolitisch wichtiger Aspekt dieser prognostizierten demographischen Entwicklung liegt im überproportional großen Zuwachs der Zahl sehr alter Menschen in Österreich: Die Zahl der über 75jährigen wird von derzeit 525.000 (im Basisszenario) bis 2021 auf 797.000 (+ 52 %), im Lebenserwartungsszenario sogar auf 887.000 (+ 69 %) steigen. Im Jahr 2031 wird sie in Österreich voraussichtlich bereits 996.000 (Basisszenario: plus 84 %) oder sogar 1,11 Millionen im Alter über 75 Jahre betragen. Noch stärker steigt die Zahl jener Menschen, die älter als 85 Jahre sind: Waren dies 1991 in Österreich 107.000, so werden es voraussichtlich 2021 206.000, laut Basisszenario im Jahr 2031 278.000 Personen sein.
Der prognostizierte Alterungsprozeß würde bei gleichbleibenden Finanzierungsmodalitäten und Bedingungen im Leistungssystem beträchtliche Konsequenzen für das Finanzierungsvolumen der Pensionsversicherung insgesamt haben: Eine längere Bezugsdauer der Leistungen der Pensionsversicherung – in Folge des niedrigen De-facto-Pensionsalters und der steigenden Lebenserwartung – durch immer mehr Menschen – infolge der quantitativen Verschiebungen zur Gruppe älterer Menschen – setzt ein beträchtlich steigendes Volumen an Einnahmen voraus. Die diesbezüglich im Beiratsgutachten enthaltenen Abschätzungen lauten, daß – je nach Variante – der derzeitige Beitragssatz im Bereich der Pensionsversicherung der Unselbständigen (22 %) auf eine Höhe von 32 % bis ca. 50 % steigen müßte (Beirat, 1991, S. 156). Unstrittig würde damit der *Generationenvertrag* einer beträchtlichen Belastung ausgesetzt, wenn ein Lösungsweg

ausschließlich zu Lasten der versicherten Erwerbstätigen gewählt würde. Der Vorschlag des Beirates, von der Bruttoanpassung auf die sogenannte Nettoanpassung in der Pensionsbemessung umzusteigen, verdankt sich dieser Prognose beträchtlicher Beitragssteigerungen im Fall sonst gleichbleibender Bedingungen. Jene Maßnahmen, die in den letzten Jahren im Bereich der Pensionsversicherung gesetzt wurden, beinhalten diesbezüglich allerdings keine zielführenden Lösungsansätze.

Arbeitsmarktentwicklung
Ohne dem Pessimismus das Wort zu reden, ist absehbar, daß sich die Situation am Arbeitsmarkt in Zukunft zum Teil noch mehr als bereits in der jüngsten Entwicklung von jener der fünfziger und sechziger Jahre beträchtlich unterscheiden wird. Die Erosion der für das Pensionssystem à la ASVG zentralen Annahme *Normalarbeitszeitverhältnis* wird auf beiden angegebenen Ebenen noch weiter voranschreiten:
Die jüngsten Prognosen für den Arbeitsmarkt gehen davon aus, daß Erwerbslosigkeit andauern wird – unter der wohl realistischen Annahme, daß das Arbeitskräfteangebot in der nächsten Zukunft nicht schrumpfen wird.
Die wirtschaftliche Globalisierung wird in Zukunft die Arbeitsmarktprobleme (aktuelles Beispiel: Semperit/Traiskirchen) ebenso verschärfen wie die rasante Rationalisierung das Problem struktureller Erwerbslosigkeit. Erwerbslosigkeit zeitigt negative Konsequenzen sowohl für die Finanzierung des Pensionssystems als auch für die Betroffenen – insbesondere wenn damit »Versicherungslücken« einhergehen.
Angesichts der international weithin feststellbaren Verbreitung und Zunahme atypischer Beschäftigungsformen kann davon ausgegangen werden, daß sich in Zukunft noch mehr die Relationen zwischen der – als zentrale Voraussetzung für das Pensionssystem geltenden – Vollerwerbsarbeit und atypischen Beschäftigungsformen verschieben werden. Die traditionelle »Normalität« wird nur noch eingeschränkt gelten.
Bei Aufrechterhaltung des bestehenden Pensionssystems würde sich dieses immer mehr von dieser sozialen Realität entfernen.
Überhaupt nicht abschätzbar sind die Konsequenzen der zukünftig voraussichtlich verstärkten wirtschaftlichen Globalisierung für die Sozialversicherung und ihre Finanzierung.

Soziale Veränderungen
Eheliche Partnerschaft als Zugangskanal zur materiellen Sicherung im Alter zählte zum Grundbestand der pensionsversicherungspolitischen Optionen im österreichischen Pensionssystem. Der Ausgestaltung des sogenannten Generationenvertrages lag damit – wie Gallon (1996, S. 43) einprägsam für das gleichgelagerte Rentensystem der BRD formulierte – »mehr oder weniger explizit ein ›Geschlechtervertrag‹ zugrunde«. Die Ausgestaltung sollte die Sicherheit der Unterhaltskontinuität auch für Familienarbeit verbürgen.
Mehr noch als in der jüngsten Entwicklung wird sich diese Option von der sozialen Realität entfernen, und zwar in zweifacher Hinsicht: zum einen ist davon auszugehen, daß der Entwicklungstrend in Richtung der sozialen Lebensform des Single oder des/der Alleinerziehenden zumindestens andauern wird. Zum anderen ist der Anstiegstrend bei den Ehescheidungen so eindeutig und ungebrochen, daß »jedenfalls damit zu rechnen [ist], daß die Scheidungswahrscheinlichkeit in den nächsten Jahren die 40-%-Schwelle überschreiten wird« (Findl, 1996, S. 13).
Das Thema einer auf eigenständigen Ansprüchen basierenden materiellen Sicherung gewinnt unter derartigen Bedingungen – insbesondere für Frauen – an Bedeutung.

IV. Szenarien der Entwicklung der Alterssicherung

Angesichts der beträchtlichen Veränderungsdynamik, der die Rahmen- und Bestandsbedingungen des bisherigen Systems sozialer Sicherung im Alter seit dem letzten Jahrzehnt unterliegen, ist ein »Blick nach vorne« mit Unsicherheiten und Unwägbarkeiten gekennzeichnet. Ungeachtet dessen lassen sich Konturen möglicher, differierender Ausprägungen und Ausrichtungen einer zukünftigen Alterssicherung skizzieren.

Szenario 1: Fortfahren in tradierten Bahnen
Analog der Politik der letzten Jahre bedeutet dies *generell* die Aufrechterhaltung, teilweise die Verstärkung der tradierten zentralen Grund- und Gestaltungsprinzipien, im *Konkreten* wiederholte Novellierungen der einschlägigen Regelungen – fokussierend um die Finanzierungsproblematik – unter der Prämisse der budget- und wirtschaftspolitischen Prioritäten. Da der staatliche

Beitrag zur Pensionsversicherung – auch in Folge der Maastrichter Konvergenzkriterien – begrenzt wird, die Beiträge der Versicherten (wenn überhaupt) nur geringfügig steigen, um die Wettbewerbsfähigkeit der österreichischen Wirtschaft bzw. den Wirtschaftsstandort Österreich angesichts der ökonomischen Globalisierung nicht zu gefährden, steigt – in dieser Konstellation unausweichlich – der Druck auf das Leistungssystem noch mehr als bisher.

Die Konsequenzen liegen auf mehreren Ebenen: Hier spricht einiges dafür, daß sich erstens angesichts von weiteren Einschnitten in das Leistungssystem die Belastung stärker zu den Pensionsbeziehern verschiebt; zweitens, daß das Versorgungsniveau der Pensionsversicherung beträchtliche Einbußen erfährt: Die Funktion der *Lebensstandardisierung* ist wie bisher nur für einen Teil der Versicherten, nämlich für vollzeitig und dauerhaft beschäftigte Männer, realisierbar; das im Grunde weitgehend unveränderte ASVG von 1955 bildet nur noch eine wiederholt neu getünchte Fassade, die zunehmend weniger die gesellschaftliche Ungleichheit in der Versorgung im Alter zu verdecken vermag. Eine derartige Politik ist Teil der Problematik, nicht deren Lösung. Sie läuft auf eine Aushöhlung des Vertrauens der Versicherten und der Leistungsbezieher in staatlich geregelte Alterssicherung hinaus.

Die Wahrscheinlichkeit des Eintretens dieses gesellschaftspolitischen *worst case scenario* ist – zumindest für einen absehbaren Zeitraum – als nicht gering zu veranschlagen. Es wird zum einen getragen von einem wichtigen, in den nächsten Jahren in jedem Fall bestimmenden Teil des Parteienspektrums, zum anderen von den entscheidungsrelevanten Teilen der sozialpartnerschaftlich involvierten Kammern und Verbände. Die (derzeitige) Konfiguration der Optionen und Zielvorstellungen auf EU-Gemeinschaftsebene untermauert diesen Entwicklungspfad.

Szenario 2: Weiterbau des Systems der Alterssicherung auf dem Weg von Reformen im bestehenden Rahmen

Hier handelt es sich zum einen um Maßnahmen, die auf eine Ausweitung der personellen und sachlichen Reichweite des Pensionssicherungssystems hinauslaufen. Dazu zählen: die Einbeziehung spezifischer Formen atypischer Beschäftigung wie beispielsweise (mehrfache) geringfügige Beschäftigung und Pflege im familiären Rahmen, die Ersetzung der Ausgleichszulage durch eine bedarfsorientierte Mindestpension (z. B. in Form eines Sockels) mit individuellem Anspruch (d. h. ohne Einkommensanrechnung beim Partner), die Harmonisierung der Leistungssysteme durch Abbau der Unterschiede (z. B. zwischen Beamten und ASVG-Versicherten, vgl. Wörister 1996a), der Ausgleich sozialversicherungsrechtlicher Ansprüche innerhalb einer Partnerschaft, die Verstärkung der eigenständigen Ansprüche von Frauen, z. B. durch bessere Anrechnung von Betreuungszeiten oder generell durch Verlagerung der Hinterbliebenenversorgung hin zu eigenständigen Ansprüchen; die Ersetzung der vorzeitigen Alterspension durch Gleit- und Teilpensionen.

Zum anderen könnten einige Schritte zur Reform des bisher geltenden Finanzierungsmodus gesetzt werden: a) durch stärkere Anhebung der Höchstbeitragsgrundlage (bei gleichzeitiger teilweise degressiver Gestaltung der Leistungen im oberen Einkommensbereich), b) durch Konzentrierung des staatlichen Beitrages zur Pensionsversicherung auf die finanzielle Absicherung der bedarfsorientierten Grundpension und von Maßnahmen zur Stärkung eigenständiger Ansprüche von Frauen, und nicht zuletzt c) durch Änderung des bisherigen Kriteriums der betrieblichen Beitragsleistung, nämlich der Lohnsumme, die personalintensive Unternehmen kraß benachteiligt, Arbeit verteuert und rationalisierungsintensive Betriebe außerordentlich begünstigt. Nicht zuletzt könnte eine Reform der Verwaltung (z. B. durch Straffung der Sozialversicherungsinstitutionen) zur Einsparung von Kosten beitragen.

Die Konsequenzen derartiger Reformschritte liegen erstens darin, daß zumindest teilweise den (aktuellen und) absehbaren sozialen Herausforderungen einer besseren materiellen Versorgung von Teilen der Versicherten entsprochen wird, die Umverteilung nicht bloß zwischen den Generationen, sondern auch zwischen unterschiedlichen Einkommenspositionen verläuft.

Zweitens können Reformschritte sowohl zur Verbesserung der Einnahmensituation der Pensionsversicherungsträger beitragen als auch durch Umschichtungen die Finanzierung von Reformschritten abfedern. Der Generationenkonflikt innerhalb der Pensionsversicherung könnte auf diesem Weg zumindestens gemildert werden.

Voraussetzung für einen derartigen Weiterbau ist, daß die Repräsentanten von Reformoptionen in Parteien, Verbänden, Vereinen und Initiativen politischen Druck zu erzeugen vermögen.
Es ist auf lange Sicht nicht auszuschließen, daß sich möglicherweise eine vergleichbare Konstellation wie in den fünfziger Jahren ergibt: Eine Erweiterung des Systems ohne strukturellen Umbau.
Bei allen wichtigen Veränderungen würde allerdings auch ein reformiertes österreichisches Modell der Alterssicherung noch immer die mit der Erwerbsarbeitsorientierung strukturell verbundenen Probleme der Versorgung und Finanzierung nur teilweise steuern können. Dennoch gibt es in Einzelaspekten durchaus Überlappungen mit einem dritten Szenario (z. B. Grundpension als Sockel).

Szenario 3: Struktureller Umbau des Systems der Alterssicherung
Angesichts der absehbaren Herausforderungen und Probleme ist – längerfristig betrachtet – ein Entwicklungsweg, wie in Szenario 1 skizziert, eine gesellschaftspolitische Einbahn und jene des Szenario 2 (bei allen Reformschritten) nicht ausreichend, um einen Generationen- und Geschlechtervertrag im Hinblick auf die Sicherung materieller und sozialer Teilhabechancen im Alter zu fundieren. Dieser Sachverhalt bildete in den achtziger Jahren den Anknüpfungspunkt für strukturelle Umbauvorstellungen des tradierten Sozialstaates (vgl. z. B. Tálos, 1993).
Es lassen sich dabei im wesentlichen zwei Facetten differenzieren: eine allgemeine Grundsicherung in Form eines Grundeinkommens ohne Arbeit bzw. in Form eines Bürgergeldes oder eine universelle Grundpension.
In der österreichischen Debatte hatte bereits in den achtziger Jahren die Katholische Sozialakademie einen derartigen Vorschlag ventiliert (Büchele/Wohlgenannt, 1985). Unter Grundeinkommen wird eine finanzielle Zuwendung verstanden, »die jedem Bürger oder Bewohner eines Landes als Rechtsanspruch zusteht, so hoch, daß sie eine angemessene Lebensführung ermöglicht, ohne Rücksicht auf sonstige Einkommen, auf Stand, auf Arbeit oder Verfügbarkeit für Erwerbsarbeit« (Wohlgenannt/Büchele, 1990, S. 28). Auch der damalige Sozialminister Dallinger ist (neben dem Plädoyer für eine Wertschöpfungsabgabe) für einen einschneidenden Umbau des Sozialstaates ein-

getreten: »Langfristig muß […] die bisher übliche Bindung sozialer Leistungen an bestehende oder vergangene Arbeitsverhältnisse ernsthaft überprüft werden. Ein wichtiges Ziel muß sein, jedem – unabhängig von einem Arbeitsverhältnis – ein Mindesteinkommen zu gewährleisten. Ob das in Form eines ›Basislohns‹ oder eines garantierten Grundeinkommens geschehen kann, muß eingehend sachlich diskutiert werden« (1987, S. 277).

Der Gedanke einer allgemeinen Grundsicherung wurde 1996 von Repräsentanten des Liberalen Forums aufgegriffen und zur Diskussion gestellt. Ihrer Interpretation nach handelt es sich dabei um eine Art *Bürgergeld*, das jedem Bürger unabhängig vom Erwerbseinkommen oder von sozialen Transfers zustehen und 10.000 öS nicht überschreiten soll (vgl. APA 29.4.1996). Ähnlich wie bei Wohlgenannt/Büchele geht es im eindeutigen Unterschied zu einem erwerbsorientierten System sozialer Sicherung um eine Entkoppelung von materieller Sicherung und Arbeit. Allerdings gibt es auch einen beträchtlichen Unterschied zwischen den beiden Facetten von Vorstellungen über ein Grundeinkommen: Nach den – vorerst nur sehr grobrasterig angedeuteten – Vorstellungen im Rahmen des Liberalen Forums ginge die Einführung des Grundeinkommens mit der Aufhebung der traditionellen Transfer- und Sozialleistungen einher (vgl. Wirtschaftswoche, 9.5.1996).

In Abgrenzung zu diesen generellen Vorstellungen über eine materielle Grundsicherung durch ein Grundeinkommen bzw. durch eine Art Bürgergeld für alle gibt es auch Überlegungen zu einer spezifischen Form der Grundsicherung: eine Grundpension für alle. Von der Sozialdemokratie wurde diese Option Ende der achtziger Jahre in ihr Programm »Sozialdemokratie 2000« aufgenommen: »Das System der obligatorischen lohn- bzw. beitragsbezogenen Erwerbspension soll den gewohnten Lebensstandard bis zu einer bestimmten Höhe weiterhin sichern, zusätzlich soll dieses System durch eine Mindestpension, auf die alle Menschen einen Rechtsanspruch haben, ergänzt werden.« Das mit dieser Ergänzung angepeilte Ziel ist, »eine materielle Grundsicherung im Alter für alle Menschen zur Befriedigung ihrer materiellen, sozialen und kulturellen Grundbedürfnisse zu garantieren, auch wenn sie auf Grund niedriger Erwerbseinkommen oder zu geringer Versicherungsdauer nicht eine entsprechende Erwerbspension erreichen.« Für die aktuelle Pensionsversicherungsdiskussion im Rahmen der Sozialdemokratie ist dieses Programm allerdings offenkundig ohne Belang. Bei der ÖVP stießen solche Vorstellungen in den letzten Jahren immer auf Ablehnung.

Als spezifischen Teil eines Grundsicherungsprogramms haben die Grünen den Vorschlag einer Grundpension ausformuliert (Das Grüne Pensionsmodell, 1996). Dessen Kernpunkte sind: eigenständige Ansprüche für die gesamte Bevölkerung auf Basis einer allgemeinen Versicherungspflicht. Dies wird realisiert über eine eigenständige erste Säule im Rahmen des öffentlichen Pensionssystems, die ein Grundeinkommen im Alter, unabhängig von Arbeit und Familienstand, auf dem Weg des Umlageverfahrens garantiert. Neben dieser ersten Säule ist im öffentlich rechtlichen Rahmen eine zweite Säule in Form einer erwerbsbezogenen Zusatzleistung für Erwerbstätige vorgesehen. Die Finanzierung der ersten Säule erfolgt zum einen durch einen für alle Versicherten gleich hohen Versicherungsbeitrag, zum anderen aus den bisherigen Steuermitteln für die Pensionen (inkl. der Beamtensysteme).

Die zweite Säule wird finanziert aus Beiträgen. Als individuelles Grundeinkommen im Alter ist monatlich ein Betrag in Höhe von öS 5.600, für Alleinstehende in Höhe von öS 8.000 vorgesehen. Die Ansprüche an Hinterbliebenenversorgung werden zu eigenständigen Ansprüchen umgewidmet. Die Höchstpension (inkl. Grundpension) wird limitiert (öS 40.000, valorisiert).

Daß derartige Vorstellungen über andere Systeme der materiellen Sicherung im Alter nicht bloß auf dem Papier bestehen, zeigen Pensionsversicherungssysteme in einer Reihe anderer westeuropäischer Länder.

Das Modell einer universellen eigenständigen Grundpension gibt es in verschiedenen Facetten – als Grundrente oder Volksrente, gebunden an Wohnsitz oder Beitragsleistung, finanziert durch Steuern, Versichertenbeiträge, Arbeitnehmer- und/oder Arbeitgeberbeiträge: so zum Beispiel in den Niederlanden, in Dänemark, Schweden, Finnland, Großbritannien oder in der Schweiz.

Das Schweizer Modell (vgl. Obinger, 1996), das auch für die Diskussion in Österreich von Interesse ist, umfaßt drei voneinander getrennte Säulen. In der ersten Säule, der Alters- und Hinterlassenenversicherung (seit 1948), sind alle Personen mit ständigem Wohnsitz in der Schweiz versichert. Die Finanzierung dieser Volksversicherung erfolgt in erster Linie durch Beiträge (von Arbeitgebern und Arbeitnehmern bzw. den Selbständigen), darüber hinaus auch durch Bundes- und Kantonsbeiträge auf dem Weg des Umlageverfahrens. Der Beitragsmodus, keine Bemessungsgrenze für den Beitrag bei gleichzeitiger Plafondierung der Höchstrente, gewährleistet eine Umverteilung innerhalb dieser ersten Säule. Das Niveau der Leistungen wurde im Entwicklungsprozeß von einer Basisrente in Richtung einer existenzsichernden Rente weiterentwickelt – auch wenn letztere nicht für alle Versicherten, insbesondere nicht für einen Teil der Frauen, zutrifft (vgl. Obinger, 1996). Abhängig von der Beitragsdauer gibt es Renten in Form von Voll- und Teilrenten. Die jüngste Reform (in Kraft mit 1.1.1997) sieht zugleich mit dem Rentensplitting die Einführung von Erziehungsgutschriften und die Erhöhung des Rentenalters von Frauen vor.

Bedeutend für das Pensionsversicherungssystem der Schweiz ist, daß 1972 in der Bundesverfassung ein Drei-Säulen-Modell (bestehend aus staatlicher Grundsicherung, beruflicher Vorsorge und Eigenvorsorge) verankert wurde. Gesetzlich realisiert wurde dieses in den achtziger Jahren. Die zweite Säule, die betriebliche Alters- und Hinterlassenen- und Invalidenvorsorge (in Kraft seit 1.1.1985) besteht in einer obligatorischen Versicherung für Arbeitnehmer, deren Jahresverdienst in einer bestimmten Spannbreite liegt. Freiwillige Versicherungsmöglichkeiten gibt es für Selbständige und für im Ausland lebende Schweizer Staatsbürger. Die Finanzierung erfolgt durch Beiträge von Arbeitnehmern und Arbeitgebern auf dem Wege des Kapitaldeckungsverfahrens. Die dritte Säule, die private Vorsorge, ermöglicht – steuerlich begünstigt – eine zusätzliche individuelle Selbstvorsorge.

In Anlehnung an die angeführten Vorstellungen und Realisationen einer Grundsicherung lassen sich somit mögliche Konturen eines strukturellen Umbaus des Systems der Alterssicherung in Österreich folgend umreißen:

- das bestehende System der erwerbsarbeitsbezogenen Pensionsversicherung wird institutionell durch Einführung einer eigenständigen Grundpension erweitert;
- diese institutionelle Erweiterung basiert auf der Option, daß in unserer Gesellschaft für alle Menschen soziale und mate-

rielle Teilhabechancen – unabhängig vom Familienstand, vollzeitiger, andauernder oder atypischer Erwerbsarbeit – im Alter grundgesichert werden;

- das bisher geltende Versicherungs- und Äquivalenzprinzip erfährt dadurch eine substantielle Erweiterung: neben der nach wie vor in der zweiten Säule der Pensionsversicherung zum Tragen kommenden Anbindung von Pensionsleistungen an Erwerbsarbeit und Einkommen ist das Pensionssystem im Rahmen der Grundpension systematisch durch eine universalistische Ausrichtung und eine Umverteilungskomponente gekennzeichnet;
- den beiden Säulen liegen unterschiedliche Gestaltungsprinzipien zugrunde: der ersten ein Mix von Solidar- und Versicherungs-, der zweiten nur das Versicherungsprinzip;
- abgesehen von einer möglichen privaten Vorsorge steht damit die Alterssicherung für alle zumindest auf einem, für den überwiegenden Teil der Bevölkerung auf »zwei Beinen«;
- die Finanzierung dieses öffentlich-rechtlichen Pensionssystems ruht auf zwei Säulen: die erste wird durch Beiträge aller Versicherten und durch einen staatlichen Beitrag, die zweite Säule durch Beiträge der unselbständig Erwerbstätigen und ihrer Arbeitgeber finanziert;
- die Umverteilung erfolgt nicht bloß zwischen den Generationen, sondern auch zwischen den Geschlechtern und Einkommensgruppen.

Der strukturelle Umbau erfordert angesichts der aktuellen, insbesondere der absehbaren Dringlichkeit eines baldigen Beschlusses, angesichts der Komplexität und um Härten (wie z. B. Mehrfachbelastung der derzeit aktiven Versicherten in der Übergangsphase) zu vermeiden, einen entsprechend langen Realisierungszeitraum – wie beispielsweise Italien im Rahmen der Einführung eines Pensionsversicherungssystems gezeigt hat (vgl. Mairhuber, 1996). Durch den Mix von universellem und partikularistischem Prinzip, durch die Ausdifferenzierung der Finanzierungsbasis und der Umverteilungskomponente könnte ein – unter den absehbaren Herausforderungen unumgänglich gewordener – Umbau des Pensionssystems einen neuen impliziten *Generationen-* und *Geschlechtervertrag* fundieren.

Allerdings sei abschließend betont, daß ein derartiger Umbau nur ein Aspekt im Rahmen der gesellschaftspolitisch aktiven Gestaltung der Zukunft ist. Er ersetzt nicht weitere gestaltende Maßnahmen betreffend Arbeit und Einkommen. Die Wahrscheinlichkeit der Realisierung eines derartigen Umbaus ist zur Zeit zweifellos äußerst gering. Doch ich möchte mich dem Motto Alfred Dallingers anschließen: »Wer nicht den Mut zum Träumen hat, hat auch nicht die Kraft zum Kämpfen«.

Anmerkungen

1 Aufgrund der Uneindeutigkeit des Begriffes »arbeitslos« wird der Begriff »erwerbslos« verwendet: Denn Menschen, die nicht erwerbstätig sind, sind nicht deshalb schon arbeitslos, was an der Leistung familiärer unbezahlter Arbeit deutlich wird. Nur die Fachbegriffe wie *Arbeitslosenrate*, *Arbeitslosenquote*, *Arbeitslosengeld* oder *Arbeitslosenversicherung* werden beibehalten.

2 Die Verlängerung des Bemessungszeitraumes und die Aufschiebung der Etappen bei der Witwerrente verdankten sich auch der Motivation der Verteilungsgerechtigkeit.

3 Zur Thematisierung des *Generationenvertrages* vgl. Beiträge in den Medien: z. B. Presse 25.6.1994, 8.11.1994; H. Knapp in Finanznachrichten 47 (1994); Neue Wirtschaft März 1995; Gewinn 4 (1995).

4 Diese Regelung verdankte sich dem Druck in Richtung »Harmonisierung« von Beamtenversorgung und Pensionsversicherung nach dem ASVG. Der Begriff »beste« ist allerdings insofern irreführend, als faktisch mit dieser Neuerung die Bemessungsgrundlagen im Durchschnitt noch mehr gesenkt werden (vgl. Tálos/Wörister, 1994, S. 180).

Literatur

Alber, Jens: Vom Armenhaus zum Wohlfahrtsstaat. Frankfurt/New York 1982.

Beham, Martina: Einelternfamilien. In: Viele Formen – Ein Ziel – Familie. Wien 1995, S. 27–37.

Beilagen zu den Stenographischen Protokollen des Nationalrates. Wien.

Beirat für Wirtschafts- und Sozialfragen: Soziale Sicherung im Alter. Wien 1991.

Büchele, Herwig/Wohlgenannt, Lieselotte: Grundeinkommen ohne Arbeit. Wien 1985.

Dallinger, Alfred: Die Zukunft des Wohlfahrtsstaates. In: Rolf G. Heinze [u. a.] (Hrsg.): Sozialstaat 2000. Bonn 1987, S. 275–280.

Das Grüne Pensionsmodell. Wien 1995.

Die Arbeitsmarktlage 1995. Hrsg. vom Arbeitsmarktservice Österreich. Wien 1996.

Fassmann, Heinz [u. a.]: Bevölkerungsprognosen für Österreich 1991 bis 2021. Wien 1996.

Findl, Peter: Demographie. In: SWS-Rundschau 1 (1996), S. 9–14.
Flora, Peter: Information. In: Flora (ed.): Growth to Limits. Vol. 1. Berlin/New York 1986, S. XI–XXXVI.
Frauenbericht 1995. Bericht über die Situation der Frauen in Österreich. Hrsg. von der Bundesministerin für Frauenangelegenheiten. Wien 1995.
Gallon, Thomas-Peter: »Alterslohn für Lebensleistung«. In: Werner Schöning/Raphael L'Hoest (Hrsg.): Sozialstaat wohin? Darmstadt 1996, S. 36–55.
Kytir, Josef: Alter und Pflege. In: Josef Kytir/Rainer Münz (Hrsg.): Alter und Pflege. Berlin 1992, S. 71–103.
Lutz, Hedwig [u. a.]: Von Ausgrenzung bedroht. Forschungsberichte aus Sozial- und Arbeitsmarktpolitik. Hrsg. vom Bundesministerium für Arbeit und Soziales. Wien 1994.
Mairhuber, Ingrid: Soziale Sicherung in Italien. In: Emmerich Tálos (Projektleiter): Der österreichische Wohlfahrtsstaat im Vergleich mit west- und osteuropäischen Nachbarländern. Projektbericht im Auftrag des Bundesministeriums für Wissenschaft und Forschung. Wien 1996.
Münz, Rainer: Demographische Struktur und Entwicklung der weiblichen Wohnbevölkerung. In: Frauenbericht 1995. Wien 1995, S. 23–35.
Obinger, Herbert: Soziale Sicherung in der Schweiz. In: Emmerich Tálos (Projektleiter): Der österreichische Wohlfahrtsstaat im Vergleich mit west- und osteuropäischen Nachbarländern. Projektbericht im Auftrag des Bundesministeriums für Wissenschaft und Forschung. Wien 1996.
OECD: Women and Structural Change. New Perspectives. Paris 1994.
Pierson, Christoph: Beyond the welfare state? Cambridge 1992.
Pratscher, Kurt: Sozialhilfe. In: Emmerich Tálos (Hrsg.): Der geforderte Wohlfahrtsstaat. Wien 1992, S. 61–95.
Reithofer, Hans: Sozialpolitik in Österreich. Wien 1995.
Schmidt, Manfred G.: Sozialpolitik. Opladen 1988.
Soziale Sicherheit Heft 6 (1996), hrsg. vom Hauptverband der Sozialversicherungsträger, Wien.
Soziale Sicherheit in den Mitgliedstaaten der Europäischen Union. Europäische Kommission. Luxemburg 1996.
Soziale Sicherheit 6 (1996), Hauptverband der österreichischen Sozialversicherungsträger, Wien.
Stefanits, Hans: Das Lebensstandardprinzip in der Pensionsversicherung. In: 100 Jahre österreichische Sozialversicherung. Wien 1989, S. 139–149.
Tálos Emmerich: Wohlfahrtsstaat auf neuen Pfaden? In: Peter Gerlich/Krzystof Glass (Hrsg.): Wege aus der Krise. Wien 1993a, S. 137–154.
Tálos, Emmerich: Arbeitslosigkeit und beschäftigungspolitische Steuerung. In: Emmerich Tálos/Margit Wiederschwinger (Hrsg.): Arbeitslosigkeit. Wien 1987, S. 91–166.
Tálos, Emmerich: Materielle Sicherung durch Sozialversicherung? In: 100 Jahre österreichische Sozialversicherung. Wien 1989, S. 195–216.
Tálos, Emmerich: Umbau des Wohlfahrtsstaates. In: Österreichische Zeitschrift für Politikwissenschaft 22 (1993), S. 37–55.

Tálos, Emmerich/Karl Wörister: Soziale Sicherung im Sozialstaat Österreich. Baden-Baden 1994.

Tálos, Emmerich/Karl Wörister: Soziale Sicherung in Österreich. In: Emmerich Tálos (Projektleiter): Der österreichische Wohlfahrtsstaat im Vergleich mit west- und osteuropäischen Nachbarländern. Projektbericht im Auftrag des Bundesministeriums für Wissenschaft und Forschung. Wien 1996.

Van der Bellen, Alexander: Budget. Entgleisung im Schatten von Maastricht. In: Emmerich Tálos/Gerda Falkner (Hrsg.): EU-Mitglied Österreich. Wien 1996, S. 116–130.

Viele Formen – Ein Ziel – Familie. Bundesministerium für Jugend und Familie. Wien 1995.

Welfare in a civil society. Report for the Conference of European Ministers responsible for Social Affairs. Vienna 1993.

Wohlgenannt, Lieselotte/Büchele, Herwig: Den öko-sozialen Umbau beginnen: Grundeinkommen. Wien 1990.

Wolff, Karl-Heinz: Der Generationenvertrag. In: 100 Jahre österreichische Sozialversicherung. Hrsg. vom Bundesministerium für Arbeit und Soziales und vom Hauptverband der österreichischen Sozialversicherungsträger. Wien 1989.

Wörister, Karl: Entwicklungen der Frauen- und Männerpensionen für Unselbständige. In: Statistische Nachrichten 48 (1993), S. 87–91.

Wörister, Karl: Statistische Informationen der AK Wien. Juni 1996.

Wörister, Karl: Soziale Sicherheit in Österreich. Statistische Informationen der AK Wien. Wien 1996a.

Wörister, Karl: Aktuelle Daten. Statistische Informationen der AK Wien. August 1996b.

Wörister, Karl/Tálos, Emmerich: Materielle Sicherung und Versorgung von Frauen durch staatlich geregelte soziale Sicherung. In: Frauenbericht 1995. Wien 1995, S. 398–415.

Heinz Fassmann • Rainer Münz

Österreich – Einwanderungsland wider Willen

I. Sind wir ein Einwanderungsland?

Österreich ist zum Einwanderungsland geworden – nicht freiwillig, aber faktisch. Unser politisches System reagierte darauf etwas anders als in den benachbarten Ländern. Seit 1992 verfügt Österreich als erstes westeuropäisches Land über ein Einwanderungsgesetz, auch wenn dieses mit Rücksicht auf die öffentliche Meinung bloß *Aufenthaltsgesetz* heißt. Schon daran läßt sich erkennen, daß das Selbstbild dieses Landes mit der Realität, also mit Migration und einer wachsenden ausländischen Bevölkerung, bisher nicht Schritt halten hat können. Der These *Österreich ist ein Einwanderungsland* würde auch heute nur eine Minderheit zustimmen. Dies gilt selbst für die Gruppe der Politiker. Sie betonen lieber die Kontinuität der Siedlungsgeschichte, als die Frage nach der politischen und sozialen Integration der in Österreich lebenden Ausländer zu stellen. Gefeiert wurde daher 1996 das Staatsjubiläum »1000 Jahre Österreich« ganz so, als bestünde die heutige Wohnbevölkerung Österreichs in erster Linie aus Nachfahren jener Menschen, die 996 im Alpenraum lebten.

Gerade in Österreich, das die Erinnerung an bestimmte Phasen seiner Geschichte aus Gründen nationaler Identität und tourismuswirksamer Vermarktung stärker in den Vordergrund rückt als andere, läßt sich an den Museen viel über das Selbstverständnis dieses Landes ablesen. Dabei fällt auf, daß es kein Auswanderermuseum gibt, obwohl in einem solchem Museum etliches auszustellen wäre.

Um 1900 wanderten aus der Donaumonarchie mehr Menschen in die USA ein als aus jedem anderen Land. Ab 1933/34 gingen viele liberale Sozialdemokraten und Kommunisten in die Emigration. 1938–1941 wurden ca. 129.000 Österreicherinnen und Österreicher jüdischer Herkunft zur Auswanderung gezwungen, darunter große Teile der intellektuellen Elite des Landes. Auch heute lebt fast eine halbe Million Österreicher im Ausland.

Genausowenig gibt es ein Einwanderermuseum, obwohl derzeit

16 % der rund 8 Mio. Einwohner außerhalb der heutigen Grenzen Österreichs zur Welt gekommen sind und eine noch viel größere Zahl von Personen selber Kinder und Enkel von Zuwanderern sind.

Trotzdem hat schon der Begriff *Einwanderung* für viele einen negativen Beigeschmack. Deshalb heißt Österreichs Einwanderungsgesetz – wie eingangs erwähnt – etwas verschämt *Aufenthaltsgesetz.* Ausländische Arbeitsmigranten und deren Kinder werden von vielen nach wie vor als *Gastarbeiter* bezeichnet, was sprachlich einen zeitlich befristeten Aufenthalt unterstellt. Eben das macht es leichter, Arbeitsmigranten als »Manövriermasse« der Arbeitsmarktpolitik zu sehen. Wer nicht mehr gebraucht wird, soll am besten wieder verschwinden. Flüchtlingen wird am liebsten der Status von *Durchwanderern* zugebilligt, wenn auch nicht übersehen werden darf, daß Österreich mit der Aufnahme von 80.000 bis 90.000 Kriegsvertriebenen aus Bosnien relativ mehr leistete als die Bundesrepublik Deutschland und alle anderen Länder Westeuropas.

Wer jedoch heute einen Asylantrag zu stellen versucht, wird mit hoher Wahrscheinlichkeit postwendend in eines der Nachbarländer zurückgeschickt. Auslandsösterreicherinnen und -österreicher erscheinen dagegen als »verlorene Söhne und Töchter«.

II. Migration von und nach Österreich – Entwicklungen seit 1945

Die empirischen Fakten dokumentieren, daß in den meisten Jahren der österreichischen Nachkriegsgeschichte die Zuwanderung größer war als die Abwanderung. Im Schnitt der Jahre 1961–1991 lag der Wanderungsgewinn bei rund 13.000 Personen pro Jahr, in den achtziger Jahren sogar bei 23.000. Die Bruttogröße der Zuwanderung muß daher deutlich größer gewesen sein. Sie dürfte rund 20.000 bis 25.000 Personen pro Jahr betragen haben.

Derzeit leben in Österreich etwas über 8 Mio. Menschen, darunter mehr als 720.000 Personen mit ausländischer Staatsbürgerschaft (Jahresanfang 1995). Der Anteil der Ausländer beträgt somit 9 %. Auch von den 91 % Inländern sind etwa 7 % irgendwann als Zuwanderer nach Österreich gekommen: insgesamt etwa 600.000 Personen, darunter in erster Linie Vertriebene der unmittelbaren Nachkriegszeit, hier ansässig gewordene Flüchtlinge und eingebürgerte Arbeitsmigranten. Ausländer und eingebürgerte Zuwanderer machen somit zusammen rund 16 % der Wohnbevölkerung aus.

Tabelle 1: Bevölkerungsentwicklung und Wanderungssalden in Österreich 1951–1991

Jahr	Bevölkerung	Periode	Gesamt-veränderung	Wanderungs-bilanz	Geburten-bilanz
1951	6.933.905				
1961	7.073.807	1951–1961	140.000	- 129.000	269.000
1971	7.491.526	1961–1971	418.000	77.000	341.000
1981	7.555.338	1971–1981	64.000	74.000	- 10.000
1991	7.813.000	1981–1991	256.000	233.000	23.000

Quellen: Volkszählungsergebnisse 1951, 1961, 1971, 1981, 1991

Österreich ist gleichzeitig auch ein Herkunftsland von Arbeitsmigranten. Deren Abwanderung begann bereits in den fünfziger Jahren. Den rund 720.000 legal anwesenden Ausländern in Österreich[1] steht eine Zahl von über 430.000 Österreichern im Ausland gegenüber. Die Mehrzahl dieser Auslandsösterreicher lebt und arbeitet in Deutschland (183.000) und in der Schweiz (29.000; vgl. SOPEMI, 1995).[2]

Trotz ähnlicher Größe sind beide Gruppen von Migranten nicht direkt vergleichbar. Österreichische Arbeitsmigranten in Westeuropa und Übersee nehmen zum Teil erheblich bessere Positionen auf dem Arbeitsmarkt der Zielländer ein als das Gros der ausländischen Arbeitskräfte in Österreich. Dies hängt einerseits mit einem anderen Qualifikationsspektrum der österreichischen Arbeitsemigranten zusammen, andererseits aber auch mit ihrer bedeutend längeren Aufenthaltsdauer in den Zielländern. Die Abwanderung österreichischer Arbeitskräfte setzte bereits nach dem Zweiten Weltkrieg ein, während mit der Anwerbung ausländischer Arbeitskräfte nach Österreich erst in den frühen sechziger Jahren begonnen wurde. Überdies unterliegt die Zahl der Auslandsösterreicher geringeren konjunkturellen Schwankungen. Zu diesen Emigranten, die mit österreichischem Paß in einem anderen Land leben, kommen noch weitere 100.000

ehemalige Österreicher, die inzwischen die Staatsbürgerschaft ihres Gastlandes angenommen haben.

1. Politische Flüchtlinge, Vertriebene, Wirtschaftsmigranten

Seit Mitte der vierziger Jahre war Österreich Ziel einer Reihe von Wanderungsbewegungen, für manche aber auch nur Durchgangsstation. Zu Kriegsende befanden sich auf dem Gebiet Österreichs rund 1,6 Mio. ausländische Zwangsarbeiter, Kriegsgefangene und KZ-Insassen, von denen die meisten das Land rasch verließen (Albrich, 1995). Zwischen 1945 und 1950 kamen rund 1 Mio. Menschen als Flüchtlinge und Vertriebene aus Ostmitteleuropa und vom Balkan nach Österreich, von denen allerdings nur rund 540.000 für längere Zeit im Land blieben. Unter ihnen bildeten 530.000 Volksdeutsche aus der Tschechoslowakei, Ungarn und Jugoslawien die größte Gruppe (Stanek, 1985).[3] Auch später folgten spektakuläre Wanderungswellen; z. B. der Exodus von fast 200.000 Ungarn in den Jahren 1956/57, von denen 180.000 einen Asylantrag in Österreich stellten. Ihnen allen wurde in Österreich kollektiv Asyl gewährt, aber nur rund 20.000 blieben auf Dauer im Land. 1968/69 verließen 162.000 Tschechen und Slowaken via Österreich ihre Heimat; von ihnen suchten allerdings nur 12.000 hier um Asyl an. 1981/82 hielten sich zwischen 120.000 und 150.000 Polen in Österreich auf. Rund 33.000 stellten Asylanträge. Ab 1972 nahm Österreich auf Basis einer Quotenregelung auch Flüchtlinge aus Überseeländern auf; in der Vergangenheit waren dies z. B. Chilenen, Argentinier, Ugander, Iraner und Bürger Afghanistans.

Nach einigen Jahren mit geringem Flüchtlingszustrom lag die jährliche Zahl der Asylbewerber in den späten achtziger und frühen neunziger Jahren wieder über 15.000: 1985 erfolgten nur 6.724 Anträge; 1988 waren es 15.790, 1991 bereits 27.306. Dies waren, gemessen an der Größe der Wohnbevölkerung, mehr als in Deutschland. 1988 stellten Polen (6.670 Anträge), Ungarn (2.610) und Rumänen (2.134 Anträge) mehr als die Hälfte aller Flüchtlinge. 1989 stieg die Zahl der Rumänen auf das Vierfache (7.932 Anträge), jene der Tschechen und Slowaken auf das Doppelte (3.307 Anträge) und die Zahl der Türken auf das Fünffache (3.263) der Zahlen von 1988. 1991 verschob sich das Schwergewicht auf die Asylsuchenden aus dem ehemaligen Jugoslawien (6.436), insbesondere aus den Kriegsgebieten Kroatiens. Die Zahl der rumänischen (7.506) und der türkischen (2.252) Asylbewerber blieb hoch, der Strom aus den benachbarten Staaten Ostmitteleuropas nahm deutlich ab. Dagegen gab es 1991 Asylbewerber aus dem Iran, dem Irak und aus Afghanistan sowie aus Bulgarien (1.400) und erstmals auch aus Albanien (1.000).

Als Folge des 1991 beschlossenen restriktiven Asylrechts in Österreich und der stärkeren Abschottung an den Außengrenzen sank die Zahl der Asylbewerber deutlich ab. 1992 stellten nur mehr 16.238 Personen einen Asylantrag, 1993 bloß noch 4.744. Die Zahlen blieben seither auf diesem Niveau (vgl. Tabelle 2). Überdies wurde rund 80.000–90.000 Bürgerkriegsopfern aus Bosnien-Herzegowina als De-facto-Flüchtlingen Aufenthalt gewährt. Sie wurden zwar nicht offiziell als Flüchtlinge anerkannt, aber, so sie keine Verwandten hatten, vom Bund finanziell unterstützt. Mitte 1993 betrug die Zahl der staatlich unterstützten Bosnier 47.500, Mitte 1996 nur noch 18.000 (Bauböck, 1996), nachdem diesen Kriegsflüchtlingen der Zutritt zum österreichischen Arbeitsmarkt gestattet worden war. Im Gegensatz zu 1991 verwehrten Österreichs Grenzorgane jedoch ab 1992/93 etlichen Deserteuren und Kriegsopfern aus dem ehemaligen Jugoslawien die Ein- bzw. Durchreise.

Nicht aus den offiziellen Asylstatistiken ablesbar ist die Rolle, die Österreich seit den siebziger Jahren als Drehscheibe der jüdischen Emigration aus der ehemaligen Sowjetunion spielte.[4] Zwischen 1973 und 1989 kamen rund 250.000 jüdische Emigranten nach Österreich und verließen das Land – bis auf wenige Ausnahmen – auch bald wieder. Rund 65.000 wählten Israel als Auswanderungsziel, die Mehrheit ging aber in die USA (und andere Staaten). Seit 1990 können jüdische Bürger Rußlands und anderer Nachfolgestaaten der Sowjetunion ohne Umweg über Wien direkt nach Israel und Übersee auswandern. Im Jahr 1989 wurde Österreich kurzfristig auch zur Drehscheibe der Migration zwischen Ost- und Westdeutschland. Mehr als 45.000 DDR-Bürger überschritten zwischen Juli und Oktober 1989 die ungarisch-burgenländische Grenze; zuerst illegal, ab September 1989 schließlich mit dem Segen der Budapester Behörden.

Tabelle 2: Asylbewerber in Österreich nach dem Herkunftsland (jährliche Neuzugänge)

Jahr	(Ex-) CSSR	Polen	Ungarn	Rumänien	Ex-Jugoslawien	Türkei	Asylanträge insgesamt
1961	52	125	174	19	3.532	–	4.116
1962	53	65	155	13	3.019	–	3.458
1963	89	40	290	5	2.783	1	3.435
1964	434	87	492	15	2.421	2	3.611
1965	552	146	659	21	2.696	–	4.247
1966	636	215	791	45	2.000	–	3.805
1967	886	106	827	53	1.917	–	3.919
1968	4.176	183	812	259	1.742	–	7.362
1969	6.530	206	1.005	575	1.279	2	9.831
1970	1.192	207	1.161	156	151	–	3.085
1971	356	223	1.064	184	87	–	2.075
1972	291	145	968	183	70	–	1.838
1973	123	161	729	213	105	3	1.576
1974	173	202	584	349	156	1	1.712
1975	156	182	471	203	230	1	1.502
1976	194	291	467	203	108	5	1.818
1977	394	538	534	551	81	14	2.566
1978	515	773	525	958	66	49	3.412
1979	1.834	1.095	580	976	49	100	5.627
1980	3.241	2.181	1.043	1.023	45	120	9.259
1981	2.196	29.091	1.225	1.316	40	35	34.557
1982	1.975	1.870	922	737	74	54	6.314
1983	1.651	1.823	961	502	116	39	5.868
1984	1.941	2.466	1.229	501	158	31	7.208
1985	2.333	662	1.642	890	410	56	6.724
1986	2.147	568	2.220	2.329	488	163	8.639
1987	2.705	667	4.689	1.460	402	408	11.406
1988	1.728	6.670	2.610	2.134	477	644	15.790
1989	3.307	2.107	364	7.932	634	3.263	21.882
1990	176	132	46	12.199	768	1.862	22.789
1991	12	19	6	7.506	6.436	2.252	27.306
1992	10	10	0	2.609	7.410	1.251	16.238
1993	16	17	9	293	1.851	342	4.744
1994	7	15	8	157	1.722	362	5.082
1995	9	6	1	91	2.477	509	5.920

Quelle: Statistisches Handbuch der Republik Österreich, BMI

Was sich am Migrationsverhalten der sowjetischen Juden in den Jahren vor 1990 ablesen läßt, gilt generell. Von jenen mittel- und osteuropäischen Migranten, die seit den fünfziger Jahren nach Österreich kamen, wanderte der größere Teil in die USA, nach Kanada, Südafrika, Australien, Israel oder Westdeutschland weiter.[5] Einige kehrten in ihre Herkunftsländer zurück oder haben dies zumindest versucht. Ein kleinerer Teil der aus dem Osten stammenden Migranten blieb in Österreich, wurde nach anfänglichem Zögern eingebürgert und in der Regel politisch wie sozial integriert.

In jüngster Zeit betont das offizielle Österreich zwar immer noch, daß Asylgewährung für Verfolgte zum traditionellen Repertoire österreichischer Politik zählt, das Klima und die tagespolitisch motivierte Praxis haben sich jedoch völlig verändert. Zahllose potentielle Asylbewerber werden an den Grenzen oder auf dem Flughafen Wien abgeschoben bzw. zurückgewiesen. Dies geschieht vielfach, ehe diese Personen überhaupt einen formellen Asylantrag stellen können. Potentielle Zuwanderer sollen offenbar durch die Aufnahmepraxis abgeschreckt, entmutigt, zur Heimreise oder zum Asylantrag in einem der Nachbarländer motiviert werden. Mit geänderten politischen Verhältnissen in Ostmittel- und Osteuropa läßt sich dies nur zum Teil erklären. Ganz offensichtlich führt die Rücksichtnahme von Politik und Verwaltung auf eine zunehmend ausländerfeindliche Stimmung in Teilen der österreichischen Bevölkerung auch zu einer sehr restriktiven Asylpraxis. Nur so läßt sich erklären, warum Österreich ab 1992/93 seine Grenzen für Kriegsflüchtlinge aus Bosnien-Herzegowina weitgehend sperren konnte, ohne dafür heftige in- und ausländische Kritik zu ernten. Österreichs Behörden vertraten den Standpunkt, viele der Kriegsopfer wären schon auf kroatischem, slowenischem oder ungarischem Boden in Sicherheit gewesen. Dies mag zwar im Prinzip stimmen, »löste« das Flüchtlingsproblem jedoch zu Lasten der jeweiligen Nachbarstaaten von Konfliktgebieten und stand damit in deutlichem Widerspruch zu der von Österreich und Deutschland mehrfach geforderten gleichmäßigeren Verteilung des Flüchtlingsstroms aus den Nachfolgestaaten Jugoslawiens.

Anerkannte Flüchtlinge im Sinne der Genfer Konvention sind in Österreich – vom Wahlrecht einmal abgesehen – den Inländern weitgehend gleichgestellt. Sie haben einen gleichberechtig-

ten Zugang zum österreichischen Arbeitsmarkt und erhalten – falls notwendig – finanzielle Unterstützung aus öffentlichen Mitteln.
Über die Anerkennung als Flüchtling wird in einem Verwaltungsverfahren entschieden, das sich über mehrere Monate hinziehen kann. Während dieser Zeit wird ein (immer geringer werdender) Teil der Asylbewerber in Regie des Innenministeriums untergebracht und verpflegt (Bundesbetreuung). Ein subjektiver Rechtsanspruch auf Unterstützung besteht allerdings nicht.
Um das Verwaltungsverfahren zu vereinfachen, wurde ein »beschleunigtes Verfahren« eingeführt, bei dem potentielle Asylbewerber in »offensichtlich unbegründeten Fällen« erst gar nicht im Detail auf ihre Fluchtgründe hin überprüft werden. Dies betrifft einerseits Personen aus Mittel- und Osteuropa und aus anderen Teilen der Welt, in denen nach Auffassung der österreichischen Behörden keine Menschenrechtsverletzungen anzunehmen sind (*safe country status*), es betrifft andererseits auch potentielle Asylbewerber und Flüchtlinge, die nicht direkt auf dem Luftweg und mit gültigen Papieren nach Österreich einreisen. Wer auf seiner Reise auf einem »sicheren« Flughafen umsteigt oder auf dem Landweg nach Österreich kommt, befand sich aus Sicht der Behörden bereits in einem sicheren Drittland und hätte dort um Asyl ansuchen müssen. Es ist daher nicht überraschend, daß sowohl die Zahl der Asylbewerber als auch die Zahl der anerkannten politischen Flüchtlinge deutlich gesunken sind. Die Anerkennungsquote liegt derzeit unter 10 %.

2. Ausländische Arbeitskräfte in Österreich

Die quantitativ wichtigsten Komponenten der österreichischen Migrationsbilanz sind seit Anfang der fünfziger Jahre die österreichischen Arbeitsmigranten in Deutschland, in der Schweiz und in Übersee sowie seit 1961/62 die Anwerbung ausländischer Arbeitskräfte und die nachfolgende Einwanderung von deren Familienangehörigen nach Österreich.[6] Beide Wanderungen folgten einerseits der Logik von höheren Löhnen, der Nachfrage nach Arbeitskräften und besserer Arbeitsbedingungen in den entwickelteren Industriestaaten, andererseits war diese Migration bis in die siebziger Jahre das Ergebnis einer staatlich geregelten Anwerbungs- und Kontingentierungspolitik.

Die zwischenstaatlich organisierte Ausländerbeschäftigung begann in Österreich deutlich später als in Westdeutschland, in der Schweiz oder in Skandinavien.[7] Ein erstes Anwerbeabkommen schloß Österreich 1962 mit Spanien, ein zweites 1964 mit der Türkei, ein drittes 1966 mit Jugoslawien. Das Abkommen mit Spanien blieb bedeutungslos.

Die jährlichen Zuwächse der ausländischen Arbeitskräfte in Österreich belegen, daß erst die mittleren sechziger Jahre als *Take-off-Phase* anzusehen sind (+ 10.000 bis + 15.000 pro Jahr). Ende der sechziger und Anfang der siebziger Jahre nahm die Zahl ausländischer Arbeitskräfte jährlich um 20.000 bis 40.000 Personen zu. Damals kamen vor allem Jugoslawen ins Land. Mit 230.000 ausländischen Arbeitskräften erreichte die *Gastarbeiterbeschäftigung* 1973 ihren ersten Höhepunkt (vgl. Tabelle 3). Bezogen auf alle unselbständig Beschäftigten bedeutete dies damals einen Ausländeranteil von nicht ganz 10 %.

Phasen ökonomischer Stagnation nach 1973 und das Nachrükken geburtenstarker Jahrgänge auf den Arbeitsmarkt führten in Österreich ab Mitte der siebziger Jahre zu einem deutlichen Abbau der *Gastarbeiter*-Kontingente. Parallel zur Entwicklung in der für ihre Ausländerpolitik oftmals kritisierten Schweiz wurde ab 1973/74 auch in Österreich die Zahl der beschäftigten Ausländer drastisch verringert. 1984 gab es in Österreich nur noch 138.710 registrierte ausländische Arbeitskräfte. Dies bedeutete einen Rückgang von fast 40 % innerhalb von 10 Jahren.

Ab Mitte der achtziger Jahre stieg die Zahl der ausländischen Arbeitskräfte erneut an. Im Jahresdurchschnitt 1995 arbeiteten wieder 291.044 Ausländer legal in Österreich, mehr als doppelt so viele wie 1984. Weitere 24.900 Ausländer waren arbeitslos gemeldet.[8]

Von diesen Arbeitsmigranten ist derzeit nur noch ein kleiner Teil (ca. 20 %) im Rahmen von Branchenkontingenten beschäftigt. Rund ein Drittel besitzt einen Befreiungsschein und kann sich damit den Arbeitgeber frei wählen. Der Rest arbeitet aufgrund individuell erteilter Beschäftigungsbewilligungen (für den Arbeitgeber zur Beschäftigung eines spezifischen Ausländers) oder auf der Basis von Arbeitsgenehmigungen (für den Migranten).

Dazu kommt eine wachsende Zahl illegal beschäftigter oder auf eigene Rechnung arbeitender Zuwanderer aus Ostmitteleuropa und vom Balkan. Ein Großteil von ihnen übt temporäre Beschäftigungen aus und hält sich nur vorübergehend in Österreich auf.

Verändert hat sich seit der Mitte der siebziger Jahre nicht nur die Anzahl der erwerbstätigen Ausländer, sondern auch deren Herkunft und Zusammensetzung. Jugoslawen waren in der Rezession nach 1973 überproportional von Abbau und freiwilliger oder unfreiwilliger Heimkehr betroffen, während die Zahl der beschäftigten Türken kaum zurückging.

Die Zahl der Jugoslawen veränderte sich bis in die späten achtziger Jahre stärker konjunkturabhängig als die anderer Herkunftsgruppen. Nur zu einem kleinen Teil kann dieser »Abbau« auf Einbürgerungen zurückgeführt werden, obwohl Ex-Jugoslawen aufgrund ihrer im Durchschnitt relativ langen Aufenthaltsdauer eine größere Chance hätten, die österreichische Staatsbürgerschaft zu erhalten und damit aus der Statistik der ausländischen Arbeitskräfte zu »verschwinden«.[9]

Seit 1990/91 überlagerten Kriege, Konflikte und ethnische Säuberungen in Bosnien, Kroatien und Serbien den zuvor weitgehend konjunkturabhängigen Verlauf der (ex)jugoslawischen Zu- bzw. Abwanderung.

Die Beschäftigung ausländischer Arbeitskräfte aus der Bundesrepublik Deutschland schwankte während der letzten 30 Jahre kaum. Die meisten Deutschen arbeiten auf qualifizierten Arbeitsplätzen in wirtschaftlich stabilen Branchen. Zugenommen hat in Österreich seit den siebziger Jahren indes die Beschäftigung von Arbeitskräften »sonstiger« Nationalitäten. Darunter fallen sowohl Personen außereuropäischer Herkunft (Philippinen, Thailand etc.) als auch seit 1989/90 Migranten aus Ostmitteleuropa. Von den rund 73.500 »sonstigen« ausländischen Arbeitskräften kamen 1995 ca. 41.000 (13,9 % an allen ausländischen Arbeitskräften) aus Polen, Ungarn, der Tschechischen Republik, der Slowakei und Rumänien.

Insgesamt kann man sagen: Auf Migranten aus Slowenien und Kroatien folgten solche aus Serbien, Bosnien und dem Kosovo. Nach Bürgern Jugoslawiens kamen Türken und Angehörige anderer Nationalitäten, zuletzt Neuzuwanderer aus Ostmitteleuropa. Auf alleinlebende männliche Arbeitsmigranten folgten Frauen und Kinder, auf legale Zuwanderer folgten illegale.

Tabelle 3: Ausländische Arbeitskräfte nach Herkunftsländern (Jahresdurchschnitte)

Jahr	BRD	Italien	Ex-Jugo-slawien	Spanien	Türkei	Sonstige	insges.	Diff. zum Vorjahr
1963	5.205	3.549	4.917	984	1.520	5.325	21.500	–
1964	4.463	2.485	9.782	1.176	3.793	4.401	26.100	+4.600
1965	3.860	2.588	19.595	1.120	5.986	4.151	37.300	+11.200
1966	3.355	2.271	34.662	807	6.767	3.638	51.500	+14.200
1967	3.284	1.598	49.436	427	7.632	3.823	66.200	+14.700
1968	3.330	1.296	51.020	287	7.561	4.006	67.500	+1.300
1969	3.620	1.201	65.126	253	11.348	6.152	87.700	+20.200
1970	3.506	995	83.435	232	16.816	6.731	111.715	+24.015
1971	3.546	1.052	115.716	266	21.931	7.705	150.216	+38.501
1972	5.313	1.577	145.267	282	21.356	13.270	187.065	+36.849
1973	5.770	1.710	178.134	291	26.692	14.204	226.801	+39.736
1974	5.890	1.537	169.372	261	29.999	15.268	222.327	-4.474
1975	5.947	1.464	141.199	265	27.026	15.110	191.011	-31.316
1976	10.635	1.655	120.543	225	24.616	13.999	171.673	-19.338
1977	11.806	1.805	131.720	219	27.077	16.236	188.863	+17.190
1978	11.701	1.999	121.050	215	26.209	15.535	176.709	-12.154
1979	11.613	1.940	114.690	211	26.638	15.500	170.592	-6.117
1980	12.071	1.992	115.215	216	28.244	16.974	174.712	+4.120
1981	12.210	2.066	110.820	224	29.069	17.384	171.773	-2.939
1982	11.886	2.139	96.778	210	28.592	16.282	155.988	-15.785
1983	11.380	1.881	89.278	191	27.563	15.054	145.347	-10.641
1984	11.054	–	83.144	–	27.725	16.787	138.710	-6.637
1985	11.179	–	82.015	–	29.101	17.912	140.206	+1.496
1986	11.399	–	83.681	–	31.272	19.610	145.963	+5.757
1987	11.566	–	82.503	–	32.646	20.658	147.382	+1.419
1988	11.984	–	83.108	–	34.205	21.618	150.915	+3.533
1989	12.349	–	90.836	–	39.200	24.997	167.381	+16.466
1990	13.063	–	110.504	–	50.555	43.488	217.610	+50.229
1991	13.518	1.744	128.214	227	56.563	63.836	264.102	+46.492
1992	13.565	1.501	136.103	234	55.637	66.844	273.884	+7.423
1993	13.824	1.572	143.210	258	55.804	68.108	282.776	+8.892
1994	12.117	2.271	142.396	280	53.973	79.983	291.020	+8.244
1995	13.500	2.645	147.654	–	52.860	73.461	291.044	-920

Quelle: Zeitreihe bis 1983 lt. Biffl (1986: 40), 1984–1993 lt. Bundesministerium für Arbeit und Soziales u. lt. Statistische Übersichten (ÖSTAT/WIFO); Italiener und Spanier 1984–1991 (bzw. Spanier 1995) unter »Sonstige«

Ungeachtet des verstärkten Zustroms von Asylbewerbern und Flüchtlingen nach Österreich wurden ab den späten achtziger Jahren wieder neue Arbeitskräfte ins Land gelassen. Beides zusammen bewirkte enorme Wanderungsgewinne. 1989 betrug der Saldo + 56.100, 1990 + 71.900 und 1991 sogar + 87.700. 1992 sank der Saldo auf + 82.100, 1993 auf + 40.300 und 1994 auf 13.100. Zu Österreichs 7,6 Mio. in- und ausländischen Einwohnern des Jahres 1988 kamen binnen fünf Jahren fast 350.000 Personen neu hinzu. Die hohen Wanderungssalden der Jahre 1989–1993 wurden anfangs durch die Zunahme ausländischer Arbeitskräfte und nachgeholter Familienangehöriger aus dem ehemaligen Jugoslawien, der Türkei und erst ab Mitte 1990 aus den angrenzenden Staaten Ostmitteleuropas bestimmt. Erst seit 1992 gehen sie mehrheitlich auf das Konto der Kriegsflüchtlinge aus Bosnien. Damit änderte sich die soziale und demographische Struktur der Ausländer erneut. Mit der Ostöffnung erhöhte sich wieder der Anteil der erwerbstätigen Männer: ein klares Zeichen für eine Frühphase von Migration. Aus den Krisen- und Kriegsgebieten in Kroatien und Bosnien flüchteten hingegen in erster Linie Frauen, Kinder und alte Leute nach Österreich.

III. Einwanderungsgesetzgebung

Österreich reagierte auf den Zustrom anfangs mit der Erteilung individueller Arbeitsgenehmigungen, später mit verschärften Einreise- und Zuzugsbestimmungen, einem restriktiver gefaßten Asylrecht, aber auch mit einer Neuregelung der rechtlichen Position jener Ausländer, die bereits länger legal im Land lebten. Als eines der ersten europäischen Länder entschloß sich Österreich 1992, zukünftige Zuwanderung mittels eines eigenen Gesetzes zu regeln (*Aufenthaltsgesetz*). Obwohl eine einschlägige Bezeichnung mit Rücksicht auf die vorherrschende öffentliche Meinung vermieden wurde, handelt es sich beim *Aufenthaltsgesetz* um ein Einwanderungsgesetz. Dieses teilt potentielle Zuwanderer in mehrere Gruppen.

Wer aus dem Ausland nach Österreich einwandern will, benötigt eine Aufenthaltsbewilligung sowie den Nachweis von Lebensunterhalt und Wohnmöglichkeit. Die Aufenthaltsbewilligungen sind seit 1993 kontingentiert. Der Erstantrag auf Erteilung einer Aufenthaltsbewilligung (= Bewilligung der Zuwanderung) muß vom Ausland aus gestellt werden. Nur für die in Österreich geborenen Kinder von Ausländern kann der Erstantrag auch im Inland gestellt werden. Bürger von EU- und EWR-Staaten sind von dieser Restriktion ausgenommen. Sie benötigen weder eine Bewilligung zur Zuwanderung noch eine Arbeitserlaubnis.[10]

Für Zuwanderer aus dem Rest der Welt und für Aufenthaltsbewilligungen für ausländische Neugeborene in Österreich legt die Bundesregierung alljährlich eine Höchstzahl fest.[11]

Personen, die erstmals aus dem Ausland neu zuwandern (und nicht aus einem EU- bzw. EWR-Staat kommen), unterliegen einem Auswahlverfahren. Priorität genießen einerseits ausländische Ehepartner, minderjährige Kinder und u. U. auch ausländische (Schwieger-)Eltern von in Österreich lebenden In- und Ausländern.[12] Priorität genießen andererseits Personen, die über bestimmte Qualifikationen verfügen, die auf dem österreichischen Arbeitsmarkt verstärkt nachgefragt werden.

Bei kurzfristig auftretenden Engpässen auf dem österreichischen Arbeitsmarkt kann das Bundesministerium für Arbeit und Soziales auch außerhalb der Einwanderungsquote Bewilligungen für die vorübergehende Beschäftigung von *Saisonniers* erteilen.

Kriegsvertriebene und andere Personen, denen aus humanitären Gründen vorübergehend Aufenthalt in Österreich gewährt wird, fallen nicht unter die Einwanderungsquote.

Ob eine Erlaubnis zur erstmaligen Zuwanderung erfolgt, hängt sowohl von den vorgegebenen Prioritäten (Familiennachzug, Qualifikation) als auch vom Nachweis einer Wohnmöglichkeit und eines in Österreich gesicherten Lebensunterhalts ab. Im Klartext: Entweder müssen potentielle Zuwanderer von außerhalb des EU- bzw. EWR-Raumes einen Arbeitsplatz in Aussicht haben, oder sie müssen zum bereits in Österreich lebenden Familienerhalter ziehen. Voraussetzung ist überdies, daß die jährliche Einwanderungsquote noch nicht durch Neuzuwanderer ausgeschöpft wurde. Erwerbstätige bekommen bei erstmaliger Zuwanderung eine sechsmonatige Aufenthaltsbewilligung, die danach um weitere sechs Monate und nach einem Jahr um weitere zwei Jahre verlängert werden kann. Nach fünfjährigem Aufenthalt kann Ausländern – sofern sie nicht Bürger eines EU-Staates sind – ein unbefristeter Aufenthalt gestattet werden.

Sobald zugewanderte Nicht-EU-Ausländer den Arbeitsplatz, den Lebensunterhalt oder die Unterkunft verlieren und sich keinen Ersatz beschaffen können, erlischt auch die Aufenthaltsgenehmigung. Dabei kann es zu erheblichen Härtefällen kommen. Denn sowohl unmittelbar Betroffene als auch ihre Familienangehörigen können in dieser Situation zum Verlassen des Landes aufgefordert werden. In der Praxis führt dies dazu, daß etliche nichtprivilegierte Zuwanderer zwar Steuern und Sozialversicherungsbeiträge bezahlen, aber einen Teil ihrer sozialrechtlichen Ansprüche im Ernstfall nicht geltend machen können.
Die Aufenthaltsbewilligung für Ausländer in Österreich setzt zwar einen gesicherten Lebensunterhalt (Arbeitseinkommen, Stipendium, Unterhalt durch den Ehepartner etc.) voraus, sie ist jedoch nicht automatisch an eine Beschäftigungsbewilligung bzw. eine Arbeitserlaubnis gekoppelt. Denn auch diese sind (für Nicht-EU-Bürger) limitiert.
Falls die Erlaubnis zur Arbeitsaufnahme erteilt wird, bleibt der Zugang zum österreichischen Arbeitsmarkt für Ausländer in den ersten Jahren eingeschränkt. Nach den ersten zwei Jahren unselbständiger Erwerbstätigkeit (in dieser Zeit erhält der Arbeitgeber die Beschäftigungsbewilligung) bekommen ausländische Arbeitskräfte eine zweijährige Arbeitserlaubnis für das Gebiet eines Bundeslandes und können damit den Arbeitgeber wechseln. Nach fünf Jahren Berufstätigkeit während der letzten acht Jahre gibt es den *Befreiungsschein*, der auch die freie Wahl des Arbeitsortes sichert. Hinzu kam die (bisher einmalige) Legalisierungsaktion des Jahres 1990, die anwesende Ausländer aus der Illegalität herausholen und ihre Integration ermöglichen sollte. Davon machten 29.098 Personen Gebrauch. Der Erfolg dieser Aktion war begrenzt, da nur jene Ausländer eine Arbeitsgenehmigung beantragen konnten, die bereits zuvor polizeilich gemeldet waren.
Als neues Steuerungsinstrument wurde 1990 erstmals eine absolute Obergrenze für die Beschäftigung von Ausländern in Österreich eingeführt. Damals wurde festgelegt, daß die Gesamtzahl der unselbständig beschäftigten und arbeitslos gemeldeten Ausländer einen festgelegten Anteil des österreichischen Arbeitskräftepotentials nicht übersteigen darf (Ausländerquote). Dieses Limit wird im Zuge einer Verordnung durch das zuständige Bundesministerium für Arbeit und Soziales festgelegt. Derzeit

(1995) beträgt das Limit 9 % des Arbeitskräftepotentials bzw. 295.000 Personen. EU- und EWR-Bürger fallen nicht unter diese Restriktionen.[13]

IV. Integration und rechtlicher Status

Der rechtliche Rahmen stellt nicht nur bürokratisch-administrative Instrumente zur Verfügung, sondern prägt in entscheidendem Ausmaß auch die Integration der Zuwanderer. Politik kann ausgrenzend und desintegrativ wirken, genauso aber auch die Aufnahme und die Eingliederung von Migranten fördern. Österreichs Nachkriegsgeschichte liefert dafür gute Beispiele, die dies empirisch belegen.[14]

Die Gruppe der Zuwanderer aus den beiden für Österreich typischen Herkunftsländern von Arbeitsmigranten (Türkei und Ex-Jugoslawien) umfaßte 1988 rund ein Drittel aller im Ausland geborenen Personen. Sie kamen unter den rechtlichen Bedingungen der Rotationspolitik auf den österreichischen Arbeitsmarkt. Kurzfristige Beschäftigungsgenehmigungen, Rückkehr in die Heimat und regelmäßiger Austausch der ausländischen Arbeitskräfte sollten für eine flexible und anpassungsbereite Gruppe auf dem Arbeitsmarkt garantieren.

Tabelle 4: Stellung im Beruf in Abhängigkeit vom Herkunftsgebiet (%)

	Bevölkerung insg.	Zuwanderer aus West- u. Südeuropa	Zuwanderer aus Tschechien Slowakei Ungarn	Zuwanderer aus sonst. Osteuropa	Zuwanderer aus Ex-Jugoslawien Türkei	Zuwanderer aus Afrika Asien
Lehrlinge	3,4	0,8	–	–	–	1,1
Hilfsarbeiter	8,9	4,1	3,7	16,4	37,5	4,3
angelernte Arbeiter	14,5	8,1	10,4	12	37,6	15,3
Fach- u. Vorarbeiter	15,2	11,8	16,5	10,8	10,9	9
Arbeiter zus.	**42**	**24,8**	**30,6**	**39,2**	**86**	**29,7**
niedere Angestellte	12	11,1	19,8	12,7	3,6	22,3
mittlere Angestellte	7,8	9,4	9	11,2	0,8	2,3
höhere Angestellte	6,7	22,1	9,5	12,7	0,9	21,5

niedere Beamte	6,4	3,9	8,7	6,3	4,4	1,5
mittlere Beamte	5,2	3,9	4,2	4	1	–
höhere Beamte	6,1	9,2	5,8	5,2	0,5	9,1
Ang., Beamte zus.	**44,2**	**59,6**	**57**	**52,1**	**11,2**	**56,7**
Selbständige	7.5	14,8	10,3	8,2	2,5	13,6
Landwirte	6,3	0,8	2,1	0,5	0,3	–
Selbständige zus.	**13,8**	**15,6**	**12,4**	**8,7**	**2,8**	**13,6**
insgesamt	100,0	100,0	100,0	100,0	100,0	100,0

Quelle: ÖSTAT Mikrozensus 1988

Das Rotationskonzept scheiterte, weil viele Unternehmer in den Jahren der Hochkonjunktur an einer hohen Fluktuation wenig Interesse hatten und weil viele ausländische Arbeitskräfte für sich und ihre nachgeholten Familienangehörigen eine längerfristige Perspektive in Österreich sahen. Was sich nicht änderte, war jedoch der grundsätzliche rechtliche Rahmen. Die Ausländerbeschäftigung blieb trotz einiger Verbesserungen durch Kurzfristigkeit und durch das *Primat der Inländerbeschäftigung* gekennzeichnet. Dazu kamen weitere Beschränkungen, wie der Ausschluß vom aktiven und passiven Wahlrecht oder benachteiligte Zugänge zu öffentlichen Transferleistungen.
Die rechtliche und politische Marginalisierung dieser Zuwanderergruppe ist bei der Interpretation der sozioökonomischen Situation mit zu berücksichtigen. Sie verdeutlicht deren stark eingeschränkten Zugang zu privilegierteren Arbeitsmärkten und ihre geringen innerbetrieblichen Aufstiegschancen. Im Gegensatz zu Heimatvertriebenen, ehemaligen Flüchtlingen und Arbeitsmigranten aus dem »sonstigen« Ausland sind Ex-Jugoslawen und Türken vorwiegend als Hilfsarbeiter (44 %) und angelernte Arbeiter (37 %) beschäftigt. Insgesamt sind über 80 % aller klassischen *Gastarbeiter* in solch untergeordneten Positionen tätig. Nur 1 % aller berufstätigen Zuwanderer aus Ex-Jugoslawien und der Türkei sind heute höhere Angestellte oder Beamte; nicht einmal 3 % sind Selbständige. Ex-jugoslawische und türkische Arbeitskräfte wurden in Phasen der Vollbeschäftigung ins Land geholt. Sie wurden in erster Linie für wenig attraktive Arbeiten eingesetzt, deren Übernahme von der einheimischen Bevölkerung und den Zuwanderern der Nachkriegszeit aufgrund des damaligen Arbeitskräftemangels abgelehnt werden konnte.

Tabelle 5: Sektorale Gliederung der Berufstätigen in Abhängigkeit vom Herkunftsgebiet (in %)

	Bevölkerung insg.	Zuwanderer aus West- u. Südeuropa	Tschechien Slowakei Ungarn	sonst. Osteuropa	Ex-Jugoslawien Türkei	Afrika Asien
Landwirtschaft	8,2	1,9	5	0,5	1,3	–
Energie, Bergbau	1,6	0,6	1	0,6	0,3	–
primärer Sektor	**9,8**	**2,5**	**6**	**1,1**	**1,6**	**0**
trad. Konsumgüterind.	5,8	3,5	7,5	5,6	19,3	3,6
Grundstoffindustrie	7,5	5,9	5	9,1	12,1	2
Finalindustrie	14,3	11,7	12	15,7	14,7	8
Baugewerbe	8,4	4,1	3,1	9,7	9,2	3,7
sekundärer Sektor	**36**	**25,2**	**27,6**	**40,1**	**55,3**	**17,4**
Fremdenverkehr	4,6	7,7	5,2	6	6,3	16,8
Handel, Transport	20,1	22,4	29,6	25	14,6	30
Geld, Kredit, Rechtswes.	6,2	6,6	7,6	3,5	1,2	2,9
öffentl. Dienste	19,1	28,1	19,5	21,2	7	28,8
persönl. Dienste	4,2	7,5	4,5	3,1	14	4,1
tertiärer Sektor	**54,2**	**72,3**	**66,4**	**58,8**	**43,1**	**82,6**
insgesamt	100,0	100,0	100,0	100,0	100,0	100,0

Quelle: ÖSTAT Mikrozensus 1988

Die heutige sozioökonomische Position ex-jugoslawischer und türkischer Immigranten ist durch einen überdurchschnittlich hohen Anteil in den Bereichen Baugewerbe, Fremdenverkehr und Gastgewerbe sowie persönliche Dienstleistungen gekennzeichnet. Es sind dies Branchen, in denen Arbeiten mit großem physischem Einsatz und hohem Unfallrisiko (Schwerindustrie), Berufsausübung auch bei schlechter Witterung im Freien (Baugewerbe), »schmutzige« Arbeiten mit niedrigem Sozialprestige (Reinigungsberufe) und Arbeiten mit nicht klar definierter Arbeitszeit und eingeschränkter Freizeit (Gastgewerbe) dominieren. Insgesamt handelt es sich also um Tätigkeiten, bei denen die Attribute *unangenehme Tätigkeiten*, *schlechte Bezahlung* und *geringes Prestige* zusammenfallen. Zugleich gibt es in diesen Branchen eine hohe Fluktuation und starke saisonale Schwankungen bzw. Saisonarbeitslosigkeit, was eine kontinuierliche Beschäftigung wenig wahrscheinlich macht. Wer häufig seinen Arbeitsplatz verliert, ist als Ausländer überdies vom Verlust der Aufenthaltsgenehmigung bedroht.

Eine zweite Gruppe umfaßt Zuwanderer aus Österreichs Nachbarstaaten Tschechische Republik, Slowakei und Ungarn (19 %), aus den übrigen Staaten der östlichen Hälfte Europas inklusive der GUS-Staaten (14 %). Insgesamt stammt rund ein Drittel aller im Ausland geborenen Personen aus diesen Staaten (Zeitpunkt der Befragung 1988). Sie kamen als Vertriebene in der unmittelbaren Nachkriegszeit oder als Flüchtlinge in Phasen des beginnenden Wirtschaftswunders (Ungarn 1956) bzw. der Hochkonjunktur (CSSR 1968/69). Rechtlich wurden diese Migranten grundsätzlich anders behandelt als ausländische Arbeitskräfte, die nur zum kurzfristigen Arbeitsaufenthalt berechtigt waren. Wer als Flüchtling in Österreich blieb, wurde als Politisch Verfolgter (im Sinne der Genfer Konvention) anerkannt und war damit Inländern in wesentlichen Bereichen gleichgestellt. Wer als Heimatvertriebener in Österreich blieb, der erhielt ebenfalls ein permanentes Aufenthaltsrecht und 1953 auch die österreichische Staatsbürgerschaft.

Heute haben sich die Migranten der Nachkriegszeit und die Flüchtlinge des Kalten Kriegs in die österreichischen Mittelschichten integriert. Die Zuwanderer aus der Tschechischen Republik, der Slowakei, Ungarn und den übrigen Staaten Ostmittel- und Osteuropas schneiden mit ca. 16 % höheren Angestellten/Beamten und 10 % Selbständigen relativ gut ab. Nur eine Minderheit von ihnen arbeitet als Hilfsarbeiter oder als Angelernte (Tschechen, Slowaken, Ungarn: 14 %, sonstige Mittel- und Osteuropäer: 28 %). Besonders gut integriert sind inzwischen jene, die nach dem Zweiten Weltkrieg oder in der Phase des *Wirtschaftswunders* ins Land kamen. Von ihnen befinden sich heute überdurchschnittlich viele als Angestellte oder Beamte in höherer oder sogar leitender Position. Relativ vielen dieser Zuwanderer ist es gelungen, sich im besonders geschützten Arbeitsmarktsegment des öffentlichen Dienstes zu etablieren, was damit zusammenhängt, daß viele längst die österreichische Staatsbürgerschaft erworben haben.

Für eine dritte Gruppe von Zuwanderern ist die rechtliche Stellung in Österreich von geringerem Einfluß. Zuwanderer aus

Westeuropa (EU/EWR-Staaten) sowie aus den USA (ca. 30 %) werden explizit oder aufgrund der bürokratischen Praxis privilegiert behandelt, so daß die Staatsbürgerschaft keine zentrale Rolle spielt. Rund 31 % aller Zuwanderer aus Westeuropa (EU, EWR) waren 1988 höhere Angestellte oder Beamte, weitere 15 % selbständig, also weit mehr als im Durchschnitt der Bevölkerung. Dies ist sowohl ein Hinweis auf Leistungsbereitschaft und Aufstiegsorientierung der Zuwanderer als auch ein Indiz für den grenzüberschreitenden Elitentransfer in den oberen Etagen österreichischer, ausländischer sowie multinationaler Konzerne und internationaler Organisationen.

Die vorliegenden Daten belegen für Österreich zweierlei: einerseits einen engen Zusammenhang zwischen dem rechtlichen Status der Zuwanderer und dem Ausmaß der Integration in die Gesellschaft und andererseits eine *ethnische Segmentierung* des Arbeitsmarktes. Letzteres ist ein Prozeß, der auch in anderen westlichen Industriegesellschaften zu beobachten ist. Neu daran ist nicht die Existenz sekundärer Arbeitsmärkte mit »flexiblen«, konjunkturanfälligen, schlecht bezahlten und nicht auf Dauer eingerichteten Arbeitsplätzen. Historisch jüngeren Datums ist allerdings die vorrangige Beschäftigung von bestimmten Ausländergruppen in solchen Bereichen.[15] Die Dynamik dieser Unterschichtung des inländischen Arbeitskräftepotentials ist zugleich Ursache für den weiteren Zustrom ausländischer Arbeitskräfte und die Erklärung für die zunehmende *Flexibilisierung* von Arbeitsverhältnissen. Dies trifft zwar auch inländische Beschäftigte. Ein Großteil der ausländischen Arbeitnehmer ist davon jedoch in erheblich größerem Maß betroffen, weil diese durch ihre schwächere sozial- und arbeitsrechtliche Position – oder im Fall von Schwarzarbeit durch ihre Rechtlosigkeit – am ehesten zur »Manövriermasse« betrieblicher Strategien und staatlicher Politik werden.

V. Ausblick

Neben Migrationswellen, die kurzfristig, durch wirtschaftliche Konjunkturen oder Arbeitslosigkeit im Inland und politische Konflikte jenseits der Grenzen hervorgerufen werden, lassen sich langfristige Migrationstrends feststellen. Mit der zunehmenden Arbeitsteilung der europäischen Volkswirtschaften ist die Internationalisierung europäischer Arbeitsmärkte und damit auch die grenzüberschreitende Zu- bzw. Abwanderung verbunden. Als Folge dieser Entwicklung nimmt der Anteil ausländischer Arbeitskräfte sowohl in Österreich als auch in vielen anderen Ländern Europas tendenziell zu. Hinzu kommt eine wachsende Zahl von Personen aus Ostmittel- und Osteuropa und einzelnen Ländern der Dritten Welt, die aufgrund fehlender Berufschancen, ökonomischer Krisen, politischer Instabilität, ethnischer Konflikte oder kriegerischer Auseinandersetzungen nach Westeuropa wandern.

Heute – und darin besteht der entscheidende Unterschied zur jüngeren Vergangenheit – sind die Möglichkeiten der Ost-West-Wanderung nicht mehr durch die Abschottung der Herkunftsländer eingeschränkt, sondern durch restriktive Maßnahmen der potentiellen Zielländer. Migranten aus der östlichen Hälfte Europas werden in westlichen Staaten nur noch in Ausnahmefällen als Flüchtlinge anerkannt. Wer von dort nach Übersee will, muß sich um ein amerikanisches, kanadisches oder australisches Einwanderungsvisum bemühen. Der EU-Raum ist für Osteuropäer kaum zugänglich. Israel und Deutschland nehmen im Prinzip nur jüdische bzw. deutschstämmige Zuwanderer auf. Für eine wachsende Zahl von Migranten stellt Österreich daher keine Zwischenstation mehr dar, sondern im günstigsten Fall das endgültige Aufnahmeland. Im ungünstigsten Fall, und das ist zunehmend die Regel, werden potentielle Ostzuwanderer aus Österreich gegen ihren Willen sofort wieder abgeschoben oder erst gar nicht ins Land gelassen.

Österreich reagierte auf die neue Situation relativ rasch. Zum einen wurde das österreichische Bundesheer mit Aufgaben der Grenzsicherung (auch in Friedenszeiten) betraut und es wurden Truppen direkt an der Grenze zur Tschechischen Republik, zur Slowakei und zu Ungarn stationiert. Zum anderen wurde mit dem 1992 beschlossenen Aufenthaltsgesetz im europäischen Kontext Neuland betreten. Dieses Gesetz bevorzugt oder exkludiert potentielle Migranten nicht in erster Linie nach ethnisch-nationalen Kriterien[16], sondern sieht nach US-amerikanischem und kanadischem Vorbild Obergrenzen der Bruttozuwanderung vor, die mit Rücksicht auf die demographische und ökonomische Entwicklung Österreichs sowie auf den Zustrom anerkannter Flüchtlinge festgelegt werden. Und für jene, die länger

als fünf Jahre im Land sind, eröffnet das Gesetz die Perspektive eines Daueraufenthalts in Österreich.
Mit der getroffenen Regelung tat Österreich zwar einen Schritt in die richtige Richtung. Aber viele Regelungen blieben halbherzig oder stellen nach wie vor unzumutbare Härten für bestimmte Migranten dar. Denn die Zahl der Zu- und Abwanderer läßt sich nicht am »grünen Tisch« beliebig festlegen. Kurzfristig ist darauf zu achten, daß die jährliche Zahl der Neuzuwanderer in einem realistischen Verhältnis zum potentiellen »Druck« einwanderungswilliger Ausländer steht. Wird die jährliche *Einwanderungsquote* so angesetzt, daß für Neuzuwanderer de facto keine Möglichkeit besteht, legal nach Österreich einzureisen, dann werden viele in die Illegalität abgedrängt. So verständlich die Bevorzugung von Familienangehörigen bei der Neuzuwanderung auch ist, so problematisch wird eine Regelung, die die Bedürfnisse der heimischen Wirtschaft und die Nachfrage auf dem Arbeitsmarkt zuwenig berücksichtigt.
Nach derzeitiger Gesetzeslage können Ausländer einreisen und sich in Österreich mehr als drei Monate aufhalten, wenn sie im Besitz einer Aufenthaltsgenehmigung sind. Ob sie einer unselbständigen Beschäftigung nachgehen dürfen, hängt für Bürger eines Nicht-EU-Staates von der Erteilung einer Arbeitsgenehmigung ab. Diese wird nur erteilt, wenn aktuell weniger als 9 % aller unselbständigen Beschäftigten Ausländer sind. Dies ist derzeit die Obergrenze. 8 % werden nach einem Quotensystem den neun Bundesländern zugeteilt. Über 1 % entscheidet der Bundesminister für Arbeit und Soziales nach Bedarf. Diese Regelung des Ausländerbeschäftigungsgesetzes bringt es jedoch mit sich, daß nachziehende Familienzugehörige und hier aufwachsende Kinder ausländischer Arbeitskräfte zwar legal in Österreich leben, aber hier in vielen Fällen legal nicht erwerbstätig sein dürfen. Aber es kann auch der Fall eintreten, daß Zuwanderer eine Beschäftigungsgenehmigung bekommen könnten, aufgrund einer ausgeschöpften Zuwanderungsquote jedoch keine Aufenthaltsberechtigung erhalten. Zwei Ministerien und die Fremdenpolizei von neun Bundesländern sind hier mit der Regelung zweier eng zusammenhängender Materien befaßt. Dies führt unausweichlich zu Koordinationsproblemen und Konfliktsituationen bei der Regelung legaler Zuwanderung, des legalen Aufenthalts und der unselbständigen Beschäftigung von Ausländern

aus Nicht-EU-Staaten. Dies bedeutet nicht bloß bürokratische Reibungsverluste, sondern erschwert Zuwanderern die Lebensplanung erheblich und fördert indirekt die Schwarzarbeit, weil ein Teil der legal einreisenden Ausländer legal keine Arbeit annehmen darf. Ausländische Zuwanderer und deren Kinder werden dabei als »Manövriermasse« behandelt, statt als Bestandteil der österreichischen Gesellschaft.

Mittel- und längerfristig muß jede vorausschauende Migrationspolitik für die politische und soziale Integration von Zuwanderern sorgen. Dabei muß ein Prozeß in Gang kommen, der Zuwanderer mit der Zeit österreichische Staatsbürger werden läßt. Dies soll nicht von Zufälligkeiten abhängen, sondern zielgerichtet erfolgen. Die Verleihung der österreichischen Staatsbürgerschaft soll dabei bewußt als Integrationsinstrument eingesetzt werden. Die Staatsbürgerschaftsverleihung sollte nicht erst am Ende eines langen, schwierigen und durch die verlängerte Ungewißheit auch ambivalenten Integrationsprozesses stehen, sondern frühzeitig signalisieren, daß ausländische Zuwanderer, die in Österreich bleiben wollen, binnen absehbarer Frist Staatsbürger werden können: mit allen Rechten, aber auch mit allen Pflichten. Nur dann kann Integration gelingen.

Regulative Zuwanderung darf ein Staat wie Österreich zweifellos im wohlverstandenem Eigeninteresse regeln. Darüber hinaus gibt es jedoch humanitäre Verpflichtungen – angesichts einer weltweit wachsenden Zahl von Konfliktopfern, Elendsflüchtlingen, internen Vertriebenen, ethnischen und politischen Flüchtlingen. Langfristig muß eine vorausschauende Migrationspolitik daher auch die Aufnahme von Gewaltopfern sowie die Bekämpfung von Fluchtursachen beinhalten. Aufgrund seiner geopolitischen Lage sollte Österrreich dabei die ungelöste Frage eines *europäischen Lastenausgleichs* (Burden sharing) nicht aus den Augen verlieren. In den Jahren 1990 und 1991, als Österreich einen überproportional großen Beitrag bei der Aufnahme von Flüchtlingen und Heimatvertriebenen aus Ostmitteleuropa und dem ehemaligen Jugoslawien leistete, gab es ein eindeutiges öffentliches Bekenntnis zu einer Politik des europäischen Lastenausgleichs und für gezielte Fluchtursachenbekämpfung. Seither ist davon jedoch keine Rede mehr. Österreich ist es erfolgreich gelungen, die Aufnahme von Armutswanderern, Kriegsopfern und politischen Flüchtlingen auf andere Staaten zu überwälzen.

Die Bekämpfung primärer Fluchtursachen – politische Unterdrückung, Gewalt gegen ethnische Minderheiten oder existentielle ökonomische Not, halten wir heute überwiegend wieder für innere Angelegenheiten, deren Lösung wir den davon betroffenen Staaten selbst überlassen.
Mit den hier kurz skizzierten Maßnahmen einer konzeptiven Migrationspolitik lassen sich zwar nicht alle Probleme lösen, aber sie geben entsprechende Leitlinien vor: weg vom bloßen Krisenmanagement, heraus aus der Defensive, hin zu einer konzeptiven und zukunftsorientierten offensiven Migrationspolitik.

Anmerkungen

1 Die Zahl umfaßt a) ausländische Berufstätige und deren Angehörige, b) reguläre Flüchtlinge und Asylbewerber, c) ausländische Ehepartner von Inländern und d) alle sonstigen Ausländer mit ständigem Wohnsitz und legalem Aufenthalt in Österreich. Nicht enthalten sind die (im Prinzip nur temporär aufgenommenen) Kriegsflüchtlinge aus Bosnien (1996: ca. 70.000). Von diesen wird jedoch ein größerer Teil auf Dauer in Österreich bleiben, da ihnen schon 1994 die Arbeitsaufnahme im Inland gestattet wurde und, anders als in Deutschland, keine Rückkehr nach Bosnien erzwungen werden soll.

2 Dazu kommen (laut Auskunft des Bundesministeriums für Auswärtige Angelegenheiten) 21.300 Österreicher in Brasilien, 18.500 in den USA, 10.280 in Kanada, 32.200 in Mittel- und Südamerika, 19.000 in Südafrika, 10.800 in Australien, 10.000 in Italien, 7.000 in Argentinien und 6.500 in Großbritannien. Weitere 62.000 Österreicher (Volkszählung 1991) haben zwar ihren ordentlichen Wohnsitz im Inland, arbeiten aber als Tages- oder Wochenpendler im Ausland: ebenfalls überwiegend in Deutschland und in der Schweiz.

3 Von diesen Volksdeutschen wurden zwischen 1954 und 1961 rund 350.000 durch Option eingebürgert (Fassmann/Münz, 1995).

4 Schon 1945–1950 war Österreich Durchgangsstation für fast 200.000 jüdische Emigranten aus Polen und Rumänien. Von ihnen blieben damals nur 3.500 im Land (Albrich, 1995).

5 Manche Zuwanderer bzw. Flüchtlinge aus Osteuropa wandten sich direkt an die Behörden eines der klassischen Einwanderungsländer, andere fanden über Vermittlung der Internationalen Wanderungsorganisation IOM (früher ICM) ein Aufnahmeland.

6 Die Abgrenzung zwischen Arbeitsmigration, Flucht aus wirtschaftlicher Not und politisch motivierter Auswanderung fällt nicht immer leicht. Die historische Entwicklung seit 1945 zeigt, daß Flüchtlingsströme und Gast-

arbeiterwanderung einander zumindest teilweise substituieren. Am Beispiel der Asylbewerber aus dem ehemaligen Jugoslawien läßt sich dies belegen. 1960 bis 1967 stellten sie in Österreich unter allen Asylbewerbern die größte Gruppe. Mit dem massiven Zustrom jugoslawischer Arbeitsmigranten reduzierte sich der Flüchtlingsstrom. Ob sich das politische Klima in Ex-Jugoslawien damals tatsächlich verbessert hatte, oder ob die potentiellen Asylbewerber nun als *Gastarbeiter* nach Österreich kamen, läßt sich im nachhinein schwer beurteilen. Die Substitution von potentiellen Flüchtlingen durch Arbeitsmigranten aus demselben Herkunftsland verweist jedoch auf das »Etikettenproblem« der Ost-West-Wanderungen: Begriffe wie Asylbewerber, Wirtschaftsflüchtling, Gastarbeiter, arbeitsuchender Tourist oder illegal anwesender Ausländer beziehen sich oft auf den gleichen Personenkreis. Was sich ändert, sind oft nur die gesetzlichen und politischen Rahmenbedingungen im jeweiligen Zielland.

[7] 1961 sah eine Übereinkunft zwischen Gewerkschaften, Arbeitgebern und Regierung (*Raab-Olah-Abkommen*) erstmals ein Kontingent von 47.000 ausländischen Arbeitskräften vor, die den jeweiligen Branchen ohne Einzelfallprüfung zugeteilt werden konnten. Die Gewerkschaften stimmten unter der Voraussetzung gleicher Löhne, einer auf maximal ein Jahr beschränkten Arbeitsbewilligung und der vorrangigen Kündigung von Ausländern beim Verlust von Arbeitsplätzen zu (Wimmer, 1986; Bauböck, 1996).

[8] 1991 wurde eine maximale Obergrenze von 308.000 beschäftigten (bzw. arbeitslosen) Ausländern auf dem Arbeitsmarkt fixiert.

[9] Ein Hauptgrund für die vor 1989 feststellbare höhere »Elastizität« der Arbeitskräfte aus dem ehemaligen Jugoslawien dürfte in der stärkeren ökonomischen und sozialen Bindung an die Herkunftsregionen liegen. Oftmalige Rückreisen in die Heimat, hohe monetäre Transfers und das Zurücklassen von Kindern und engen Familienangehörigen förderten diese Bindung. Dies hat sich durch den Zerfall Jugoslawiens, die Kriege in Kroatien und Bosnien sowie durch die Repression ethnischer Minderheiten auch in nicht umkämpften Gebieten erheblich verändert. Etliche Zuwanderer aus dem ehemaligen Jugoslawien haben inzwischen ihre Angehörigen nachgeholt und werden voraussichtlich für immer in Österreich bleiben. Anders war die Situation bei türkischen Arbeitsmigranten. Sie wanderten in der Regel sofort mit ihren Familien zu. Die große Distanz zu ihren Heimatregionen erschwerte den regelmäßigen Besuch, und die ökonomische Unterentwicklung machte die Reintegration auf dem türkischen Arbeitsmarkt in vielen Fällen unmöglich. Überdies war und ist bei türkischen Zuwanderern kurdischer Herkunft der Wunsch nach einer Rückkehr unter den derzeit vorherrschenden Rahmenbedingungen verständlicherweise nicht sehr stark ausgeprägt.

[10] Einen ähnlichen Status haben a) ausländische Bedienstete internationaler Organisationen mit Sitz in Wien (z. B. UN, UNIDO, UNRWA, IAEA),

b) sogenannte betriebsentsandte Ausländer (meist Fach- und Führungskräfte multinationaler bzw. ausländischer Konzerne), c) Bedienstete ausländischer Informationsmedien (Korrespondenten von Zeitungen, Radio- und TV-Stationen, Presseagenturen), d) ausländische reproduzierende Künstler (sofern sie ausschließlich Einkommen aus ihrer künstlerischen Tätigkeit beziehen), e) anerkannte Flüchtlinge.

11 Die Festlegung einer Obergrenze der Bruttozuwanderung erfolgt in Absprache mit den Bundesländern nach Anhörung der Sozialpartner sowie des Städtebundes, des Gemeindebundes und des Wirtschaftsforschungsinstituts. Für 1993 war eine legale Zuwanderung von 20.000 Ausländern (inklusive in Österreich geborener Ausländerkinder) vorgesehen. Für 1994 wurde diese Zahl auf 26.300 angehoben (14.900 »echte« Neuzuwanderer, 11.400 Ausländerkinder). Dazu kamen 7.000 Beschäftigungsbewilligungen für Saisonarbeiter. Die Tendenz geht in die Richtung »Familienzusammenführung vor Neuzug«. Für 1997 ist eine Absenkung der Neuzugänge auf 18.000 vorgesehen, die größtenteils dem Familiennachzug vorbehalten sein werden.

12 Ein Anrecht auf Familiennachzug besteht erst, wenn sich der Familienerhalter bereits über zwei Jahre legal in Österreich aufhält. Nachziehende Ehegatten müssen bereits mindestens ein Jahr lang mit ihren in Österreich lebenden Partnern verheiratet sein. Beide Fristen können im Einzelfall verkürzt werden. Voraussetzung ist in jedem Fall, daß das jährliche Kontingent der erstmalig erteilten Aufenthaltbewilligungen noch nicht ausgeschöpft ist.

13 Für 90 % dieser Quote können in den neun Bundesländern nach festgelegtem Schlüssel Beschäftigungsbewilligungen bzw. Arbeitserlaubnisse erteilt werden. Die Zuteilung der restlichen 10 % kann nach Bedarf durch den Bundesminister für Arbeit und Soziales erfolgen.

14 Die knappe empirische Analyse stützt sich auf den Mikrozensus 1988, der retrospektiv anhand einer 1-%-Stichprobe der Haushalte die Wanderungsbiographien erfaßte. Der Mikrozensus ist daher in der Lage, die Wanderungsgeschichte bis 1988, dem ersten Jahr des Einsetzens einer neuen Zuwanderungswelle, zu erfassen.

15 In Ländern wie Großbritannien, Frankreich und den USA beschreibt der Begriff *ethnische Segmentierung* nicht bzw. nicht notwendigerweise eine Unterschichtung durch Zuwanderer der ersten Generation, sondern generell die Konzentration marginalisierter ethnischer Gruppen in sekundären Arbeitsmärkten, auch wenn die Angehörigen dieser Gruppen im Inland zur Welt kamen (z. B. Afroamerikaner und Indianer in den USA).

16 Dies stellt einen erheblichen Unterschied zu der beispielsweise von Deutschland, Israel und Ungarn praktizierten Politik der Privilegierung von Personen mit »richtiger« Volkszugehörigkeit dar.

Literatur

Albrich, Thomas: Zwischenstation des Exodus. Jüdische Displaced Persons und Flüchtlinge nach dem Zweiten Weltkrieg. In: Gernot Heiss/Oliver Rathkolb (Hrsg.): Asylland wider Willen. Flüchtlinge in Österreich im europäischen Kontext seit 1914. Wien 1995, S. 122–139.

Althaler, Karl S./Hohenwarter, Andrea: Torschluß. Wanderungsbewegungen und Politik in Europa. Wien 1992.

Bauböck, Rainer: Einwanderungs- und Minderheitenpolitik – Ein Plädoyer für neue Grundsätze. In: Österreichische Zeitschrift für Soziologie 3 (1991), S. 42–56.

Bauböck, Rainer: Nach Rasse und Sprache verschieden. Migrationspolitik in Österreich von der Monarchie bis heute. Wien 1996. (= Reihe Politikwissenschaft des Instituts für Höhere Studien 31.)

Biffl, Gudrun: Der Strukturwandel der Ausländerbeschäftigung in Österreich. In: Hannes Wimmer (Hrsg.): Ausländische Arbeitskräfte in Österreich. Frankfurt am Main/New York 1986, S. 33–88.

Biffl, Gudrun: Wandel in der Ausländerpolitik als Folge der Öffnung Osteuropas. WIFO-Monatsberichte 10 (1990), S. 557–561.

Davy, Ulrike/Gächter, August: Zuwanderungsrecht und Zuwanderungspolitik in Österreich. In: Journal für Rechtspolitik 1 (1993) S. 155–174.

Fassmann, Heinz/Münz, Rainer (Hrsg.): European Migration in the Late Twentieth Century. Aldershot 1994.

Fassmann, Heinz,/Münz, Rainer: Einwanderungsland Österreich? Historische Migrationsmuster, aktuelle Trends und politische Maßnahmen. Wien 1995.

Gächter, August: Illusionen einer Einwanderungspolitik. In: Österreichische Zeitschrift für Politikwissenschaften 4 (1991), S. 351–366.

Hammer, Gerald: Lebensbedingungen ausländischer Staatsbürger in Österreich. In: Statistische Nachrichten 11 (1994), S. 914–926.

Holzer, Werner/Münz, Rainer: Wissen und Einstellungen zu Migration ausländischer Bevölkerung und staatlicher Ausländerpolitik in Österreich. Schriften des Instituts für Demographie 11. Wien 1994.

Leitner, Helga: Gastarbeiter in der städtischen Gesellschaft. Segregation, Integration und Assimilation von Arbeitsmigranten am Beispiel jugoslawischer Gastarbeiter in Wien. Frankfurt am Main/New York 1983.

Lichtenberger, Elisabeth (unter Mitarbeit von Heinz Fassmann): Gastarbeiter – Leben in zwei Gesellschaften. Wien/Köln 1984.

Matuschek, Helga: Ausländerpolitik in Österreich 1962–1985. Der Kampf um und gegen die ausländische Arbeitskraft. In: Journal für Sozialforschung 2 (1985), S. 159–199.

Nowotny, Ingrid: Ausländerbeschäftigung in Österreich. In: WISO 1 (1991), S. 37–63.

OECD/SOPEMI: Trends in International Migration. Annual Report. Paris: OECD 1995.

Prader, Thomas: Moderne Sklaven. Asyl- und Migrationspolitik in Österreich. Wien 1992.

Reiterer, Albert: Regionale Mobilität: Wanderungen und Pendelverkehr. Ergebnisse des Mikrozensus Juni 1988. 4. Teil. In: Statistische Nachrichten 46 (1991), S. 222–229.

Stanek, Eduard: Verfolgt – verjagt – vertrieben. Flüchtlinge in Österreich. 1945–84. Wien/München/Zürich 1985.

Wills, Babette/Fassmann, Heinz: Stocks and Flows. Bestand und Veränderung der ausländischen Wohnbevölkerung in Österreich (1993). In: Österreichische Zeitschrift für Politikwissenschaft 3 (1994), S. 341–349.

Wimmer, Hannes (Hrsg.): Ausländische Arbeitskräfte in Österreich. Frankfurt am Main/New York 1986.

Heinz Gärtner

Sicherheitspolitik im neuen Europa – Optionen für Österreich

Über Vergangenheit und Geschichte der österreichischen Sicherheits- und Verteidigungspolitik ist viel geschrieben worden. Die wichtigsten Punkte sind schnell aufgezählt: die Entwicklung bis zum Staatsvertrag 1955, Österreichs geostrategische Ausrichtung zwischen Ost und West, die Neutralität, die Ungarnkrise 1956, die CSSR-Krise 1968, die Einführung der Milizkomponente und des Konzepts der *Raumverteidigung*, der 1985 veröffentlichte Landesverteidigungsplan bis zur *Heeresgliederung neu* nach dem Ende des Ost-West-Konfliktes.[1]

Nach Ende der Bipolarität zu Beginn der neunziger Jahre ergibt sich für Österreichs Sicherheitspolitik eine neue Situation. Österreich beteiligte sich 1996 mit einer kleinen Transporteinheit an der internationalen Friedenstruppe in Bosnien. Diese steht vor Ort unter NATO-Kommando. Die Rolle der NATO ist durch eine Resolution des Sicherheitsrates der Vereinten Nationen autorisiert.

Diese Operation wirft eine Reihe von Fragen für Österreichs Sicherheitspolitik im neuen Europa auf. Ist die Mitwirkung an dieser Mission eine Vorstufe zum Beitritt Österreichs zur NATO? Muß Österreich die Neutralität aufgeben? Ist die Teilnahme Österreichs an der Gemeinsamen Außen- und Sicherheitspolitik (GASP) der Europäischen Union (EU) letztlich an eine Mitgliedschaft in der Westeuropäischen Union (WEU) oder auch in der NATO gebunden? Wäre der Einsatz von österreichischen Soldaten dann abhängig von Entscheidungen der WEU oder der NATO?

Um diese Fragen zu beantworten, müssen vorerst einige grundsätzliche Überlegungen über die veränderte sicherheitspolitische Situation in Europa nach dem Kalten Krieg angestellt werden. Zu deren Beurteilung werden zwei theoretische Modelle, das *realistische* und das *institutionalistische*, angewendet. Auf dieser Grundlage wird dann die Frage erörtert, wie sich die NATO und ein Europäisches Sicherheitssystem in den neunziger Jahren entwickeln könnten. Danach werden mögliche Konsequenzen für Österreich beschrieben und drei alternative Modelle vorgestellt: Kleinstaatenstrategien, das Mächtekonzert und globale Konzepte. Die theoretischen und politischen Implikationen für Österreich werden in sieben Thesen zusammengefaßt.[2]

I. Die NATO

Die während des Kalten Krieges entwickelte NATO-Strategie der kollektiven Verteidigung beruht auf dem Prinzip der Abschreckung und des Mächtegleichgewichts. Sie ist im Artikel V des Nordatlantikvertrages von 1949 definiert. Dort heißt es: »Die Parteien vereinbaren, daß ein bewaffneter Angriff gegen eine oder mehrere von ihnen in Europa oder Nordamerika als Angriff gegen sie alle angesehen wird [...].« Der Artikel legt sodann die Verpflichtungen der Mitgliedstaaten im Falle eines bewaffneten Angriffs fest. Sie müssen unverzüglich einzeln und im Zusammenwirken mit den anderen Vertragsparteien diejenigen Maßnahmen treffen, einschließlich der Anwendung von Waffengewalt, die jeder einzelne für erforderlich hält.[3]
Nach dem Ende des Kalten Krieges ergibt sich für die NATO eine neue Situation. Alle Militärexperten des Westens sind sich einig, daß die massive und unmittelbare Bedrohung weggefallen ist. Rußlands Militärpotential ist östlich des Urals konzentriert. Nach Berechnungen des Londoner Internationalen Instituts für Strategische Studien (IISS) liegt das russische Militärpotential in der Zentralregion zwischen 50 und 70 Prozent unter dem Rußland im KSE-Vertrag (Vertrag über Konventionelle Streitkräfte in Europa) von 1990 zugestandenen Niveau. Die Vorwarnzeiten bezüglich eines russischen Angriffs haben sich von wenigen Wochen bzw. Tagen auf mehrere Jahre erhöht.

1. Die realistische Schule

Militärbündnisse werden zum Zwecke der Bedrohung und des Krieges gegründet und verlieren danach wieder ihre Funktion. Vertreter der realistischen Schule sind der Meinung, daß Bündnisse ohne Bedrohung keine längerfristige Überlebenschance haben. Für Realisten sind Militärbündnisse temporäre Erscheinungen. Sie sind der wichtigste Ausdruck eines Mächtegleichgewichts. Die Mitglieder von Bündnissen haben gemeinsame Interessen, die aus der Furcht vor anderen Staaten entstanden sind.

Der Neorealist Kenneth Waltz ist der Meinung, daß zwar nicht die Tage, aber die Jahre der NATO gezählt sind. Sieben Jahre nach Ende des Kalten Krieges zeigt die NATO aber noch keine Anzeichen der Auflösung. In diesem Punkt hatten die Realisten offensichtlich unrecht. Ganz unrecht haben sie jedoch wieder nicht, denn der Kern des Militärbündnisses während des Kalten Krieges, die kollektive Verteidigung und (nukleare) Abschrekkung, verliert tatsächlich immer mehr an Bedeutung. Die NATO entwickelt neue Strukturen, die immer weniger einem klassischen Militärbündnis ähnlich sind und die sich flexiblen Formen institutioneller Kooperation annähern. Die NATO wird das Konzept der kollektiven Verteidigung jedoch nicht ganz aufgeben, wie einige Beobachter fordern.[4] Diese ist Teil ihrer Identität geworden. Außerdem ist nicht abzusehen, ob sich die politische Entwicklung nicht wieder einmal in Richtung eines Kalten Krieges bewegen wird. Kollektive Verteidigung wird aber zum unwichtigsten Element der neuen Strategie. Teile davon wurden bereits aufgegeben, wie die Vorwärtsverteidigung, oder sind obsolet geworden, wie die geographische Begrenzung des NATO-Territoriums.

Das Wegfallen sowohl einer klaren Bedrohung als auch einer klaren Führung hat zur inneren Auflockerung des Bündnisses geführt. Das Prinzip der kollektiven Verteidigung mit Sicherheitsgarantien verliert an Bedeutung. Dieses entstand zu Beginn des Kalten Krieges und der Bipolarität. Die NATO wird die kollektive Verteidigung zwar nicht aufgeben, die Zeit nach dem Kalten Krieg braucht aber neue Instrumente.

2. Die institutionalistische Schule

Da die unmittelbare Bedrohung nach dem Kalten Krieg weggefallen ist, ist anzunehmen, daß sich die NATO mehr und mehr weg vom realistischen hin zum institutionalistischen Prinzip bewegt: Intensivierung der Kooperation und Kommunikation unter den Mitgliedern, vermehrter Informationsaustausch, Krisenmanagement und Konfliktverhütung, Friedenserhaltung und Friedensschaffung, Förderung gemeinsamer Werte (wie Demokratie und Marktwirtschaft). Während des Kalten Krieges waren diese Elemente wohl vorhanden, aber gegenüber dem gemeinsamen Interesse, der Abwehr von Bedrohung, sekundär. Die USA hatten im Bündnis die Hegemonie, Konsultation glich allzu oft einer nachträglichen Information über bereits getroffene Entscheidungen; sensible Informationen standen wegen ihrer hochentwickelten Aufklärungs- und Verifikationstechnologien zumeist nur den USA zu Verfügung[5] und wurden nur selektiv weitergegeben.[6]

Der realistische Kern der kollektiven Verteidigung wird zwar erhalten bleiben, aber nicht mehr, wie in der Zeit des Kalten Krieges, entscheidend sein. Das Schwergewicht würde sich nach dem institutionalistischen Prinzip auf die Herstellung von Sicherheit und Stabilität durch Förderung von Kooperation verlegen. Diese würde zum Beispiel eine Aufwertung des Konsultationsmechanismus, wie er in Artikel IV des Nordatlantikvertrages formuliert ist, bedeuten. Die NATO kann nicht mehr ausschließlich am Prinzip der kollektiven Verteidigung und Abschreckung festhalten. Für die überwiegende Anzahl der Aufgaben der NATO macht kollektive Verteidigung keinen Sinn mehr. Sie muß neue Aufgaben übernehmen:

- **Die *Partnerschaft für den Frieden* (PfP)**

  Das PfP-Programm hat fünf Hauptanliegen:

  a) die Erhöhung der Transparenz nationaler Verteidigungs- und Budgetplanung;

  b) die Aufrechterhaltung der Kapazität und der Bereitschaft, zu UN- oder OSZE[7]-Operationen beizutragen;

  c) die Entwicklung kooperativer militärischer Beziehungen zur NATO;

  d) die Verbesserung der Kompatibilität mit den NATO-Streitkräften;

  e) die demokratische Kontrolle der Streitkräfte.

  Zusätzlich sind Konsultationen im Krisenfall vorgesehen.

  Der große Vorteil der PfP ist, daß die einzelnen Mitgliedstaaten flexible »individuelle Partnerschaftsprogramme« ausarbeiten können. Dieses Programm wird ständig weiterentwickelt und ausgebaut.

- **Die *Combined Joint Task Force* (CJTF)**

  Das beim NATO-Gipfel im Jänner 1994 ins Leben gerufene Konzept verfolgt im wesentlichen drei Ziele:

  a) die NATO-Struktur flexibler zu gestalten, um auch auf Nicht-Artikel-V-Fälle reagieren zu können, die Anfragen von UN oder OSZE einschließen;

  b) zu erleichtern, daß NATO-Streitkräfte für die NATO

und für die WEU (*separable but not separate* von der NATO) eingesetzt werden können;
c) Nicht-NATO-Partnern die Möglichkeit zu geben, an NATO-Operationen, Übungen und Trainings teilzunehmen, wie es in der PfP vorgesehen ist.

- Eine ***coalition of the willing*** der Staaten, die eine Aktion durchführen wollen
- ***Ad hoc*-Koalitionen** nach dem Vorbild des Golfkrieges 1991
- ***Case by case*-Operationen**
- **Bilaterale Übereinkünfte**
  Bilaterale Übereinkünfte stehen nicht im Widerspruch zum Vertrag von Maastricht; Artikel J 4 (5) von Titel V stellt fest, daß der Artikel eine engere Kooperation zwischen zwei oder mehreren Mitgliedstaaten nicht behindern darf.

Die NATO-Außenminister haben Anfang Juni 1996 in Berlin den bei den Gipfeltreffen in London und Rom 1990 und 1991 begonnenen Prozeß bestätigt und fortgesetzt. Das Berliner Dokument[8] gibt für die NATO drei Hauptziele an:

- die Erhöhung der militärischen Effektivität neben der traditionellen kollektiven Verteidigung, um die neuen Aufgaben durch flexible Verfahren durchzuführen, nämlich mit:
  - einer erneuerten multinationalen Kommandostruktur und mobilen Streitkräften,
  - der Möglichkeit der Teilnahme von PfP-Mitgliedern an den Bündnisstrukturen und der Integration der neuen Mitglieder,
  - der Durchführung von vielfältigen Nicht-Artikel-V-Operationen, die von Fall zu Fall vom NATO-Rat unter Berücksichtigung der jeweiligen nationalen Entscheidung über eine Teilnahme beschlossen werden;
- die Erhaltung und den Ausbau der NATO als wichtiges Konsultationsforum, insbesondere was die transatlantischen Beziehungen betrifft;
- die Entwicklung einer europäischen Sicherheits- und Verteidigungsidentität innerhalb des Bündnisses.

Die Strukturen, die während des Kalten Krieges ausschließlich der kollektiven Verteidigung dienten, werden also zugunsten neuer Handlungsmöglichkeiten zurückgedrängt. Die Aufgabe der NATO ist aber nicht mehr, nur die Solidarität unter den

Mitgliedern zu fördern, sondern auch die Kooperation mit den ostmitteleuropäischen Ländern wie auch mit Rußland zu verstärken. Zusätzliche Aufgaben könnten hinzukommen, wie etwa die Verhinderung von Proliferation nuklearer und konventioneller Technologie. Die NATO wird in Zukunft zwar ihre traditionelle Sicherheitsfunktion bewahren, aber auch in neue Bereiche vordringen.

3. Die zivile Dimension der NATO

Die NATO war nie nur ein bloßes Militärbündnis. Sie war es wohl vorrangig während der Zeit des Kalten Krieges. In ihrem Vertrag war schon von Beginn an eine zivile Dimension vorgesehen. In der Präambel sieht der Vertrag bereits die nichtmilitärische Kooperation der Mitglieder vor. In Artikel II heißt es: »Die Parteien werden zur weiteren Entwicklung friedlicher und freundschaftlicher internationaler Beziehungen beitragen, indem sie ihre freien Einrichtungen festigen, ein besseres Verständnis für die Grundsätze herbeiführen, auf denen diese Einrichtungen beruhen, und indem sie die Voraussetzungen für die innere Festigkeit und das Wohlergehen fördern.«

Die zivilen Aufgaben und Möglichkeiten der NATO sind vielfältig. Nach Ende des Kalten Krieges wird die zivile Einrichtung die Struktur der gesamten NATO betreffen.[9] Eine offenkundige Möglichkeit ist die Förderung der transatlantischen oder überregionalen Kooperationsmechanismen.

Im September 1993 schlug die Nordatlantische Versammlung (das Parlament der NATO-Staaten) einen *Transatlantischen Rat für wirtschaftliche Zusammenarbeit* vor, um Handels- und andere strittige Fragen zwischen den Partnern beider Seiten des Nordatlantiks zu lösen.

Das Zentrum für CEP (*Civil Emergency Planning*) der NATO hatte während des Kalten Krieges kaum Bedeutung, trat 1991 jedoch in Erscheinung, indem es der früheren Sowjetunion humanitäre Hilfestellungen anbot. Die NATO und die Mitglieder des NACC (North Atlantic Cooperation Council) haben sich für den Neubeginn auf einige Prioritäten geeinigt: zivile und rechtliche Aspekte von Krisenmanagement, Verhütung von Katastrophen und Katastrophenmanagement sowie humanitäre Hilfe, Kooperation zwischen zivilem und militärischem Bereich. Der Direktor des CEP weist insbesondere auf die wertvollen

Erfahrungen hin, die die traditionell neutralen Staaten Österreich, Finnland und Schweden im Rahmen der PfP in diesen Bereichen einbringen können.[10]
Einige konkrete Vorschläge für Aufgaben einer zivilen NATO wären: die Errichtung einer Schiedsstelle für Streitfragen in finanzpolitischen und Handelsfragen; die Schaffung einer Clearingstelle zur Prüfung möglicher Zollerleichterungen, der Liberalisierung des Kapitalexportes, des allianzinternen Grunderwerbs und der Investitionserleichterungen; die Einrichtung einer Kommission zur Beseitigung nichttarifärer Handelshemmnisse; Behandlung von Fragen der transatlantischen technologischen und wissenschaftlichen Zusammenarbeit; Zusammenarbeit bei Umweltproblemen; gemeinsame Menschenrechtspolitik; die Entwicklung ziviler Strategien zur Gewaltprävention und Rechtssicherheit; Informationsaustausch und Politikanalysen in Bereichen von außenpolitischer oder außenwirtschaftlicher Bedeutung (z. B. Kriminalität, Drogenhandel) u. a.[11]
Die NATO bewegt sich also weg vom realistischen Modell der kollektiven Verteidigung hin zu einem flexiblen institutionalistischen Modell der Konsultation, Kooperation und des Krisenmanagements.

II. Ein europäisches Sicherheitssystem

An und für sich könnte sich die GASP an beiden Modellen orientieren. Voraussetzung, daß sie sich zu einem Militärbündnis im realistischen Sinne entwickelt, wäre eine entsprechende gemeinsame Bedrohung, gegen die die EU eine Abschreckungsmacht aufbaut. Nicht ausreichend ist es wahrscheinlich, ein reines Bedrohungsbild zu schaffen, ohne daß dahinter eine reale Bedrohung mit feindlichen Absichten und entsprechenden militärischen Kapazitäten steht. Die GASP könnte im Sinne kollektiver Verteidigung das Prinzip der Sicherheitsgarantien für alle Mitglieder einführen. Institutionell würde dies dadurch möglich, daß die EU die Beistandspflicht des Brüsseler Vertrages der WEU (Artikel V) übernimmt. Offen ist, ob Mitgliedstaaten diese Verpflichtungen übernehmen wollen, ohne daß sie die damit verbundenen Sicherheitsgarantien tatsächlich benötigen.
Die Regierungskonferenz der EU im März 1996 in Turin bekam von der Reflexionsgruppe verschiedene Optionen und Mo-

dalitäten vorgelegt. Diese reichen von der Beibehaltung der vollen Autonomie der WEU über eine engere organisatorische Zusammenarbeit von EU und WEU bis zur Übernahme einer größeren Rolle der EU bei den Petersberger Aufgaben. Dazu gehören Krisenmanagement, Friedenserhaltung und humanitäre Aktionen, aber auch Kampfeinsätze. In der Madrider Erklärung vom November 1995 wurde die Rolle der WEU bei der Krisenverhütung hinzugefügt.

Der Petersberger Bereich der WEU kann entweder der EU untergeordnet oder von der WEU auf die EU übertragen werden.[12] Eine vollständige Verschmelzung von WEU und EU würde bedeuten, daß sich die WEU auflösen und die EU zu einem traditionellen Militärbündnis werden würde. Dazu wird es auf absehbare Zeit aber nicht kommen, da sich die meisten Mitgliedstaaten der EU das Recht vorbehalten, Entscheidungen in Verteidigungsfragen, die vitale nationale Sicherheitsinteressen berühren, selbst zu treffen.

Es besteht dazu auch keine Notwendigkeit, da traditionelle Militärbündnisse den neuen Herausforderungen nicht gerecht werden können. Die Beschlüsse der NATO-Außenminister von Juni 1996 in Berlin, wonach der WEU mehr Zuständigkeit im Rahmen der NATO außerhalb des NATO-Gebietes eingeräumt wurde, haben eine Verschmelzung von EU und WEU noch weniger wahrscheinlich gemacht.

Man kann aber davon ausgehen, daß potentielle neue Sicherheitssysteme (WEU, GASP) lockerere Strukturen aufweisen werden als das NATO-Bündnis während des Kalten Krieges. Eine erfolgversprechende Strategie wäre, daß die GASP im Sinne des Institutionalismus die Sicherheit erhöht, indem Kooperation und Konsultation zwischen den Mitgliedern gefördert werden. Das schließt durchaus gemeinsame Aktionen mit ein. Diese könnten auch auf den verteidigungspolitischen und militärischen Bereich ausgedehnt werden. Eine Möglichkeit wäre, daß die EU die Durchführung jener Missionen, die in der Petersberger Erklärung der WEU vom Juni 1992 enthalten sind, übernimmt. Dieses System würde auf Freiwilligkeit beruhen. Mehrheitsentscheidungen wären möglich, Staaten würden aber nicht gezwungen, an bestimmten Aktionen teilzunehmen. Die Petersberger Erklärung nimmt darauf bereits Rücksicht, denn »über die Teilnahme an bestimmten Operationen« entscheiden »die

Mitglieder als souveräne Staaten entsprechend ihrer jeweiligen Verfassung«.

Zu einer Aufgabe souveräner staatlicher Entscheidungen im Bereich Sicherheit und Verteidigung würde es dann kommen, wenn die EU ein föderales staatsähnliches Gebilde mit einem einheitlichen politischen System, einem hohen Grad an wirtschaftlicher Homogenität und einer relativ homogenen europäischen Identität und öffentlichen Meinung[13] werden würde. Dieses Modell würde den von Karl Deutsch[14] entwickelten *verschmolzenen Sicherheitsgemeinschaften* ähneln, die im Gegensatz zu den zwischenstaatlichen *pluralistischen Sicherheitsgemeinschaften* gemeinsame Regierungsinstanzen vorsehen. Eine *verschmolzene Sicherheitsgemeinschaft* ist nach Deutsch aber schwer zu erreichen, denn einerseits müssen die Mitgliedstaaten ihre Souveränität aufgeben, und andererseits ist das neue Bündnis immer wieder durch innere Konflikte und Sezession vom Zerfall bedroht.

Allgemein gilt, daß während des Kalten Krieges Militärbündnisse die Regel waren, Flexibilität die Ausnahme darstellte. Nach dem Ende des Kalten Krieges präsentiert sich ein verändertes Europa. Ein Bündnis hat sich völlig aufgelöst, das andere nimmt lockere Formen an und sucht neue Aufgaben. Flexiblere Sicherheitspolitik sowohl innerhalb als auch außerhalb von Bündnissen wird wieder möglich. Kollektive Verteidigung bleibt eine Restgröße. Unterschiedliches Verhalten in bestimmten Konflikten wird wieder wahrscheinlich. Die Mitgliedstaaten von Bündnissen werden die Konsultationsmechanismen (wie in Artikel IV des Nordatlantikvertrages und in Artikel VIII des WEU-Vertrages vorgesehen) verstärkt nützen, um aufzuzeigen, ob und in welcher Weise eine Bedrohung oder ein Konflikt ihre Teilnahme an militärischen Operationen erforderlich macht.

Konsequenzen für Österreich

Österreich benötigt keine Sicherheitsgarantien. Ein Angriff eines feindlichen Bündnisses oder eines feindlichen Staates auf Österreich ist nicht zu erwarten. Alle anderen Konflikte (Grenzkonflikte, ethnische Konflikte), die Österreich betreffen könnten, muß das Bundesheer alleine bewältigen. Weder NATO noch WEU oder ein anderes Militärbündnis werden sich in einen solchen Konflikt einmischen wollen.

Die Konzentration der Debatte auf Sicherheitsgarantien verstellt die Sicht auf die vielfältigen Möglichkeiten, in Sicherheitssystemen aktiv zu werden. Auch eine rein formale Mitgliedschaft ist für Österreich nicht entscheidend. Die Bedrohungen sind flexibler geworden, sie erfordern auch flexible problembezogene Antworten. Dazu gehören Aufgaben wie der Schutz und die Unterstützung demokratisch-parlamentarischer Einrichtungen, die Förderung sozialer und marktwirtschaftlicher Strukturen sowie Konfliktverhütung und -lösung, Krisenmanagement, Friedenserhaltung und -schaffung sowie die Unterstützung humanitärer Aktionen.

Eine Teilnahme Österreichs an diesen Aktionen ist auch als Nicht-Bündnismitglied durchaus möglich. Allerdings müßten bestimmte Teile der traditionellen, völkerrechtlich definierten Neutralität neu überdacht werden. Das betrifft vor allem die von Völkerrechtlern seit Jahrzehnten eingemahnte, aber nicht direkt im österreichischen Neutralitätsgesetz verankerte, Pflicht des Neutralen, nicht an fremden Kriegen teilzunehmen und kriegführende Staaten nicht zu unterstützen. Die Petersberger Erklärung schließt etwa auch Kampfeinsätze ein. Solche Einsätze sollten aber im Einklang mit den Bestimmungen der Charta der Vereinten Nationen stehen und vom Sicherheitsrat der UN autorisiert sein (siehe »Globale Konzepte«). Unter diesen Bedingungen wäre selbst die Teilnahme Österreichs an Kampfeinsätzen denkbar.

Österreich kann anbieten, sich an Aktionen zu beteiligen, ohne dafür gleich selbst Garantien einzufordern. Österreich müßte sich jedoch das Recht vorbehalten, von Fall zu Fall zu entscheiden, ob es an einer militärischen Operation teilnehmen oder neutral bleiben will. Eine politisch-parlamentarische Entscheidung ist zudem bei weitem demokratischer als eine jeweilige Neuinterpretation des Neutralitätsrechtes.

Nicht berührt von einer solchen Teilnahme wären jene Teile des Neutralitätsgesetzes, die einen Beitritt Österreichs zu einem Militärbündnis und die Errichtung von ausländischen Stützpunkten auf österreichischem Territorium verbieten.

Eine Entwicklung der EU zu einem traditionellen militärischen Bündnis wäre ein Rückfall in die Zeit des Kalten Krieges. Das Modell der Beteiligung an humanitären und friedenserhaltenden Aktionen sowie anderen Maßnahmen des Krisenmanagements

(z. B. Petersberger Aufgaben), ohne Beistandsverpflichtungen einzugehen, wie etwa nach Artikel V der Verträge von Brüssel und Washington, wäre dann nicht mehr möglich. Österreich müßte sich überlegen, ob nicht die Wiederaufnahme strikter Neutralität geeigneter wäre als eine Bündnismitgliedschaft.

III. NATO-»Ost-Erweiterung« und Österreich

Neben der Frage, welche Entwicklung die Sicherheitsinstitutionen nehmen, ist für Österreich wichtig, welche Position seine Nachbarländer gegenüber diesen Institutionen einnehmen. Wenn Österreichs Nachbarn NATO-Mitglieder sind, muß dann Österreich auch Mitglied werden, um eine geographische Verbindung herzustellen? Vor der Beantwortung dieser Frage soll geklärt werden, welches Modell geeignet ist, die Erweiterung eines Sicherheitssystems auf Ost-Mitteleuropa und Rußland zu erfassen.

Die Debatte um die Erweiterung der NATO hängt eng damit zusammen, welchen Weg die NATO einschlagen wird. Bleibt sie vorwiegend ein Instrument der Abschreckung, dann wird sich Rußland der Aufnahme der ostmitteleuropäischen Länder wahrscheinlich vehement widersetzen. Rußland wird annehmen, daß die NATO im wesentlichen eine anti-russische Organisation ist. Verfolgt die NATO hingegen konsequent eine institutionalistische Strategie im Sinne der Schaffung von Sicherheit und Stabilität durch Kooperation zwischen den Mitgliedern und darüber hinaus, dann wird man in Rußland einer Erweiterung weniger skeptisch gegenüberstehen. Auch Österreich hätte dann weniger Probleme, sich der NATO anzunähern.

Vorerst will die NATO noch beides sein: Abschreckung und Basis für Kooperation. Das äußert sich darin, daß man den beitrittswilligen Ländern zu verstehen gibt, daß die NATO einen Schutz gegen ihre historische Bedrohung darstellt, man aber Rußland gleichzeitig versichert, eine NATO-Erweiterung hätte nichts mit einer russischen Bedrohung zu tun.

Eine Konzentration auf eine der beiden Orientierungen stellt die NATO vor folgende Alternative: Entweder will sie primär eine Organisation kollektiver Verteidigung sein und bleiben, dann macht eine Erweiterung nur Sinn, wenn sie gegen eine Bedrohung gerichtet ist.

Nach dem Ende des Kalten Krieges stellt Rußland aber für die ostmitteleuropäischen Länder keine unmittelbare Bedrohung dar. Würde Rußland als solche empfunden, würden sie nicht wie alle westlichen Länder abrüsten, Militärausgaben kürzen und die Militärdienstzeiten verringern.
Selbst wenn man eine realistische Position einnimmt, muß man konzedieren, daß eine Erweiterung der NATO nach Osten das Mächtegleichgewicht in Europa verändern würde.
Entwickelt sich die NATO hingegen zu einer Institution kooperativer Sicherheit, in der kollektive Verteidigung nur eine untergeordnete Rolle spielt und nur für die Kernländer im traditionellen Verständnis gilt, dann wird Rußland der Erweiterung weniger Widerstand entgegensetzen. Die beitrittswilligen Länder werden aber enttäuscht sein, daß sie möglicherweise nicht diese klaren Sicherheitsgarantien erhalten, die sie erwarten. Sicherheitsgarantien wären der einzige zwingende Beitrittsgrund.[15] Natürlich gibt es auch andere Gründe für diese Staaten, sich dem atlantischen oder einem europäischen »Bündnis« anschließen zu wollen: Erlangung westlicher Identität, Unterstützung bei der Demokratisierung, Verhinderung von ethnischen und anderen inneren Konflikten.
Alle diese Gründe sind aber nicht notwendigerweise mit einem NATO-Beitritt verknüpft. Sie sind Ergebnisse bestimmter Zivilisierungsprozesse und nicht von formalen Mitgliedschaften. Institutionen können dabei sicherlich eine Hilfestellung geben. Dafür sind die OSZE oder der Europarat, aber auch das PfP-Programm besser geeignet als ein System kollektiver Verteidigung. Sicherheitsgarantien können dazu nichts beitragen. Sollte formale Mitgliedschaft aber tatsächlich in der Lage sein, diese Probleme zu lösen, dann müßten ganz andere Staaten Mitglieder werden, wie etwa die Balkanstaaten, die baltischen Staaten, die Ukraine, Moldawien, Weißrußland u. a.
Es ist aber nicht nur so, daß eine NATO-Mitgliedschaft diese Probleme kaum lösen kann, es kann für die NATO auch ein Risiko darstellen, wenn sie Aufgaben übernimmt, für die sie nicht gerüstet ist.[16] Würde sie Sicherheitsgarantien für Länder geben, in denen es die Möglichkeiten von inneren gewaltsamen Auseinandersetzungen gibt, würde sie entweder in diese Konflikte hineingezogen werden, ohne wirklich Lösungen anbieten zu können, oder sie würde unglaubwürdig werden. (Um die

ganze Tragweite dieses Arguments abschätzen zu können, braucht man sich nur vorzustellen, das ehemalige Jugoslawien wäre Mitglied der NATO gewesen und hätte Sicherheitsgarantien erhalten.)

Eine Möglichkeit für die NATO, diese Gefahr zu vermindern, wäre, Ausnahmen von Sicherheitsgarantien für neue Mitglieder zu definieren. Artikel V würde dann nicht für innere Konflikte oder für Grenzkonflikte von Nachbarstaaten gelten. Solche unterschiedlichen Kategorien von Mitgliedern gibt es bereits (Frankreich, Norwegen, Dänemark). Sie würden die Erwartungen jener beitrittswilligen Länder nicht erfüllen, die eine Mitgliedschaft lediglich wegen einer russischen Bedrohung anstreben.[17]

Mit Sicherheitsgarantien ist auch der Schutz bei einem Nuklearangriff verbunden. Solche Garantien in einem System kollektiver Verteidigung beinhalten auch, daß die abschreckende Macht einen atomaren Schlag auf das eigene Territorium riskiert. Eine NATO-Erweiterung würde bedeuten, daß die USA ihren Nuklearschirm weiter nach Osten ausdehnen. Sie müßten notfalls bereit sein, Chicago oder Seattle für Bratislava, Budapest, Warschau, Prag oder auch Wien zu opfern. Es ist nicht zu erwarten, daß dies der US-Kongreß leichtfertig akzeptiert.

Sollte die NATO primär ein System kollektiver Verteidigung bleiben, dann zählt auch das geopolitische Argument, wonach Österreich eine Landbrücke zu Ostmitteleuropa darstellen müßte.[18]

Kollektive Verteidigung braucht günstige geopolitische Bedingungen. Wird die NATO hingegen ein Instrument für institutionelle Kooperation und Krisenmanagement, sind geopolitische Landverbindungen und ein geschlossenes Vertragsterritorium nicht unbedingt erforderlich. Es muß aber die Bereitschaft vorhanden sein, Truppen schnell in verschiedene, nicht geographisch angrenzende Regionen transportieren zu können.

Für Österreich besteht im Falle einer NATO-Mitgliedschaft seiner ostmitteleuropäischen Nachbarn keine Notwendigkeit, eine Landverbindung herzustellen. Allerdings ist zu erwarten, daß das geopolitische Argument für einen eventuellen NATO-Beitritt ausschlaggebend sein wird.

1. Kleinstaatenstrategien

Kleinstaaten wie Österreich sind immer in Gefahr in die Falle zwischen *abandonment* und *entrapment* zu geraten.[19] Es ist einerseits die Angst, im Stich gelassen zu werden, andererseits die Angst, durch Bündnisse in Kriege hineingezogen zu werden, die nicht im eigenen Interesse sind. Die Debatte, ob Österreich der NATO und der WEU beitreten soll, ist von diesem Spannungsfeld gekennzeichnet.

In der Literatur zur Theorie der Internationalen Beziehungen werden für Kleinstaaten in Systemen, in denen Großmächte dominieren (Bipolarität, Konzert), verschiedene Strategien angegeben, die manchmal auch in Mischform auftreten können:

- *Nonalignment (Neutrality)*
  Die negative Interpretation lautet, daß diese Strategie verhindern soll, daß der Kleinstaat in die Falle zwischen *abandonment* und *entrapment* gerät. Bedingung dafür wäre allerdings, daß Großmächte dieses Verhalten zulassen. Sie werden das tun, wenn diese Staaten entweder für sie nicht sehr wichtig sind oder es eine andere Großmacht verhindert.[20]
  Die traditionelle positive Interpretation von Neutralität sieht darin die Möglichkeit einer aktiven, offensiven Außenpolitik (z. B. Vermittlung, gute Dienste). Als gesichert kann das Ergebnis empirischer Untersuchungen gelten, daß Bündnismitglieder viel öfter in militärische Konflikte und Kriege verwickelt werden als Nicht-Bündnismitglieder.[21]
- *Hiding*
  Manche Autoren bezeichnen neutrales Verhalten auch als »Verstecken«, also als Versuch, Kriege unbeschadet überstehen zu können. Als Beispiel werden etwa Spanien, Holland, Dänemark, Schweden und die Schweiz während des Ersten Weltkriegs angeführt.[22]
- *Bandwagoning*
  Der Neorealismus[23] sieht darin eine Möglichkeit von Kleinstaaten, sich mit einer hegemonialen Macht zu arrangieren, wenn im Sinne der *Balance of Power*-Theorie keine anderen Alternativen (z. B. antihegemoniale Bündnisse) vorhanden sind.[24] Kritiker der *Balance of Power*-Theorie führen hingegen an, daß Staaten auch zum *Bandwagoning* greifen, wenn kein bedrohliches Machtpotential vorliegt. Es können auch

Erwartungen über Vorteile sein oder einfach die Angst, den Zug zu versäumen (*bandwagoning for profit*).[25]

- *Voice of Opportunity*
  Kleinstaaten können sich auch Vereinigungen und Bündnissen anschließen, weil sie glauben, im Verbund mit anderen Staaten ihre Interessen besser durchsetzen zu können.[26]
- *Balance and Not Fight*
  Kleinstaaten können einem Bündnis beitreten und die Hauptlast der Verteidigungsausgaben und die Kriegsanstrengungen den Großmachtpartnern überlassen (*free riding*).
- *Weak States Alliance*
  Wenn keine Großmacht bereit ist, kleinen bedrohten Staaten zur Seite zu stehen, können sie versuchen, ein Bündnis untereinander zu schließen, um ihre Sicherheit zu verbessern. Die kleine Entente in der Zwischenkriegszeit wäre ein Beispiel.
- *Balance and Fight*
  Kleinstaaten können auch einem Bündnis beitreten und einen maximalen Beitrag im Kriege leisten. Beispiele sind etwa Belgiens Widerstand gegen Deutschland 1914 und Neuseelands relativ größte Opferbilanz von allen Staaten, die an den beiden Weltkriegen, am Korea- und Vietnamkrieg sowie am Golfkrieg teilnahmen.
- *Fight alone*
  Kleinstaaten können auch die Entscheidung treffen, alleine die Lasten eines Krieges zu tragen, wenn weder große noch kleine Bündnispartner zur Verfügung stehen. Finnlands Winterkrieg 1939–40 wird oft als Beispiel angeführt.[27]

Nach Ende der Bipolarität und ohne Militärbündnisse, wie sie im Kalten Krieg bestanden haben, sind viele der traditionellen Kleinstaatenstrategien obsolet geworden. *Balancing* gegen angenommene Bedrohungen oder *bandwagoning* aus Furcht vor großen Mächten sind in einem System demokratischer Staaten nicht mehr notwendig. Das gleiche gilt für Strategien von kleinen Staaten, alleine (*fight alone*) oder im Bündnis (*balance and fight*) gegen große Mächte zu kämpfen. Auch der Versuch, sich vor Kriegen zwischen großen Staaten zu verstecken (*hiding*) oder zwischen Blöcken »permanent neutral« zu bleiben, scheint nicht mehr viel Sinn zu machen.

Lediglich die Strategien, die wenig mit Bedrohung zu tun haben, wie *bandwagoning for profit* und *voice of opportunity* dürften weiterhin Motive für Kleinstaaten sein, sich Bündnissen oder Assoziationen anzuschließen.
Sollte sich jedoch wieder eine Konstellation wie die des Kalten Krieges oder gar die eines »heißen« Krieges herausbilden, bekämen auch die anderen Kleinstaatenstrategien wieder Relevanz. In Bündnissen haben kleinere Mitglieder oft die Neigung, Beistandsverpflichtungen ernster zu nehmen als große. Sie sind dann aber auch gezwungen, die Konsequenzen zu tragen, wie das Beispiel Neuseeland bei der Strategie *balance and fight* zeigt. Österreich müßte sich überlegen, ob in einer solchen Konstellation nicht eine Politik traditioneller Neutralität geeignet wäre, die eigenen Interessen zu wahren. Österreich sollte sich für einen solchen Fall diese Option offen halten. Es ist aber wahrscheinlich, daß Österreich, will es einem Bündnis beitreten, darauf keine Rücksicht nimmt.
Große Bündnismitglieder haben sich hingegen durchaus Möglichkeiten der Freiheit der Entscheidung bei militärischen Operationen außerhalb der kollektiven Verteidigung geschaffen:

- Auf deutschen Wunsch sind die in der Petersberger Erklärung vorgesehenen Missionen nicht Teil kollektiver Verteidigung.
- Das Urteil des deutschen Bundesverfassungsgerichts vom 12. Juli 1994 verweist darauf, daß das Grundgesetz die Bundesregierung verpflichtet, für einen Einsatz bewaffneter Streitkräfte die – grundsätzlich vorherige – konstitutive Zustimmung des Deutschen Bundestages einzuholen.
- Die Präsidentschaftsdirektive 25 (*Presidential Decision Directive 25*) des amerikanischen Präsidenten vom Mai 1994 formuliert für die Teilnahme von amerikanischen Truppen an UN-Operationen starke Beschränkungen: Es müssen amerikanische Interessen berührt sein; die Zustimmung des Kongresses ist erforderlich; es müssen klare politische und militärische Ziele vorgegeben sein; ein Ende der Beteiligung amerikanischer Truppen muß absehbar sein; es muß Finanzierung und genügend Personal vorhanden sein; es müssen akzeptable Kommandostrukturen bestehen; die Notwendigkeit amerikanischer Truppen für den Erfolg der Operation muß gegeben sein.

Es ist nicht klar, warum ein kleiner Staat nicht ähnliche Bedingungen formulieren kann. Natürlich müßten diese angepaßt werden. Insbesondere sollten kleinere und neutrale Staaten spezifische Aufgaben übernehmen, auf die sie spezialisiert sind und wofür Personal ausgebildet ist.

2. Das Modell des Mächtekonzerts

Es kann aber durchaus sein, daß sich Europa nicht zu einem System gleichberechtigter Staaten entwickelt, sondern zu einem Mächtekonzert.[28] In diesem Modell ist Großmächtekooperation auf der Basis gemeinsamer Interessen die beste Garantie für Sicherheit. Voraussetzung für die Errichtung eines Großmächtekonzerts ist eine von den Großmächten garantierte multipolare Ordnung in Europa. Dieses Modell basiert weiters auf der Annahme einer kontinuierlichen Kooperation der europäischen Großmächte Deutschland und Frankreich. Großbritannien könnte davon nicht ausgeschlossen werden, obwohl es in diesem Zusammenhang meist nicht erwähnt wird. Fragen der Sicherheit und Verteidigung würden gemeinsam gestaltet.

Vorbild für dieses Modell ist die Nach-Napoleonische Zeit, beginnend mit dem Wiener Kongreß 1815. Diese Großmachtkooperation war bis zu den Europäischen Einigungskriegen erfolgreich. Die Multipolarität des Fünfmächtekonzerts explodierte dann doch in vier großen Kriegen (Krim-Krieg 1854–1856; die Kriege zwischen Österreich und Italien 1859; Österreich–Preußen 1866; und Frankreich–Preußen 1870–1871). Gleichzeitig unterdrückten die Großmächte nationale und liberale Strömungen, die dem System gefährlich hätten werden können.

Konzerte basieren auf dem Prinzip des Mächtegleichgewichts. Keiner darf stärker sein als alle anderen zusammen. Realisten betrachten dieses Prinzip als entscheidend für das Funktionieren von Konzerten.[29] Andere Autoren glauben, daß sie wie Systeme kollektiver Sicherheit gestaltet sein könnten.[30] Sie würden der Erhaltung des Friedens dienen und immer nur ein Gleichgewicht gegen potentielle Aggressoren herstellen. Realisten hingegen betrachten kollektive Sicherheitssysteme zur Erhaltung des Friedens und Konzerte zur Erhaltung eines Mächtegleichgewichts als gegensätzlich und miteinander unvereinbar. Dementsprechend gibt es eine optimistische und eine mehr realistische Einschätzung der Funktionen von Konzerten:

Institutionalistische Position	Realistische Position
Kooperation geht vor Mächte-gleichgewicht, das Gleichgewicht ist organisiert	funktioniert nur durch Mächte-gleichgewicht, Befürchtung über Gewinne der anderen, Nullsummendenken
mäßigend, Verringerung von Gewalt und gegenseitiger Bedrohung	hohe Bereitschaft zur Gewalt und gegenseitiger Bedrohung
Eigeninteressen werden gewahrt	Eigeninteressen sind in Gefahr
multilaterale Konsultationen	einseitige Aktionen, geheime Absprachen zwischen Mitgliedern
Kompensationen für territoriale Veränderungen	territoriale Gewinne auf Kosten anderer Mitglieder möglich

Dieses Modell basiert auf der Annahme einer kontinuierlichen Kooperation der europäischen Großmächte. Fragen der Sicherheit und Verteidigung würden von ihnen gemeinsam gestaltet. Manche reduzieren das Modell auf eine Kooperation zwischen Deutschland und Frankreich. Die Idee eines *Kerneuropas*, die in einem CDU/CSU-Papier formuliert wurde[31], würde letztlich auf ein Konzert hinauslaufen, wenn auch einige kleinere Staaten (Benelux) daran beteiligt sein sollen.[32] In diesem Papier ist Österreich ausdrücklich nicht Teil von *Kerneuropa*, da dies in Frankreich Befürchtungen über einen deutschen Machtzuwachs wecken könnte. Auch die Schaffung eines *Direktoriums* im Rahmen der Europäischen Union würde sich an einem Konzert orientieren.

3. Globale Konzepte

Ein europäisches Sicherheitssystem hätte von vornherein eine globale Dimension. Eine Beteiligung Österreichs hat auch eine Übernahme globaler Aufgaben zur Folge. Der Einsatz der USA und der UN in Somalia (UNISOM 2 bzw. *Restore Hope*, 1993/94), der UN (UNPROFOR, 1992–95) und der NATO (IFOR bzw. *Joint Endeavour*, seit 1995) in Bosnien haben schon gezeigt, daß eine Arbeitsteilung zwischen UN und NATO notwendig ist. Die UN sind bestens in der Lage, traditionelle friedenserhaltende Aufgaben zu übernehmen, die zwischen Kapitel VI und VII der Charta anzusiedeln sind.[33] Friedensschaffende Operationen können nach Kapitel VII vom Sicherheitsrat der UN autorisiert werden, müssen aber von einer Militärorganisation (NATO) oder einem Einzelstaat (USA) durchgesetzt werden. Die gleichzeitige Durchführung beider Operationen ist ebensowenig möglich (Beispiel Bosnien) wie ein ständig wechselndes Mandat (Beispiel Somalia). Die UN werden kaum eine eigene Infrastruktur für weitreichende globale friedensschaffende Aktionen aufbauen, zumal die Artikel 43–47 der Charta über UN-Kontingente nie implementiert worden sind.

Nun hat die NATO nicht nur ihre Aufgaben über Artikel V ausgeweitet, sondern auch ihr Einsatzgebiet, das in Artikel VI beschränkt wird, ausgedehnt. Der Einsatz der Anti-Irak-Koalition 1991 wäre ohne Infrastruktur und Logistik der NATO nicht möglich gewesen – *Joint Endeavour* ist ein *out of area*-Einsatz von NATO-Truppen. Ebenso kann die WEU nach in Artikel VIII des WEU-Vertrages vorgesehenen Konsultationen und entsprechend der Petersberger Erklärung außerhalb des Staatsgebietes der Mitgliedstaaten aktiv werden.[34] Die Mittelmeerregion und der Nahe Osten sind potentielle Einsatzgebiete. Die EU ist aber auch Teilnehmer des regionalen Sicherheitsforums der ASEAN. Eine künftige Unterstützung des US-Truppen durch Truppen aus Staaten der EU in Südostasien kann nicht ausgeschlossen werden.[35] Die französische Operation *Turquoise* in Ruanda 1994 erfolgte im WEU-Rahmen.

Die OSZE ist insofern ein Bindeglied zwischen europäischer und globaler Sicherheit, als sie sich auf dem Folgetreffen der (damaligen) KSZE in Helsinki 1992 zur »regionalen Abmachung im Sinne von Kapitel VIII der Charta der UN« erklärte. Sie kann somit auch friedenserhaltende Operationen der NATO oder der WEU autorisieren. Die Durchführung von Friedensschaffung ist für eine regionale Organisation der UN nicht vorgesehen, die Entscheidung darüber verbleibt beim Sicherheitsrat der UN.

Es gibt auch einige Vorschläge, das Atlantische Bündnis nach dem Ende des Kalten Krieges zu globalisieren. Die Beschränkung der Handlungsmöglichkeiten auf das in Artikel VI des

NATO-Vertrages definierte Gebiet in Europa und Nordamerika ist spätestens mit dem Einsatz der NATO in Bosnien (IFOR bzw. *Joint Endeavour*) durchbrochen. Die NATO hatte erkannt, daß sie ohne *out of area* tatsächlich *out of business* gehen könnte. Eine Konsequnz der Globalisierung der NATO ist auch, daß nicht nur Artikel VI, sondern auch Artikel V weitgehend obsolet wird. Denn Artikel VI definiert das Gebiet, innerhalb dessen Artikel V gilt. Wenn die NATO globalisiert wird, wird die »kollektive Verteidigung« des Artikel V auf ein Gebiet beschränkt, auf dem militärische Einsätze unwahrscheinlich geworden sind und das nur mehr für den Fall einer Rückkehr der großen Bedrohung weiter besteht.

Die USA sind Teil dieser Strategien. Es gibt keinen zwingenden Grund, die USA auszunehmen. Aus der Konkurrenz mit Japan und den USA könnte ein vereintes Europa auch als dritte Supermacht entstehen.[36] Zur Herstellung transatlantischer Kooperation gibt es verschiedene Vorschläge:

- Charles Kupchan[37] schlägt vor, daß die NATO, die EU und die WEU in einer Atlantischen Union (AU) verschmolzen werden. Für die globale Struktur sei der Artikel V hinderlich. Er sei auch das größte Hindernis einer Aufnahme neuer Mitglieder in die NATO, da Rußland gerade darin eine Bedrohung sieht. Kupchan schlägt also vor, den Artikel V abzuschaffen und ihn durch ein lockereres, weniger automatisches System zu ersetzen. Entscheidungen würden von Fall zu Fall getroffen werden. Die NATO würde nicht mehr ein klassisches Militärbündnis sein, sondern eine *zivile Gemeinschaft* mit hauptsächlich transnationalen zivilen Aufgaben. Ein kleines flexibles Forum (Direktorium) sollte die Entscheidungen mit Konsens treffen. Die internationale Kontaktgruppe für Bosnien könnte ein Vorbild sein. Tatsächlich liefe ein solches Entscheidungsmodell aber auf ein *Konzert* größerer Staaten hinaus.
- Ein ähnliches Modell *One World, one alliance* hatte der Economist schon 1992 vorgeschlagen.[38] Auch der Economist geht davon aus, daß eine *neue Allianz* globale Reichweite haben und alle demokratischen Staaten umfassen müßte. Sie solle neben Japan auch die (damals noch im wesentlichen unbestrittenen) neutralen Staaten (Schweden, Österreich, Finnland, Schweiz) umfassen. In dieser *neuen Allianz* müsse

der Artikel V revidiert werden. Die Entscheidungen sollten so wie in der NATO mit Konsens gefaßt werden.

- Ein ganz anderes Modell, das in der Tradition der realistischen Schule steht, schlägt eine Arbeitsgruppe der RAND-Corporation vor.[39] Die Autoren glauben, daß sich die NATO während des Kalten Krieges bewährt hätte, was auf ihre neuen Aufgaben nicht zuträfe. Sie sind daher für die Aufrechterhaltung der alten Verpflichtungen und Regeln der NATO und gegen mehr Flexibilität. Sie schlagen ein *neues transatlantisches Sicherheitskonzept* vor: Die USA würden sich voll und ganz – notfalls unter Einsatz von Bodentruppen – in allen europäischen Konflikten engagieren, sofern bei den Verbündeten ein diesbezüglicher Konsens besteht, und sie würden in zunehmendem Maß mit der WEU zusammenarbeiten. Die Bündnispartner würden ihrerseits durch entsprechende Planung und Maßnahmen der NATO mit den USA die militärischen Risken und Lasten teilen, wenn es um die Bewältigung außereuropäischer Gefährdungen geht (z. B. im Persischen Golf).

V. Zusammenfassende Thesen zu den theoretischen und politischen Implikationen für Österreich

1. Die NATO scheint sich nicht aufzulösen, wie Realisten angenommen haben. Die Kernaufgabe der NATO, die kollektive Verteidigung, verliert aber an Bedeutung. Die NATO ist immer weniger mit einem traditionellen Militärbündnis gleichzusetzen. Die alten Strukturen, die während des Kalten Krieges ausschließlich der kollektiven Verteidigung im Falle eines massiven Angriffes dienten, werden zugunsten dieser neuen Handlungsmöglichkeiten zurückgedrängt. Kollektive Verteidigung und Bündnisverpflichtungen werden zu den unwichtigsten Elementen der neuen Strategie. Die Bedeutung der Konsultationsmechanismen im Sinne des institutionalistischen Modells wird zunehmen. Krisenmanagement, Friedenserhaltung, humanitäre Aktionen, aber auch Friedensschaffung im Rahmen von PfP und CJTF würden auf Basis dieser institutionellen Kooperation durchgeführt werden. Die Bedrohungen sind flexibler geworden, sie erfordern auch flexible, problembezogene Antworten. Österreich könn-

te an all den neuen Aufgaben teilnehmen, ohne notwendigerweise Mitglied zu werden. Als Mitglied der NATO (das man als Mitglied der WEU wahrscheinlich auch werden müßte) würde man zwar auch Teil der kollektiven Verteidigung werden, kollektive Verteidigung aber spielt für die NATO als Instrument des Kalten Krieges keine entscheidende Rolle mehr. Ebenso nimmt die geopolitische Bedeutung von Mitgliedstaaten ab. Für Österreich bestünde dann auch keine Notwendigkeit, eine Landverbindung zu potentiellen ostmitteleuropäischen NATO-Mitgliedern herzustellen.[40]

2. Ähnlich neue Aufgaben wie die der NATO wurden auch von der WEU in der Petersberger Erklärung vom Juni 1992 formuliert. In der Madrider Erklärung vom November 1995 wurde noch die Rolle der WEU bei der Krisenverhütung hinzugefügt. Alle diese Aufgaben sind ebenfalls nicht Teil kollektiver Verteidigung. Ein europäisches Sicherheitssystem der neunziger Jahre dürfte wegen der abgenommenen Bedrohung kaum die Gestalt eines Militärbündnisses nach Vorbild des Kalten Krieges annehmen. Die Wahrscheinlichkeit ist groß, daß ein künftiges europäisches Sicherheitsmodell sehr flexible Strukturen (Krisenmanagement, *coalition of the willing, Ad hoc*-Koalitionen, *Case by case*-Operationen usw.) aufweisen wird, sodaß für große wie kleine Staaten vielfältige Sicherheitsstrategien möglich werden. Wenn die EU im Bereich Verteidigung Fortschritte macht, dann werden sie nicht darin bestehen, daß die EU Aufgaben kollektiver Verteidigung übernimmt, wohl aber Krisenmanagementoperationen im Sinne der Petersberger Erklärung, die sie entweder von der WEU übertragen bekommt oder selbst formuliert. Österreich kann daran teilnehmen, ohne daß es unbedingt WEU-Mitglied werden müßte. Eine Beteiligung an Militäraktionen im Rahmen der Petersberger Aufgaben (Krisenmanagement) wird weiterhin auf nationaler Ebene entschieden werden. Das schließt aktive Teilnahme an friedensschaffenden Maßnahmen ebenso ein wie neutrales Verhalten in bestimmten Fällen. Österreich kann also anbieten, sich solidarisch an Aktionen zu beteiligen, ohne Garantien einer kollektiven Verteidigung einzufordern, die es nicht braucht. Mit einer Mitgliedschaft würde Österreich noch mit einem weiteren Problem konfrontiert werden: der nuklearen Dimension. Diese

gibt es nicht nur bei der NATO, sondern auch bei der WEU. Die Petersberger Erklärung fordert von Mitgliedstaaten, daß sie sich verpflichten, alle Erklärungen seit 1984 zustimmend zur Kenntnis zu nehmen. Diese schließen die *Haager Plattform* von 1987 mit ein, die nuklearen Waffen bei der Verteidigung Europas eine nicht zu ersetzende Rolle zuschreibt.

3. Obwohl Mitgliedschaft keine Voraussetzung für die Teilnahme an den neuen Aufgaben von NATO und WEU/EU ist, ist eine Überprüfung der österreichischen Neutralität erforderlich geworden. Nicht nur traditionelle Militärbündnisse haben sich überlebt, sondern auch traditionelle Neutralitätsvorstellungen. Die Bereitschaft, an den neuen Krisenmanagementaufgaben teilzunehmen, ist nicht vereinbar mit einer permanenten Neutralität in jedem Fall. Die Neutralität sollte jedoch nicht ersatzlos aufgegeben werden: Österreich müßte sich das Recht vorbehalten, von Fall zu Fall zu entscheiden, ob es an einer militärischen Operation teilnehmen oder sich neutral verhalten will. Die großen Staaten werden gegebenenfalls ihre nationalen Interessen geltend machen, was im Einzelfall durchaus Nichtteilnahme an militärischen Aktionen (neutrales Verhalten) bedeuten kann. Eine solche politisch-parlamentarische Entscheidung ist zudem bei weitem demokratischer als eine jeweilige Neuinterpretation des Neutralitätsrechtes. Veränderung oder auch die Preisgabe der völkerrechtlich definierten Neutralität bedeutet aber nicht mehr wie im Kalten Krieg notwendigerweise Mitgliedschaft in NATO und/oder WEU.
4. Kleinstaatenstrategien wie Neutralität, Verstecken, Trittbrettfahren oder maximaler Schutz im Bündnis mit Großmächten haben nur Bedeutung im Rahmen von traditionellen Militärbündnissen und angesichts einer großen Bedrohung. Wohl können Kleinstaaten sich mit großen Mächten in Bündnissen arrangieren, um den Zug nicht zu versäumen und um ein größeres Gewicht zu bekommen. Traditionelle Kleinstaatenstrategien könnten unter der Konstellation eines neuen kalten oder gar eines »heißen« Krieges wieder Bedeutung erlangen. Österreich müßte sich diese Optionen offenhalten, wenn das neue Europa wieder dem alten ähnlich wird.[41]

5. Ein europäisches Sicherheitssystem kann aber auch als Mächtekonzert enden, in dem Österreich keine entscheidende Rolle zukommt. Um einem Konkurrenzverhältnis einer Großmacht Europa mit den USA und Japan entgegenzuwirken, müßten globale und transatlantische Strategien mit Einschluß der USA verfolgt werden. Die Möglichkeit besteht aber, daß sich ein Konzert auf globaler Ebene entwickelt.
6. Ein europäisches Sicherheitssystem hätte von vornherein auch eine globale Dimension. Das drückt sich bereits in der Globalisierung der NATO aus. Das bedeutet auch, daß Österreich globale Aufgaben zu übernehmen hätte. Umso wichtiger wird die Freiwilligkeit der Entscheidung über die Teilnahme an bestimmten militärischen Operationen.
7. Zweifelsohne trifft es zu, daß ein Nicht-Mitglied sowohl in der WEU als auch in der NATO nicht an allen Entscheidungsebenen beteiligt ist.[42] Aber auch das Gewicht eines kleinen Staates, als Mitglied Entscheidungen beeinflussen zu können, hält sich in Grenzen. Was aber ist die wichtigste Entscheidung für einen kleinen Staat in Verteidigungsfragen? Es ist die Freiwilligkeit, entscheiden zu können, ob seine Soldaten an einer militärischen Aktion teilnehmen oder nicht. Bei diesen Entscheidungen geht es letztlich um nicht weniger als um Leben und Sterben.

Anmerkungen

1 Stellvertretend für andere Anselm Skuhra: Österreichische Sicherheitspolitik. In: Herbert Dachs/Peter Gerlich/Herbert Gottweis (Hrsg.): Handbuch des politischen Systems Österreichs. 2. Auflage. Wien 1997. Helmut Kramer: Austrian foreign policy from the State Treaty to European Union. In: Kurt-Richard Luther/Peter Pulzer (Hrsg.): Austria 1945–1995. Fifty Years of the Second Republic. Dartmouth 1996.

2 Der Beitrag referiert nicht die Positionen der politischen Parteien Österreichs, die sich auch aus Gründen innenpolitischer Konkurrenz immer wieder verändern.

3 Mit Artikel V des Washingtoner Vertrages gibt die NATO den Mitgliedern einerseits Sicherheitsgarantien, andererseits ist nicht festgelegt, worin diese Garantien bestehen. Sie könnten theoretisch sogar nur in einem symbolischen Akt bestehen. Artikel V des Brüsseler Vertrages der WEU ist zwar etwas bindender formuliert, aber auch hier gibt es Spiel-

raum. Er verlangt von den Mitgliedern, einem angegriffenen Mitgliedstaat die Hilfe angedeihen zu lassen, »die in ihrer Macht steht«. Es steht damit jedem Lande frei, die von ihm für erforderlich gehaltenen Schritte zu unternehmen.

4 Charles Kupchan: Reviving the West: For an Atlantic Union. In: Foreign Affairs 75, 3 (May/June 1996), S. 92–104.

5 Heinz Gärtner: Challenges of Verification: Smaller States and Arms Control. New York 1989.

6 Ausdruck der flexibleren Gestaltung der Operationen ist, daß die NATO-Außenminister in Berlin ihre Bereitschaft erklärten, NATO-Stäbe, Kommandostrukturen sowie Führungs- und Aufklärungsmittel künftig auch der WEU für militärische Operationen einschließlich friedenschaffender Maßnahmen, so wie sie 1992 in der Petersberger Erklärung niedergelegt wurden, zur Verfügung zu stellen. Die WEU hätte nach einstimmiger Zustimmung des NATO-Rates eigene politische und militärische Verantwortung zur Ausführung solcher Operationen.

7 Organisation für Sicherheit und Zusammenarbeit in Europa.

8 Ministerial Meeting of the North Atlantic Council in Berlin, 3 June 1996. Final Communiqué.

9 Karsten D. Voigt: Plädoyer für eine zivile NATO. Vertiefung der europäisch-atlantischen Beziehungen. In: Internationale Politik 12 (1995), S. 15–20.

10 Francesco P. Palmeri (Director of Civil Emergency Planning at NATO): Civil emergency planning: A valuable for cooperation emerges from the shadows. In: NATO Review 2 (1996) S. 29–33.

11 Voigt: Plädoyer für eine zivile NATO.

12 Bericht der Reflexionsgruppe, Brüssel, 6. Dezember 1995, S. 47–48.

13 Vgl. dazu auch Peter Schmidt: Konzeptuelle Grundlagen der Sicherheitspolitik Deutschlands in Europa. (= Basler Schriften zur europäischen Integration. Nr. 10. 1995. S. 18.)

14 Karl W. Deutsch: Die Analyse internationaler Beziehungen. Frankfurt/M. 1968.

15 Zu Argumenten für die NATO-Erweiterung siehe: Ronald D. Asmus/Richard L. Kugler/F. Stephen Larrabee: NATO Expansion: The Next Steps. In: Survival 37, 1 (Spring 1995), S. 7–33.

16 Zu Argumenten gegen die NATO-Erweiterung siehe: Michael E. Brown: The Flawes Logic of NATO Expansion. In: Survival 37, 1 (Spring 1995), S. 34–52.

17 Ähnliche Ausnahmeregelungen hat auch die WEU bei potentiellen Konflikten in Hinblick auf das griechisch-türkische Verhältnis zwischen Mitgliedern und assoziierten Mitgliedern geschaffen. Beim Treffen der Außen- und Verteidigungsminister der WEU im November 1992 wurde Artikel V des WEU-Vertrages, der Sicherheitsgarantien vorsieht, dahingehend interpretiert, daß im Falle von »Problemen« eines WEU-Mitgliedes mit einem assoziierten Mitglied eine diplomatische Lösung gesucht werden solle.

[18] Eine andere Landverbindung wäre gegeben, wenn neben Polen, der tschechischen Republik und Ungarn auch Slowenien beitreten würde. Die Slowakei zählt nicht zu den vorrangigen Beitrittskandidaten.

[19] Die Begriffe *abandonment* und *entrapment* gehen auf Michael Mandelbaum zurück. Michael Mandelbaum: The Nuclear Revolution: International Politics Before and After Hiroshima. New York 1981.

[20] Beide Gründe sind ausschlaggebend dafür gewesen, daß die österreichische Neutralität 1955 möglich wurde.

[21] James Lee Ray: Friends as Foes: International Conflict and Wars between Formal Allies. In: C. S. Gochman/A. N. Sabrosky (Hrsg.): Prisoners of War? Nation-States in the Modern Era. Lexington 1990, S. 73–91. Lediglich verbündete Demokratien führen keine Kriege gegeneinander.

[22] Paul Schroeder: Historical Reality vs. Neo-realist Theory. In: International Security 19, 1 (Summer 1994), S. 108–148.

[23] Insbesondere Stephen M. Walt: The Origins of Alliances. Ithaca 1987.

[24] Siehe dazu vor allem die Debatte Balancing vs. Bandwagoning von Eric J. Labs, Robert G. Kaufman, Stephen M. Walt. In: Security Studies 1, 3 (Spring 1992), S. 383–482.

[25] Randall L. Schweller: Bandwagoning for Profit: Bringing the Revisionist State Back. In: International Security 19, 1 (Summer 1994), S. 72–109.

[26] Joseph M. Grieco: The Maastricht Treaty, Economic and Monetary Union and the neo-realist research programme. In: Review of International Studies 21, 1 (January 1995), S. 21–40.

[27] Zur Einordnung Finnlands in diese Konzepte siehe: Mikko Petteri Harjulehto: Die sicherheitspolitischen Entscheidungen Finnlands in einem sich verändernden Europa. Finnland zwischen Bandwagoning und Balancing (Diplomarbeit zur Erlangung des Magistergrades der Philosophie an der Grund- und Integrativwissenschaftlichen Fakultät der Universität Wien). Wien 1995.

[28] Charles A. Kupchan/Clifford A. Kupchan: Concerts, Collective Security, and the Future of Europe. In: International Security 16, 1 (Summer 1991), S. 114–161.

[29] John J. Mearsheimer: A Realist Reply. In: International Security 20, 1 (Summer 1995), S. 82–93.

[30] Charles A. Kupchan/Clifford A. Kupchan: The Promise of Collective Security. In: International Security 20 , 1 (Summer 1995), S. 52–61.

[31] Papier der CDU/CSU-Fraktion des Deutschen Bundestages, 1.9.1994.

[32] Am Mächtekonzert nach 1815 war neben den großen europäischen Mächten auch das kleine Königreich Niederlande beteiligt.

[33] Heinz Danzmayr/Hanspeter Neuhold: Friedenserhaltende Operationen der Vereinten Nationen und im Rahmen des KSZE-Prozesses. Arbeitspapier 3. Österreichisches Institut für Internationale Politik. Laxenburg 1991.

[34] Peter Schmidt: Die WEU im Spannungsfeld zwischen Europäischer Uni-

on und Atlantischer Allianz. In: Oliver Thränert (Hrsg.): Die EG auf dem Weg zu einer Gemeinsamen Außen- und Sicherheitspolitik. Studie Nr. 52 der Abteilung Außenpolitikforschung im Forschungsinstitut der Friedrich-Ebert-Stiftung. Bonn 1992, S. 37–38.

35 Francois Godement/Gerald Segal: A European Security Role in Support of East Asian Stability. In: International Herald Tribune, July 6th–7th, 1996.

36 Kenneth N. Waltz: The Emerging Structure of International Politics. In: International Security 18, 2 (Fall 1993), S. 69–70.

37 Kupchan: Reviving the West.

38 Defence in the 21st Century, Survey. In: Economist, September 5th, 1992, S. 19–20.

39 Ronald D. Asmus/Robert D. Blackwill/F. Stephen Larrabee: Can NATO survive? In: Washington Quarterly 19, 2 (1996), S. 79–101; deutsche Fassung: Überlebt die NATO? In: Europäische Rundschau 1 (1996), S. 70–98.

40 Trotzdem wird das geopolitische Argument bei einem eventuellen NATO-Beitritt Österreichs eine entscheidende Rolle spielen.

41 Auch diese Überlegung wird bei einem Beitritt Österreichs zu einem Bündnis wahrscheinlich nicht entscheidend sein.

42 Die WEU hat allerdings bei ihrer Außenminstertagung in Birmingham Anfang Mai 1996 zu verstehen gegeben, daß sie Nicht-Mitglieder (also auch die Staaten mit Beobachterstatus wie Österreich, Finnland, Schweden, Irland, Dänemark) bei den Entscheidungsverfahren über die Petersberger Aufgaben nicht gleichberechtigt beteiligen will. Wenn nun die EU entsprechend dem Maastrichter Vertrag die WEU ersucht, solche Aufgaben durchzuführen, wären diese Länder wohl am Zustandekommen dieser Entscheidungen beteiligt, nicht aber bei den Entscheidungen über die Durchführung, wieder aber bei der Durchführung selbst.

Egon Matzner

Österreich in Europa – Kooperation oder Desintegration?
Eine spieltheoretische Betrachtung der EU *

Wenn ich als Ökonom zum Thema »Österreich und die europäische Integration« Stellung nehmen soll, meine ich, daß es zuerst notwendig ist, zu verstehen, welche Änderungen sich seit dem Ende der Sowjetunion und damit für die situativen Logiken – ich verwende einen Begriff Karl Poppers – auf den verschiedenen Ebenen des Entscheidens ergeben haben. Ich bin nämlich der Auffassung, daß es nicht genügt zu sagen, daß seit 1989 alles anders ist. Es ist notwendig, systematisch zu erfassen, was für die Handelnden in den Regierungen, in den Unternehmungen, in den Universitäten, in den Familien anders geworden ist.

Ich lasse mich bei diesem Versuch von einer wissenschaftlichen Entdeckung inspirieren, die – nicht zufällig, wie K. J. Arrow 1994 unlängst schrieb – in Zentraleuropa entstanden ist: nämlich der »Theorie der strategischen Spiele«.

I. Zu Gedeih und Verfall von Institutionen

Die Frage nach Gedeih und Verfall von Institutionen ist nicht neu. Schon Jacob Burckhardt hat sie auf eine einfache und, wie ich glaube, heute noch gültige Weise beantwortet (vgl. Lendi, 1992). Das historische Beispiel der italienischen Stadtrepubliken vor Augen, kam Burckhardt zu dem Schluß, daß deren Aufstieg und Fall von dem Engagement ihrer Bürger abhängig war.

Wenn diese mehr zu *innerem Dazutun*, das größer ist als die unaufhaltsam stattfindende *innere Abnahme*, beitrügen, dann seien die Voraussetzungen für eine gedeihliche Entwicklung gegeben.

---

*) Mein Dank gilt Hardy Hanappi, Gabriele Holzer, Sabine Mayer, Monika Mokre, Sylvia Pintarits, Sonja Puntscher-Riekmann und Hazel Rosenstrauch für Kritik und Ermunterung. Für die Schwächen des Textes liegt aber die Verantwortung beim Autor.

Im umgekehrten Fall, wenn also die innere Abnahme größer sei als das innere Dazutun, dann genüge ein externer Anlaß, um den Zerfall der Institution auszulösen. Die Burckhardtsche Antwort ist schlicht und dennoch richtig.
Eine analytisch schärfere Fassung von Wachstums- und Verfallsprozessen als jene von Burckhardt erlaubt die Spieltheorie. Sie wurde in der Zwischenkriegszeit von dem aus Budapest stammenden Nuklearphysiker und Mathematiker John von Neumann mathematisch formuliert. Sein Potential zur Erklärung von sozioökonomischen Situationen und historischen Verläufen wurde von dem damaligen Direktor des Wiener Konjunkturforschungs-Institutes, Oskar Morgenstern, erkannt. Beide veröffentlichten das grundlegende Werk »Theory of Games and Economic Behavior« (1944) nach ihrer Emigration in die USA.[1]
Kennzeichnend für die Spieltheorie[2] ist die Präzision ihrer Begriffe und die Klarheit der Logik, mit der ihre Ergebnisse abgeleitet werden. Die Spieltheorie kann aber wie jede Theorie über soziale Interaktion auch als *analytisches Gleichnis* (Georgescu-Roegen, 1971) dienen. Als solches inspirierte sie die Deutung der Folgen von 1989, wie sie hier versucht wird. Damit wird allerdings der Anspruch, der an eine spieltheoretische Analyse zu stellen ist, zurückgestellt. Gewonnen wird dafür ein »Schlüssel« zur Erklärung einer viel größeren Zahl von sozialen Situationen. Ob dies zulässig ist, wird davon abhängen, ob sich dieser Generalschlüssel bewährt. Auch dieser Gebrauch von Gedanken, die seit John von Neumann und Oskar Morgenstern spieltheoretisch gefaßt werden, ist nicht neu: Es gibt ihn seit der griechischen Tragödie; man findet ihn in den Gesellschaftstheorien eines Thomas Hobbes und David Hume (vgl. Taylor, 1976 und Henseler, 1977); Puccini macht in Tosca davon Gebrauch (vgl. Randow, 1994). Thomas Bernhard, das ist gewiß, nutzte (seine) »Kunst als Spiel« (Holler, 1995) auf geniale Weise. Neuerdings findet die Spieltheorie auch in einem Roman von H. Eisendle (1996) unter explizitem Verweis Platz. Vermutlich würde Oskar Morgenstern sich auch über den freien Gebrauch der Spieltheorie, wie er im folgenden stattfinden wird, freuen. Schließlich teilt dieser Essay mit den erwähnten literarischen Texten den Vorteil, auch jenen zugänglich zu sein, die nicht die Spieltheorie studieren konnten.

- Wir untersuchen im folgenden das Entscheiden von Individuen (*Spielern*) in sozialen Situationen (*Spielen*) und deren Ergebnis (*Auszahlung*) für die Spieler und für die von deren Handlungen Betroffenen. Kennzeichnend für die Erfassung von sozialen Situationen in Form eines Spieles ist die Gegenüberstellung von Entscheiden und Handeln der Spieler auf der einen und Ergebnis (Auszahlung) auf der anderen Seite. Letzteres hängt von den Spielregeln und deren Einhaltung ab. Dabei gilt die Einhaltung der Spielregeln (z. B. die Einhaltung der UNO-Charta oder des KSZE/OSZE-Vertrages bei der Teilung von völkerrechtlich anerkannten Staaten) als eine der Formen kooperativen Verhaltens, die Nichteinhaltung als eine des Nichtkooperierens.

Nach dem Ergebnis unterscheidet man zwischen drei Arten von Spielen:

a) einem Positivsummen-Spiel: Aus dem Entscheiden und Handeln der Spieler ergibt sich in Summe ein Wertzuwachs, der materiell/pekuniär oder ideell oder beides sein kann. Die Positivsumme ermöglicht es allen Spielern, durch Kooperation am Gesamtgewinn zu partizipieren. (Es ist nicht schwer zu erkennen, daß in einem solchen Spiel »inneres Dazutun«, verstanden als Rücksichtnahme auf den anderen, die »innere Abnahme« überwiegt.)

b) einem Nullsummen-Spiel: Aus dem Entscheiden und Handeln der Spieler ergibt sich in Summe weder ein Wertzuwachs noch eine Wertabnahme. Was ein Spieler gewinnt, verlieren die anderen Spieler. Dies folgt aus der Logik der Nichtkooperation, die am radikalsten durch das Duell veranschaulicht wird.

c) einem Negativsummen-Spiel: Aus dem Entscheiden und Handeln ergibt sich in Summe eine Wertabnahme. Alle Spieler verlieren oder viele verlieren viel zugunsten des Gewinns von wenigen (*Krisen- oder Kriegsgewinnlern*). Offensichtlich ist dies eine Verfallskonstellation, die auch Burckhardt meint, wenn er davon spricht, daß die *innere Abnahme* größer sei als das *innere Dazutun*.

Die Spieltheorie zeigt, daß kooperatives Verhalten (*inneres Dazutun* z. B. in Form des Einhaltens von Spielregeln und ethischen Normen oder eines Verhandlungskompromisses) Bedingung für Spiele ist, die zu einer Positivsumme führen.[3] Sie zeigt

uns auch, daß nichtkooperatives Verhalten (z. B. durch Verletzung der Verhaltensnormen oder durch Verzicht auf Verhandlungskompromisse bzw. deren Nichteinhaltung) zu einer Negativsumme führen kann.
Schließlich läßt die Spieltheorie auch erkennen, daß aus einem Nullsummenspiel, bei fortgesetztem nichtkooperativem Verhalten ein Negativsummen-Spiel wird. Ein solches beschreibt die Handelnden als Gefangene (der Logik) einer Situation, in der sie durch ihr Tun zum Niedergang jener Institution(en) beitragen, in deren Rahmen sie selbst agieren. Ihr Gedeihen setzte Kooperation als Verhalten und eine Positivsumme als Wertzuwachs voraus.
Diese einfache Formel ist wiederum nicht trivial. Bekanntlich kann man sich nur wünschen, was man schon kennt. Gleiches gilt für vorteilhaftes Handeln. Um ein Positivsummen-Spiel spielen zu können, muß man wissen, daß es solche Spiele gibt. Man muß ferner wissen, daß Kooperation nicht mit blauäugigem altruistischen Wohlverhalten gleichzusetzen ist. Da sie zum längerfristigen Eigenvorteil führen kann, ist dieses Verhalten vielmehr ein aufgeklärt eigennütziges. Im folgenden werde ich an fünf Beispielen die Konsequenzen von nichtkooperativem Verhalten und Null- und Negativsummen-Spielen skizzieren.

II. Beispiele von Nullsummen- und Negativsummen-Spielen

1. Der Niedergang des Sowjetsystems

Zum Zerfall der Sowjetunion gibt es wenige begründete Prognosen. (Die erste stammt übrigens von dem englischen Klassiker David Hume. Er schrieb vor mehr als 200 Jahren davon, daß eine Gesellschaft, die auf Kollektiveigentum und gleichem Einkommen beruht, »nur unter Bedingungen eines Militärlagers und nicht sehr lange« überleben könnte; Zitat nach Robbins, 1978). Höchst selten wird der Niedergang der Sowjetunion und ihres Imperiums auf die Nullsummen-Spiele zurückgeführt, die für zentralgeplantes Wirtschaften typisch sind. So spielten in einer solchen Wirtschaft die Kombinate und Unternehmungen permanent ein Nullsummen-Spiel gegen die Zentrale. Es ging dabei um niedrige Planvorgaben und hohe Zuteilungen an Personal, Rohstoffen, Energie, Maschinen usw. Auf der Ebene der Unternehmungen wurde von der Nomenklatura »von oben« wie von der Belegschaft »von unten« ein ständiges Nullsummen-Spiel gegen die Kollektiveinrichtungen gespielt. Dabei ging es um geringeren Arbeitseinsatz, um Diebstahl an Ressourcen und dergleichen. Treffend dargestellt wird eine solche *innere Abnahme* in dem Sketch »Alles hängt von uns allen ab«, den der sowjetische Satiriker Raikin in den siebziger Jahren aufführte. Die Szene handelt vom großen Baum des Kollektiveigentums und dem winzigen Baum des Privateigentums. Da der große Baum allen und somit keinem gehört, nimmt sich laut Raikin jeder alles, was er ergattern kann. Manche gehen sogar bis zu den Wurzeln. Dadurch wird es unklar, ob der Kollektivbaum noch gute Früchte tragen kann. Denn zu viele Personen naschten von ihm. Der kleine Privatbaum aber hält sich, blüht und gedeiht … Die Satire spielte, wie gesagt, in der Breschnew-Ära. Einer der wenigen Wissenschafter, der früh auf das Phänomen der Null- und Negativsummen-Spiele in der kommunistischen Gesellschaft aufmerksam machte, war A. K. Sen (1973).

Seit langem kennen wir schon ähnliche Beispiele von Verfall im »Westen«. G. Hardin (1968) hat eines davon, die »Tragödie der Allmende«, spieltheoretisch formuliert. Erhard Busek meinte in ähnlichem Zusammenhang einmal: »Nichts ist in Österreich so fest in privater Hand wie öffentliche Einrichtungen.« Auch die reformbedürftigen Zustände der österreichischen Universitäten sind dafür ein Beispiel.

Zurück zum Niedergang des Sowjet-Systems. In diesem gab es noch weitere wichtige permanente Nullsummen-Spiele: so zwischen den Mitgliedsrepubliken der Sowjetunion oder zwischen den Mitgliedstaaten des Warschauer Paktes und des RGW.

Der verstorbene Nobelpreisträger Friedrich A. v. Hayek hat die Unterlegenheit der zentralen Planwirtschaft auf die ungenügende Nutzung von Wissen, das in der Gesellschaft vorhanden ist, aber der Planbehörde nicht zur Verfügung stehen kann, zurückgeführt. Die Theorie nichtkooperativer Spiele liefert zu Hayeks wissenssoziologischer Begründung eine ökonomische Mikroerklärung.

2. Der *Homo Postsovjeticus*

Wie wir vom Warschauer Sozialpsychiater Dr. Ryscard Praszkier (1996) wissen, hält die Dominanz des Nullsummen-Spieles in der postsowjetischen Welt an. Um Positivsummen-Spiele spielen zu können, bedarf es einer entsprechenden mentalen Disposition. Der Warschauer Psychiater meint, daß in den Köpfen des Homo Postsovjeticus, wie er die Generation nach 1989 bezeichnet, die Vorstellung, daß durch Kooperation alle Spieler ihre Situation verbessern können, gar nicht existiere. Diese mentale Disposition des *closed mind* sei vor allem ein Erbe aus der Sowjetzeit.

Der Marxismus-Leninismus selbst gründet auf einer nichtkooperativen Ideologie des »einer wird gewinnen«: entweder die Arbeiterklasse oder der Klassenfeind. Im Alltag konnten Klassengenosse und Klassenfeind ebenso wie der Indifferente beobachten, wie von den Machthabern genommen wurde und wie sich alle anderen als Bestohlene erachteten. Für Polen folgte in der Zeit des Kriegsrechtes eine weitere Nullsummen-Situation, in der es für Solidarnosc wie für die Machthaber um Sieg oder Niederlage ging. Nach der Implosion des Sowjetsystems wurde der »Markt-Schock« mit einer im Westen nirgends angewandten Ideologie von reinem Wettbewerb eingeläutet. Auch diese wurde als Nullsummen-Spiel aufgefaßt. Dazu kommt noch, daß durch die schockartige Einführung der Marktwirtschaft Produktion und Einkommen stark gefallen sind, wodurch eine Kampfsituation entstanden ist, in der es um die Verteilung der objektiv kleiner gewordenen Summe geht.

Nach Dr. Praszkier ist das fehlende Wissen über Existenz und Voraussetzungen von Positivsummen-Spielen und Kooperation noch immer ein wichtiges, wenngleich bisher unbeachtet gebliebenes Moment, das bei der Rekonstruktion von Demokratie und Marktwirtschaft in Polen hinderlich ist.

3. Das internationale Währungssystem

Der durch Dr. Praszkiers Beobachtungen geschärfte Blick erkennt, daß auch in den westlichen Gesellschaften das Wissen über Positivsummen-Spiele und den Wert der Kooperation unzureichend ist und daß das Brett vor dem Kopf, wie man die mentale Disposition des *closed mind* nennen könnte, heute an einer wachsenden Zahl von Menschen beobachtet werden kann. Als Folge davon werden konstruktive Auswege aus Schrumpfungsprozessen und Duell-Situationen nicht erkannt.

Eine solche Duell-Situation liegt z. B. immer dann vor, wenn sich um einen Arbeitsplatz zwei oder mehrere Personen bewerben. Bekanntlich übertrifft in der EU die Zahl der Arbeitsplatzbewerber jene der offenen Stellen um mehr als das Zehnfache. Die objektiven Voraussetzungen für Kooperation auf der individuellen Ebene der Arbeitnehmer sind demnach nicht gut. Die gesamtwirtschaftlichen Nachfragebedingungen bleiben bei der Erklärung von Arbeitslosigkeit jedoch zumeist ausgeblendet. Diese fehlende Nachfrage verstellt aber den Ausweg aus der Duell-Situation. Unerkannt bleibt vor allem, daß die hohe Arbeitslosigkeit seit langem und wesentlich mit der internationalen Währungsordnung zu tun hat. Dies ist deshalb verhängnisvoll, weil das in Bretton Woods nach dem Ende des Zweiten Weltkrieges von den USA durchgesetzte internationale Währungssystem in seinem Kern ein Nullsummen-Spiel ist. Es hat zwar über viele Jahre und Jahrzehnte positive Summen zugelassen, enthält aber keine Anreize, die zu solchen führen könnten, wenn dies von der Lage her erforderlich wäre.

Bekanntlich ist es die Hauptaufgabe des internationalen Währungssystems, den Zahlungsausgleich zwischen den am Welthandel teilnehmenden Staaten zu ermöglichen. Um dies zu erreichen, sind die Mitgliedsländer des Internationalen Währungs-Fonds (IMF) verpflichtet, Defizite in ihrer Leistungsbilanz abzubauen. Das Defizit-Land muß dazu seine Wirtschaftstätigkeit (z. B. durch Erhöhung der Zinsen oder Senkung der öffentlichen Ausgaben) drosseln. Dadurch sinken die Importe, aber auch die Produktion und die Beschäftigung, und zwar im eigenen Land wie auch in den Ländern, aus denen weniger eingeführt wird. Durch diesen asymmetrischen Anpassungsmechanismus kommt es zu Einbußen von Produktion, Einkommen und Beschäftigung im Defizitland und bei dessen Handelspartnern: die Summe dieses Spiels ist null bis negativ.

Das müßte freilich nicht so sein. Da sich im Weltsystem die Defizite und die Überschüsse ausgleichen, könnte und sollte die Anpassung symmetrisch, also gleichzeitig durch Defizit- und Überschußländer, erfolgen. Die Überschußländer könnten dazu durch Ankurbeln, die Defizitländer durch Bremsen ihrer Wirtschaftsaktivitäten beitragen. Dadurch könnte eine Null- bzw. Negativsumme vermieden und eine Positivsumme erreicht werden. Das Gesamtniveau von Produktion, Einkommen und Beschäftigung wäre höher. Es gibt seit Lord Keynes, von dem die Idee stammt, gewichtige Ökonomen, z. B. den Nobelpreisträger

James Tobin, die den Übergang von einem asymmetrischen zu einem symmetrischen Anpassungsmechanismus vorgeschlagen haben (Tobin, 1982). Das Brett vor dem Kopf der Regierenden konnte bisher nicht beseitigt werden.

4. Der Unions-Vertrag und die Konvergenz-Kriterien

Das jüngste Beispiel eines Negativsummen-Spiels bilden die Beitrittsbedingungen zur europäischen Wirtschafts- und Währungsunion (WWU). Wie allgemein bekannt, sollen nur jene Länder an der gemeinsamen Währung teilnehmen, die bestimmte Kriterien erfüllen. Drei davon, das Inflations-, das Nettodefizit- und das Schuldenstand-Kriterium, verlangen von jenen Ländern, die diese noch nicht erfüllen, eine Drosselung ihrer Wirtschaftstätigkeit. Tatsächlich sind 1996 dazu alle Beitrittsländer von Gewicht gezwungen. Dies ist allerdings eine Drosselungsaktion ohne Kompensation. Sie entspricht bewußt in Kauf genommenen Negativsummen, d. h. Reduktion von Produktion, Einkommen und Beschäftigung. Die Konferenz der Finanzminister in Verona im April 1996 scheint zu dem Ergebnis geführt zu haben, daß auch jenen EU-Mitgliedsländern, die nicht den EURO einführen wollen (können), in Hinkunft ein ähnlicher Konvergenz-Kurs auferlegt werden soll.
Auch das Negativsummen-Spiel, durch das der EURO eingeführt werden soll, hat tiefgreifende Folgen für das gesamte Spektrum der öffentlichen Aufgabenerfüllung. Es kommt nicht nur zu direkter Verringerung von öffentlichen Ausgaben und direkter Erhöhung von Steuern, Gebühren und Tarifen (Steindl, 1990). In der Folge der dadurch ausgelösten kontraktiven Multiplikatorprozesse werden Produktion und Beschäftigung verringert, die Steuereinnahmen sinken und die öffentlichen Ausgaben erhöhen sich, weil bekanntlich die Zahl der Arbeitslosen und Armen sowie in der Folge auch die Armutskriminalität zunimmt. Letztlich steigt auch das Budgetdefizit über das geplante Ausmaß. Die EU-Kommission hat dies in dem Statusbericht über die Erfüllung der Konvergenzkriterien vom Mai 1996 bereits bestätigt.
Das Negativsummen-Spiel, »Einführung des EURO« genannt, ist ein riskantes Spiel. Dazu trägt wesentlich bei, daß die Ausgabenkürzungen in den jeweiligen Bereichen und zwischen den Bereichen die bereits bestehenden Ressourcenkonflikte verschär-

fen. Die Negativsummen-, im besten Fall Nullsummen-Konstellationen, machen sich überall bemerkbar, im Sozialbereich ebenso wie im Kulturbereich, im Bildungssektor wie in der Hoheitsverwaltung.

5. Der (inter)nationale Standortwettbewerb

Seit langem schon gibt es innerhalb des Staates und zwischen den Staaten einen Wettbewerb um die Ansiedlung oder die Verhinderung der Abwanderung von international agierenden Unternehmungen. Dem Standortwettbewerb liegt eine unzureichende effektive Nachfrage zugrunde: Diese reicht nicht aus, um Produktion und Beschäftigung auf alle, erst recht nicht auf zusätzlichen Standorte auszuweiten. Aufgrund der kontraktiven Wirkungen des asymmetrischen Anpassungsmechanismus, nunmehr verstärkt durch die Konvergenz-Kriterien, kommt es zu einem Verdrängungskampf, der einem Nullsummen- oder Negativsummen-Spiel entspricht: Was der eine gewinnt, muß der andere verlieren. (Dazu Matzner/Kregel, 1994).

III. Monetäre Stabilität als dominante öffentliche Aufgabe

Die Beispiele 3, 4 und 5 machen deutlich, daß es auch in der »westlichen Welt« eine Dominanz von Nullsummen-Spielen gibt, die auf Nichtkooperation folgen. In diesem Fall gehen sie primär von der monetären Sphäre aus. Das internationale Währungssystem gibt den finanziellen Rahmen vor, innerhalb dessen sich die Notenbanken und Regierungen der Mitgliedsländer bewegen können. Bei Ersparnisüberschüssen von privaten Haushalten, die nicht von privaten Investitionen und von Exportüberschüssen absorbiert werden, geraten Regierungen schon kreislaufbedingt ins Defizit. Sie müssen dann Kredite aufnehmen (Steindl, 1990). Dieses *Crowding in* von privaten Anlagen in den Staatskredit ist für reife Industriegesellschaften typisch. Die Staaten müssen dabei alles tun, um für die international agierenden Investoren attraktiv zu sein. Ihre Sensibilität richtet sich auf den Binnen- und Außenwert ihrer Währung sowie die Attraktivität ihrer Staatsanleihen in Hinblick auf Zinssatz und Wechselkursänderungen. Ein Bonitätsverlust führt zu einer höheren Zinsenbelastung der öffentlichen Haushalte, die in der Folge zur Einschränkung von Ausgaben für reale Aufgaben zwingt. Überdies verteuert ein Bonitätsverlust des Staates auch die Kredite für private Unternehmungen und Haushalte. Dem Wettbewerb zwischen den Standorten, den die international agierenden Unternehmungen ausnutzen, entspricht auf der übergeordneten monetären Ebene der Bonitätswettbewerb der nationalen Währungen und Regierungen. Leider entspricht dieser ebenfalls einem Nullsummen-Spiel.

In der Erhebung der monetären Stabilität zur primären öffentlichen Aufgabe kommt die Dominanz der Geld- über die Produktionssphäre am klarsten zum Ausdruck. Diese Dominanz gerät zum Diktat, wenn es heißt, (alle) andere(n) Probleme zurückzureihen oder (alle) andere(n) Aufgaben schlechter oder gar nicht zu erfüllen, wenn die monetären Stabilitätskriterien verletzt sind. Die gesellschaftspolitischen Implikationen dieser Dominanz sind tiefgreifend und als solche noch nicht gebührend erkannt. Denkt man die ihr innewohnende Logik zu Ende, dann bleibt als öffentliche Aufgabe nicht viel mehr übrig als die des Nachtwächters. Dies bedeutet eine Abwertung des Staates weit unter den Rang, der ihm sogar von den klassischen liberalen Ökonomen Englands eingeräumt wurde. Es ist zu vermuten, daß deren Anlässe für staatliches Handeln für die Befürworter der Dominanz der monetären Stabilität kein Gewicht mehr besitzen. Unterstellt doch die Finanzmarkt-Dominanz, daß sich aus der marktgeleiteten und persönlich zu verantwortenden Verfolgung des Eigennutzes spontan die gesellschaftlich beste Wohlfahrtsentwicklung einstellt. Denn die unangefochtene Dominanz der monetären Stabilität heißt auch, daß in keinem anderen Bereich aus der Verfolgung des Eigennutzes erhebliche Divergenzen zwischen privaten und öffentlichen Interessen entstehen. Folglich gäbe es auch keinen öffentlichen Anlaß, diese Divergenzen zu verringern.

Es ist an dieser Stelle der Mühe wert, sich die theoretischen Vorstellungen der klassischen liberalen Ökonomen in Erinnerung zu rufen. Sie waren der viel zu wenig bekannten Auffassung, daß die Verfolgung des Eigennutzes, »wenn sie ohne Einbindung in entsprechende Institutionen geschieht, zu nichts außer Chaos führt« (Robbins, 1978, S. 56). Adam Smith und die klassischen liberalen Ökonomen Englands haben deshalb dem Staat eine aktive Rolle in der Politik zugebilligt. Ihrer Auffassung nach ist die »unsichtbare Hand« die Hand des Gesetzge-

bers. Dessen Aufgabe besteht darin, einen gesetzlichen Rahmen zu schaffen, der Ergebnisse eigennützigen Handelns, die die öffentliche Wohlfahrt verletzen, ausschließt (Robbins, 1978). Das wirtschaftspolitische Programm der Klassiker fußt auf der realistischen Annahme der Existenz divergenter privater und öffentlicher Interessen. Die Klassiker wollten dementsprechend die Entscheidungs- und Handlungsbedingungen so verändern, daß die Verfolgung des Eigeninteresses in Summe dem öffentlichen Interesse entspricht, zumindest aber dieses nicht schädigt.
In der hier vorgeschlagenen spieltheoretischen Deutung heißt dies, daß die klassischen liberalen Ökonomen für die Verfolgung von Eigennutz und Entfaltung von Wettbewerb unter den Bedingungen eines Positivsummen-Spieles waren. Zu einem solchen tragen bei Adam Smith »moralische Gefühle« bei. Denn sie entsprechen dem, was in der Spieltheorie Kooperation, also die Einhaltung von Kontrakten, genannt wird. Das gesellschaftspolitische Programm der Klassiker, auf einen Nenner gebracht, heißt demnach: Verfolgung von Eigennutz und Kooperation im Wettbewerb, als Kurzform Wettbewerb und Kooperation.
Die Erhebung (oder Akzeptanz) der monetären Stabilitätskriterien zum vorrangigen öffentlichen Zweck kommt in seiner Konsequenz einer Abdankung des Politischen gleich.
Der Zweck des Staates aber, zumindest des demokratischen, besteht vor allem in dem Ausgleich von privaten und öffentlichen Interessen. Neuerdings heißt dies auch, Anreize zu schaffen, die private Interessen für öffentliche Aufgaben motivieren (zumindest aber nicht entmutigen).

IV. Desintegrative Tendenzen bei Einführung und Nichteinführung des EURO

Die Bekräftigung der monetären Stabilitätskriterien als dominante öffentliche Aufgabe – nichts anderes bedeutet der Vertrag über die Europäische Union – hat eine Kettenreaktion von Null- und Negativsummen-Spielen in allen Mitgliedsländern und in allen Gesellschaftsbereichen, die vom Staat beeinflußt werden, zur Folge. Dies sind Prozesse, die zur *inneren Abnahme* beitragen, ohne daß zur Zeit ein ausgleichender Prozeß des *inneren Dazutuns* entgegenwirkt. In den Mitgliedsländern der EU drückt sich das heute bereits deutlich in Meinungsumfragen aus: die Ablehnung der EU, vor allem der Einführung des EURO, überwiegt die Zustimmung immer stärker. Dieser Prozeß der *inneren Abnahme* gegenüber der EU kann im günstigen Fall zu einer Stagnation der Integration führen. So könnte es zu einer Vertagung der Errichtung der Währungs- und Wirtschaftsunion kommen. Der Preis der Nichteinführung wäre allerdings sehr hoch. Denn der Vertrag über die Europäische Union wurde von den Regierungen aller Mitgliedsländer, in vielen Ländern sogar durch Volksabstimmungen oder Parlamentsbeschlüsse, ratifiziert. Die Verwirklichung des Vertrages aufzuheben oder gar aufzugeben, hätte schwerwiegende Auswirkungen auf die Glaubwürdigkeit demokratischer Institutionen und Verfahren.

Im ungünstigeren Fall erleidet das Projekt der Europäischen Integration irreparablen Schaden, wenn sich nämlich die Mitgliedsländer auf ihr nationales Interesse zurückziehen, das dann nicht mehr durch Kooperation bei den übernationalen Aufgaben, wie dies die Errichtung der EU ist, gezügelt wird. Das wäre der Anfang eines (west)europäischen Desintegrationsprozesses (Soros, 1993), eine Rückkehr hinter die historische Erkenntnis aus zwei Weltkriegen.

Zu dem Preis, den es kostet, den EURO nicht einzuführen oder diese Maßnahme zu vertagen, gehören letztlich auch die damit verbundenen Risken. Mit Sicherheit hätte ein Fehlschlag erhöhte Unsicherheiten auf den Finanzmärkten mit einer Hochblüte der Währungsspekulation zur Folge. Aus ihr ginge die DM-Hegemonie, die durch den EURO beendet werden sollte, letztlich gestärkt hervor.

In der Summe sind Preis und Risken, die sich aus der vertragsgemäßen Einführung der Einheitswährung ergeben könnten, als geringer einzuschätzen als jene von Aufschub oder Verzicht. Allerdings birgt auch die Einführung des EURO, wie sie zur Zeit geplant ist, desintegrative Kräfte. Sie dürften zwischen dem Kern der EURO-Länder und den EU-Ländern, die noch nicht beitreten wollen oder dürfen, wirksam werden. Sie wirken vor allem innerhalb von Ländern, die – wie Italien – vermutlich nicht beitreten dürfen, als potentielle Spaltpilze zwischen den EURO-reifen und den weniger entwickelten Regionen (vgl. Pintarits, 1996). Die Konflikte dürften sich verschärfen, wenn – wie dies die Konferenz der Finanzminister im April 1996 in Verona erahnen ließ – den Außenseitern Bindungen in der Politik (Bestrafung für Staatsdefizite, Verzicht auf Wechselkurspolitik) auferlegt werden, die de facto jenen gleichen, die sich aus der Übernahme des EURO ergeben.

V. Vom Kalten Krieg zur Dominanz von Null- und Negativsummen-Spielen

In der gesellschaftlichen Wirklichkeit, insbesondere in komplexen, arbeitsteiligen Gesellschaften, finden gleichzeitig und auf verschiedenen Ebenen unterschiedliche Positiv-, Null- und Negativsummen-Spiele statt. Darüber hinaus und zusätzlich gibt es soziale Situationen, in denen die Interaktion der entscheidenden und handelnden Individuen nicht in diesen spieltheoretisch inspirierten Begriffen faßbar sind. (Wir nehmen also gleichsam an, daß sie »auszahlungs-irrelevant« sind.) Für die Qualität der gesellschaftlichen Entwicklung kommt es nun darauf an, welches der Spiele dominiert. Dabei dürfte in modernen Industriegesellschaften des marktwirtschaftlichen Typs eine Tendenz zu Null- und Negativsummen-Spielen bestehen. Diese Verfallsprozesse können intern durch »moralische Gefühle« und staatliche Regulierung oder extern durch Bedrohung aufgehalten oder umgekehrt werden. Viele Evidenzen sprechen dafür, daß in der Zeit nach dem Zweiten Weltkrieg, etwa bis zum Ende des Kalten Krieges, eine Konstellation gegeben war, in der auf der westlichen Seite des Eisernen Vorhanges Positivsummen-Spiele dominierten. Das kooperative Verhalten, etwa zwischen den großen sozialen Gruppen als *Sozialpartnerschaft* oder als Bereitschaft der politischen Mehrheit, zum Wohlfahrtsstaat oder zur Entwicklungshilfe beizusteuern und dieses Verhalten auch via keynesianische Wirtschaftspolitik ökonomisch zu fundieren, wurde durch die Existenz der kommunistischen Bedrohung entscheidend stimuliert (dazu Prager, 1963). Kooperatives Verhalten fand unter dem Atomschirm des die Weltpolitik beherrschenden bipolaren Rüstungswettlaufs statt. Dieser war ein klassisches Null- bzw. Negativsummen-Spiel vom Typus des Modells des Gefangenen-Dilemmas und ist als solches oft spieltheoretisch beschrieben worden. Das Damoklesschwert dieses nichtkooperativen Spieles hing bis 1989 über den beiden Kontrahenten und gleicherweise über Alliierten und Nichtalliierten.

Es erzeugte für die jeweils andere Seite jene externe Bedrohung, unter der es auf Binnenebene, zumindest im »Westen«, für die *Spieler* vorteilhaft war, sich kooperativ zu verhalten. Seit der ökonomischen Stagnation der Sowjetunion, die in den siebziger Jahren manifest wurde, spätestens aber seit deren Implosion im Jahre 1989, gibt es für die kapitalistische Welt keine externe Systembedrohung mehr. Seither beginnen sich im Westen, und somit weltweit, die Null- und Negativsummen-Spiele verstärkt zu entfalten (dazu auch Bhaduri/Steindl, 1983). Das ist z. B. an der Erosion der Sozialpartnerschaft (vgl. Traxler, 1996) beobachtbar. Auch der geplante Sozialabbau in Deutschland wäre bei Existenz der DDR schwer vorstellbar. Die Desintegrationstendenzen in Belgien, Italien und nicht zuletzt in der Schweiz sind ebenfalls eine Folge dieser Entwicklung. Denn die dominanten Spieler in Politik und Ökonomie können es sich seither erlauben, nichtkooperatives Verhalten und dessen sozial schädliche Folgen untätig hinzunehmen. Wie in Teil III gezeigt wurde, unterwirft sich die politische Klasse, die die Dominanz des monetären Stabilisierungszieles akzeptiert, ja sogar verficht, selbst einer Serie von nichtkooperativen Spielen.
In der ehemals von Moskau dominierten Hemisphäre hat das Ende des Duells der Supermächte eine Reihe von Null- und Negativsummen-Spielen in Form von Sezessions-Kriegen hervorgerufen (vgl. Ohmae, 1995). Das gleiche gilt für Jugoslawien, das Land zwischen den ehemaligen Blöcken. Das Ende des Kalten Krieges wurde als Ende der Nachkriegs-Zeit begrüßt. Zu fragen ist in diesem Fall, was daran zu begrüßen ist, daß nun auch in Europa die Nachkriegs-Zeit zu Ende ist. Aus dieser Post-Nachkriegszeit stammen die Evidenzen, aus denen sich die Verfallsprozesse ergeben, die hier beschrieben werden.
Soweit die exkommunistischen Staaten sich den Regeln des internationalen Währungsfonds unterworfen haben, nehmen sie übrigens an dem als asymmetrischen Anpassungsmechanismus bezeichneten Null-Summen-Spiel und seinen wohlfahrtsschädlichen Folgen teil.

VI. Politik als Inszenierung von Positivsummen-Spielen

Die Einführung einer (teil)europäischen Einheitswährung ist zunächst eine notwendige Bedingung für die Verwirklichung der EU. Da diese auf absehbare Zeit auch als Träger der gesamteuropäischen Integration unersetzbar ist, handelt es sich um eine Angelegenheit, die weit über den »Kern« (die WWU-Beitrittsländer) hinaus von Bedeutung ist. Sie rechtfertigt es, daß die monetären Kriterien, befristet für die Periode der Einführung, als vorrangige öffentliche Aufgabe Geltung haben. Innerhalb dieser Frist ist es gerechtfertigt, daß sich andere öffentliche Aufgaben den monetären Stabilitätskriterien unterzuordnen haben.

Was sind die hinreichenden Bedingungen, ohne deren Erfüllung die Verwirklichung der EU auf Dauer und deren sukzessive Erweiterung nicht möglich wäre? Eine erste Bedingung klingt in der befristeten Dominanz, die zur Zeit der monetären Stabilität eingeräumt wird, bereits an. Zu EU-Aufgaben sollten nach dieser Frist konkrete sozioökonomische und kulturelle Probleme werden; sie sollten mit jenen der monetären Stabilität prinzipiell auf gleicher Ebene stehen. Dabei sollte es sich um Probleme handeln, die nicht durch das ungezügelte Wirken von privatem Interesse und von Marktkräften bewältigt werden können. (Dies auch deshalb, weil sie z. T. durch diese hervorgerufen werden.) Als Probleme von (gesamt)europäischem Interesse könnten gelten: der Rückgang von Wachstum, Produktion und Einkommen, steigende Arbeitslosigkeit, Zunahme von Ungleichheit und Armut, Umweltbelastung, organisiertes Verbrechen und Drogensucht sowie – abstrakt gesprochen – hohe Realzinsen, Inflation und öffentliche Verschuldung. Dieser Katalog von Problemen ist nicht mehr als ein Vorschlag; er sollte offen sein für neue und alte, bereits überwunden geglaubte Probleme, die von europäischer Reichweite sind. Konstitutiv für die Aufnahme in den Katalog europäischer Probleme müßte die Existenz einer Divergenz von privaten und öffentlichen Interessen sein, die für mehrere Mitgliedsländer erheblich ist. Die Konzentration der Kräfte müßte, so wie in dem Fall der Konvergenz-Kriterien, jenen EU-Aufgaben gelten, die jeweils als vorrangig eingeschätzt werden.

Die zweite der hinreichenden Bedingungen betrifft das anzuwendende Verfahren. Wenn die hier dargebotene Sicht der Dinge richtig ist, dann hängt eine Verbesserung der Lage in Europa und der Welt insgesamt sowie in den einzelnen Ländern davon ab, ob es gelingt, Positivsummen-Spiele zu inszenieren anstatt Nullsummen- und Negativsummen-Spiele gewähren zu lassen.

Die Inszenierung von Positivsummen-Spielen und die Förderung kooperativen Verhaltens müßten selbst in den Rang einer vorrangigen EU-Aufgabe erhoben werden. Gelingt dies, so wäre dies ein Meilenstein im Prozeß der europäischen Zivilisation. Vielleicht könnte daraus ein Beispiel werden, das über Europa hinaus Nachahmung findet und so zu einer friedlicheren Welt führt?

Die Inszenierung von Nichtkooperation, also von Null- wie Negativsummen-Spielen, ist die Essenz autoritärer Politik, im Sinne des Freund-Feind-Verhältnisses von Carl Schmitt. Die Inszenierung von Kooperation und Positivsummen-Spielen durch Mobilisierung aufgeklärten privaten Interesses zur Erfüllung öffentlicher Zwecke ist die alles überragende Aufgabe, die sich heute wie auch morgen der Politik stellt. Sie ist gleichzeitig die Essenz demokratischer Politik.

Diesem Vorschlag wird sicherlich entgegengehalten werden, daß er gar nicht neu sei. Denn schon heute ist viel von Kooperation die Rede. Dieses Argument verwechselt die schwammige Kooperations-Rhetorik, die heute weit verbreitet ist, mit dem analytisch gefaßten Begriff von Kooperation in der Spieltheorie, der diese Argumentation inspirierte. Er ist die Voraussetzung, daß die beschriebenen sozialen und ökonomischen Situationen in Positivsummen-Spiele transformiert werden.

Es mag heute noch utopisch erscheinen, die Inszenierung von Kooperation als Essenz des Politischen vorzuschlagen. Dem kann die Affinität dieses Gedankens mit Verhaltensmaximen unterschiedlichster Herkunft entgegengehalten werden: Er kann sich stützen auf die gesellschaftstheoretischen Vorstellungen klassischer liberaler Ökonomen wie Adam Smith, auf die klassische Philosophie Immanuel Kants, auf den Kern sozialistischen Gedankenguts (die marxistische Welt der historischen Subjekte und entkörperlichten Kollektivakteure also beiseite lassend), auf christliche Gesellschaftsvorstellungen, auf die moderne Theorie strategischer Spiele und neuerdings auch auf das »Ich-und-Wir-Paradigma« der Kommunitarier (Etzioni, 1994).

Die Idee des Politischen als Inszenierung von Positivsummen-Spielen wäre dann nicht utopisch, wenn sie auf einer realistischen Problemsicht beruhte. Durch den Druck der Probleme sollte sich der Vorrang jener Aufgaben durchsetzen, die auf eine europäische Agenda gehören. Bisher kamen außer monetärer

Stabilisierung noch Deregulierung und Privatisierung in den Rang einer öffentlichen Aufgabe. Wenn die Rinderseuche sich tatsächlich zu der Katastrophe auswächst, die manche befürchten, dann könnte dieses Ereignis zur Renaissance des Vorranges von öffentlichem Interesse (in diesem Fall an regulierter Tierhaltung und -verwertung) gegenüber dem kurzfristigen privaten Interesse an Kostenreduktion (durch deregulierte Tierhaltung) beitragen.[4]

Wenn die Weltsicht, die diesem Essay zugrunde liegt, richtig ist, dann bestünde die alles überragende Aufgabe der Humanwissenschaften wie der gesellschaftlichen Praxis darin, sich mit den Problemen der Inszenierung von Positivsummen-Spielen zu beschäftigen, d. h. die Bedingungen zu analysieren, unter denen Null- und Negativsummen-Spiele in Positivsummen-Spiele transformiert werden können.

Wer den Weg zur Inszenierung des Kooperationsmodus gehen will, muß allerdings mehrere Hürden überwinden. Die erste wurde schon genannt: man muß den längerfristigen Vorteil der Kooperation (die stets durch den kurzfristig durch Nicht-Kooperation erzielbaren raschen Gewinn gefährdet ist) erkennen (Davy, 1995). Die zweite Hürde besteht in der Entwicklung des konkreten Kooperation-Spiels; die dritte in dessen Inszenierung; die vierte in der Akzeptanz durch die Beteiligten. Dazu kommt eine fünfte Hürde in Form der medialen Vermittlung. Diese ist besonders schwer zu nehmen. Denn Kooperation ist nicht spektakulär, vielmehr den Medien meist zu langweilig; Kompromisse, die sich aus Verhandlungen im Kooperationsmodus ergeben, sind dies ebenso. Das Duell, ein Nullsummen-Spiel par excellence, ist das für das binäre Zeitalter (der elektronischen Massenmedien) geeignete Spektakel, einerlei ob als Boxkampf, als TV-Duell von Politikern oder als Streit um den EURO.

Das Erkennen der Möglichkeit des Positivsummen-Spiels, dessen Konzeption, Inszenierung und Akzeptanz fielen auch in der langen Periode nach dem Zweiten Weltkrieg, in der die Positivsummen-Spiele dominierten, nicht als Manna vom Himmel. Dennoch war damals einiges leichter. Denn viele hatten die Folgen der Nichtkooperation, die in totalitären Diktaturen und in der Katastrophe des Zweiten Weltkrieges endeten, persönlich erfahren. Die größte Gefährdung der Kooperation kam damals von »außen«. Sie ging vom Sowjetsystem (bzw. vom »Imperialismus«) aus. Diese Gefährdung hat (im »Westen« zumindest) gleichzeitig, mit Unterschieden von Land zu Land, Kooperation als Teil der Abwehr der externen Bedrohung stimuliert. In dieser Periode des Wiederaufbaus und der Expansion wurde kooperatives Verhalten durch kräftiges Einkommens- und Vermögenswachstum genährt. Zum Ende des Jahrhunderts haben die Lehren, die aus totalitären Diktaturen und Zweitem Weltkrieg gezogen wurden, an Wirkungsmacht verloren. Die Bedrohung durch die Sowjetunion ist ganz verschwunden. Auch Einkommenszuwächse, die wichtiger Bestandteil der Positivsummen sind, nehmen ab. Andere Werte als Geld- und Sachwerte müßten hinzu- oder an ihre Stelle treten. Die Inklusion nicht-materieller Werte in die Positivsumme ist bisher nur in destruktiver Form in Erscheinung getreten.[5]

Ist es nicht möglich, in die Positivsumme nicht-monetäre Werte einzuführen und akzeptabel zu machen, die kooperatives Verhalten befördern, wenn Einkommen, auf hohem Niveau, bisweilen stagnieren oder auch sinken? Oder bedarf es dazu der Geißel von Krise, Krieg und Katastrophe?

Um die Inszenierung des Kooperationsmodus zur alles überragenden Aufgabe der EU zu machen, bedarf es neben den wissenschaftlichen Anstrengungen, die den einzelnen Sachthemen und Problemen gelten, einer ernsthaften politischen Auseinandersetzung. Die Inszenierung des Kooperationsmodus ist, wie zu zeigen war, eine Angelegenheit, die zuerst in den Köpfen als Möglichkeit gedeihlichen Zusammenlebens vorhanden sein muß. Die notwendige Veränderung des Systems von Anreizen und Sanktionen, ebenso wie die erforderlichen institutionellen Reformen, gehören auf die Tagesordnung der Politik. Der Bedeutung des Anliegens entsprechend sollte die Inszenierung von Positivsummen-Spielen den höchsten Rang im Katalog europäischer Aufgaben erhalten. Welcher andere Ort wäre dafür geeigneter als die Verfassung der Europäischen Union? Eine solche sich zu geben, ist schon lange ein demokratiepolitisches Desideratum europäischer Politik (Puntscher-Riekmann, 1995). Das Ringen um einen Katalog von vorrangigen europäischen Aufgaben könnte dem Bemühen um eine europäische Verfassung einen konkreten Inhalt geben und auf diese Weise erstmals auch Leben einhauchen.

Anmerkungen

[1] Erst unlängst hat übrigens K. J. Arrow, Nobelpreisträger des Jahres 1972, zur Spieltheorie bemerkt, daß »es nicht überraschend sei, daß ihre Schöpfer ein österreichischer Ökonom und ein ungarischer Mathematiker sind, die kulturell eng mit dem Österreichischen verbunden waren« (Arrow, 1994, S. 4).

[2] »Gegenstand der Spieltheorie ist die Analyse von strategischen Entscheidungssituationen – Situationen, in denen a) das Ergebnis von den Entscheidungen mehrerer Entscheidungsträger abhängt, so daß ein einzelner das Ergebnis nicht unabhängig von der Wahl der anderen bestimmen kann; b) jeder Entscheidungsträger sich dieser Interdependenz bewußt ist; c) jeder Entscheidungsträger davon ausgeht, daß alle anderen sich ebenfalls der Interdependenz bewußt sind; d) jeder bei seinen Entscheidungen a), b) und c) berücksichtigt. Aufgrund der Eigenschaften a) bis d) sind Interessenkonflikte und/oder Koordinationsprobleme charakteristische Eigenschaften von strategischen Entscheidungssituationen. Die Spieltheorie liefert eine Sprache, mit deren Hilfe sich solche Situationen analysieren lassen. Man kann sie nämlich als Spielsituationen beschreiben, bei denen jeder Spieler nach gewissen Regeln strategische Entscheidungen trifft. Viele ökonomischen Fragestellungen weisen die oben erwähnten Eigenschaften auf« (Holler/Illing, 1993).

[3] Es gibt auch nichtkooperative Spiele, die zu einer Positivsumme führen: ein wichtiger Fall liegt bei *Zunahme der Marktgröße* (z. B. durch technischen Fortschritt, der ein Produkt verbilligt) und starkem Wettbewerb zwischen den Anbietern vor .

[4] Wobei für diese »Kostenreduktion« hohe Kosten in Kauf genommen werden müßten, wenn tatsächlich 4,5 Mio. Rinder verbrannt werden müssen.

[5] So etwa, als ein bosnischer (oder serbischer oder kroatischer) Kommandant auf das Argument, daß die Fortsetzung des Krieges noch mehr Menschen in Armut und Elend stoßen werde, sinngemäß antwortete: »Selbst wenn unser Lebensniveau noch einmal um die Hälfte sinkt, sind wir besser dran, wenn wir nur unsere staatliche Unabhängigkeit bekommen«.

Literatur

Arrow, K. J.: Methodological Individualism and Social Knowledge. In: American Economic Association Papers and Proceedings (May 1994), S. 1–9.

Bhaduri, A./Steindl, J.: The Rise of Monetarism as a Social Doctrine. In: Thames Papers in Political Economy (1983).

Davy, B.: Trust me! In: Der öffentliche Sektor – Forschungsmemoranden 3–4 (1995).

Eisendle, H.: Der Egoist. Innsbruck 1996.

Etzioni, A.: Jenseits des Eigennutz-Prinzips. Stuttgart 1994.

Georgescu-Roegen, N.: The Entropy Law and the Economic Process. Harvard 1971.

Hardin, G.: The Tragedy of the Commons. In: Science 162 (1968), S. 1243–1248.
Henseler, P.: Staatsfunktionen nach David Hume. In: Der öffentliche Sektor – Forschungsmemoranden 2 (1977).
Holler, M. J./Illing, G.: Einführung in die Spieltheorie. Berlin 1993.
Holler, M. J.: Ein halbes Jahrhundert Spieltheorie: Eine Einleitung. In: Homo Oeconomicus XII/1/2 (1995).
Lendi, M.: Der Beitrag der Schweiz an das neue Europa. In: M. Lendi: Bewährung des Rechts. Zürich 1992.
Matzner, E.: Der sozioökonomische Kontext: Argumente für eine neue (wirtschafts)politische Denkform. In: Karlheinz Bentele [u. a.] (Hrsg.): Die Reformfähigkeit von Industriegesellschaften. Festschrift für Fritz W. Scharpf. Frankfurt am Main 1995.
Matzner, E./Kregel, J. A.: Die Standortdiskussion oder die Sanierung im Trokkendock. In: Gewerkschaftliche Monatshefte 1 (1994).
Neumann, J. v./Morgenstern, O.: Theory of Games and Economic Behavior. New York 1944.
Ohmae, K.: The End of the Nation State. The Rise of Regional Economies. New York 1995.
Pintarits, S.: Macht, Demokratie und Regionen in Europa. Marburg/L. 1996.
Prager, Th.: Wirtschaftswunder oder keines. Wien 1963.
Praszkier, R.: Mental factors in the transformation process. Lecture at the 3rd AGENDA-Workshop on »Lessons from Transformation«. Austrian Academy of Sciences, Research Unit for Socioeconomics. Vienna, 12–14 April 1996.
Puntscher-Riekmann, S.: Die Europäische Union als republikanisches Bündnis. In: Diskurs über die Republik, hrsg. von der Österreichischen Hochschülerschaft der TU Wien. Klagenfurt 1995.
Randow, Th. v.: Strategien zum Erfolg. Spieltheorie – Eine verkannte Wissenschaft. In: Bild der Wissenschaft 1 (1994).
Robbins, L. C.: The theory of economic policy in English classical political economy. London 1978 (Erstausgabe 1952).
Sen, A. K.: On Economic Inequality. Oxford 1973.
Soros, G.: Prospects for European Disintegration. The SOROS Foundation. New York 1993 (Deutsch in »Die Zeit«, September 1993).
Steindl, J.: The Role of Household Savings in the Modern Economy. In: Steindl, J.: Economic Papers 1941–1988. New York 1990.
Taylor, M.: Anarchy and Cooperation. London 1976.
Tobin, J.: Adjustment Responsibilities of Surplus and Deficit Countries. In: J. Tobin (ed.): Essays in Economics, Theory and Policy. Cambridge 1982.
Traxler, F.: Sozialpartnerschaft am Scheideweg: Zwischen korporatistischer Kontinuität und neoliberalem Umbruch. In: Wirtschaft und Gesellschaft 1 (1996).

Die Autoren

Aiginger Karl, Dr., geb. 1948, Studium der Sozial- und Wirtschaftswissenschaften, seit 1993 Professor an der Universität Linz, außerdem Industriereferent des Österreichischen Instituts für Wirtschaftsforschung, Forschungsgebiete: Industrieökonomie und Industriepolitik, Wettbewerbsfähigkeit von Ländern, Übergang von Planwirtschaft zu Marktwirtschaft.

Fassmann Heinz, Dr., geb. 1955, 1974–1980 Studium der Geographie und Geschichte, 1992–1996 Direktor des Instituts für Stadt- und Regionalforschung, seit 1996 Professor für Geographie an der Technischen Universität München, Forschungsschwerpunkte: regionale Bevölkerungsentwicklung, internationale Migration, Arbeitsmarkt- und Stadtforschung.

Gärtner Heinz, Dr., geb. 1951, Studium der Politikwissenschaft, Publizistik und Kommunikationstheorie, seit 1990 Lehrtätigkeit an der Universität Innsbruck und der Universität Wien, Arbeitsschwerpunkte: Theorien der Internationalen Beziehungen, Entwicklungen in der Weltpolitik und europäische Sicherheit. Professor am Österreichischen Institut für internationale Politik.

Glatz Harald, Dr., geb. 1948, Studium der Rechtswissenschaft und der Politikwissenschaft, seit 1982 Geschäftsführer des Instituts für Wirtschaft und Umwelt der Arbeiterkammer, Lehraufträge an den Universitäten Salzburg, Wien und Graz, seit 1995 Leiter der Abteilung Konsumentenpolitik der Arbeiterkammer Wien.

Gruber Karl Heinz, Dr., geb. 1942, Studium der Pädagogik, Anglistik und Völkerkunde, seit 1983 Professor für Vergleichende Erziehungswissenschaft an der Universität Wien, Forschungsschwerpunkte und Publikationen: Schulsystementwicklung in Österreich, in Westeuropa, in den USA und in Japan.

Haller Birgitt, Dr. jur., Mag. phil., geb. 1961, seit 1990 Mitarbeiterin am Institut für Konfliktforschung in Wien.

Höll Otmar, Dr., geb. 1948, Studium der Rechtswissenschaft, Volkswirtschaft und Politologie, Direktor des Österreichischen Instituts für Internationale Politik, Lektor an mehreren österreichischen Universitäten, Forschungsschwerpunkte: Umwelt-, Entwicklungs- und Außenpolitik.

Hoppichler Josef, Dr., geb. 1958, Studium der Agrarökonomie an der Universität für Bodenkultur in Wien, Lehrbeauftragter an der Universität für Bodenkultur, Arbeitsschwerpunkte: Betriebs- und volkswirtschaftliche Analysen des Agrarsektors, Technologiefolgenabschätzung bezüglich Gen- und Biotechnologie.

Knoflacher Hermann, Dr., geb. 1940, Studium des Bauingenieurwesens, seit 1975 Ordinarius des Instituts für Verkehrsplanung an der TU Wien, seit 1989 Vorstand des Instituts für Verkehrsplanung und Verkehrswesen an der TU Wien, Forschungsschwerpunkt: Verkehrsplanung und Verkehrswesen.

Krammer Josef, Dr., geb. 1945, Studium der Politikwissenschaft und der Soziologie in Wien, Leiter der Bundesanstalt für Bergbauernfragen und Lehrbeauftragter an der land- und forstwirtschaftlichen berufspädagogischen Akademie und an der Universität für Bodenkultur, Arbeitsschwerpunkte: Agrarökonomie, Agrarpolitik und Agrarsoziologie.

Matzner Egon, Dr., seit 1972 Professor für Finanzwissenschaft an der Technischen Universität in Wien, seit 1992 Leiter der Forschungsstelle für Sozioökonomie an der Österreichischen Akademie der Wissenschaften in Wien, Forschungsschwerpunkte: Ökonomische Theorie des Staates, Theorie der Wirtschaftspolitik, Institutionen-Theorie.

Münz Rainer, Dr., geb. 1954, Studium der Soziologie, Philosophie und Publizistik, seit 1992 Professor für Bevölkerungswissenschaft an der Humboldt-Universität in Berlin, regelmäßige Lehrtätigkeit an der Universität Wien und der TU Wien, Forschungsgebiete: Migration und Bevölkerungsentwicklung, Familien- und Sozialpolitik, Sprachgruppen- und Minderheitenfragen.

Pechar Hans, Dr., Studium an der Universität Wien, Assistent am Institut für Interdisziplinäre Forschung und Fortbildung der Universitäten Innsbruck, Klagenfurt und Wien, Visiting Associate am Center for Studies in Higher Education, University of California at Berkeley, Forschungsschwerpunkte: Vergleichende Hochschulforschung, Bildungsfinanzierung.

Pelinka Anton, Dr., geb. 1941, seit 1975 Professor für Politikwissenschaft an der Universität Innsbruck, seit 1990 wissenschaftlicher Leiter des Instituts für Konfliktforschung in Wien, Forschungsschwerpunkte: Fragen der Demokratietheorie und des österreichischen politischen Systems.

Tálos Emmerich, Dr., geb. 1944, Studium der katholischen Theologie, Geschichte und Philosophie, seit 1983 Professor für Politikwissenschaft an der Universität Wien, 1989/90 Vorsitzender der Österreichischen Gesellschaft für Politikwissenschaft, seit 1995 Institutsvorstand, Forschungsschwerpunkt: Sozialpolitik.

Vogt Werner, Dr., geb. 1938, Oberarzt im Lorenz-Böhler-Unfallkrankenhaus, Mitbegründer der Arbeitsgemeinschaft »Kritische Medizin«, zahlreiche Publikationen zu Fragen der Gesundheitspolitik und zu allgemeinen gesellschaftspolitischen Fragen.